Redescubriendo el Valle de Los Chilchos

Condiciones de vida en la Ceja de Selva, Perú

The Chilchos Valley Revisited

Life Conditions in the Ceja de Selva, Peru

Inge Schjellerup, Victor Quipuscoa, Carolina Espinoza, Victor Peña & Mikael Kamp Sørensen

THE NATIONAL MUSEUM OF DENMARK

Ethnographic Monographs, No. 2

Redescubriendo el Valle de Los Chilchos - Condiciones de vida en la Ceja de Selva, Perú

The Chilchos Valley Revisited - Life Conditions in the Ceja de Selva, Peru

Inge Schjellerup

Victor Quipuscoa

Carolina Espinoza

Victor Peña

Mikael Kamp Sørensen

Dedicado a la familia Kann Rasmussen por su preocupación profunda por el medio ambiente.
Dedicated to the Kann Rasmussen family for their deep concern for the environment.

 NATIONALMUSEET

The National Museum of Denmark

Frederiksholms Kanal 12

DK 1220 Copenhagen K

Denmark

ISBN 87-7602-051-7

© Inge Schjellerup 2005

All rights reserved.

Keywords:

Anthropology – Archaeology – Ceja de Selva – Colonization – Ethnobotany – Geographical Informations System – Land use change – Peasants – Peru – South America – Vegetation.

Photos: Inge Schjellerup, Victor Quipuscoa, Victor Peña, Hernando Malca, Randy León, Carolina Espinoza, Claudia Calderón, Susanne van Deurs.

Diseño gráfico // Typography and layout: Mikael Kamp Sørensen.

Carátula // Cover picture by Inge Schjellerup, don Eusebio, Los Chilchos

Printed and bounded by GRAFICART, Trujillo, Peru.

Contenido

Agradecimientos 6
Prólogo 11
Introducción 15
El libro 16

Capítulo 1
Introducción al area de investigación 19
Geografía 19
Topografia y geología 20
Clima 22
Vegetación 22
Población y uso de la tierra 24

Capítulo 2
La Pre-Historia 27
La evidencia arqueológica 27
Los chilcho en Chachapoyas 29
Arqueología en el valle de Los Chilchos 32
La investigación arqueológica 35
Discusión 52

Capítulo 3
El tiempo colonial 55
Las fuentes históricas 55
El territorio de los chilcho 55
Consecuencias de la política administrativa española 56
Los primeros encomenderos y los caciques 58
Disminución de la población 61
Los acontecimientos en Los Chilchos 61
Después Juan Pérez de Guevara 66
Desplazamiento de los chilcho 67
La Visita de Bustente Zevallos 1686 72

La Canción de Los Chilchos 74

Capítulo 4
El Valle de Los Chilchos en los Tiempos Actuales 79
Historia reciente del valle de Los Chilchos 79
Expedición de Genaro Hidalgo Chávez 79
Relaciones políticas administrativas 84
Caminos, comunicación y acceso al mercado 85
Población y migración 91
Organización de instituciones sociales 92
Electricidad, agua y desagüe 93
Viviendas y construcción 93
Educación 99
Religión 101
Salud 107
Nutrición 110
Actividades socio económicas, agricultura contemporánea 112
Los cultivos 117
Herramientas 127
La ganadería 129
Comercio 136
Historia de Vida: Sr. Delfín Espinoza (76 años de edad) 139

Capítulo 5
Bosques montanos orientales en el Perú 143
La vegetación en el Valle de Los Chilchos 149
Comunidades de la jalca 3700-4100 m 149
Vegetacion trancisional 3500 - 3700 m 154
Bosque montano alto 2900 – 3500 m 156
Bosque húmedo montano 1900 - 2900 m 158
Bosque montano bajo 1400 – 1900 m 163
Tipos de vegetación modificados por el hombre 165
La etnobotánica 175
Vegetación asociada a mon. arqueologicos en el Valle de Los Chilchos 196

Capítulo 6
Cambios de Uso de Tierra en el Valle de los Chilchos 203
Introducción 203
Toma de datos 203
Métodos 205
Detección de cambios 208
Resultados y discusión 209

Deforestación 214
Influencia de Infraestructura 216
Resumen 217

Capítulo 7
Resumen y conclusión 219

Referencias 383

Appendice 1
Diccionario de plantas útiles...387

Appendice 2
Frecuencia de infección por protozoos y helmintos intestinales 419

Instituciones participantes / Participating institutions:
National Museum of Denmark
GRAS, Institute of Geography, University of Copenhagen
Universidad Nacional de Trujillo
Universidad Privada Antenor Orrego
Universidad Nacional San Agustín, Arequipa
Instituto Nacional de Cultura
Field Museum, Chicago
under the auspies de **CONCYTEC**

Participantes / Participants:
Director: Inge Schjellerup

Archaeología / Archaeology:
Victor Peña Huamán
Hernando Malca Cardoza
Arturo Tandaypan Villacorta (Proyecto Capac ñan)
Regina Abraham Fernández (Proyecto Capac ñan)

Anthropologá/Anthropology:
Carolina Espinoza Camus
Randy León León (student)

Biología/Biology:
Víctor Quipuscoa Silvestre
Maribel Vílchez Toribio
Claudia Calderón (student)

Field assistants:
Romulo Ocampo Zamora
David Delgado

Visitors:
Susanne van Deurs
Henriette Borg Kristensen (student)
Søren Lind (student)
Jørn Jørkov

SIG y teledetección / GIS and remote sensing:
Mikael Kamp Sørensen

Agradecimientos

Los autores agradecen sinceramente a la Fundación V. Kann-Rasmussen y al Museo Nacional de Dinamarca por las becas que financiaron el proyecto.

Y a las instituciones que apoyaron el proyecto, tales como:

CONCYTEC (Consejo Nacional de Ciencia y Tecnología), por su auspicio y por el interés mostrado por su presidente Dr. Benjamín A. Marticorena Castillo y al Director General Dr. Javier Verástegui Lazo.

Universidad Nacional de Trujillo, Facultad de Ciencia Sociales, al Vice-rector Orlando Veláquez Benites y Dr. Weyder Portocarrero, al Jefe de Departamento de Arqueología Antropología, Nyler Segura Vásquez y especialmente al Decano, Dr. Santiago Uceda Castillo, por su amistad e interés durante mucho años en nuestros trabajos.

En la Facultad de Ciencias Biológicas el Decano Dr. Manuel Fernández Honores, al Ms.Cs. Elmer Alvitez Izquierdo, Director del Herbarium Truxillense (HUT) de la UNT y Erick Rodríguez Rodríguez, curador del Herbarium Truxillense (HUT), por su amistad y facilidades que nos han brindado para el proceso de secado de las muestras botánicas.

Centro de Análisis e Investigación ESCALABS e.i.r.l. de Trujillo, a su Gerente Dr. Hermes Escalante Mayorga, por su amistad y las facilidades otorgadas para el análisis de las muestras parasitológicas, así como por el apoyo en el tratamiento de las parasitosis de los pobladores de los Chilchos.

Universidad Privada Antenor Orrego al Dr. Abundio Sagástegui Alva, anterior Director del Museo de Historia Natural, por su amistad, gran conocimiento y colaboración en el proceso y determinación de las muestras y al Ms.Cs. Segundo Leiva González y Mario Zapata Cruz.

Universidad Nacional de San Agustín de Arequipa, a las autoridades universitarias y a los colegas del Departamento de Biología, Facultad de Ciencias Biológicas y Agropecuarias; especialmente a los profesores Blgo. Abraham Calla Paredes y Ms.Cs. Herbert Lazo Rodríguez por su amistad y por colaboración en el desarrollo de las actividades lectivas durante la permanencia en el campo. Así como a los alumnos del Grupo científico DIBIOS y todos los miembros del Herbarium Areqvipense (HUSA) por su ayuda en el proceso y mantenimiento de las muestras botánicas colectadas.

Fig. 1. Nuestra casa de hospedaje de don Nicolas Campos Aguirre. // The expedition house owned by don Nicolas Campos Aguirre

Agradecemos a:

GRAS en el Instituto de Geografía, Universidad de Copenhague, especialmente a Mikael Kamp Sørensen por el análisis de las imágenes de satélite y fotos aéreas.

Además al Dr. Michael O. Dillon Jefe del Departamento de Botánica del Field Museum de Chicago por su amistad, asesoramiento científico, colaboración en la determinación de las muestras botánicas y revisión del texto botánico.

Adriana von Hagen por su amistad y atención revisando el texto en inglés sobre la antropología.

Instituto Nacional de Cultura por otorgar la Credencial para los permisos para la investigación arqueológica Resolución Directoral Nacional No. 706-2004.

Un reconocimiento muy profundo al profesor Rómulo Ocampo Zamora de Chuquibamba, por su apoyo sin límites como asistente, en asuntos de logística y por ser el amigo estupendo en momentos de pena, como en buenos tiempos durante muchos años trabajando en la ceja de selva.

Agradecemos muy sinceramente a "nuestra" casa de hospedaje a Nicolas Campos Aguirre y su esposa Gaudencia Zafra y su familia David Delgado Martinez, su esposa Sobeida Haydeli Campos Zafra y su hijo Michel Delgado Campos y a Clara Olinda Campos Zafra, Roger Arsenio, Sara Ester y Jaime Homero.

Fig. 2. David Delgado Martinez, su esposa Sobeida Haydeli Campos Zafra, su hijo Michel, Gaudencia Zafra y su esposo don Nicolas Campos Aguirre. // David Delgado Martinez, his wife Sobeida Haydeli Campos Zafra, their son Michel, Gaudencia Zafra her husband don Nicolas Campos Aguirre

Agradecemos a los profesores quienes nos apoyaron mucho: Lorgio Jobino Culqui Valle (Director) y su esposa Sara Ester Campos Zafra (Profesora) y a nuestros asistentes:

Romulo Trigoso Tuesta, su esposa Clara Olinda Campos Zafra y su hija Lita Shirley Trigoso Campos y a

Emerson Garay Maiseno, Wily Meza Espinoza, Miler Garro Ocampo, Dennis Campos Zavaleta, Dante Campos Zavaleta, Hernando Collantes Revilla, Patrocinio Zafra R.

Un gran reconociemiento a los pobladores de Los Chilchos representados por sus jefes de hogar:

-Nicolás Campos Aguirre, -Ambrosio Hidalgo Cruz, -Juan De La Cruz Tongo, -Manuel Culque Bazán, -Francisco Huamán Gómez, -Rodomiro Vardales Zavaleta, -Abraham Llaja Cotrina, -Jaime Cotrina Orrillo, -Amado Borbor Briones, -Hermenegildo Ramírez Camán, -Jeremías Ramírez Inga,- Epifania Revilla Torrejón, -Hector Huamán Revilla, -Luciano Cercado, -Julio Culqui Vargas, -Edgar Zafra Garay, -Lucas Cueva Briones, -Luz Cotrina Orrillo, -Lino Castro Garro, -Eusebio Garay Salazar, -Dolores Garro Escobedo, -Lorgio Culqui Valle, -Rómulo Trigoso Tuesta, -Genaro

Fig. 3. Los participantes el en trabajo de campo en Los Chilchos 2004. // The field work participants in Los Chilchos 2004.

Tafur, -Jaime Campos Zafra, -Jorge Vega Zafra, -Gabriel Espinoza Maicelo, -Angel Ramírez Muñoz, -Alcibíades Ramírez Inga, -Carlos Espinoza Maicelo, -Delfín Espinoza Aguilar, -Victorino Garro Ocampo, -Ernesto Ocampo, -Vidal Cotrina Manosalba, -Oscar Chuquimbalqui Garro, -Jhon Vásquez Chávez, -Carlos Santiago Valdivia, -Víctor Briones Acosta, -Ever Briones Garay, -Walter Cueva Briones, -Juan Rojas Huamán, -Santiago Choroco Tocas, -Leodán Hidalgo Briones,- Alfonso Tocas Soberón, -Noé Tocas Mejía, -Fredy Chuquimbalqui Garro, -Ernesto Briones Ortiz, -José Borbor Briones, -Ramiro Bobor Briones, -Pedro Cruz Vergaray, -Edilberto Hidalgo Briones, -Agliberto Meza Camán, -Domingo Espinoza Sánchez, -Iván Briones Garay, -Pedro Borbor Guevara, -Mary Revilla Salazar, -Arsenio Campos Zafra, -Gerardo Briones Acosta, -Higinio Santiago Vargas, -Francisco Briones Ortiz, -Joaquín Briones Ortiz, -Lorenzo Torres Garro y-Pelayo Huamán Choroco.

El director del proyecto agradece especialmente a su grupo científico, que durante muchos años ha resistido el trabajo en el campo y a otros participantes en la temporada lluviosa en 2004:

Victor Peña Huamán, Hernando Malca Cardoza, Arturo Tandaypan Villacorta, Regina Abraham Fernández, Carolina Espinoza Camus, Randy León León, Víctor Quipuscoa Silvestre, Maribel Vílchez Toribio, Claudia Calderón, Rómulo Ocampo Zamora, Susanne van Deurs, my esposo Jørn Jørkov para el transcripcón del canción de Los Chilchos, Henriette Borg Kristensen y Søren Lind.

Prólogo

En el año 2000 al final de nuestro trabajo de campo en el valle de Huambo y en La Meseta, nuestra expedición permanecía por algunos días con uno de nuestros informantes don Fabian Añasco y su familia en el pueblo de Añasco. Aquí encontramos a los señores Tausen Añasco y David Delgado del valle de Los Chilchos. En ese momento teníamos la preocupación de cómo salir hasta una carretera para volver a la "civilización". Nuestros nuevos amigos nos escucharon e invitaron a salir por la ruta de Los Chilchos para llegar a Leymebamba.

Dos días después de dejar el pueblo de Añasco llegamos a Los Chilchos, luego de pasar una noche en una cueva y cruzando varios ríos caminando.

En Los Chilchos fuimos alojados en la casa comunal situada en la plaza principal. Pensamos hacer una presentación de nuestra expedición y de su propósito para la gente de Los Chilchos, ya que habia cierta duda sobre nuestras investigaciones, expresada por las autoridades locales.

Realizamos una reunión en la escuela, con la participación de un buen número de habitantes a quienes mostramos nuestro libro sobre La Morada, (Schjellerup et al.1999) para explicar el propósito de nuestra investigación. Esto causó tal interés que la mayoría de los participantes firmaron una petición, con la esperanza de que volviéramos un día en el futuro para hacer un estudio similar en Los Chilchos.

En el 2004 estuvimos felices de conseguir el financiamiento y poder hacer realidad los deseos de la gente de Los Chilchos, aunque tomó algunos años para obtener la ayuda financiera.

Estábamos también muy contentos cuando CONCYTEC (Consejo Nacional de Ciencia y Tecnología) en Lima una vez más, aceptó auspiciar nuestro proyecto.

Cuando llegamos a Leymebamba en agosto del 2004, con todos los permisos oficiales, estos fueron entregados en la comisaría de la policía, en la Municipalidad y en el Instituto Nacional de Cultura. A pesar de que todo estaba en orden, las autoridades desearon discutir nuestro proyecto en una reunión con todos los científicos del proyecto, mientras que expresaron tener el derecho de negarnos el acceso al valle de Los Chilchos, si el proyecto no se ajustaba a sus condiciones. Desgraciadamente la reunión ocurrió en un ambiente muy malo, lleno de sospecha, donde se notó una total carencia de comprensión de un proyecto científico, por parte de las autoridades de Leymebamba. Sin embargo, una de ellas enterada del mal comportamiento de sus colegas, vino al día siguiente en la mañana para regalarnos una botella de aguardiente.

Nosotros acordamos dejar Leymebamba al día siguiente. Llegamos a Los Chilchos después de dos penosos días de viajar en caballo en un camino angosto, resbaloso y escarpado en la montaña con densa niebla y lluvias torrenciales.

Una vez en Los Chilchos la familia de David Delgado nos recibió muy amablemente y la casa de Don David se convirtió en la base más maravillosa de nuestro trabajo en el campo.

En una de las primeras noches organizamos una reunión en la casa comunal, contando con la asistencia de todo el pueblo para presentar nuestro proyecto y cada uno de los participantes científicos explicó la razón de nuestras investigaciones en Los Chilchos.

La reunión terminó en una fiesta muy agradable, disfrutando del aguardiente y música en vivo, amenizada por el grupo de músicos de Los Chilchos.

Nuestro trabajo de campo en agosto y septiembre fué muy difícil por las constantes y fuertes lluvias, esto ocasionó que algunos sitios arqueológicos no pudieron ser visitados y registrados, pues los ríos nos impedían el paso. Sin embargo terminamos las investigaciones en nuestros cuatro módulos y retornamos a Leymebamba bajo condiciones climáticas similares a nuestra llegada.

Aquí otra vez las autoridades nos hicieron la vida difícil, demandaron se les de información de lo que habíamos hecho, pero sólo sobre nuestras investigaciónes arqueológicas (sic!), a pesar de que todo el trabajo en Chilchos había sido realizado con el apoyo de asistentes locales y supervisado por personal del Instituto Nacional de Cultura de Chachapoyas. El jefe del módulo arqueológico explicó el trabajo, pero resultó interesante observar que ninguno de los participantes expresaron deseos a observar los mapas y planos, al comentarles que muchos de los sitios que se encontraban en terrenos que tenían dueños, estaban siendo destruidos.

El problema es un trauma latente en Leymebamba referente a los restos arqueológicos, porque han tenido malas experiencias con exploradores como Gene Savoy que no es un científico y otros. Lamentablemente la población no conoce el valor histórico cultural de los restos arqueológicos. La gente local no tiene ningún interés en "pircas de piedras" que hay en sus chacras, las destruye para hacer los nuevos cercos. Las autoridades locales pretenden tener un interés, pero ni ellas ni el INC tienen suficiente apoyo político o financiero para tomar acciones para su conservación. Frustrados como están y sin conocimiento de proyectos científicos, rechazan los proyectos que no apoyan sus intereses personales.

Espero que este libro contribuya al conocimiento del hermoso valle de Los Chilchos y sirva a su amable gente, también deseamos que el conocimiento, sobre el fin que se persigue con estos proyectos científicos, ayude para un mejor entendimiento de las autoridades en Leymebamba.

Inge Schjellerup, Copenhague, 2005

Introducción

El impacto humano sobre el medio ambiente, es una preocupación que aumenta cada vez más, para entender la formación de los paisajes contemporáneos y para poder analizar las varias fases del desarrollo de un paisaje cultural particular.

Los paisajes de ceja de selva con sus montañas impresionantes al noreste de los Andes que observamos hoy, no son tan prístinos y vírgenes como uno puede tener la idea, recientemente con los estudios realizados pueden ser conocidos como tales.

Las culturas prehispánicas alteraron el paisaje, pero con la llegada de los españoles en el decimosexto siglo, se cambió abruptamente el paisaje con la introducción de nuevos cultivos, animales y tecnología.

El incremento de la población, los cambios en las estrategias de la subsistencia y las percepciones son causas complejas en las modificaciones del paisaje, mediante el conocimiento de nuevos y diversos sistemas de la utilización y manejo del medio ambiente.

El objetivo global de este estudio ha sido investigar el diseño local de la biodiversidad y habitats en el valle de Los Chilchos como "case study" para entender la interacción entre diferentes factores culturales y biológicos, cómo han sido modificados por la intervención humana en la ceja de selva en las laderas al este de los Andes en Perú.

Hemos querido definir la historia especial de la ocupación humana en la zona de contacto de la ceja de selva en el valle de Los Chilchos como es una de las pocas rutas de acceso que concectan los Andes con la selva.

Para lograr este fin, se trabajó con un grupo de investigación interdisciplinario de arqueólogos, antropólogos, botánicos y geógrafos:

- ellos identificaron los factores que conducían a cambios en las actividades humanas, incluyendo el conocimiento de la dinámica del ambiente natural en una perspectiva histórica, usando para ello fuentes históricas de los archivos y evidencias arqueológicas.

- estudiaron también los sistemas agropecuarios locales y recogieron muestras de plantas para obtener conocimiento sistemático de la dinámica, del uso de recursos naturales en la área geográficamente limitada.

- integraron la percepción de la gente local en la comprensión de los patrones locales en la utilización del suelo.

-prospectaron, registrando y mapeando el pátron poblacional y el uso del terreno contemporáneo e histórico para estadísticas usando el GPS (Sistema de Posición Global) imagen satelital y el GIS (Sistemas de Información geográfico)

- investigaron como la población utiliza la vegetación local, con uso percepción del medio ambiente, especialmente con relación al uso de la tierra y la planificación para el futuro con respesto a promover un de-sarrollo sustentable en la región.

El libro

El primer capítulo, da una introducción general al área de la investigación en la geografía, geología, topografía, clima, vegetación, población y utilización del suelo.

El segundo capítulo, se dedica a los resultados de las investigaciones arqueológicas donde veinte sitios nuevos son reportados y descritos desde la época Intermedio Tardío (c. 1000 – 1470 AD) y del Horizonte Tardío (1470 – 1532 AD). Se encontraron muchos restos disturbados de las civilizaciones chachapoya e inca.

El tercer capítulo, cuenta la historia de la colonización, desde el período colonial español hasta la actualidad. La situación de caciques locales y del primer encomendero del área es uno de los muchos ejemplos del abuso hacia la población indígena. La información se basa en trabajos publicados, documentos inéditos y relatos de viajes del décimosexto hasta el siglo veinte.

La vida contemporánea del campesino en Los Chilchos, que comenzó solamente a partir del año 1900, se describe y se analiza en el cuarto capítulo. La investigación antropológica revela los problemas en las condiciones de vida en lugares de difícil acceso, la carencia de infraestructura y las dificultades para vender en los mercados. Se examina la vida diaria con las actividades agrícolas y crianza de ganado. Se discuten y analizan también las percepciónes de supersticiones y curaciones.

Los análisis de las condiciones socio-económicas, demuestran las grandes diferencias en la tenencia y uso de tierra y en posesión de ganado incluso en comunidades agrícolas pequeñas.

El quinto capítulo, se ocupa de la diversidad biológica en la vegetación natural y el uso de los recursos naturales con énfasis sobre la etnobotánica. El análisis de la vegetación del bosque maduro y secundario nos da el conocimiento de la gran variedad en los tres estratos del bosque:

el estrato arbóreo, el estrato arbustivo y el estrato herbáceo. De esta área se ha descrito hasta el momento una especie nueva. Los estudios botánicos servirán para entender mejor estos bosques que son frágiles ante la acción del hombre y que urge conocerlos para planificar su utilización y protección debido a que la gente de Los Chilchos utiliza muchas especies silvestres y semi-silvestres para satisfacer sus principales necesidades.

El sexto capítulo, se dedica a los patrones del cambio y de la vegetación según lo considerado en el análisis de las imágenes del satélite. En base de imágenes desde 1987 hasta el 2004, se analiza el desarrollo espacial en clases de uso de la tierra y tazas de deforestación.

En el último capítulo, los datos de los módulos de arqueología, antropología, botánica y geografía son evaluados y analizados.

Con el estudio del valle de Los Chilchos nuestro equipo danés/peruano de investigación ha cumplido un estudio regional circular incluyendo Chuquibamba (Schjellerup 1987, 1997, la Morada (Schjellerup et al. 1999) y el Huambo Cuenca y la Meseta (Schjellerup et el al. 2003).

Capítulo 1

Introducción al área de investigación

Geografía

El valle de Los Chilchos está ubicado en el norte del Perú, en aproximadamente 6°05' S, 77° 30' W entre los departamentos de Amazonas y San Martín (Fig. 4). Forma parte de la zona húmeda del bosque montañoso del Perú, que se extiende en una dirección norte-sur en las cuestas orientales de los Andes. Según Young & León (1999), esta zona representa algo del último yermo forestal en América del Sur, y el área se considera de importancia global para la diversidad biológica (Young, 1992; Young & Valencia, 1992; Young, 1995; Kessler, 1999; Young & Leon, 1999). Sin embargo, la migración humana a la zona del bosque montano ha aumentado en los años recientes, ejerciendo cada vez más presión sobre los recursos naturales (Borgtoft et al., 1998; Schjellerup et al., 1999, Young & Leon, 1999; Schjellerup & Sørensen, 2001, Schjellerup et al. 2003).

El área de investigación en la campaña de campo, cubre aproximadamente 430 km², incluyendo el valle de Los Chilchos y varios otros valles (Fig. 5). El limite del área esta basado sólo para el proyecto de investigación y no corresponde necesariamente al dominio político administrativo del distrito del valle de Los Chilchos. Los Chilchos tienen una población de c. 300 habitantes. Afuera del valle principal, la población

Fig. 4. Mapa de América del Sur y del Perú. El rectángulo muestra la localización del área de investigasción. // Map of South America and Peru illustrating the location of the study area.

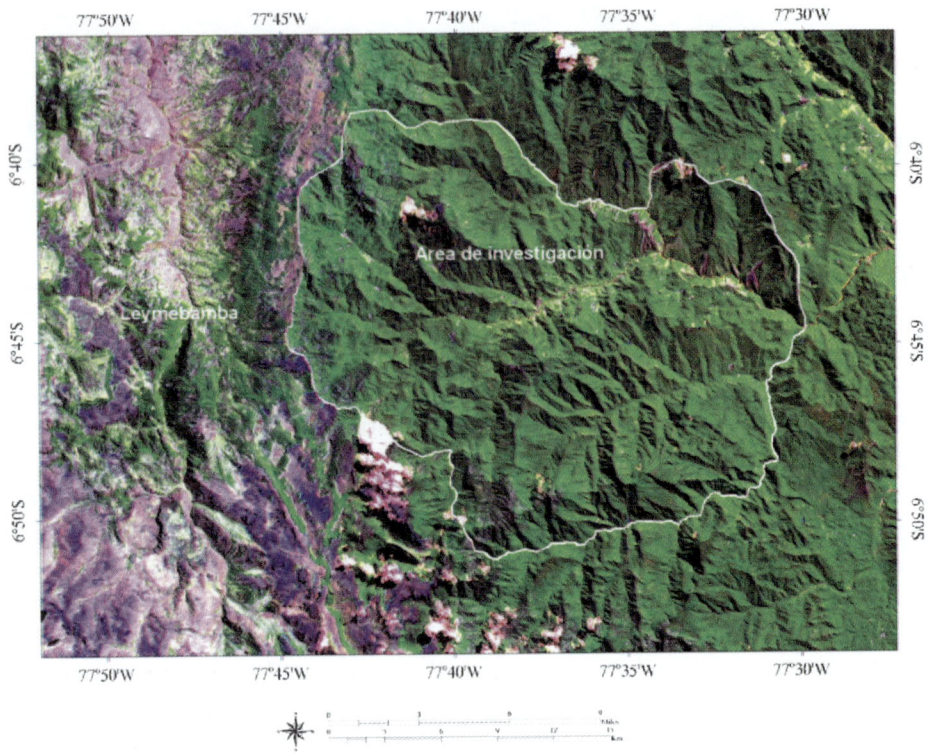

Fig. 5. Mapa del área de investigación ubicada al este de Leymebamba. La delimitación del área no es administrativa política. // Map of the investigation area located east of Leymebamba. The delimitation does not correspond to administrative or political boundaries.

vive dispersa en casas individuales; no hay otros pueblos.

El valle de Los Chilchos no tiene conexiones de carreteras con otras áreas. El acceso principal es un camino de herradura de Leymebama cruzando la cordillera, un viaje difícil, demorando entre 12 y16 horas. Una red de caminos conecta el valle con asentamientos menores en los bosques al este como La Meseta, La Morada y Luz del Oriente en el valle de Huambo.

Topografía y geología

El bosque húmedo montano al este del norte del Perú es caracterizado por escarpadas gradientes de elevación y valles profundamente escindidos que bajan de la Cordillera Oriental hacia las tierras bajas de Amazonía. Los valles principalmente son de forma V indicando que procesos fluviales son uno de los principales agentes geomorfológicos (Fig. 6).

Fig. 6. Vista panorámica del río Chilchos en el valle. // Panoramic view of the Chilchos River flowing through the valley.

Young (1992) ha propuesto una división preliminar de las cordilleras en la vertiente oriental, en seis subregiones relativa a la fisiografía basada en la geología y la topografia de hoy. El valle de Los Chilchos pertenece a la provincia fisiográfica de Chachapoyas entre 4.5 – 7° S con una secuencia de cordilleras y montañas al lado nor-oeste.

El distrito de Los Chilchos tiene elevaciones de 800 m s.n.m. al fondo del valle hasta 3400 m.s.n.m. en las crestas, especialmente al lado del oeste frente a la cordillera. Numerosos valles menores están presentes haciendo las bases en una red hidrológica dendritica (Fig. 7).

La geología en la zona se compone principalmente de rocas paleozoicas dobladas, y metamorfoseadas con piedras calizas cretáceas y terciarias entremezcladas. En el área de Los Chilchos la roca firme se compone sobre todo de elementos carbónicos, pérmicos y triásicos (Jimenez et al, 1997). Los suelos en el región tienen un alto contenido de arcilla, adicionalmente una proporción grande de despojos de roca. Sin embargo, en algunos lugares, los suelos son calcáreos.

Fig. 7. Imágen 3D del Valle de Los Chilchos (primer plano). El ángulo de vista es del oeste hacia el este. // 3D perspective view of the Chilchos Valley (foreground). View angle is towards the east.

Clima

Toda la zona del bosque montano oriental del Perú es caracterizado por una carencia de datos sistemáticos del clima (Young, 1992; Young & León, 1999). Mapas generalizados de clima indican una gama de temperaturas promedio de 15-22°, y esta variedad es confirmada por observaciones de campo (Fig. 8-9) ejecutados en los años 2003-2004 en el valle de Los Chilchos y entrevistas con la población local (Schjellerup et al., 1999). La diferencia en la humedad entre las dos localidades en Fig. 8 y 9 es debido a su localización. La casa de Walter Guerra está ubicada en Los Chilchos baja, donde la cubierta forestal es más densa y esto eleva la húmedad. Las temperaturas corresponden a medidas recientes en el Valle del Huambo (Schjellerup et al. 2003).

Los niveles de precipitación son aproximadamente 2500-3000 mm (Young & León, 1999), aunque según Johnson (1976) la precipitación excede 7000 mm en ciertos lugares. Hay una distinta variación estacional en los niveles de precipitación, con una estación de lluvias de setiembre-abril y un período más seco entre mayo y agosto.

Vegetación

Aunque la parte dominante del área está cubierta por bosque maduro de hoja perenne, las pronunciadas gradientes altitudinales producen una variedad de tipos transitorios de vegetación. La zona de bosque montano del Perú se caracteriza por altos niveles de biodiversidad debido a la transición entre especies alpestres en la jalca o el páramo (áreas de montaña alta) y la composición tropical de las especies que se encuentran en la

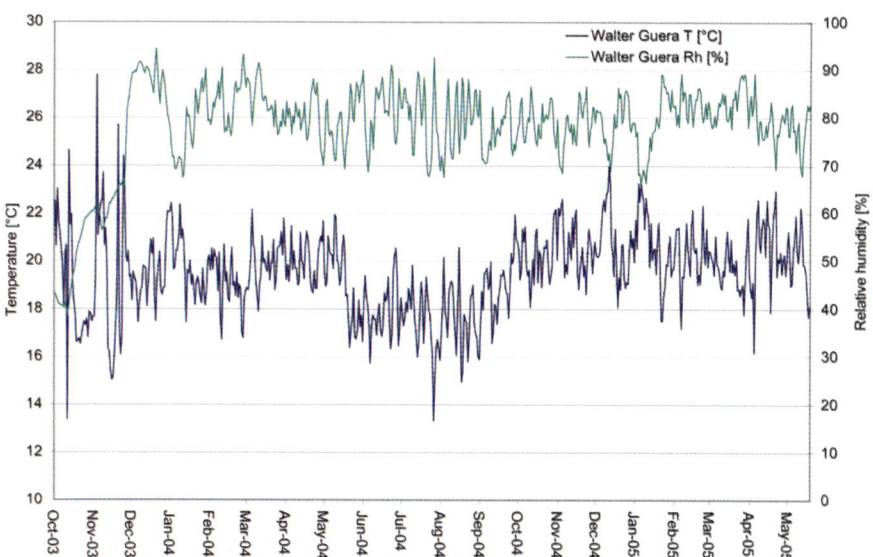

Fig. 8. Temperatura y humedad relativa medida de Octubre 2003 hasta Mayo 2005, cerca de la Casa de Walter Guerra. // Temperature and relative humidity measured from October 2003 to May 2005 close to the house of Walter Guerra.

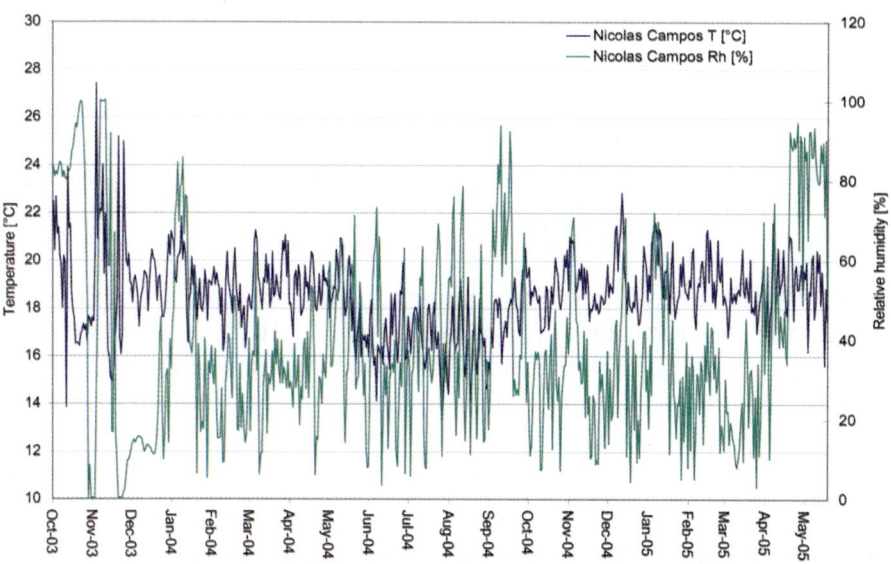

Fig. 9. Temperatura y humedad relativa medida de Octubre 2003 hasta Mayo 2005, cerca de la Casa de Nicolas Campos. //Temperature and relative humidity measured from October 2003 to May 2005 close to the house of Nicolas Campos.

tierra baja de Amazonía (Gentry, 1992, Young & Leon, 1999).

El bosque tropical montano se encuentra en todas las elevaciones del área; sin embargo, en la mayoría de las crestas sobre 1800 m.s.n.m. especies de bambú o helechos son dominantes. Como resultado del uso de la tierra en los valles, muchas áreas cerca de los ríos o las quebradas han sido rozadas y participan en un patrón rotatorio de agricultura de subsistencia. El paisaje vegetacional es así un mosaico de unidades pequeñas de bosques secundarios de varias edades, huertas y chacras de cultivos, pastos y áreas recién rozadas.

Población y uso de la tierra

Desde la epoca pre-Hispánica las primeras manifestaciones de asentamientos humanos, agricultura de rozo y quema en el valle de Los Chilchos son encontrados en cuevas. Nuestro trabajo en el campo ha documentado una amplia existencia de ruinas y andenes de las culturas chachapoya e inca, confirmando la presencia de actividad humana en el área por siglos (Schjellerup et al., 1999; Schjellerup and Sørensen, 2001; Schjellerup et al., 2003).

Esta área fue abandonada por siglos, igual que muchos lugares del noreste de Perú. En años recientes se ha registrado un aumento profundo en la migración de las montañas andinas hacia la zona del bosque montano (Young and León, 1999, Schjellerup et al. 1999, 2003).

La colonización ocurrió en Los Chilchos a partir de 1900 y todavía hay una cierta migración que se mueve desde la sierra. No hay tierra libre, pues toda la tierra ha sido distribuída por herencia o por repartición comunal. Los recién llegado alquilan a menudo las casas y chacras.

En el valle de Los Chilchos la agricultura de subsistencia es extensa, siendo cada vez remplazada por la introducción de cultivos comerciales (sobre todo café orgánico) y por crianza de ganado fino para mejorar la situación económica; complementándose con los cultivos tradicionales: yuca, plátano, maíz y caña de azúcar. La población usa bastante la madera de los bosques para construcción, leña, artículos de la casa, también utiliza las plantas medicinales.

Felizmente las actividades de extracción de madera son escasas, por falta de infraestructura. Imágenes satélitales confirman que las tasas de deforestación no son tan altas como hemos observado en el valle de Huambo, probablemente porque el acceso es mucho más largo y difícil.

Capítulo 2

La Pre-Historia

La evidencia arqueológica

La parte forestada de la ceja de selva o ceja de montaña en el noreste del Perú, ha sido ocupada extensivamente y explotada durante miles de años por diversos grupos étnicos que han creado diversas presiones culturales en los recursos.

En el período Pre-Hispánico que precede a 1532, la selva alta fue habitada por varios grupos indígenas que hablaban diversos idiomas, de los cuales solamente muy pocos viven actualmente. La mayoría de ellos vivieron en pequeñas comunidades independientes o en asentamientos dispersos. Se dedicaron a cultivar sus plantas, para lo cual hicieron quemas y rozos, también desarrollaron actividades como la caza y pesca que les permitieron mayor movilidad. Había abundancia de animales silvestres como jaguares, tigrillos, monos, aves, serpientes etc. (Fig. 10).

La política colonial española forzó más adelante a algunos de los grupos indígenas a vivir juntos en los asentamientos nucleares para la evangelización y la colección del tributo.

Los escritos de Izaguirre sobre las misiones franciscanas presentan información muy valiosa acerca de los viajes de la misión, así como, descripciones etnográficas de las tribus vecinas de Chachapoyas, los colonos y xivitos al este de Caxamarquilla (hoy día Bolívar). Los Franciscanos relatan cómo las tribus nativas se acercaron varias veces desde la selva a robar mujeres, perros y a destruir los pueblos de la montaña (Izaguirre Tomo II, 1923:195-200).

El terreno montañoso, áspero y el clima lluvioso en la ceja de selva dejan solamente algunas áreas pequeñas de los valles que son convenientes para el cultivo de productos agrícolas.

En esas épocas los cambios ambientales en los bosques eran moderados. Sin embargo en el último siglo cambios dramáticos han influenciado seriamente la región alterando el ambiente de un bosque denso a un paisaje más abierto, con áreas dispersas de bosque y quebradas profundas por la erosión

> **Recuadro 1: Metodología**
>
> El reconocimiento arqueológico del área prospectada se hizo exclusivamente a pie, con guías de la zona, quienes nos informaron de los lugares donde existían evidencias de restos arqueológicos en el denso bosque. Se utilizaron la carta Nacional Leymebamba 1357 (14-h) y las fotografías aéreas como ayuda gráfica.
>
> Registramos veinte sitios arqueológicos nuevos, con características y tamaños diferentes que consisten en asentamientos, estructuras solas y en grupo, sistemas de andenería, caminos del Horizonte Medio, Intermedio Tardío y Horizonte Tardío, ninguno de los cuales estaban registrados anteriormente en el registro del INC. Todos los sitios fueron registrados con GPS.
>
> El registro escrito se hizo a través de una ficha de catastro, el gráfico en una planimetría a escala adecuada utilizando wincha y brújula. Ahora cada sitio cuenta con su ficha, su código respectivo y foto a colores.
>
> Lamentablemente no todos los sitios presentaban una regular conservación, por lo que en algunos de ellos no se pudo hacer el levantamiento planimétrico, como fue el caso de los caminos y de los andenes.
>
> No se pudo recoger materiales ceramográficos de superficie, en la medida que todos los sitios estuvieron cubiertos por vegetación y su escasa presencia en algunos sitios imposibilita la misma.

Desde la época del Horizonte Medio y del Intermedio Tardío (c. 800 – 1470 AD) la gente de Chachapoyas desarrolló su propia organización sociopolítica y estableció curacazgos poderosos y competitivos en esta región, anteriormente con bosques densos, al este del Río Marañón y hacia el este dentro la actual provincia del Huallaga.

La mayoría de los asentamientos chachapoya fueron ubicados en posiciones estratégicas, en las cumbres de los montes, controlando las rutas de comunicación que siguieron los ríos corrientes al este y los fondos del valle. Los chachapoya vivieron principalmente en asentamientos jerárquicos nucleares con construcciones monumentales y utilizando las zonas ecológicas de la altura para las cosechas de tubérculos como papa, oca, ullucu, mashua y las zonas ecológicas más bajas para el maíz, yuca, camote, maní, coca, producción del algodón y extracción de oro.

La gente de Chachapoyas compartía las mismas creencias y símbolos. Durante los años mantuvieron su propia forma de vida con sus conflictos sociales internos y sus incursiones hostiles y sin influencias externas importantes de las culturas vecinas. Dominaron los pasajes hacia la selva oriental por medio de una red de interacción cultural. Y desde el primer momento que los incas hicieron su entrada en la región c. 1470, se levantaron en una sublevación general contra ellos.

Los chilcho en Chachapoyas

La gente de Los Chilchos formó parte de los curacazgos de Chachapoyas en los tiempos Pre-Hispánicos, como un grupo étnico específico de la ceja de selva con sus propios curacas (Schjellerup 1997). Antes de la conquista de los chachapoya por los incas c. 1470 el curacazgo de Chilchos, era un curacazgo principal de los yungas que consistía de otros menores curacazgos y grupos de parentesco con alianzas cercanas y conexiones hacía la sierra y la selva. Los yungas eran un término aplicado a los valles inter-andinos calientes.

Los curacazgos eran unidades políticas independientes que generalmenteincluían varios pueblos y que estaban dominadas por un solo curaca. Era una sociedad ordenada por rangos, en la cual el curaca principal gobernaba un pueblo de mayor tamaño que los otros pueblos, en el que residían sus parientes y desde donde controlaba pueblos más pequeños los cuales estaban a su vez gobernados por una categoría de curacas de menor rango. Los pueblos más grandes pueden haber sido los centros de poder político y socio-económico en donde un curaca dominante y su familia estaban a cargo de mantener una red a gran escala de obligaciones de interacción cultural, como por ejemplo la celebración de fiestas y la redistribución de comida, ropa y mujeres. Las mujeres probablemente eran entregadas para realizar alianzas matrimoniales a curacas menores de los asentamientos de los alrededores y a los curacas de centros mayores dentro de otros subgrupos. De esta manera se establecían alianzas económicas-políticas basadas en los lazos de parentesco y obligaciones recíprocas dentro de un grupo étnico más grande.

Después de la invasión española, uno de los primeros caciques de Los Chilchos que se mencionará en las fuentes españolas es un "Chilcho, Señor de todos los yndios anayungas y chontaces e mitimaes"(AGI Patronato Legajo 123 Ramo 4:52r) el cuál ilustra la conexión del yunga y la supremacía del cacique Chilcho sobre los chontaces, un grupo probablemente dedicado al cultivo y a la explotación de la palma de chonta. La palma de la chonta fue utilizada para hacer las lanzas y los alabarderos, armas utilizados por la gente de Chachapoyas. Por ejemplo estaban doce cientos de chachapoya y cañaris seleccionados para servir al inca Huascar en Cuzco:

"por sus alabaderos y lacayos a su cassa" (Pachacuti Yamqui [1613] 1968:312).

Varias lanzas de la chonta se han encontrado en las cámaras funerarias de los chachapoya. Probablemente un poder especial fue atribuído a la palma de la chonta debido a la creencia que la palma espinosa es un árbol demoníaco, el asiento de un espíritu de gran alcance, es una creencia que se encuentra en las montañas de los Jívaros en Ecuador (Karsten 1935:265). La lanza de la chonta era así, no solamente un arma peligrosa si no que también inspiró miedo a sus enemigos. Muchas especies de las palmas de la chonta todavía se encontrarán en el valle de Los Chilchos.

El curacazgo de Los Chilchos y Laja (vea capítulo 3) parece haber habitado un área que incluyó la Laguna de los Cóndores al sur, siguiendo la Cordillera Yasgolga, al oeste con una frontera norteña tentativa en Río Tingo/ Cerro Tolén y haber continuado hacia el noreste hasta al Río Mashuyacu, un tributario del Río Huayabamba, un área mucho más grande que el actual anexo de Los Chilchos. Los chilcho controlaron el acceso de varias entradas naturales que conectaban los Andes con las tierras bajas de la amazonía, eran sumamente importantes estas zonas para la comunicación y el transporte de los productos de los Andes y la selva.

La conquista y la colonización de los incas que precedió a la conquista española trajeron muchos cambios para los chachapoya. El paisaje humano fue alterado con nuevos estilos arquitectónicos junto con un nuevo énfasis en los cultivos para el estado inca de maíz, de algodón y la extracción de oro. Este breve intermiso de aproximadamente sesenta años tuvo consecuencias severas para la subsistencia de la población, pero solo últimamente nosotros estamos empezando a saber más sobre la fuerte y notable presencia de los asentamientos de los incas y de su utilización de la tierra en Chachapoyas (Schjellerup 1997).

La política del Inca incluyó la presencia de curacas extranjeros en su capital Cuzco varios meses al año. Uno de los primeros soldados españoles Diego Trujillo [1571, 1964] menciona:

"Y, al fin entramos en el Cuzco, adonde luego se pusieron en favor de los cristianos los indios Cañares y Chachapoyas, que serían hasta cincuenta indios, los unos y los otros, con Chilche. Entramos en la ciudad de Cuzco, adonde luego nos vinieron algunos indios de paz".

Fig. 10. Dibujo con figuras humanos, serpientes y monos en un mate de la Laguna de los Condores. Cortesia de Ennrique Vergara Montero. // Drawing with human figures, snakes and monkeys from a calabash from Laguna de los Condores. Courtesy Ennrique Vergara Montero.

Chilche sin duda se refiere al grupo étnico de Los Chilchos.

En el mismo tiempo en el valle de Utcubamba uno de los caciques de los mitimaes chilche se menciona como perteneciendo al grupo étnico de cañari pero su nombre no sugiere ningúna afilación con los cañari sino con el de los chachapoya/chilcho. En 1552 Chilche se menciona como cacique de yanaconas. El se casó con Doña Inés Coya, una princesa inca y podría mantener su estado como cacique con sus derechos a posesiones impresionantes de tierra. Él incluso tenía sus propios mamaconas.

Francisco Chilche fue acusado más adelante por haber envenenado a Sayri Topa, uno de los ultimos neo-Inca soberanos, pero lo lanzaron de la prisión después de una estadía de un año cuando su culpabilidad no pudo ser probada (Niles 1997: 126- 131). El envenenamiento era una manera muy característica de conseguir librarse de gente entre los chachapoya (Schjellerup 1997). Un cacique Vilca con sus dos hijos es mencionado como señor principal de los Chilche invocando tierra en la misma área.

La razón debe ser que los cañari están mencionados a menudo con los chachapoya. Varios historiadores han observado que estos dos grupos étnicos eran puesto juntos por los españoles como eran dos grupos muy rebeldes en el Tawantinsuyu (Oberem y Hartmann 1976:8-9).

El conocimiento de los chilcho como grupo Pre-Hispánico, casi fue perdido debido a que el valle fue abandonado por la política administrativa de los españoles de las reducciones en el siglo decimosexto y a una disminución drástica de la población por las enfermedades europeas introducidas.

En 1847 el doctor Juan Crisóstomo Nieto en su "Estadística del departamento de Amazonas", menciona que:

"El Distrito de Leimebamba en el día sólo tiene 199 almas -.. i contiene un valle fertilísimo donde ubo antiguamente una población, i donde se halla un ancho camino de piedra del tiempo de los Incas" (Larrabure i Correa 1905), refiriendo al valle de Los Chilchos.

Arqueología en el valle de Los Chilchos

La investigación arqueológica en el valle de Los Chilchos ha sido muy escasa. En abril del 2001 un equipo multidisciplinario condujo una visita de seis días al sitio arqueológico llamado El Dorado, donde se hizo mediciones, dibujos a escala y se fotografió (Martell et al. 2001). El sitio de El Dorado no tiene nada que ver con el mito de El Dorado u Oro, sino que consiste en dos secciones con cámaras funerarias característica de la cultura Chachapoya, construidas bajo una proyección del acantilado (Vea plano en Kaufmann Doig 2003: 342-343). El informe no menciona ningún descubrimiento de objetos arqueológicos. No se hizó reconocimiento u otras investigaciones arqueológicas durante su corta estadía.

En los años 1900 los habitantes de Los Chilchos encontraron evidencia de anteriores pobladores que descubrieron un dintel de madera antiguo de 2.3 m de longitud con tres figuras talladas en una cueva

Fig 11. El dintel de Los Chilchos en el Museo de Leymebamba. // El dintel from Los Chilchos in the Leymabamba Museum.

funeraria llamada Los Gavilanes. El dintel esta muy deteriorado a causa de los insectos (Fig. 11).

De los dos lados del dintel, dos figuras humanas están flanqueando un animal comiendo otro animal. Una de las figuras humanas (quizá mujer?) tiene ojos rectangulares profundos y un tocado o pelo casi plano. La figura tiene los brazos extendidos y lleva una camisa larga o una cushma y las orejeras similares a una orejera de madera encontrado en el Laguna de los Cóndores (von Hagen Fig.11, 2000). En su lado derecho se ve otro tallado como un bulto.

La otra figura humana (probablemente hombre) tiene ojos ovalados más pequeños con diferentes orejeras y lleva un tocado impresionante con un símbolo de un arco reverso. El mismo símbolo aparece pintado de rojo en la roca de Peña Calata (Schjellerup 1997). La figura está usando un uncu o un cushma y además toca la antara. Las figuras centrales demuestran a un añuje, o agouti que la gente en Los Chilchos ha identificado como tal y que es comido por un caimán (Lerche 1995). La escena tiene así relaciones cercanas a la sierra y a la selva. En el 2003 la gente de Los Chilchos reconoció la importancia del museo arqueológico en Leimebamba y puso el dintel en custodia del museo.

Muchas familias en Los Chilchos guardan piedras antiguas como manos, morteros y un huaco o dos en sus casas, pero son muy renuentes a mostrarlas a los extranjeros como a los peruanos.

Fue posible fotografiar una mano con la parte de arriba tallada como una cabeza del estilo chachapoya, una hacha de piedra, varios morteros simples y uno muy elaborado con dos cabezas humanas talladas en piedra en el exterior de la cultura Chachapoya. La cerámica consistió en aríbalos provinciales inca, algunas vasijas más pequeñas y una vasija doble cuerpo Chimú/Inca con una escena moldeada central de animales míticos corriendo (Fig. 12).

Tambien nos enseñaron un cuchillo de plata y alfiler que una familia antes ha encontrado en las montañas (Fig. 13).

Fig. 12. Mano y hacha, mortero, la cultura Chachapoya; aribalo clasico de la cultura Inca y vaso de doble recipiente con pico y puente con figuras zoomorfas en relieve, Chimu/Inca. Colección particular, Los Chilchos. // Pestle and axe; mortar, the Chachapoya culture; classical arrybaloid vessel from the Inca culture and double spout vessel with bridge and a zoomorph figures in relief, Chimu/Inca. Private collection, Los Chilchos.

Todos los objetos pertenecen a la cultura Chachapoya e Inca. Sin embargo, el descubrimiento de las chullpas funerarias al sur del valle de los Chilchos en La Laguna de los Cóndores 1987 ha dado importantes conocimientos para entender la cultura Chachapoya y de Los Chilchos. Gracias a la excelente conservación del material orgánico los objetos de los entierros se han preservado. Más de 200 fardos con sus ofrendas en objetos personales tales como orejeras de madera, tocados en plumas y pieles, sandalias de agave, tejidos bellos y muy bien elaborados, ídolos de madera, mates (Fig. 8), cerámica, quipus y otros utensilios dan información de la vida cotidiana de la época Chachapoya y Chachapoya/Inca (von Hagen y Guillén 1998, von Hagen 2000). Todo el material es exhibido en el museo en Leimebamba.

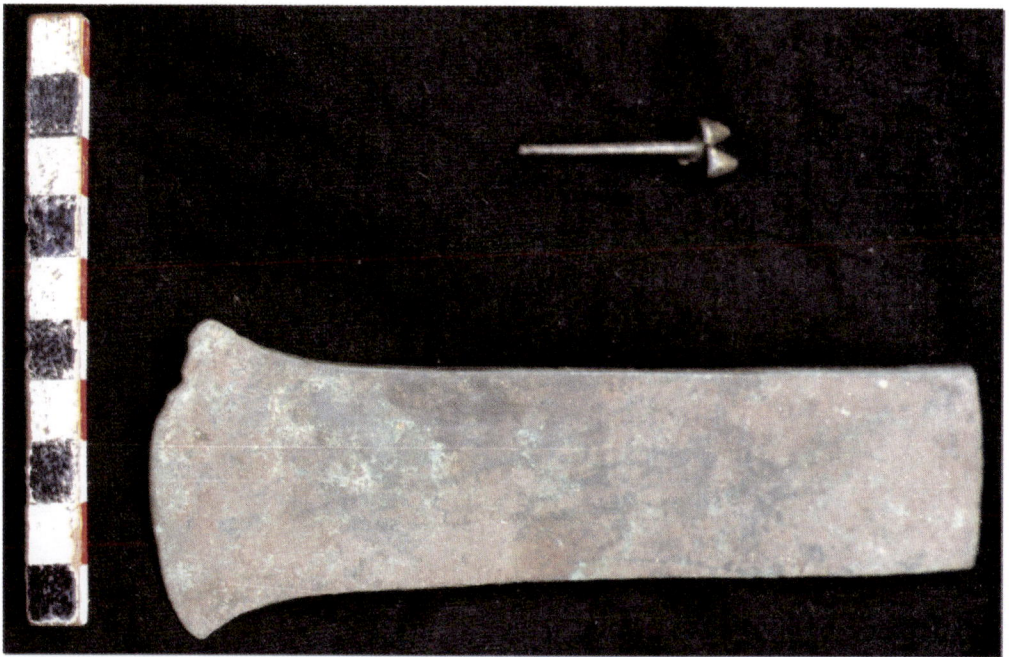

Fig. 13. Objetos de plata, Colección particular, Los Chilchos. // Silver objects. Private collection, Los Chilchos.

La investigación arqueológica

El equipo arqueológico localizó varios asentamientos Pre-Hispanicos y áreas agrícolas que dieron información sobre la utilización anterior del área, que se podría comparar con los resultados de nuestras investigaciones realizadas los últimos veinticinco años en la parte vecina de la sierra y de la ceja de selva (Schjellerup 1985, 1992.1997, Schjellerup et al. 2003)

Durante el trabajo de campo veinte nuevos sitios fueron localizados (Fig. 14), pero la mayoría de los sitios encontrados están en una u otra forma muy destruidos debido a la densa vegetación que cubre muchos de los sitios y también por la tala de la vegetación que hacen los campesinos para conseguir más tierras para cultivar. Los campesinos no tienen ningún interés en preservar sus restos arqueológicos, viendo a las piedras de los muros como un obstáculo para cultivar la tierra.

Los sitios arqueológicos en Los Chilchos están situados en ambos lados del valle. Muchas cuevas contienen fragmentos de la cerámica como una evidencia de una posible ocupación humana antes de los chilcho/chachapoya. Los restos arqueológicos representan un número diverso de tipos como: segmentos de sistemas de caminos, de estructuras de las

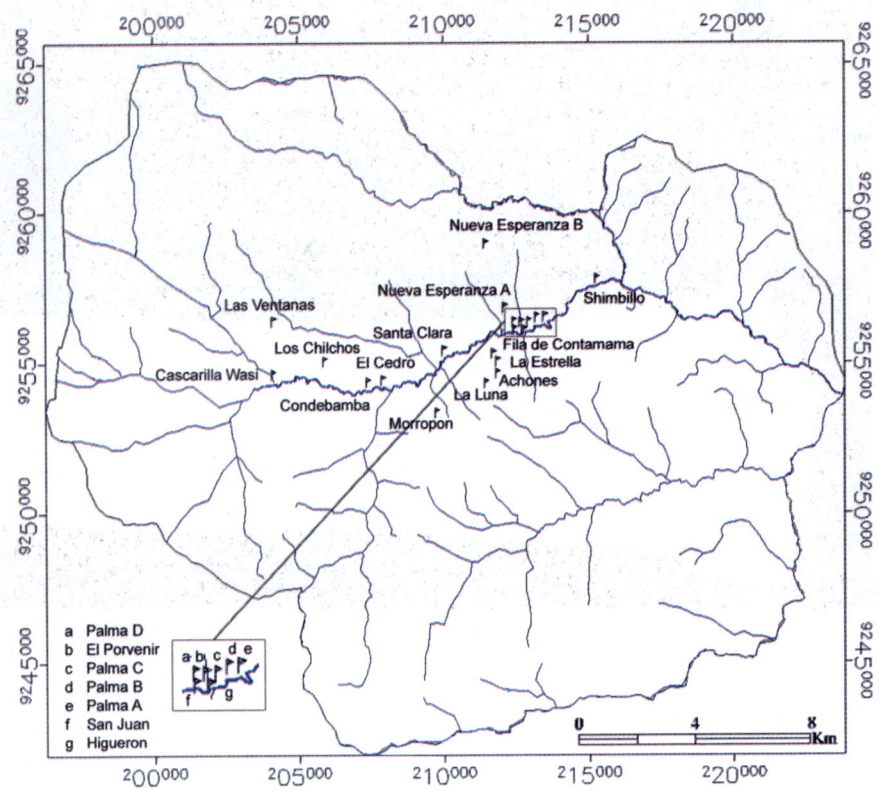

Fig 14. Mapa de los sitios arqueológicos en el Valle de los Chilchos. // Map of the archaeological sites in the Chilchos Valley.

casas, de tampus de menor escala y de los sistemas de andenes desde el Horizonte Medio hasta el Horizonte Tardío. Todas las ubicaciones son puestas en coordenadas UTM.

Nueva Esperanza A

Nueva Esperanza A está situado en el margen izquierdo del río de Chilchos, a los 9'257,483 N y 211,835 E a una altitud de 2012 m.s.n.m, c. 500 x 500 m.

En la espesura de la vegetación boscosa un sistema de andenería de piedras fue observado en la falda de un cerro que desciende en la dirección norte-sur. Los muros tienen una disposición de oeste a este y están acondicionados de acuerdo al relieve natural que conforma el cerro. En algunos casos adquieren una forma sinuosa y en otros son de trazo recto, que implica una longitud variable de cada terraza.

Fig 15. Andenes con piedras sobresalientes como escaleras del tiempo Incaico. Nueva Esperanza B. // Stone terracces with protruding stones as steps from the Inca period. Nueva Esperanza B.

Los muros de contención son construidos de piedra de, mampostería ordinaria, puestos con mortero de arcilla y están ligeramente inclinados hacia el interior dando una mejor estabilidad. La altura es muy diversa y esta en relación directa al desnivel del relieve natural entre 0,40 m y 0,80 m. El carácter de la construcción de los muros y la proximidad a las estructuras en Esperanza B indica que el sitio pertenece a la cultura Inca.

Nueva Esperanza B

Nueva Esperanza B esta ubicada hacia el norte del poblado de Los Chilchos en la margen izquierda del río, a los 9´258,776 N y 211,390 E a una altitud de 2345 m.s.n.m, c. 150 x 20 m.

El sitio esta muy destruido. Se trata de una concentración de estructuras dispuestas sobre un pitón rocoso alargado orientado de sur a norte y rodeado por andenes con piedras sobresalientes como escaleras (Fig. 15). El sitio esta flanqueado por dos quebradas que descienden de norte a sur.

Las estructuras presentan formas cuadrangulares y rectangulares,

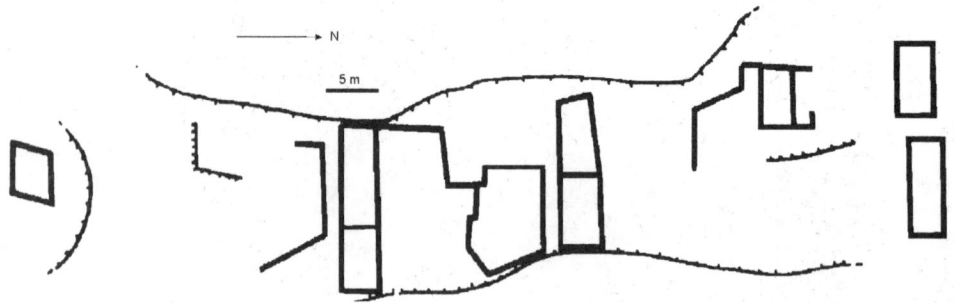

Fig. 16. Plano de Nueva Esperanza B.// Plan of Nueva Esperanza B.

variando sus dimensiones por la misma adecuación al relieve natural, con las medidas mínimas de 3.30 x 4.30 m y una máxima de 4 x 7 m (Fig.16). Todas estas estructuras fueron hechas sobre una serie de terrazas grandes y pequeñas, con lo cual existió un previo nivelamiento del área construida.

Los muros de contención alcanzan una altura irregular que fluctúa de 0.50 m hasta 2 m dependiendo del desnivel natural. Los muros muestran una mampostería simple, elaborado de piedras canteadas grandes y medianas (40 x 30cm y 30 x 25cm) unidas con argamasa. Las estructuras presentan muros de doble paramento con la misma mampostería obteniendo un ancho de 0.60 m y una altura de 1 m.

El sitio ocupa un lugar estratégico desde donde se podía dominar todo el valle de Los Chilchos, y tuvo una función habitacional durante la ocupación Inca.

San Juan a

San Juan queda cerca a la margen derecha del río y apenas a 20 minutos del poblado de Los Chilchos en dirección este y consiste de dos partes: San Juan a los 9˙255,922 N y a 212,600 E a una altitud de 1710 m.s.n.m. e Higueron (San Juan b). c. 40 x 40 m.

El sitio San Juan a tiene dos estructuras que fueron construidas en una área nivelada (Fig. 17). La estructura rectangular mayor (19 x 8.50 m) tiene su acceso hacia el lado sur, se le adosa por la esquina noroeste una pequeña estructura de forma rectangular de 6 x 5 m.

De la segunda estructura solo se ha podido registrar una esquina de piedras que se ubica en el extremo este, al parecer lo faltante ha sido destruido por los lugareños del valle.

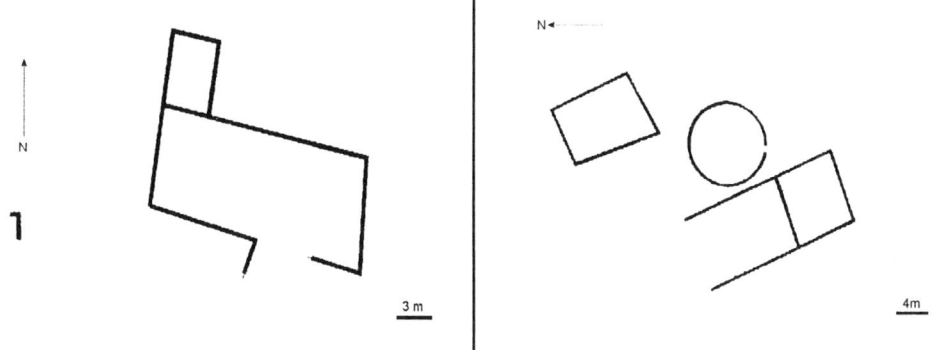

Fig. 17. Plano de San Juan a. // Plan of San Juan a   Fig 18. Plano de San Juan b. // Plan of San Juan b.

Los muros están construidos de piedra (piedras grandes y medianas) con mortero de barro, logrando un ancho de 0.70 m y una altura de 1.50 m. Es muy posible que existieran disposiciones de otras construcciones debido a que el sitio actualmente a quedado en medio de las chacras.

El sitio muestra características de una ocupación inca como un tampu, que integra la red vial inca de la margen derecha del río Chilchos.

San Juan b (Higuerón)

Conocido también, por los lugareños, como Higuerón, está situado aproximadamente a 100 m al este del sitio San Juan a, a los 9´255,898 N 212,730 E a una altitud de 1705 m.s.n.m, c. 50 x 40 m.

Tres estructuras son construidas sobre un promontorio amplio, donde hacia el extremo oeste en la densa vegetación se encontró una estructura rectangular con una longitud de 26 x 11 m. Adentro se encuentra una división interior y hacia el norte forma una estructura abierta (Fig. 18).

Al lado de esta estructura esta situada una estructura circular con un diámetro de 11 m con un acceso de 1 m en el lado sur. Hacia el noreste una estructura trapezoidal tiene las medidas de 11 x 9 m.

Los muros son construidos en piedra con una base de mayor proporción por piedras canteadas y en menor cantidad por canto rodado, unidos con mortero de barro. Los muros tienen una altura conservada de 1.20 m y un ancho de 0.80 m.

La presencia de la estructura circular y varias rectangulares indica que el sitio fue en sus inicios ocupado por los chachapoya y posteriormente por los incas.

Fig. 19. El camino Inca en Shimbillo con el borde construido con un pequeño muro de piedras. // The Inca road at Shimbillo constructed with a low stone wall on one side.

Shimbillo

Se registró una pequeña sección de un camino prehispánico en la margen izquierda del río los Chilchos a los 9˙257,606 N y 215,210 E, a una altitud de 1698 m.s.n.m.

El camino tiene una dirección este – oeste y se conserva alrededor de unos 50 m. El borde está construido con un pequeño muro de piedras y tiene un trazo recto, con un ancho de 3.30 m (Fig. 19).

Este camino se encuentra en varios tramos hacia el este hasta el río Tingo y hacia el oeste hasta el sitio Inca Cascarilla Wasi. Es uno de los principales caminos de la red vial Inca en este valle.

Santa Clara

El sitio contiene una gran extensión de andenería de piedra ubicada en el trayecto del gran camino Inca que se dirige a Cascarilla Wasi, y a 9˙255,227 N y 209,947 E a una altitud de 1649 m.s.n.m, c. 200 x 100 m.

Los andenes son construídos con muros de contención en forma ascendente, siguiendo la configuración del cerro. La espesa vegetación

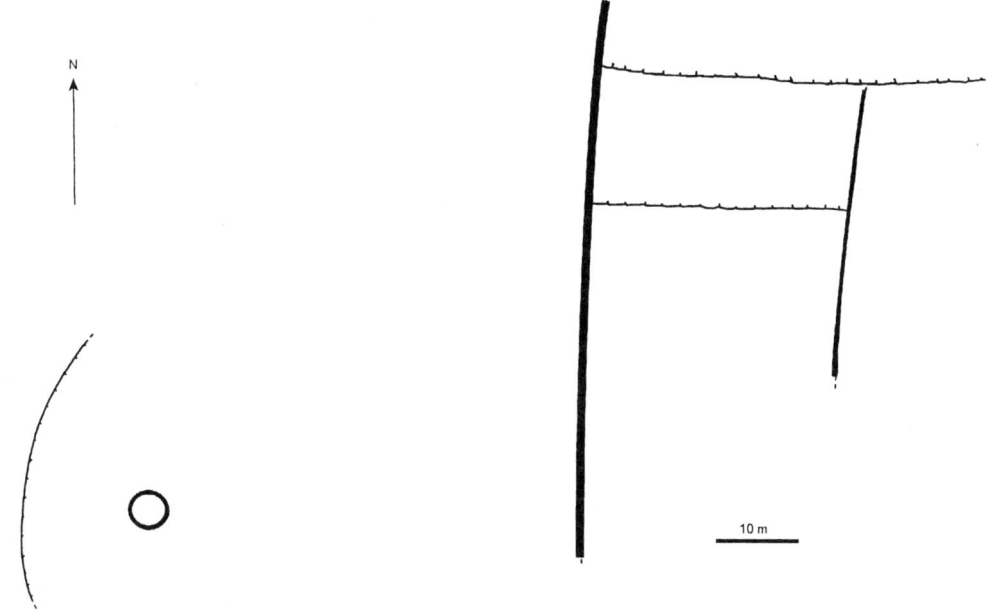

Fig 20. Plano del sitio arqueologico de Chilchos. // Plan of the archaeological site Chilchos.

reinante por esta parte del valle que aún no es muy explotado para el cultivo no ha permitido registrar todo este sistema de andenería, sino por grandes tramos. Los muros conservan alturas que varían de los 0.50 m a los 0.80 m.

La cercanía a los sitios Incas que existen por esta margen izquierda del río Chilchos indica la filiación cultural Inca.

El Cedro

Cedro es parte de una sección de los caminos Prehispánicos, ubicado en la margen izquierda del río Chilchos, a 9´254,241 N y a 207,845 E a una altitud de 1803 m.s.n.m.

El tramo de camino está formado en partes por pequeños muros que delinean una superficie horizontal y de fácil tránsito, sigue una dirección ascendente hacia el oeste. El ancho del camino en algunos tramos es de aproximadamente 3 m y un largo de 20 m. Este tramo es parte de la red de caminos durante la ocupación incaica en el valle.

Chilchos

Aproximadamente a tres horas y media a pie del poblado Los Chilchos en dirección oeste se encuentra el sitio Chilchos, a 9´254,866 N y 205,816

E y a una altitud de 2002 m.s.n.m, c. 140 x 50 m.

Chilchos comprende dos grandes áreas dividida s por un gran muro de aproximadamente 1 m de ancho y 1.5 m de altura (Fig. 20). Este muro corre de sur a norte dejando hacia el oeste una gran planicie nivelada que termina en su extremo en un muro de contención que sigue la dirección de una pequeña quebrada. Aquí se encontró una estructura circular donde se observa muros de 0.50 m de ancho y una altura de 0.80 m, probablemente se trata de los restos de una vivienda.

Hacia el extremo este del gran muro, diferentes andenes siguen la dirección oeste – este y en forma ascendente sur – norte. Algunos muros de los andenes alcanzan una longitud mayor a los 40 m y una amplitud de 15 m.

La presencia de una estructura circular nos indica la probable filiación cultural Chachapoyas.

Cascarilla Wasi

Cascarilla Wasi está ubicado en la naciente del río los Chilchos en su margen izquierda a 9´254,457 N y 204,053 E y a una altitud de 1997 m.s.n.m, (c. 120 x 90 m).

El sitio se emplaza en una planicie natural, situado hacia la margen izquierda de la quebrada San Juan. El sitio muestra un patrón Inca con una disposición de estructuras un poco dispersas (Figs. 21, 22).

En el norte se encuentra un baño de forma rectangular. El conducto que abastecía de agua al baño, está acondicionado en el muro norte a un metro de la superficie interior del baño, donde el agua fue canalizada en bloques de piedras tallados. Su drenaje no se identifico porque el piso estaba cubierto por abundante hojas secas y tierra. Presenta dos hor-nacinas de forma trapezoidal a ambos lados del conducto de agua, el del lado oeste mide 25 x 30 x 30 cm y el del lado este 30 x 40 x 30 cm (Fig. 23). Adyacente al este del baño y construído junto al baño compartiendo una pared con un acceso de 0.85 m, esta situado una estructura abierta con tres paredes.

A 15 m al sur del baño se localiza una edificación tipo kancha de 19 x 12 m. El patio de 12 x 6 m esta flanqueado en ambos lados por dos estructuras simétricas (8 x 6 m). Cerca de la kancha hacia el sur una estructura de 15 x 7 m., dividida por tres recintos simétricos se definió como un depósito (colca).

Un poco distante y al este de la kancha, se encontró una estructura

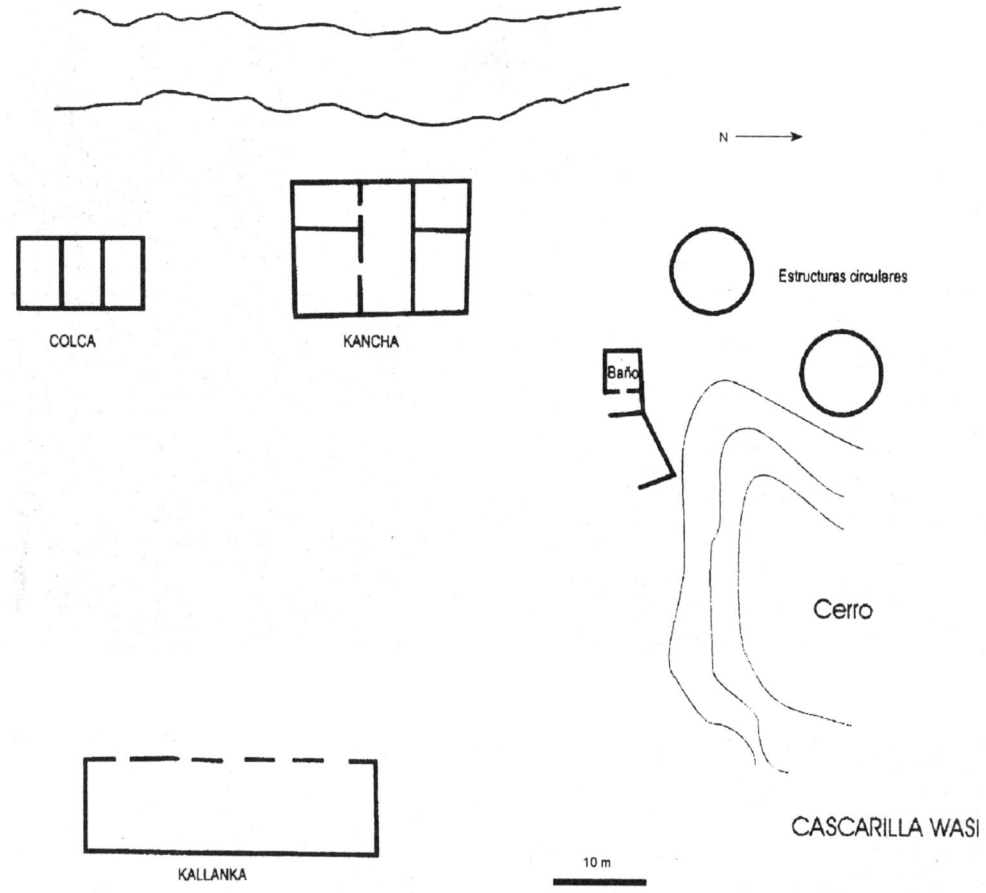

Fig. 21. Plan del centro administrativo Inca de Cascarilla Wasi. // Plan of the Inca administrative centre Cascarilla Wasi.

larga rectangular como una kallanka. La kallanka mide 33 x 9 m y tiene cinco entradas, dos de 1 m de ancho y tres de 2.50 m. ubicadas en el lado oeste.

Dos estructuras circulares con un diámetro de 8 m fueron localizadas al norte del baño. El baño muestra una mampostería de mejor acabado con piedras medianas talladas tipo lajas. Las otras construcciones son construidas en piedra con mortero de barro. Sus muros conservan una altura entre 0.60 m a 1.90 m con un ancho de 0.80 m.

La evidencia arquitectónica se define como una instalación administrativa menor Inca, con un patrón conformado por un baño, una kancha, una kallanka, posibles depósitos y áreas residenciales. Por su ubicación viene a ser un punto estratégico de control por donde ingresaba la gente

Fig. 22. Un ejemplo de uno muro exterior en la kallanka de Cascarilla Wasi. // An example of an exterior wall in the kallanka in Cascarilla Wasi.

Fig. 23. El baño Inca en Cascarilla Wasi. // The Inca bath or fountain in Cascarilla Wasi.

de esa época al valle de los Chilchos desde el oeste de Leimebamba.

El sitio se relaciona con la naciente del río de Los Chilchos (un sitio sagrado) y el camino Inca.

Nombramos el sitio Cascarilla Wasi por la existencia de un árbol solo de la cascarilla que encontramos al lado de una de las casas circulares.

Condebamba

En el camino al sitio Casarilla Wasi se ubica Condebamba a 9′264,167 N y 207,336 E y a una altitud de 1878 m.s.n.m. (c. 20 x 80 m).

El sitio se encuentra asentado en una planicie natural muy cerca del borde izquierdo del río Chilchos (Fig. 24). Encima de una plataforma rectangular de 20 x 15 x 2 m fue construido una estructura de forma rectangular de 17 x 14 m, que esta formada por dos compartimientos de 8.50 x 5 m y de 6 x 5.50 m, presenta su acceso en el lado sur, donde se aprecia una banqueta adosada a esta estructura y un patio abierto de 15 x 5 m.

Más al lado norte de la estructura principal, se registró un ángulo de una estructura de piedra lo que sugiere que existieron varios recintos en esta parte del sitio.

Respecto a su técnica constructiva todos los muros exhiben una mampostería de piedra mediante piedras canteadas (son cortadas pero toscamente) grandes y medianas con mortero de barro. La altura que conservan es de 1.20 m. Dicho sitio guarda una relación directa con el camino inca que atraviesa por el lado sur paralelo al río Chilchos. Condebamba es probablemente un tampu Inca al bordo de la margen izquierda del río Chilchos.

Palma A

Para la denominación de 4 sitios ubicados en la margen izquierda de río Chilchos que los lugareños no conocían su nombre, se les ha nombrado teniendo en consideración el nombre de la quebrada llamada Palma que figura en la carta Nacional 14-h (Palma A, Palma B y Palma C).

Palma A consiste de un sistema de andenes ubicado en la margen izquierda del río Chilchos a 9′256,364 N y 213,429 E a una altitud de 1692 m, c. 100 x 50 m.

Los andenes alcanzan una altura variable y son construidos de piedra con mortero de barro, formada por piedras grandes en su base. En uno de los andenes que alcanzaba una altura de 1.70 m se pudo observar en

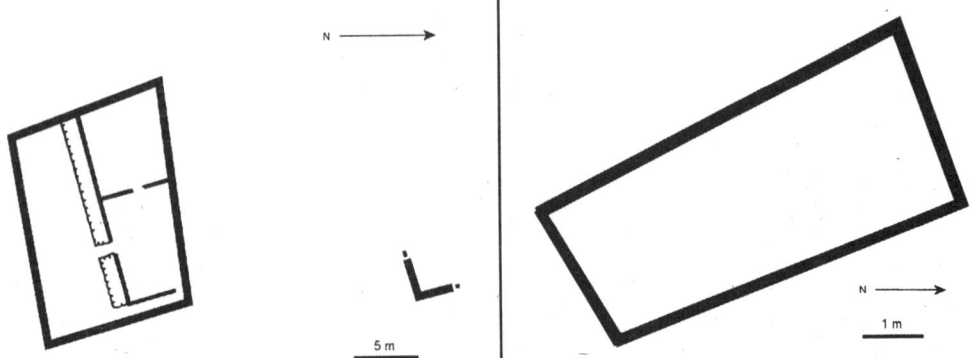

Fig. 24 Plano de Condebamba. // Plan of Condebamba.

Fig. 25. Plano de Palma B.// Plan of Palma B.

la superficie removida para el cultivo actual fragmentería de cerámica del tipo Inca, lo que nos estaría indicando que estos andenes tienen probablemente un origen Inca.

Palma B - Chasquitambo

Cerca al gran camino que viene del lado este con dirección oeste se ubica una estructura de forma rectangular y a 9´256,337 N y 213,148 E y a una altitud de 1706 m.s.n.m., c. 8 x 5 m.

La estructura mide 6 x 3 m, los muros alcanzan en la actualidad 0.45 m de altura y conservan un ancho de 0.50 m (Fig. 25).

Por su ubicación cercana al gran camino, forma y fragmentos de cerámica observados en superficie nos indica que se trata de una construcción del tiempo incaico. El sitio mantiene su nombre antiguo de Chasquitambo como el lugar donde pernoctaba el Chasqui.

Palma C

Hacia la margen izquierda del río Chilchos se encuentra Palma C, a unos 30 minutos en dirección este del centro poblado de los Chilchos, y a 9´256,185 N y 212,879 E y a una altitud de 1712 m.s.n.m., c. 20 x 12 m.

Tres estructuras de forma circular de aproximadamente 4.30 m de diámetro promedio, son situadas en una planicie natural (Fig. 26). El sitio esta muy destruido y cubierto por vegetación; de las estructuras solo quedan pocas piedras en su base. Pertenecen a la cultura Chachapoya.

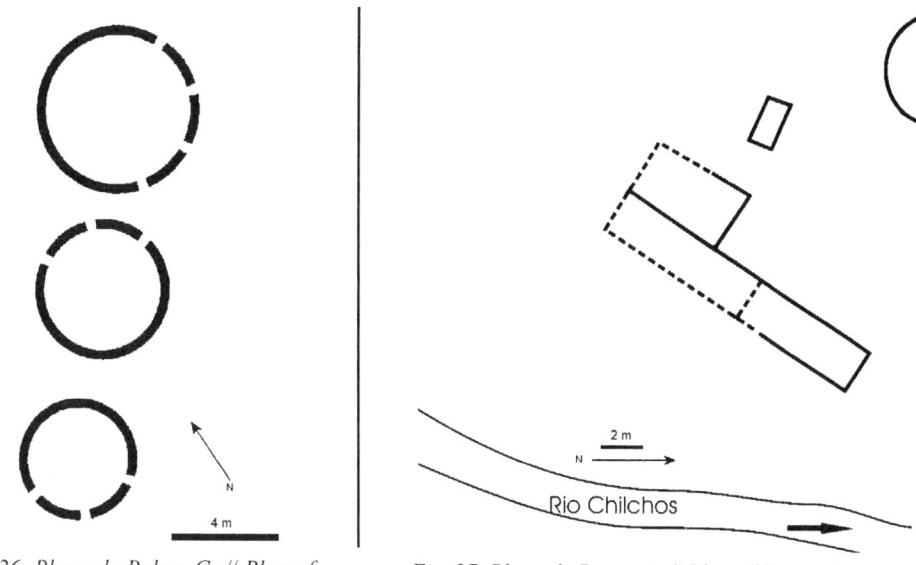

26. Plano de Palma C. // Plan of Palma C.

Fig. 27. Plano de Porvenir. // Plan of Porvenir.

El Porvenir

El Porvenir, está ubicado en la margen izquierda del río Chilchos a 9˙256,170 N y 212,612 E y a una altitud de 1707 m.s.n.m, c. 60 x 50 m.

El sitio está compuesto por tres estructuras de diferentes dimensiones.

Una de forma rectangular dividido en dos ambientes, 16 x 4.50 m y 13 x 4.50 m y un adosamiento de otra en su extremo sur de 10 x 6 m. Una segunda pequeña, de forma rectangular y de 4.60 x 2.60 m. Los muros de las estructuras rectangulares tienen un ancho de 0.50 m y alcanzan una altura promedio de 0.80 m.

La tercera estructura presenta una forma circular y es de gran tamaño, 11 m de diámetro, alcanzando los muros un ancho de 1.10 m y conservando una altura de 0.80 m (Fig. 27).

El sitio está muy disturbado y al parecer hubo más estructuras cuadrangulares y circulares anteriormente. Restos de los muros desmontados son las piedras amontonadas encontradas en varias partes de este sitio, la gente de Los Chilchos dicen que este lugar sirvió de cantera para sacar piedras y construir su puente.

La forma de sus estructuras tanto circulares como rectangulares indica la ocupación que tuvo el sitio durante la cultura Chachapoya y

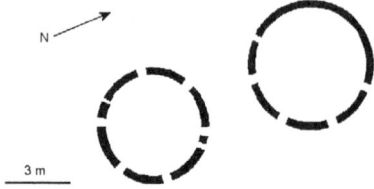
Fig. 28. Plano de Palma D. // Plan of Palma D.

posteriormente Inca.

Palma D

Palma D es un sitio casi totalmente destruido en 9'256,185 N y 212.366 E y una altitud de 1707 m.s.n m. c. 20 x 15 m.

Una estructura circular aproximadamente de 6.60 m de diámetro fue observada en una planicie de una vegetación secundaria densa. El muro solo se observa por tramos y de una sola hilada. Los muros restantes de casas circulares disturbadas pueden todavía ser observadas muy dispersas (Fig. 28).

En el sitio se puede ver claramente que anteriormente ha sido cultivado

y las piedras quitadas para la construcción de los cercos de los actuales linderos de los terrenos de cultivo. La forma característica de las estructuras en forma circular nos indica una ocupación Chachapoyas en el sitio.

Morropón

A dos horas y media a pie desde el poblado de Los Chilchos se encuentra Morropón, en la margen derecha del río Chilchos, a 9'253,203 N y 209,602 E y a una altitud de 2285 m.s.n.m. (c. 60 x 60 m).

Cuatro estructuras circulares están dispuestas en un pitón rocoso que asciende de nor este a sur oeste. Previo a las construcciones hubo un proceso de nivelamiento de la superficie original, a través de un sistema de terrazas o plataformas que alcanzan áreas muy diversas 10 x 7 m a 10 x 12 m., con alturas irregulares que van desde los 0.60 m hasta los 1.20 m (Fig. 29).

Las estructuras circulares tienen un diámetro de 4 a 5 m con los muros de doble paramento con piedras canteadas grandes y medianas unidas con argamasa, muestran un ancho de 0.60 a 0.80 m y una altura de 0.50 a 0.70 m.

Todo lo observado en este sitio es evidencia de una ocupación Chachapoyas.

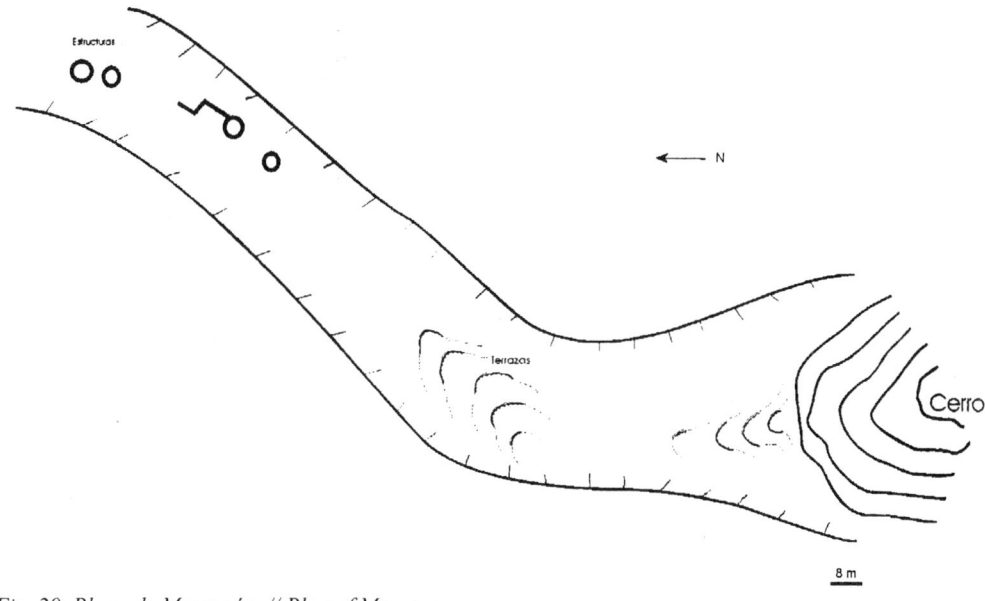

Fig. 29. Plano de Morropón. // Plan of Morropon.

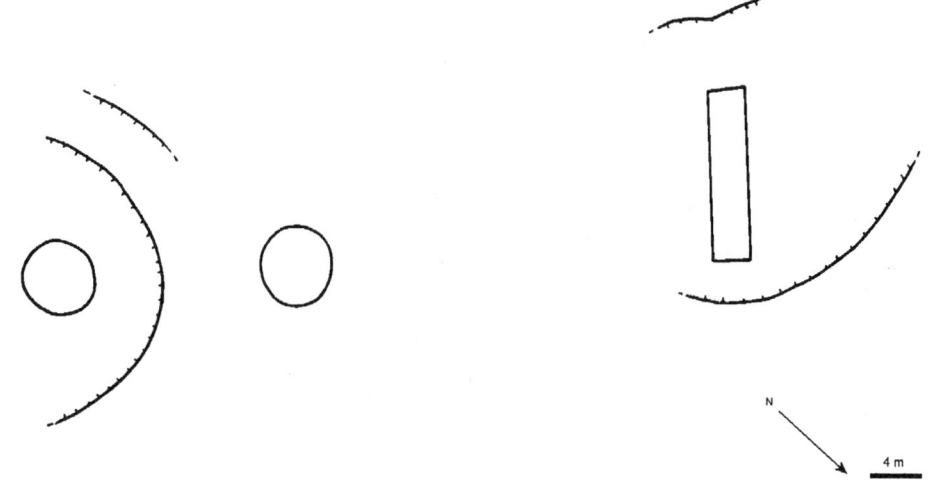

Fig 30. Plano de La Luna. // Plan of La Luna (the Moon).

La Luna

La Luna, está ubicado en la margen derecha del río Chilchos, emplazado en la cima de un cerro que se extiende en sentido sur este – nor oeste, desde donde tiene un control y panorama de todo el valle, a 9˙254,135 N y 211,266 E y una altitud de 2334 m.s.n.m. (c. 50 x 100 m).

La cresta del cerro fue modificada a partir de una serie de terrazas

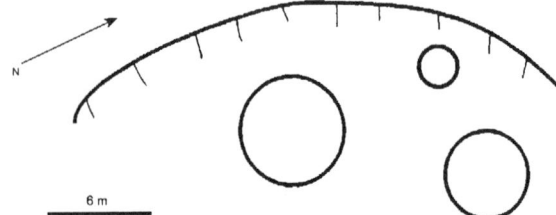

Fig. 31. Plano de La Estrella. // Plan of La Estrella (the Star).

de diversas amplitudes, sobre la cual se construyeron dos estructuras circulares de 6 m de diámetro y una estructura rectangular de 13 x 3 m (Fig. 30).

Los muros fueron construidos de piedras unidas con mortero de barro, configurando una mampostería ordinaria que alcanzo una altura conservada de 0.60 m con un grosor de 0.50 m.

La Luna pertenece a la ocupación de la cultura Chachapoya.

Achones

Este sitio se encuentra cerca al sitio la Luna a 9˙254,463 N y 211,788 E y a una altitud de 2486 m.s.n.m

Achones es un sitio formado por un sistema de andenería de piedra hecho con muros de contención de variada longitud y altura. Los andenes siguen la topografía del terreno que es algo empinado con dirección a la parte alta del cerro.

Los muros están totalmente cubiertos por la espesa vegetación existente, pero se nota el gran número de estos andenes que se extienden por toda el área. La cercanía al sitio la Luna indicaría que los andenes pertenecen a la cultura Chachapoya y siguieron en uso durante la ocupación Inca.

La Estrella

La Estrella se encuentra a 9˙254,868 N y 211,660 E a una altitud de 2160 m.s.n.m. Construcciones circulares son construidas sobre una plataforma nivelada de 12 de ancho formada por un gran muro de contención que conserva mas de 1.50 m de altura.

Sólo se observan tres estructuras circulares en la espesa vegetación, sus muros conservan una altura menor a los 0.70 m y tienen un diámetro de 2.5 m la menor y 6 m la mayor (Fig. 31). El sitio pertenece a la cultura Chachapoya.

Fig. 32. Estructura funeraria de forma rectangular fue construida con piedras unidas con argamasa de barro en una abertura natural de una gran roca. // A rectangual burial chamber of stone was constructed at a natural opening of a great rock.

La fila de Contamana

Se ubica en la margen izquierda del río Chilchos camino al sitio La Luna a 9´255,121 N y 211,660 E y a una altitud de 2005 m.s.n.m.

Compuesta por una construcción funeraria de forma rectangular fue construída con piedras, unidas con argamasa de barro en una abertura natural de una gran roca. El muro frontal de esta construcción en parte se encuentra destruído, lo que ha permitido observar al interior de esta, restos óseos humanos y algunos fragmentos de cerámica del tipo aríbalo perteneciente a la época incaica. El lugar, actualmente viene siendo utilizado como cueva para albergar a los cazadores que frecuentemente pasan por este lugar (Fig. 32).

En un área grande natural y plana, cercana de esta estructura funeraria se ubican dos estructuras circulares que tienen un diámetro de aproximadamente 10 m. Los muros tienen un ancho de 0.60 a 0.80 m y conservan una altura promedio de 0.60 m (Fig. 33). Pertenecen probablemente a la cultura Chachapoya.

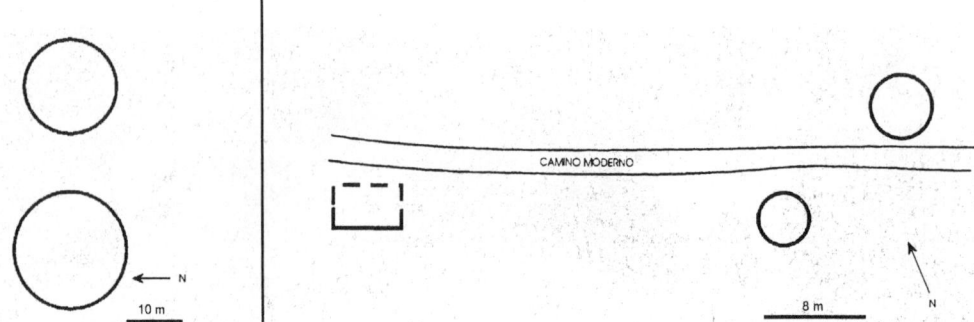

Fig. 33. Plano de Contamana. // Plan of Contamana.

Fig. 34. Plano de Las Ventanas. // Plan of Las Ventanas (the Windows)

Las Ventanas

Las Ventanas es fácilmente observable cuando uno transita por el camino Chilchos -Leimebamba, se ubica a 9˙256,221 N y 204,073 E y a una altitud de 2557 m.s.n.m. c.45 x 15 m.

El sitio conserva dos estructura de forma circular de diámetro promedio de 5 m. y sus muros un ancho de 0.50 m y una altura de 0.50 m. También se ve una parte de una esquina de una estructura cuadrangular cuyo muro tiene un ancho de 0.50 m y una altura de 0.60 m (Fig. 34).

El camino de Leimebamba a Los Chilchos cruza por el centro de este sitio y según información de los lugareños varias de las estructuras fueron desmontadas para la construcción de este camino.La presencia combinada de construcciones circulares y rectangulares indican una ocupación Chachapoyas e Inca.

Discusión

La investigación arqueológica ha confirmado la filiación cultural de los sitios por los chilcho/chachapoya así, mismo la fuerte presencia de los incas en la región, como también ha sido demostrado anteriormente por nuestras investigaciones. (Schjellerup 1997, Schjellerup et al. 1999, Schjellerup et al. 2003).

Se debe tener en consideración que solamente los rastros visibles de la arquitectura de piedra han sido registrados; pero en este clima más caliente los asentamientos Pre-Hispánicos fueron construidos indudablemente más de material perecedero, como hoy donde la mayoría de las casas de los campesinos se hacen de madera o de muesca. La mención de galpones en el período colonial temprano (véase el capítulo siguiente) también indica la relación de una particular tradición de la selva donde las casas comunes o galpones fueron construidos de madera y de hojas de palmas. Excavaciones alrededor de los sitios arqueológicos y en áreas llanas revelarían indudablemente hoyos para postes de las casas de los campesinos y de galpones.

De esta manera, muchos de los sitios al parecer pequeños eran probablemente mucho más grandes. La mención de cinco guarangas (5,000 tributarios) bajo el cacique principal don Hernando Chilchos a la hora de la conquista española (A 585 f 97v) sugiere más asentamientos y casas residenciales que no hayamos tomado, incluso en cuenta un área más grande del cacicazgo de Los Chilchos.

Muchos de las instalaciones de menor importancia combinan construcciones chachapoya con arquitectura incaica, probablemente para los propósitos de control. Solamente Cascarilla Wasi demuestra características de un modesto centro administrativo Inca con el patrón característico de casi todos los sitios Inca en la región, con un baño del inca, una kallanka y una construcción del tipo kancha.

La cantidad de terrazas en las laderas de los montes son testigos de un uso intensivo en el valle fértil de Los Chilchos el cuál dio excelentes condiciones para la agricultura como el cultivo de maíz y la producción de algodón (continuándolo en el período colonial).

Caminos interconectados Pre-hispánicos recorren a través de todo el valle; los incas hicieron buen uso del valle como una de las entradas más importantes a la tierra adentro. El capac ñan fue al camino principal del inca al sitio Inca Llacta y de allí siguió más lejos con dirección al este (Schjellerup et el al. 2003). Había un alto grado de comunicación entre los Andes y la selva hasta el final del siglo decimosexto.

Capítulo 3

El tiempo colonial

Las fuentes históricas

La investigación etnohistórica sobre la historia de los chilcho es un proceso desperdiciador de tiempo. Solamente últimamente nuevos documentos de los archivos están comenzando a aparecer. Publicaciones de los chilcho son pocas y difíciles de encontrar.

La fuente histórica existente más antigua que menciona el nombre de Chilcho es una carta del conquistador Francisco Pizarro dirigida a Alonso de Alvarado, uno de sus capitanes. Alvarado realizó su primera invasión a la provincia inca de Chachapoyas en 1535 y dio un informe sobre estas tierras a Francisco Pizarro en Lima. La carta está fechada el 14 de enero de 1538 (A 585 f 112 r. Publicado por Espinoza Soriano 1967:284).

En esta carta menciona los nombres de los caciques principales:

"... el cacique principal de Los Chachapoyas que se llama Guamán, con todos sus indios principales e pueblos e subjetos. Y asimismo el cacique de Chilcho, con sus indios e principales e sus subjetos...." (Schjellerup 1997:25, 76, BNL A 585 f 111v, 112r).

El territorio de los chilcho

En los 1540s en la primera época del tiempo colonial los chilcho son mencionados como parte del Encomienda de Chilcho y Laja. Los dos nombres sugieren la interpretación que el curacazgo fue divido de acuerdo con el modelo socio-económico en el sistema andino dual de sistemas de moieties. El curacazgo con sus alianzas, aparentemente abarco un territorio extenso ya antes mencionado que iba desde el valle de Los Chilchos (aproximadamente 1600 m.s.n.m.) en dirección oeste, y hasta el noreste hacia una etnia llamado los poci's o posics. Una localidad conocido como Laja y un poco más al noreste se encuentra un sector todavía llamada Posic, donde dicen que se encuentra los restos de un pueblo antiguo situado en el distrito de Omia cerca el caserío de Nuevo Chirimoto (Davis 1988:51, Alfonso Saldaña comunicación personal 2004).

Waldemar Espinoza en su libro *" Juan Pérez de Guevara y la historia de Moyobamba Siglo XVI*" (2003) ubica el pueblo de Posic cerca Rioja, porque un pueblo con el mismo nombre se encuentra actualmente en un mapa contemporáneo, pero este Posic esta demasiado lejos del valle de Los Chilchos. En los documentos publicados en su libro se dice que el pueblo de Posic es situado algo de tres leguas de los orimona de la Sierra. Una Santa Rosa de Orimona se encuentra en el mapa contemporáneo algo de 5 Km desde Moyobamba pero el antiguo pueblo se llamó San Miguel de Orimona.

Los españoles consideraron los posic como un grupo menos civilizados que los chilcho y para incitar " el proceso de civilización" los posic fueron colocados administrativamente bajo la custodia de don Gómez de Toledo, cacique de los chilcho (Espinoza Soriano 2003:70,81) pero los chilcho fueron aliados probablemente con el posic para conseguir acceso y productos de la selva. Espinoza Soriano menciona los contactos y conflictos frecuentes entre los diferentes grupos de los chilcho, posic y orimona más al nororiente, debido al presión política y económica de los españoles. Y según parece una cierta tensión con agresiones y invasiones siempre estuvo latentes entre los posic y los orimona desde los tiempos pre-hispanicos.

Los topónimos de Laja, Posic y de los pueblos de Ipapuy, Ipoala y de Jibil no son encontrados en ningún mapa contemporánea. Otros grupos de ceja de montaña vivían a lo largo del Río Huambo, un tributario del Río Huayabamba durante el mismo período (Schjellerup et el al. 2003).

Consecuencias de la política administrativa española

La política colonial española tuvo severas consecuencias para la gente de Los Chilchos, consistiendo principalmente en las instituciones de encomienda/corregimiento y la política de reducciones, al lado de un decrecimiento significativo de la población debido a diversas epidemias como: sarampión en 1546, viruela y sarampión en 1558-59, viruela en 1585-1591 (Fig. 35) y otras epidemias posteriores (Dobyns 1963). La declinación de la población fue muy rápida y Cook registra particularmente que la región de Chachapoyas escalonó áreas del derrumbamiento demográfico (Cook 1981:195).

La encomienda fue una unidad política y económica que la Corona Española otorgaba a conquistadores (por sus meritos) y a sus descendientes por dos o tres generaciones. La característica más importante de esta institución consistía en recibir un cierto número de indios en encomienda, es decir "en custodia" para emplear su trabajo de forma gratuita en la

Fig. 35. Yndio con viruelas,, Martinez Compañon c. 1787. // Indian with small-pox, Martinez Compañon, c. 1787.

extracción del tributo. El encomendero era responsable por el buen trato hacia los indios y de su educación en la fe cristiana. La encomienda no otorgaba ningún derecho de propiedad o derecho de uso sobre la tierra. La Corona Española era la dueña soberana de toda la tierra.

La ley española que prohibía a los encomenderos vivir entre "sus" indios, con frecuencia no se cumplía. Los caciques indios recibían el título de "don" y estaban exentos de pagar tributo y *mita* (trabajo forzado) por razón de estatus, pero estaban obligados a recolectar el tributo de sus súbditos y de reclutarlos para la mita, además de atender al cultivo de las tierras (Schjellerup 1997:80).

Sin embargo, los caciques podían enviar sus demandas legales directamente a la Audiencia de Lima y así eludir la autoridad del corregidor la cual era su autoridad superior inmediata (Rowe 1957:157). Esto fue exactamente lo que los emprendedores caciques del Repartimiento de Leimebamba-Cochabamba hicieron, tal como lo veremos más adelante.

Cambios dramáticos nuevos ocurrieron del final del 1560s debido a las varias reformas del Virrey Francisco de Toledo (1569-1581).

Entre sus distintas reformas se incluía la ley que autorizaba las reducciones, la más radical de todas las medidas la cual ordenaba el reasentamiento de la población nativa fuera de sus pueblos o de su disperso hábitat. La población fue ubicada en nuevos pueblos, trazados según el patrón de un damero, con una iglesia y una plaza abierta. La cantidad de población dependía de los recursos con los que contaba para la manutención de un sacerdote y alcanzaba, aproximadamente, hasta cuatrocientos indios tributarios por doctrina (Romero 1921:174). El propósito era facilitar la administración política española, especialmente en la recolección del tributo y la evangelización. Los problemas ocasionados por los reasentamientos fueron muy numerosos: se ignoró a los grupos étnicos y los grupos de parentesco, se dividieron las unidades políticas, quebrándose la autoridad de los jefes étnicos (Schjellerup 1997:81).

En la provincia distante de Chachapoyas solamente las doctrinas con un sacerdote fueron establecidas en los pueblos reducidos más grandes.

Los primeros encomenderos y los caciques

En la provincia de Chachapoyas el capitán Alonso de Alvarado fue el primer encomendero de Leymebamba, Cochabamba y los indios de Los Chilchos, cuando él dejó Chachapoyas alrededor de 1546 el cacique Guaman ya había muerto y su sucesor el cacique Alonso Quinyop se menciona como cacique de los indios de la sierra con 1000 tributarios mientras que el cacique Chilcho, Señor de los Ancingas (Anayungas) tenía 1500 tributarios (Duthurburo 1986:145). La encomienda de Alonso de Alvarado fue entregada el 27 de agosto de 1548 por un decreto de La Gasca.

"Encomyendo que bos el dicho capitán Juan Pérez de Guevara los caciques pueblos principales e yndios serranos yungas naturales y mitimaes e chontales que tuvo encomendados el mariscal Alonso de Alvarado en términos de la ciudad de la frontera de los Chachapoias según que los a tenido y poseído y al presente los tiene y posee por cédula y encomienda del marqués e governador don Francisco Pizarro .." (AGI Patronato real

Fig. 36. Danza de Monos, Martinez Compañon c. 1787. // The Dance of the Monkeys, Martinez Compañon c. 1787.

123 Ramo 4:59r).

El mismo año en una ceremonia realizada el 8 de noviembre de 1548 en la ciudad provincial de Chachapoyas, El capitán Juan Pérez de Guevara tomó la posesión de la Encomienda de Leimebamba, Cochabamba y Chilchos después de Alonso de Alvarado. Aquí el cacique Quinyop está otra vez es nombrado como al cacique para los indios nativos de la sierra y el cacique Chilcho se menciona no solamente como Señor de los Aneyungas naturales y mitimaes sino también como Señor de los Chontaces (AGI 123:51v) (Fig. 36).

En 1554 llegó a la encomienda de capitán Juan Pérez de Guevara de Leimebamba y Cochabamba, el Padre fray Juan Ramírez uno de los primeros Agustinos, fundando el convento San Augustín de Leimebamba. Él continuó hacia Moyobamba probablemente siguiendo los caminos de la rivera de los ríos al este del río del Valle de Los Chilchos. Gracias a los Agustinos tenemos una muy viva y veraz descripción de esa parte de la región de Chachapoyas, ellos destacan el peligro de viajar a estos lugares debido a la presencia de muchos jaguares. El peligro de los jaguares también es mencionado más adelante por los orimona (Espinoza Soriano 2003:135), actualmente este problema subsiste para los habitantes de la región (Schjellerup et el al., 2003).

" *Tierra muy áspera y de gran humedad, que todo el año no hace sino llover, y por esta causa los indios tienen sus casas edificadas en las cumbres de las cuestas y altos, unas casas redondas: llegan casi a los Motilones, y cerca de allí es cosa de notar que hay unos indios que se llaman los Chalchos [Chilchos] todos ellos y ellas con grandes paperas*".(Los primeros Agustinos [1550-1570] 1916:56).

Las grandes paperas se originaron probablemente por la carencia de yodo en su dieta alimenticia, desarrollándoles el bocio.

El terreno montañoso áspero en la ceja de selva y el clima lluvioso solamente deja algunos de los valles y áreas más pequeñas convenientes para el cultivo de productos agrícolas e industriales.

La gente de Los Chilchos experimentó una carga muy pesada y con experiencias traumáticas durante el período colonial. El primer encomendero, Alonso de Alvarado forzó a los chilcho ha trabajar en las minas de oro de Santo Thomas de Quillay como mitimaes, probablemente continuando la demanda de trabajo del tributo de los incas. Sin embargo Juan de Guevara reconoció probablemente el trabajo poco productivo de los chilcho en las minas, donde sufrían las inclemencias del clima frío de la sierra, quienes para escapar el trabajo duro huyeron lejos en la montaña, así que él decidió regresarlos a su lugar del origen (Espinoza Soriano 2003:53, desafortunadamente no hemos podido verificar el texto en el documento original como la ubicación del documento es desconocida).

Juan de Guevara se percato que indudablemente era mucho más rentable para él, forzar a los chilcho para que le paguen sus tributos en paños de algodón y otros productos encontrados en el valle de Los Chilchos.

Disminución de la población

En aquella época la población ya había sufrido una disminución importante a partir del período del inca alrededor de 1530, donde la parcialidad de los chilcho con el cacique principal don Hernando Chilcho se dice había tenido 5 guarangas (5000 tributarios/ 35-40.000 personas).

"Dixeron que dela parcialidad delos Chilchos es cacique prencipal don Hernando Chilcho quesolian ser cinco guarangas, y que agora no ay mas delos yndios con tenydos enesta visita el qual posee/ el dicho cacicazgo por executoria que tiene de tiempo de diez y seis años aesta parte. Y que en ellos ay seis principales emas otros tres queson nuebe por todos los quales dichos prencipalazgos poseen/ sinque nadye delos pida y que notienen entre ellos diferencias sobre ellos /" (A 585:97v).

- *"llegando hasta 1500 tributarios durante el encomendero Alvarado en 1546 y solamente 1000 tributarios más adelante bajo el encomendero Juan Pérez Guevara"* (Espinoza Soriano: 71).

Las enfermedades europeas introducidas ya antes mencionadas eran las responsables para la gran pérdida de gente junto con un cambio del clima de la llamada "La pequeña edad de Hielo" que pudo haber originado problemas para el crecimiento de ciertos productos en los valles calientes del yunga.

Las dificultades para estimar el número correcto de los habitantes en los períodos prehispánico y español temprano, han sido abordadas por distintos autores. Ellos han llegado a diferentes conclusiones con relación al número de personas vinculadas al tributario, y que nos permitiría calcular la cantidad de la población total del Perú en diferentes épocas. Rowe ofrece un factor de 5, Smith de 9, Cook propone entre 5 y 9 y Golte 6 (Rowe 1946:264, Smith 1970, Cook 1970, Golte 1973:265).

De acuerdo con la idea de que una familia tiene 3-4 niños y abuelos que sugeriré un número entre 7 y 8, que significa que el número total de habitantes en Los Chilchos, (incluyendo los laja, los chontaces, y los posic) pudo haber alcanzado a 7-8.000 personas durante los primeros años de Juan Pérez de Guevara.

Los acontecimientos en Los Chilchos

En Los Chilchos el encomendero Juan Pérez de Guevara colocó un Francisco Menacho como mayordomo a partir de diciembre de 1548 a abril o a mayo de 1550 para supervisar el cultivo y la fabricación de los textiles del algodón, también para controlar el pago del tributo que se transferirá a su casa en Chachapoyas. Durante una rebelión e invasión de los posic en el Valle de Ipapuy en 1549 el Corregidor de Chachapoyas don Gómez de Alvarado, forzó a Juan de Guevara para tomar la acción contra las partes implicadas, mientras que perteneció todo a su encomienda en aquella época. Él fue con diez españoles entre ellos un Francisco Menacho y una gran cantidad de gente de Leymebamba y de Los Chilchos (Espinoza Soriano 2003: 69).

El resultado de la expedición llegó a ser muy violenta y varios de los caciques de Posic fueron matados. Antes de volver a Los Chilchos, a Francisco Menacho le ordenaron que instale una estancia de criar chanchos en Posic. Los chanchos debían ser alimentados por el maíz, una cultivo que le enseñaron a los Posic, maíz que sirvió no solo para alimentar los chanchos si no también para pagar como tributo.

Al inicio solamente se uso el maíz para el pago de tributos, pero después se incluyeron los textiles de algodón. Un tal Francisco Jara fue nombrado como mayordomo a cargo de educar los posic en la fabricación de textiles en la forma de mantas, camisetas y llicllas. Otros cinco españoles se establecieron en Posic y vivieron a allí hasta 1556. (Espinoza Soriano 2003: 70. 112).

Las excesivas cantidades de 900 piezas de ropa de algodón, 150 panes de cera, 2800 canutos de miel, 5510 ovillos de hilo de algodón, 594 petaquillas de pescado seco, 1054 aves de Castilla, 20 fanegas del maíz, 33 vigas, de 46 troncos de la palma de la chonta, 50 tablas y de 2 camas de madera fueron exigidas del encomienda de Chilcho y Laya a partir de 1548 – 49, y dichas cantidades se incrementaron en los años siguientes (Espinoza Soriano 2003:81).

Los mayordomos recibieron la parte de su pago en los textiles, los que podían venderlos. En aquella época, La Gasca todavía no había proporcionado ninguna regulación sobre la cantidad de tributos que se podría exigir de la gente indígena, entonces los encomenderos tenían la libertad de usurpe los indios pobres, incluso cuando las nuevas regulaciones de la valuación vinieron en fuerza en 1561, Juan Pérez de Guevara se negó a obedecer. Éste se convirtió en la razón de un pleito muy serio en la Audiencia de Lima, iniciada por los caciques de Leimebamba y de Los Chilchos en 1564, donde como se menciona posteriormente, Pérez de Guevara fue finalmente confinado en la cárcel, por un periodo muy breve.

En estos años Juan Pérez de Guevara había podido recoger 5077 piezas de algodón, la mayor parte teñido, 394 panes de cera, 7735 canutos de miel, 5610 ovillos de hilo de algodón, 4400 petaquillas de maní, 660 petaquillas de pescado seco, 510 aves de Castilla, 5000 piedras de sal, 90 fanegas del trigo y 200 fanegas del maíz y más 60 cargas de chonta y 6 petacas de cobre para clavos (Espinoza Soriano 2003:112,119)

El algodón natural de Los Chilchos tenía muchos colores que variaban del blanco al marrón (basado en una colección actual pero ellos pueden haber tenido otros colores también) porqué la entrega del paño del algodón como tributo no se podría dar en solamente en un color. Mientras que según parece los españoles en las ciudades mayores en el Perú prefirieron solamente blanco, los chilcho tuvieron que teñir su algodón a un color (el marrón ¿) para poder satisfacer al encomendero, porque el algodón teñido tenía un mejor precio en el mercado. En el pleito en la Audiencia de Lima los chilcho mostraron estar en contra de teñir su algodón y pedían que el encomendero aceptara los diversos colores del algodón natural (Espinoza Soriano 2003:112).

El encomendero con insaciable avidez ordenó a su hermano Francisco de Guevara (1561) viajar con un grupo de los chilcho, de los laya y de los posic (bajo los caciques de don Pedro Matoche, cacique de los chilcho, don Gómez Atilao, cacique de Laya, don Cristóbal Colimbo de Ipaola y don Juan, don Diego y don Pedro, caciques de Posic) para atacar los orimona, un grupo étnico más lejos al noreste como hemos dicho antes. Los orimona formaron probablemente dos grupos los de la Sierra y los del Valle.

El asalto fue muy cruel, se desarrollo usando perros de la caza y machetes y casi exterminando a toda la población. Sus casas y chacras fueron quemadas, solamente algunos de los heridos fueron llevados a Posic. Un testigo declaró luego que el ataque había sido realizado solamente por el pedido del cacique de Chilcho, que sustentó que el clima en Los Chilchos era demasiado frío para el cultivo del algodón (época de la edad Pequeño de Hielo) y no tenían ninguna cera.

La razón expuesta es que los los orimonas no desearon cultivar algodón, pese a tener el clima ideal para el desarrollo de esta planta, entonces como los chilcho tenían que cumplir con el tributo, fueron obligados a invadir este territorio para sembrar algodón.

Juan Pérez de Guevara forzó probablemente algunos de los chilcho, de los laya y de los posic como mercenarios, y con la ayuda de su hermano entro en guerra contra los orimona porque deseaba incluir esta área en su encomienda para conseguir más algodón. Uno de los problemas fue que la administración política de Chachapoyas y de Moyobamba, donde la encomienda de Pérez de Guevara con Leymebamba, Cochabamba y Chilchos (incluyendo Laja y Posic) perteneció a Chachapoyas y los orimona de la Sierra pertenecía a Moyobamba. Otro problema fue que Juan Pérez de Guevara poseyó una influencia local abrumadora de poder y podía manipular, amenazar y violar a la gente indígena causando tanto temor que nadie tomó acción contra su contra, hasta el pleito en 1564 y otras quejas (Schjellerup 1997).

Basado en la descripción del resultado del ataque se parece que el ataque estaba contra los orimona de la sierra como fueron robadas 100 llamas, muchas mantas, ropa, cierta cantidad de ovillos de algodón (si no crecieron algodón?) muchas cerbatanas, macanas, redes de la caza (para los pájaros) y un montón de cuyes (Espinoza Soriano 2003:125).

Otro Jara, Enrique, hermano a Francisco Jara, fue colocado por Pérez de Guevara para distribuir la tierra de los orimona en nuevas chacras de algodón y para asegurar la recolección de tributos. Este cometió una serie de crueldades contra la población de los orimona, ayudado por algunas personas de los chilcho, de los lajas y de los posic durante los próximos seis años a pesar de los reclamos de los encomenderos de los orimona, que vivieron en Moyobamba. Los asaltos por los laya y los posic contra los orimona continuaron hasta los 1570s.

Espinoza Soriano enumera las quejas de los caciques don Hernando Chilcho de los chilcho y don Alonso Lonquín de Leymebamba junto con don Diego Capilayo, principal de los posic, don Cristóbal Colimba, cacique de Ipoala y don Francisco Unpuancho. Ellos llevaron el pleito a la Audiencia de Lima en contra de su encomendero Juan Pérez de Guevara en 1564. Aquí citamos solamente una selección de las quejas publicadas por Espinoza Soriano (2003):

- Mandar compulsivamente a los yungas Chilcho para trabajar en las minas de Quillay, ubicadas en tierras frías, motivando la fuga de los indígenas.

- Que con Menacho hizo dar muerte a Chuylonqui, cortándole la cabeza con su espada en el pueblo de Olcos, de la etnia chilcho.

- Haber permitido que menacho cortara las narices al indígena Sosia Otano en el pueblo de Ipapuy

- Haber consentido a Menacho para encerrar en un galpón del pueblo de Pilaya a gran cantidad de indígenas de ambos sexos para que hilaran, tejieran y preparan ropa, sin proporcionarles alimentos, dando como fruto la huida de ellos a los montes, donde muchos fallecieron de hambre. Mientras que otros fueron capturados a quienes se les amputaron las narices, a otros los descuartizarón – cortándoles las piernas por la parte de musculos a la

altura de las corvas – y a los restantes les troncharon las orejas. Entre las víctimas mencionaron Tipoc Punti y Quiunti.

- Que en Leymebamba, Menacho mandó colgar de los pies a dos caciques chilcho: a Chingatopa (de Ipapuy) y a Miango (de Jibil), por no haberles llevado y entregado la ropa del tributo de acuerdo de la calidad que les exigía, teniéndolos suspendidos todo un día, hasta la noche. El no admitía telas de mala calidad.

- Que el citado mayordomo Menacho, en tanto permaneció en Chilcho y Laya, como todo mayordomo, comía, bebía y vivía a sus anchas a costa de los indígenas.

- Que consintió que su mayordomo, el referido Menacho estuprara y violara a discreción a las mujeres que quería en la etnia chilcho.

-.Que simultántaneamente su encomendero envió a Los Chilchos al español Diego Pérez para controlar la elaboración de vestidos y cuidar la crianza de chanchos, permaneciendo allí tres años y cuatro meses.

-Que dejó a Diego Pérez arrebatar maíz y arracachas a los chilcho con el objetivo de criar y engordar los chanchos del encomendero en referencia.

- Que debido a tales abusos, los chilcho escaparon de su pueblo para buscar refugio en los montes de los "indios de guerra" no conquistados todavía, sin poder regresar bajo ningún modo.

- Que envio a Chilcho y a Laya el español Juan de Horosa a buscar minas; quien para cumplir echó mano de muchos indígenas, uno de los cuales – Pincho – sucumbió aplastado por un peñasco.

- El haber propinado, el mismo Juan Pérez de Guevara, azotes, palazos y puntapiés a don Miguel Mellec, hermano del cacique Chilcho, por negarse a decir dónde estaban ubicadas unas minas, dejándole con un brazo y ciertas costillas quebradas. Que la tunda fue tan dura que el noble Mellec quedó desmayado, casi agónico.

-Que permitió a sus tres criados o mayordomos (Menacho, Jara y Pérez), encerrar en galpones a hombres y mujeres de las etnias chilcho y laya para que le fabricasen ropa.

- Que utilizaba a una gran cantidad de indígenas en el transporte de los tributos desde sus aldeas a la ciudad de Chachapoyas.

- Que por medio de su criado Diego Pérez logró que los chilcho y laya, aparte de los tributos que le entregaban, le labrasen chacras de algodón, en tanta cantidad que en dos años le cosecharon más de 7000 arrobas

(8.050 Kg) depositadas en su casona chachapoyana, sin pagarles absolutamente ningún salario.

Mantuvieron a Juan Pérez de Guevara confinado en Chachapoyas en la cárcel solamente durante su declaración donde él negó todas las acusaciones serias. Espinoza Soriano comenta sobre el resultado del caso que es desconocido y Pérez de Guevara estaba libre poco tiempo después. Él murió en 1569 e dejó su encomienda a su hijo Francisco de Guevara, quien continúo con los abusos de su padre.

Después Juan Pérez de Guevara

Según los documentos consultados, la parcialidad de los chilcho, formó parte del Repartimiento de Leimebamba y Cochabamba en 1570, y estuvo bajo el poder del encomendero Francisco de Guevara. Él recibió la encomienda el 1º de agosto de 1570, donde los tres caciques principales don Alonso Lunguichuquimis, cacique de las provincias de Leymebamba, don Juan Chilcho, cacique de las provincias de Los Chilchos y Domingo Guacara, cacique principal los guancas (originalmente un grupo de mitimaes transferido por los incas) estaban presentes durante la toma de posesión.

Francisco Pérez de Guevara también reclamó su derecho a los orimona y un nuevo pleito empezó con otro encomendero que luchó para sus derechos, pero durante el caso don Francisco murió prematuramente.

Durante los muchos años de quejas del parte de los orimona contra las autoridades españolas sus caciques que hablaban quechua, manifestaron que nunca fueron sujetos a los Incas (Espinoza Soriano 2003: 154).

A la Audiencia de Lima, no solamente se llevaron varios pleitos entre los encomenderos y los caciques si no que también se presentaron muchos juicios sobre títulos de la tierra entre varios de los caciques del Repartimiento de Leimebamba y Cochabamba. En 1570 algunos de los testigos vinieron de Los Chilchos para apoyar a los caciques serranos. El cacique don Francisco Guaman presenta a Antonio Omimalo de Los Chilchos como testigo. Dos años más tarde en 1574 don Francisco Guaman presenta a Pedro Ichan , indio de Los Chilchos - más de 70 años de edad y el rival de don Francisco Guaman el cacique don Gomez Tomallaxa presenta a Alonso Aliochaz indio de Los Chilchos al parecer 80 años de edad (A585: 88r, 97 r, 118 v, 119 r).

En 1574 Los Chilchos todavía pertenecieron al hijo mayor de Juan de Guevara, don Francisco Guevara (BNL A 585 f 118v, Vizcarra 1574

Fig. 37. Lepresa bañandose, Martinez Compañon c. 1787. // Bathing Indian girl with uta, a kind of leprosy. Martinez Compañon c. 1787.

publicado en Espinoza Soriano 1967:307) pero el parte de la encomienda de los chilcho retorno a la Corona Española probablemente después su muerte (Schjellerup 1997:83).

Desplazamiento de los chilcho

Nueve años después en 1583 el Repartimiento de Leymebamba y Cochabamba estaba bajo del encomendero Juan de Guevara, el segundo hijo de Juan Pérez de Guevara, ya que Francisco había fallecido.

Fig. 38. La iglesia en la plaza en Montevideo, antes San Ildefonso de los Chilchos. // The church on the main square in Montevideo, the former San Ildefonso de los Chilchos.

"*El Repartimiento de Laymebamba y Cochabamba, bajo don Juan de Guevara, tiene 912 indios pagadores del tributo y 5203 personas, reducidos en las tres aldeas llamadas Santo Thomás de Quillay y Elifonso y Cochabamba*"

Algunas situaciones deben implicar una cierta clase de problemas y cambios no solo con los tributos. Los problemas tenían que ver con las pesadas cargas del tributo y del abuso del encomendero. La mención de Elifonso refiere a San Ildefonso de los Chilchos, y significa un cambio en la localización del hábitat que como el pueblo nuevo, estaba situado en la sierra a c. 2700 m.s.n.m. Mencionan el nuevo San Ildefonso de los Chilchos aquí como reducción siguiendo la política española de reducciones.

No obstante alrededor 1580 un Repartimiento de Chilchos y Laya aparece como un repartimiento separado y propiedad de la Corona Española debajo del Corregimiento de la Provincia de Caxamarquilla que tiene 353 indios tributarios y 1457 personas (ancianos, mujeres y niños) reducidos en las tres pueblos llamados Santa Mónica, San Guillermo y El Asiento de Tambo (Maurtua 1906:262).

Hoy en día no tenemos ninguna referencia donde estaban situados

Tabla 1: La numeración de los indios de San Ildefonso de los Chilchos, 1687.

Personas y familias		Edad
Don Chilcho, Blas Geronimo	Viudo	46
JuanChilcho (vive en Lima	Hijo	
Chilcho, Francisco	hermano de Blas	29
Chuiguala, Augustina		24
Chilcho, Joachin		12
Solin, Francisco	sin hijos	29
Sonila, Barbola		29
Puimal, Geronimo		37
Puimal, Lorenzo		17
Puimal, Pedro		9
Choacha, Maria		31
Rosa, Maria		4
Choacha, Maria		12
Choacha, Poloni		3
Chuin, Juan	sin hijos	29
Petrona, Maria		29
Matripen, Joseph		26
Augustina, Juana		29
Rosa, Maria		2
Puimal, Pedro	solo	17
Llicat, Pedro	solo	25
Solin, Christoba	solo	18
Bala, Gregorio	sin hijos	57
Ysabel Accla		57
Dumguma, Ysabel	sin hijos	57
Pedro Casio		57
Piondo, Miguel	solo	52
Piquin, Miguel	solo	-
Chilcho, Lasaro	huerfano	18
Chilcho, Juan	fallecido	
Poma, Juan	huerfano	9
Poma, Juan	fallecido	
Lam, Maria	huerfana	5
Sambul, Juana	viuda con hijos	46
Rosa, Maria		10
Sambul, Basu		7
Theodora		4
Chuquimasan, Agustin	huerfano	½
Chuquimasan, Ynes	viuda	-
Cono, Maria	sola	47
Guala, Ysabel	viuda	46

Tabla 1, continuada

Origen de Mian		Edad
Garcia, Domingo	huerfano	12

Chilchos, que no conocen su origen pagan a la Corona real		
Felis, Juan		49
Quiniti, Ana		45
Felis, Maria		16
Felis, atalina		9
Felis, Eusebia		5
Cullas, Juan	sin hijos	24
Angelina, Juana		30

Total	
Personas	48
Viudo	1
Viudas	3
Huerfanos	4
Huerfana	1
Esposos sin hijos	5
Viven solos	6
Casas	19

estos tres pueblos, que ni siquiera son mencionados en la visita de Mongrovejo en 1593.

Aparece así que los chilcho fueron reducidos en San Ildefonso de los Chilchos y otros (los laya?) a tres otros pueblos. Sin embargo sabemos de los archivos municipales que varios pueblos, tales como Leymebamba, que no aparecen en los visitas, continúan existiendo en aquella época (Titulos de Leimebamba, archivo regional, Chachapoyas). Si las cifras demográficas y los análisis se basan solamente en función del número de las personas en las reducciones a partir de este período, sin la investigación al nivel local, las interpretaciones parciales nos pueden levar a resultados erróneos.

El pueblo reducido San Ildefonso de Los Chilchos que pertenecía al Repartimiento de Leymebamba y Cochabamba en 1583 consistió de la gente de Chilchos. Sin embargo, la tradición oral en el pueblo actual de Montevideo (el anterior San Ildefonso de los Chilchos) dice que la gente se mudaron de Chilchos (el Valle de Los Chilchos) para vivir en otro pueblo a mayor altura, debido a que una enfermedad seria amenazó con extinguir a la población entera. Puede ser viruela u otra enfermedad. (Figs. 35 y 37)

Como ya se ha mencionado el obispo de Lima Toribio Mogrovejo visitó Chachapoyas en su segunda visita pastoral en 1593 donde encontramos muchos de los topónimos pero con muy pocos habitantes:

" En el pueblo de San Ildefonso de los Chilchos, anexo a esta doctrina (de Sancto Thomas) consta y parece por declaración de don Juan Chilcho y don Pedro Yaxa (Laja) haber cincuenta y seis indios tributarios en los cuales declararon entrar tres cojos y un mudo".

En la doctrina de Taulia donde es cura el Padre Fray Francisco Cabezón, de la Orden de la Merced, la cual doctrina es forzoso ir el sacerdote con mucho cuidado y recato por causa de los indios Motilones y Jeberos que de ordinario salen a Laya y Possi y toda aquella tierra a cortar las cabezas a los cristianos, y todo los caminos son muy malos y peligrosos.

El pueblo de Laya, el cual por temor de los Ancaes y mal sitio se despobló, y hay tres indios.

El pueblo de Ypapuy, que está siete leguas de muy mal camino con riesgo de los Ancaes y tiene veinte y dos indios tributarios casados, y doce indios viejos reservados, casados y solteros, y doce indias viudas y solteras, y diez y seis mochachos. Confirmó su Señoria en este pueblo once personas.

El pueblo de Possi, tiene veinte y seis indios tributarios casados y nueve indios más tributarios solteros, y diez indios viejos reservados, casados, y ochos indias, viudas, solteras, y diez y seis mochachos y veinte y dos mochachas, que por todás son ánimas novemta y uno. Confirmó su Señoria esta vez en este pueblo veinte y ochos personas. Toda esta población está dentro de la montaña y en tierra peligrosa de enemigos; y la relación de los yanaconas ovejeros de las estancias está en la información que hizo su Señoria, que está en este libro, y todas son anxos a esta doctrina; y más, tiene acá afuera en la sierra fuera de la montaña los pueblos y gente e indios..." (Mogrovejo 1921:51, 65).

La mayoría de las localidades en la montaña parecen haber desaparecido en el siglo 17 como los pueblos reducidos de Santa Mónica, San Guillermo y El Asiento de Tambo en el repartimiento de Chilchos y Laya como son mencionados diez años antes, que se pudieron haber poblado solamente por un tiempo muy corto o si no han existido en absoluto. Encontramos tan un decrecimiento muy dramático de la población en los primeros 50 años después de la conquista con bastante abuso de los invasores españoles.

Posterior en el período colonial hay muy pocas referencias a la gente de Chilchos. Una de ella es un Albaro Jausen, indio de Los Chilchos, que debe tres reales a uno de los caciques de Leimebamba don Juan Pisarro Guaman, pero él vivía en la aldea de Xembo, cerca el pueblo de Uchucmarca.

La Visita de Bustente Zevallos 1686

Sin embargo en la Visita de Bustente Zevallos a partir del 1687 conseguimos los nombres personales de la gente ordinaria de Chilchos que vivían en San Ildefonso y sus edades y estructura de las familias (Tabla 1). La misma visita fue emprendida en San Ildefonso de los Chilchos con la presencia de todos los caciques de las parcialidades y de los pueblos en la provincia de Chachapoyas.

Los pocos números de las personas donde seis esposos afuera de nueve no tienen ningunos hijos y de cinco huérfanos son testigos de una declinación drástica de la población y de tiempos muy duros

El valle de Los Chilchos quedó abandonado y la población sobrevivía en un numero muy reducido en el nuevo pueblo de San Ildefonso de los Chilchos que existe hasta hoy con el otro nombre de Montevideo (Fig. 38).

La Canción de Los Chilchos

Querido valle Los Chilchos
Mi tierra donde nací;
Tierra de hombres valientes
Don Genaro Hidalgo fué el descubridor.
Tierra de hombres valientes,
Don Genaro Hidalgo fué el descubridor
Tu portal es hermoso
Internado en el oriente;

Tus hijos hoy te recuerdan,
Y te cantan de corazón
Tus hijos hoy te recuerdan,
Y te cantan de corazón

Tu portal es hermoso
Internado en el oriente
Tus hijos hoy te recuerdan
Y te cantan de corazón
Tus hijos hoy te recuerdan,
Y te cantan de corazón

Eres un templo de enseñanza
Con maestros de primera;
Los niños dan enseñanza
Es la esperanza de nuestro lugar
Los niños dan enseñanza
Es la esperanza de nuestro lugar

Capítulo 4

El Valle de Los Chilchos en los Tiempos Actuales

Historia reciente del valle de Los Chilchos

Sobre la historia antigua de Los Chilchos poco se conoce. Dicen que el nombre corresponde al curacazgo "Chilchos" desde la época inca. También saben que el valle estuvo poblado por los naturales. Se cuenta que dos naturales aparecieron por una lomada llamada Ullipe, del pueblo de Raymipampa, hoy Leymebamba, aproximadamente antes de 1575. Alrededor de esa época se desató la epidemia de viruela y se presume que estos naturales al retornar a Los Chilchos, llevaron la enfermedad, que casi exterminó la población. Los demás fueron reducidos en el pueblo de San Ildefonso de los Chilchos, hoy Montevideo.

Desde ese entonces se ignoró la existencia del valle, hasta que en agosto 1900 fue redescubierto por don Genaro Hidalgo Chávez. La historia se inicia con las primeras expediciones a partir de agosto de 1900.

Expedición de Genaro Hidalgo Chávez

La historia de la expedición de Genaro Hidalgo Chávez es narrada por el anciano de la comunidad don Eusebio Garay (vea la carátula), yerno de Robertina Hidalgo Jáuregui, hija del descubridor Genaro Hidalgo Chávez.

El Descubrimiento del Valle de Los Chilchos

Una historia que debemos conocer, para valorar nuestro pasado, y proyectarnos al futuro. El que suscribe, mayor de 79 años de edad, natural de Chuquibamba, residente por el espacio de 46 años, estable en este lugar; y es hijo político de la que en vida fue señora Robertina Hidalgo Jáuregui, quien a la edad de 14 años acompañó a su señor padre, don Genaro Hidalgo Chávez, en el viaje de descubrimiento de este bello lugar; Relató la historia, tantas veces, doña Robertina Hidalgo Jáuregui, para que, ésta sea conocida por sus paisanos.

Contaba mi suegra que cuando tenía ella la edad de 14 años, su padre,

> **Recuadro 2: Metodología antropológica**
>
> La metodología básica de recolección de datos que se usaron para la evaluación de sistemas de agricultura con relación a los recursos naturales fue compuesta por observación participante con entrevistas estructuradas y semiestructurados (basado a un cuestionario elaborado por Inge Schjellerup y Carolina Espinoza)en el valle de Los Chilchos. El objetivo fue entender los procesos socioeconómicos referente a la tenencia y uso de la tierra, cultivos, producción y posesión de ganadería. Importancia fue atribuida a la percepción del medio ambiente y percepciones folclóricos. La investigación etnobotánica fue realizada con el modulo botánico.
>
> Un plan catastral fue elaborado con las viviendas utilizando el GPS y toda la población de los Chilchos,60 familias fueron entrevistadas.
>
> Las unidades domésticas fueron consideradas como la unidad social y económica caracterizada por tener una residencia común con una cocina.

don Genaro, invitó a las autoridades de Leymebamba, su pueblo natal, e hizo la sugerencia, en una sesión, para que se organizara una comisión y viajara al valle de Los Chilchos, a descubrir esa zona, abandonada por largos años; antes ocupada por Los Chilchos.

Las autoridades, llenas de gozo y placer, al reconocer la buena intención del señor Genaro, aceptaron de muy buen agrado y ordenaron que él viera quién podría conformar su comisión.

Entonces, él dijo que ya tenía preparada su gente y presentó a los señores; don Juan José Escobedo, licenciado en las fronteras de Iquitos; a don Fermín Jáuregui, licenciado en Lambayeque; a don Ananías Vergaray y a su propia hija Robertina Hidalgo Jáuregui, como la primera comisión.

Partieron de Leymebamba un lunes del mes de agosto de 1900. Salieron por el sitio de Las Chávez, hoy propiedad del señor Héctor Díaz Aguilar. Llegaron luego a la cumbre de "El Negro" (Fig. 39), miraron el hermoso valle, descendieron aguas adentro y tomaron como base táctica para el futuro el camino del cerro, al que le pusieron por nombre "El Rayo"; la filada que bajaba por los hitos Laurel, Pilón, etc.

Llegaron a las playas en cuatro días, y siguieron las orillas del río llamado Los Chilchos, hasta llegar a las orillas de otro río, al que le pusieron por nombre "Tingo". Hallaron en este sitio plantas comestibles como yucas,

Fig. 39. El Negro, la montaña más alta, esta casi siempre cubierta de nieblina y lluvia. El camino de Leymebamba sigue alrededor la montaña antes el descenso escarpado a Los Chilchos. // El Negro, the highest mountain is often swapped in fog and rain. The trail from Leymebamba to Chilchos winds around the mountain before a steep descent to Los Chilchos.

plátanos, unas chozas viejas tapadas con plantas de rocotos; se deduce que eran de la cultura Los Chilchos. Se quedaron ahí dos días; reposaron, y acamparon en la parcela que es hoy Santa Clara, del profesor Lorgio Culqui Valle. Estuvieron allí tres días planeando el retorno y díjoles el señor Genaro: "Vean hermanos, en qué forma hacemos nuestro retorno, pienso que por la filada que nos ha servido de guía; me parece que por ahí tenemos que regresar". Sus compañeros contestaron: "Ud. es el que ordena".

Luego tuvo que determinar quién se quedaba en Los Chilchos para garantizar el descubrimiento; puesto que no tenía sentido la exploración si es que no se quedaba nadie para demostrar la presencia de los comisionados.

Así que dijo don Genaro: "Dejo a opinión de Uds. mis hermanos la decisión. Como Juan José Escobedo conoce más de la selva se queda acá". Los demás contestaron: "Ud. es el que ordena". Y Juan José dijo que él no tenía miedo ni pena de quedarse, porque sus experiencias en selva garantizaban su supervivencia hasta que la comisión regrese con buenas nuevas, diciendo esto, el señor Genaro lo felicitó por su valentía y coraje; y

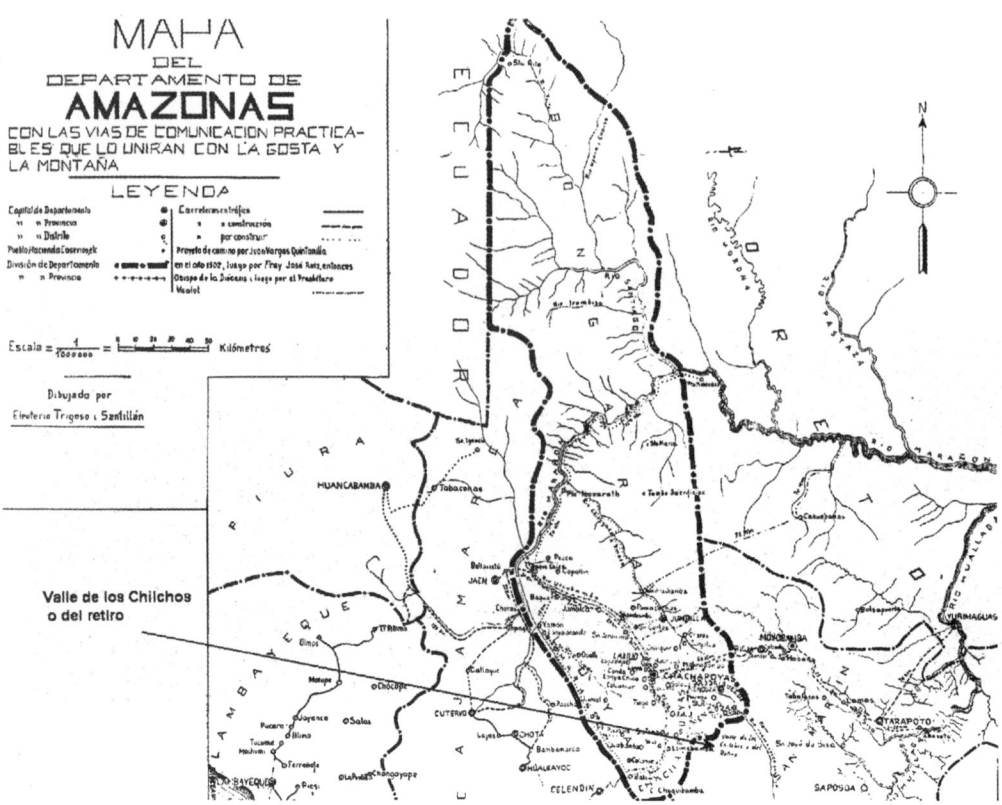

Fig. 40. Al pie al este el valle de Los Chilchos o del Retiro (sic!) es ubicado afuera el departamento de Amazonas. Croquis de Eleuterio Trigoso e Santillán. Boletín de Sociedad Geográfica de Lima, 1938. // Below towards the east the Chilchos valley or "place of retirement" (sic!) is situated outside the Amazonas Department. Sketch by Eleuterio Trigoso e Santillan, 1938.

don Genaro le dijo: "Te quedarás hermano, a la sombra de nuestro padre celestial, y estaremos a tu lado en 8 ó 10 días. Tú Ananías Vergaray, te irás por donde hemos venido, y tienes la misión de llevar la comunicación a nuestras autoridades que vengan a encontrarnos en 4 días aproximadamente a la cumbre andina, con provisiones y gente, y yo, con Robertina y Fermín Jáuregui, iremos por la filada de Tingo Chico como descubrir la senda para el camino".

Todos aceptaron con gusto, y dijo además: "¿Se preguntarán por qué hago esto?; simplemente porque si nos vamos todos, cada uno de nosotros ha de contar los percances que hemos pasado y nadie se ha de querer venir a acompañarnos para concluir esta expedición por el sufrimiento que estamos pasando; pero si dejamos nuestra gente querida a nuestro hermano Juan José, el primero que apenas llegue dirá que se haga la segunda comisión, porque dejamos a nuestro hermano solo y sin comida. Por esa estrategia *los compañeros lo felicitaron.*

El día 6 de agosto del mismo año, un día tan claro y tan hermoso, don Genaro le dio la bendición en nombre de Dios a su hermano Juan José y se despidieron por unos cuantos días. Ananías enfiló por donde le señalaron, y los tres restantes por la filada que hoy llamamos "El Rayo".

En seis días llegaron al cerro más alto, hoy bautizado como el "Negro Chico". En tres días ya no contaban con alimento; habiendo salido filas arriba, se les acabó el fiambre; sólo les quedaba sal, y un poco de cancha, para la muchacha; ellos sólo masticaron su coquita durante tres días.

El sexto día amanecieron en la punta de "El Negro" y los hombres casi sin acción. En la mañana del día séptimo, dijo el señor Genaro: "Si hasta hoy en la tarde no nos encuentra nadie, ya no tendremos más remedio que sacrificar con el dolor de nuestro corazón a nuestra perrita, que tan fiel nos acompaña. Esta tarde mataremos a la perrita, felizmente tenemos sal para el caldo". En eso que acabó de hablar, oyeron un silbido de arma de fuego por la cumbre más alta del pajonal; ellos contestaron con otro tiro, el único que les acompañaba; y otra vez escucharon otro tiro que salía del mismo sitio. Entonces ellos se llenaron de contento y alegría, y siguieron su marcha con bastante esfuerzo y valor. A las 6 de la tarde, debido a lo escarpado del camino, y a la densa vegetación del terreno, los paisanos se encontraron en el lugar denominado hoy "El Encuentro", ya que en ese lugar se dieron el abrazo del reencuentro con sus hermanos Leymebambinos.

Siguieron adelante y llegaron a una cueva, era el día tan claro y hermoso, pero el cerro alto del frente, se puso como con una manta negra, debido a lo cual le pusieron como nombre "El Negro"; y luego empezó a llover con un enorme granizal que cubrió toda la zona con una manta blanca, y con centelleos de relámpagos, truenos y rayos, sacudieron toda la zona; por tal motivo, llamaron a aquella zona "La Cueva del Rayo", nombre que hasta hoy conserva.

Los comisionados les presentaron carnes asadas, panes, cancha, etc. pero los pocos expedicionarios no pudieron masticar porque las mandíbulas se les encontraban endurecidas, porque no masticaban alimentos ya, por cuatro días, y dijeron: "Esperamos mejor para tomar un caldo en los campamentos", y siguieron su marcha a la vuelta del cerro, donde esperaban los demás con comida caliente. Como era noche de luna llena, pasaron los estragos de la lluvia y relámpagos, pernoctando en ese lugar.

Don Genaro ordenó en la mañana a la demás gente, que con los equipajes regresen a avisar a las autoridades, que a las 4 de la tarde se estará llegando a Leymebamba, y otras cuantas personas regresarán por la trocha del camino verdadero.

Volvieron a la "Cueva del Rayo", y partieron de frente por el lugar que hoy se llama "Las Almendras"; llegaron al pajonal, donde se les atravesó un zorro, en mérito a lo cual le pusieron de nombre al lugar "El Zorro" cuyo nombre permanece hasta hoy, llegando ese mismo día a Cizo Huayco, a las 4 de la tarde, donde encontraron a las autoridades y mucha gente con instrumentos de viento como la quena tocando bellas melodías; y así llegaron a su adorado pueblo a las 6 de la tarde, e hicieron una fiesta, dando los infinitos parabienes a los cinco descubridores.

Al segundo día, la asamblea acordó y autorizó el segundo viaje de don Genaro, así como sus acompañantes, y bastante gente, para ampliar la trocha hasta el valle. Él se adelantó con provisiones porque no veía la hora de ver a su valiente hermano y compañero, después de once días; encontrándolo sano y bien de salud. Hasta este punto, explica el narrador, el origen y descubrimiento del valle de Los Chilchos; quien firma con fecha 15 de marzo de 1999.

Recopilado por el Ing. Alan Arturo Meléndez Pamo, sobrino nieto del descubridor del valle de Los Chilchos.

Relaciones políticas administrativas

El anexo Los Chilchos se fundó en 1939, cuando llegaron migrantes en su mayoría de Celendín. El valle de Los Chilchos pertenece política y administrativamente al distrito de Leymebamba, provincia de Chachapoyas departamento de Amazonas, aunque geográficamente la mayor parte del territorio pertenece a la provincia de Huallaga, departamento de San Martín (Fig. 40).

El valle de Los Chilchos cuenta con Teniente Gobernador, Agente Municipal, Presidente de la Comunidad y una junta directiva.

El Teniente Gobernador es nombrado por la Prefectura de Chachapoyas en representación del Gobierno Central. Esta autoridad ejecutiva tiene como función velar por el orden público, atender denuncias y tramitarlas al juzgado, también otorga certificados a los compradores de ganado.

El Agente Municipal es nombrado por el Alcalde del distrito de Leymebamba. Los alcaldes distritales y provinciales se eligen en elecciones municipales mediante el voto popular, dichas autoridades representan a un partido político u organizaciones políticas independientes ejerciendo gobierno durante cinco años, según ley municipal. El agente municipal, el secretario y tesorero tienen por función velar por el patrimonio municipal del lugar, el desarrollo urbano y la seguridad ciudadana.

El Presidente de la Comunidad y la junta directiva: el tesorero, secretario, fiscal y dos vocales tienen mayor reconocimiento y aceptación por haber han sido elegidos por los comuneros de Los Chilchos mediante el voto, por un periodo de gestión de dos años. Son calificados como comuneros cuando cumplen los 18 años y tramitan su inscripción ante la junta directiva la cual les adjudica una extensión de tierra de cultivo. Su función es proteger los derechos de los comuneros y las tierras comunales.

Caminos, comunicación y acceso al mercado

Caminos

Existen dos rutas por vía terrestre para llegar al valle de Los Chilchos. Una ruta de Trujillo, Cajamarca, Celendín, cruzando el puente del río Marañón, en el lugar denominado Balsas continuando hasta Leymebamba. La otra viene de Chiclayo, de Chachapoyas a Leymebamba, un viaje de aproximadamente cuatro horas y media en camioneta rural tipo "combi" que realiza servicio todos los días. Ambas rutas son por carreteras afirmadas desde Celendín y desde Chachapoyas; el transporte depende de las condiciones climáticas.

Un camino de herradura de 43 Km recorre de Leymebamba hasta el valle de Los Chilchos. Los únicos medios de transporte son a caballo o mula. El costo del alquiler varía entre S/.40.00 y S/. 60.00; de S/30.00 a S/.20.00 el arriero. El camino parte de Palmira (15 minutos, a pie, de Leymebamba). El viaje dura entre 10 y 15 horas al paso de los lugareños y el doble en el caso de los foráneos. Todo esto depende del clima y la intensidad de las lluvias.

El camino es difícil, con tramos fangosos y precipicios, cruzando la cordillera a más de 3400 m.s.n.m. En la parte alta es frecuente la neblina con ventarrones y lluvia menuda llamada zarzaganeta. En otros tramos el camino está cubierto de piedra laja, muy resbaladiza, que no permite el paso seguro de la mula, siendo un riesgo para las personas que viajan.

El trazo del camino a Los Chilchos se hizo por convenio entre las comunidades Leymebamba, San Pedro de Utac y Montevideo. Después de unos años, los pueblos de Montevideo y San Pedro de Utac no cumplieron las cláusulas acordadas, perteneciendo todo el territorio del valle de Los Chilchos a Leymebamba en el año de 1936.

El camino ha sido mejorado en Julio del 2004 con el auspicio del programa "A Trabajar Rural". Los pobladores cuentan que antes de mejorar

Recuadro 3: La Historia de Los Chilchos

c. 1200	Curacazgo de Chilcho, estuvo formado por los etnias: chilcho, llaja, anayunga y chontaces.
c. 1470	Conquistado por los Incas, parte de la provincia Inca de Chachapoyas.
1535	Encomienda de Chilcho y Llaja en el repartimiento del Capitán Alonso de Alvarado.
1548	Parte de la encomienda de Juan Pérez de Guevara.
1570	Parte de la encomienda de Francisco de Guevara.
c. 1575	Epidemia de viruela. Reducción a San Ildefonso de los Chilchos.
1900	Genaro Hidalgo Chávez redescubre el valle de Los Chilchos con Robertina Hidalgo Jáuregui, Juan José Escobedo, Fermín Jáuregui y Ananías Vergaray.

Primeros pobladores: Eusebio Garay (Chuquibamba), Asunción Cruz (Magdalena – Tingo) Delfin Espinoza (Bambamarca), Fernando Revilla (Pueblo María, Yomblón), Eleodoro Chota (Palmira), Ezequiel Cueva Quevedo (Celendín), Lino Castro Garro (Leymebamba), Tello (Bellavista, Celendín), Patrocinio Zafra (Leymebamba), Patrocinio Vigo (Montevideo) y Teodoberto Hidalgo (Montevideo).

1936	El distrito de Leymebamba reconoce al valle de Los Chilchos como su territorio.
1939	Los Chilchos es reconocido como anexo teniendo como primer Teniente Gobernador a Teodoberto Hidalgo Ríos y primer Agente Municipal a Don José Santos Garro.
1957	Cuarenta habitantes gestionan los títulos de propiedad de las tierras sobre la base del art. 76 del Reglamento de Ley 1220 de "Tierras de Montañas".
1959	Obtienen el amparo provisional de las tierras por convenio entre los departamentos de Amazonas y San Martín, a nivel del poder legislativo.

1963	Se forma una pre-cooperativa ganadera "Juan Velasco Alvarado", la cual obtuvo un préstamo de sesenta vaquillonas y cuatro potrillos. El presidente de la comunidad de Leymebamba, José Darwin Vega, se niega autorizar la tenencia de la tierra, requisito para consolidar la cooperativa ganadera, quedando desorganizada.
1978	Lino Castro Garro inicia la gestión del trazado de la carretera Leymebamba– Chilchos.
1979	El presidente del Consejo de Administración, el comunero, José Darwin Vega obstaculiza la gestión del trazado de la carretera.
1979	Lino Castro y Eusebio Garay insisten en su gestión y reciben apoyo del Presidente Morales Bermúdez, para el trazado de 15 1/2 Km.
2000	El anexo de Los Chilchos nombra a sus representantes: Towsend, Añasco Chávarri como presidente de la Junta Administrativa Local, y al señor Ramiro Borbor Briones como Teniente Gobernador, buscando el reconocimiento político y administrativo del departamento de San Martín en coordinación con el pueblo La Morada para pertenecer a Saposoa, Provincia de Huallaga, Departamento de San Martín. (Según el D.S. 044)
2003	Fracasan los intentos de separación del departamento de Amazonas, ratificando su inclusión del valle Los Chilchos al distrito de Leymebamba.
2004	Teniente Gobernador, Sr. Ernesto Briones Ortíz.
2004	Agente Municipal, Sr. Lino Castro.

el camino se demoraban tres días en llegar a Chilchos pernoctando en algunos tambos; por ejemplo una casa ubicado en "El Laurel".

La principal necesidad para los habitantes del valle es la construcción de una trocha carrozable entre el valle de Los Chilchos y Leymebamba, ramal de la carretera troncal de Leymebamba. Este anhelo se ha gestionado desde el gobierno de Francisco Morales Bermúdez (1975), durante el cual se hizo el trazo de 15 Km y medio de carretera. En la actualidad continua la gestión.

Fig. 41: Uno de los puentes en el camino principal a Los Chilchos. // On of the bridges on the main trail to Los Chilchos.

Puentes

Existen cuatro puentes sobre el río Chilchos:

Puente *San Genaro* o *Las Palmas*. Ubicado a la margen izquierda del río Chilchos, sobre el río Las Palmas, es parte del camino principal. El puente fue construido con el aporte de la población y la Iglesia Católica.

Puente *San Martín*. Se conecta con el camino principal y fue construido con aporte de la población y la Municipalidad Distrital (Fig. 41).

Puente *San Antonio*. Construido con el auspicio de la Iglesia Católica.

Puente *La Victoria* o *Puente Nuevo*. Es el puente, más reciente, construido con ayuda de la Municipalidad Distrital de Leymebamba.

Comunicación

Las llamadas nacionales e internacionales se pueden realizar vía teléfono público satelital instalado en Los Chilchos desde 2002. Además el puesto de salud tiene una radio que sirve como medio de comunicación con los diferentes sectores del Estado.

35 familias (58%) tienen un radio en casa. Las horas para sintonizar la radio es de 5 a 6 de la mañana para escuchar noticias nacionales e internacionales. Mas tarde en el día y algunas veces en la noche no es

Fig. 42. Las mujeres venden pan, frutas y dulces en la plaza menor cerca la escuela los domingos. // Sundays are spent at the little plaza near the school, where the women sell bread, fruits and home made sweets.

posible captar las emisoras por las difíciles condiciones climáticas. La manera más efectiva de enterarse de los acontecimientos es el modo personal cuando alguien llega y les informa. El envío de cartas o encomiendas lo hacen mediante la modalidad de encargo cuando familiares, amigos o alguien de confianza viaja.

El mercado

Todos los domingos se realiza una pequeña feria local al costado de la plaza central, ocupada por campesinos que provienen de lugares aledaños. Las mujeres ofertan sus productos locales como plátanos, naranjas, paltas, piñas, cebolla, repollo, según la época de cosecha (Fig. 42).

También ofertan productos elaborados en casa como panes, bizcochos, gelatinas, refrescos, quesos y algunos potajes de comida como guiso de majáz, gallina asada o chancho frito. Cuando una familia tiene necesidad de dinero matan reses, porcinos u ovejas a lo cual se denomina "camaleo"; y lo venden por piezas a familiares o vecinos según el peso a S/.5.00 nuevos soles el kilo.

Algunas familias realizan el intercambio o trueque: intercambian huevos por frijoles, yucas por papas, según sus necesidades; pero esto

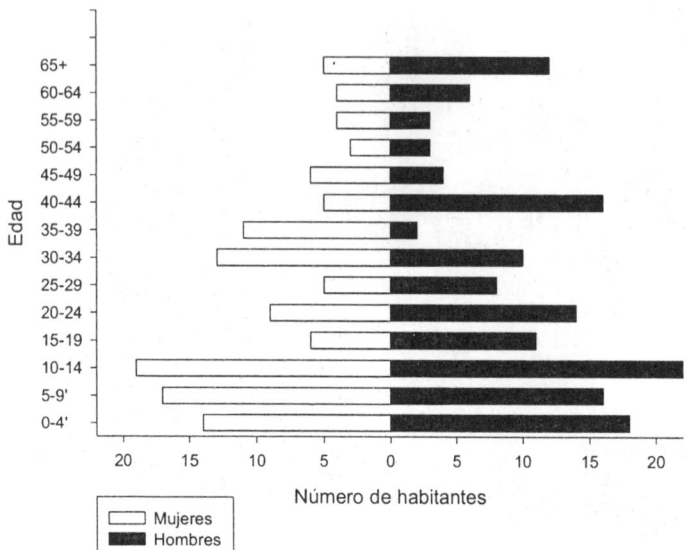

Fig. 43: La población del Valle de los Chilchos. // The population of the Chilchos Valley.

no es frecuente porque la gran mayoría tienen sus cosechas de pan llevar y lo que les falta lo compran en la feria, en la tienda, o viajan a Leymebamba.

Los campesinos de Los Chilchos comercializan sus productos en las ferias más cercanas de Leymebamba y Hierbabuena. Estas ferias en comparación con la de Los Chilchos, son grandes, mejor organizadas y se realizan los sábados.

El principal problema es la dificultad para transportar productos y animales a estas ferias. Los productos agrícolas tienen que ser trasladados a lomo de mula, ó a caballo, pagando el costo del flete, en caso del ganado tiene que ser arreado hasta el lugar de venta enfrentando el camino fangoso, perdiendo peso en el trayecto.

En el mercado los productos y el ganado compiten con otros de lugares más cercanos y a precios más bajos, sin ser rentables para el campesino de Los Chilchos. El café fue rentable, porque el precio llegó hasta S/. 5.00 nuevos soles por kilo, pero la baja en el precio del mercado nacional e internacional produjo la pérdida de la cosecha, por los costos que implicaba. Actualmente las chacras son usadas para otro tipo de cultivo.

Fig. 44. La mamá y su niño.
//Mother with child.

Población y migración

En Agosto de 2004, la población estaba conformada por 60 familias con un total de 268 habitantes 147 varones (55%) y 121 mujeres (45%) con un promedio de 4.5 personas por cada unidad doméstica. Existe un incremento de la población masculina en un 10, a diferencia de la femenina en las edades de 0 a 14 años (Fig. 43). La población actual es blanca, mestiza y chola.

Los jóvenes se unen a edad temprana como promedio, las mujeres a los 15 años y los varones entre los 18 – 20 años y tienen un promedio de 6 hijos por mujer (Fig. 44).

De las 60 familias distribuidas en el valle de Los Chilchos, 47 (78%) familias son jóvenes y de tipo nuclear y 13 (22%) familias son de tipo extenso donde conviven padres, hijos, abuelos, tíos y primos.

Hay una migración frecuente dentro y fuera de Los Chilchos. Los jóvenes llegados recientemente todavía pueden conseguir tierra, pero otros jóvenes prefieren salir para trabajar como peones en otros lugares y las mujeres como empleadas del hogar o como vendedoras.

En algunos casos migran ambos parientes dejando solos a los niños. Muy pocos jóvenes migran para seguir estudios secundarios o superiores.

Los departamentos de origen son: Cajamarca, San Martín, Chachapoyas, La Libertad y los pueblos serranos de Bambamarca, Celendín, San Pedro de Utac y Leymebamba, no existen migraciones de la costa. En estos últimos 20 años parte de la población, el 28%, 32 personas son nacidas en Los Chilchos.

Tabla 2: Origen de la migración de los padres en el valle de Los Chilchos año 2004.

Lugar	Padre	Madre	Total
Usquil	1		1
Celendín	9	6	15
Leymebamba	7	6	13
Chilchos	14	18	32
Chuquibamba	3		3
San Pedro de Utac	3	4	7
Mariscal Castilla (Chachapoyas)		1	1
Sonche		2	2
La Encañada (Cajamarca)	2	2	4
El Mayno	1		1
Montevideo	3	4	7
Bambamarca	5	5	10
Yeso		3	3
El Tingo	3		3
Duraznopampa		2	2
Balsas	2	1	3
Chachapoyas	1		1
Atuén	1		1
Yomblón		1	1
Levanto	1		1
Yerbabuena		1	1
Santo Tomás		1	1
Hualgayoc	1	1	2
Asunción	1		1
Total	61	55	116

Organización de instituciones sociales

En 1996, la comunidad organizó el club de madres "Robertina Hidalgo" en coordinación con el alcalde distrital de Leymebamba e instituciones regionales como el Programa Nacional de apoyo alimentario (PRONAA) con el objetivo de solicitar apoyo a las instituciones de bienestar social. Las integrantes del club de madres organizaban encuentros deportivos para obtener fondos y celebrar el día de la madre y del padre; también apoyaron el mejoramiento de la carretera Leymebamba - Los Chilchos, con refrescos y alimentos para los que participaron en la faena comunal.

Desde el año 1958, Chilchos tiene un club Cultural y Deportivo. El

> **Recuadro 4: Creación de Instituciones Públicas y Sociales**
>
> | | |
> |---|---|
> | 1956 | Creación de la escuela primaria N° 18048 – Los Chilchos, por iniciativa de José Santos Garro, Teodoberto Hidalgo Ríos y Rogelio Zafra Romero. |
> | 1958 | Creación del Club Cultural y Deportivo |
> | 1994 | Creación del Centro de Educación Inicial. |
> | 1995 | Creación y construcción del Puesto sanitario con el apoyo de FONCODES. |
> | 1996 | Organización del Club de Madres |

deporte (voley y fútbol) moviliza a toda la población a la plaza frente a la escuela, los domingos. Los equipos se forman espontáneamente y hacen apuestas desde 0.50 céntimos por jugador hasta 1 nuevo sol, así los ganadores duplican su inversión. El equipo que gana obtiene el dinero de las apuestas. El comité de fiesta patronal se encarga de organizar las festividades religiosas.

Electricidad, agua y desagüe

La población no cuenta con alumbrado eléctrico; 46 familias (77%) se alumbraron con mechero utilizando kerosene como combustible y 14 familias (23%) usan velas. La comunidad y el puesto de salud tienen motor generador pequeño que utilizan en casos de emergencia o según la programación de las actividades. Como es de esperar, es difícil y caro conseguir combustible por la dificultad en el traslado.

FONCODES construyó piletas públicas dentro de la vivienda en el año 1999, un tanque de agua y letrinas, pero el abastecimiento de agua no es suficiente, por ello las familias consumen agua del río acequia o manantial.

Los Chilchos no cuenta con desagüe; 48 familias (80 %) tienen letrinas domiciliarias con pozo ciego.

Viviendas y construcción

Las viviendas son distribuidas en una manera dispersa al Río Chilchos con una concentración cerca la plaza con la casa comunal, jardín, el puesto de salud y la escuela (Figs. 45 y 46). En el valle se encuentra

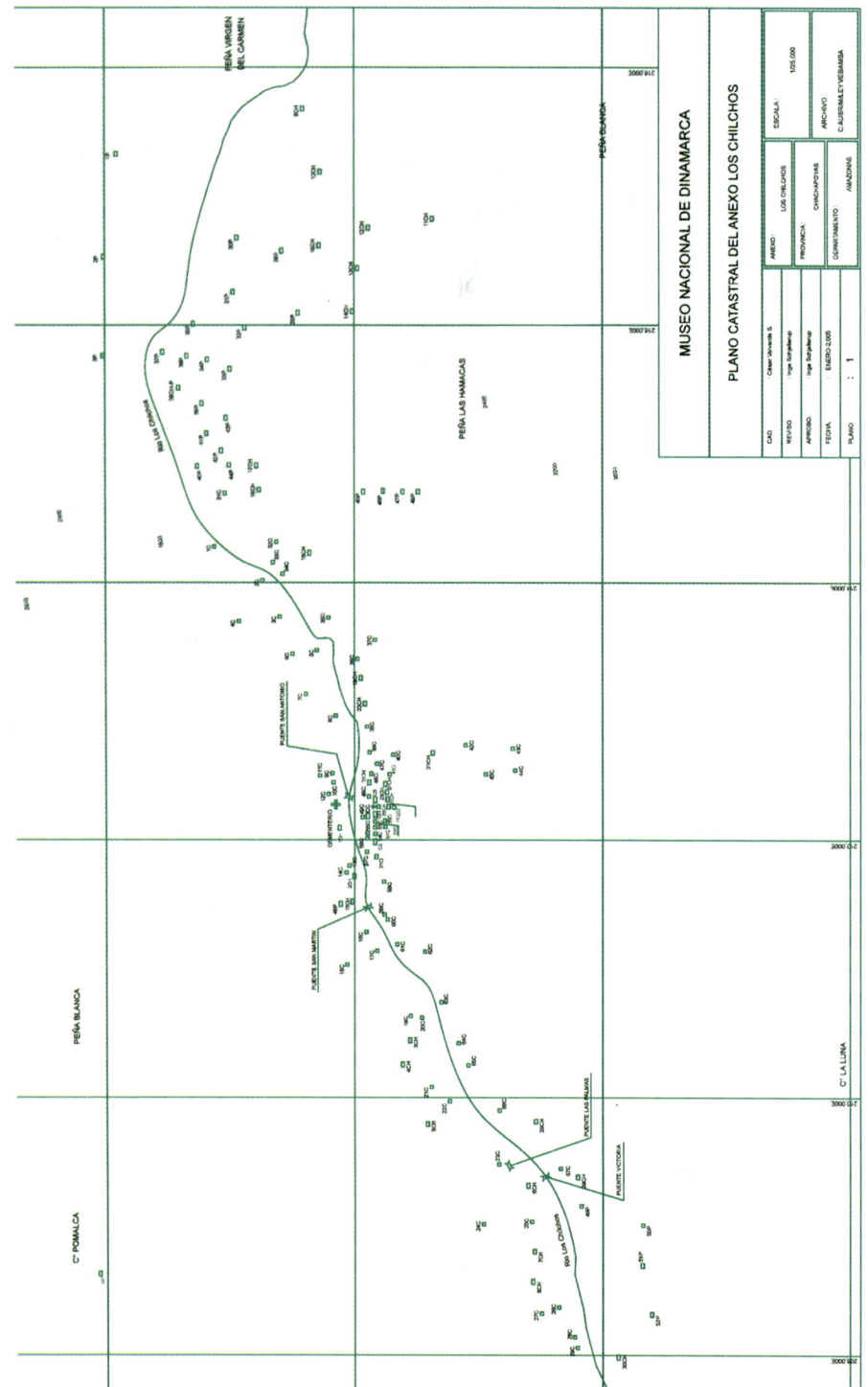

Fig. 45. *Mapa de las casas en el Valle de los Chilchos. // Map of houses in the Chilchos Valley.*

Fig. 46. La vista hacia al oeste a "down town" Chilchos de la otra banda del rio. // Down town Chilchos seen towards the west from the other side of the river.

68 casas. Varias familias tienen dos casas - una residencial y otra afuera en las chacras.

En la construcción de viviendas existen diferentes técnicas dependiendo de las posibilidades económicas. Las casas son construidas de:

Adobe Barro y bagazo de caña son colocados en moldes de madera pequeños, dejándolo secar una semana. Luego, se levanta la pared de adobe con barro fresco, colocados unos sobre otros.

Tapial Barro y piedras mezclados son comprimidos en un molde largo de madera aproximadamente de 2 m de largo y 0,80 m de ancho. La pared se levanta colocando una base de piedras y encima el marco de madera vaciando el barro, luego se golpea con unos mazos para ajustar y se continúa con otra fila (Fig. 47).

Madera aserrada Tablas aserradas, las cuales se disponen a lo largo. Solamente 2 casas han sido construidas con este material.

Muesca Las casas se construyen con troncos dispuestos unos

Fig. 47. La casa de Doña Benilda Maicelo construida de tapia. // The tapia house of Doña Benilda Maicelo.

sobre otros, enganchados (sujetados) unos con otros en los ángulos rectos. Para su construcción no se usan clavos. Las dimensiones frecuentes de las casas de muesca son de 8 m a 6 m x 4 m a 6 m, algunas de dos pisos. En las puertas usan unos soportes que también sirven de amarre, llamados "burritos". Pueden asegurarse amarrándolos con soga de cabuya en las esquinas. Los dormitorios son revestidos por dentro con pieles, plástico, cartones y algunos colocan barro en las ranuras que hay entre tronco y tronco para que sea más abrigado.

La mayoría de casas son construidas con este material, por ser barato y práctico (Fig. 48). Los techos son a dos aguas, en su mayoría de calamina, traídas desde Leymebamba, y algunos de tejas.

Distribución de las viviendas

La mayoría de las casas son de un piso, y tienen una sola ventana y algunas de las casas no tienen ventanas.

Las casas de un piso tienen dos dormitorios y un depósito, separados

Fig. 48. La casa de Sr. Culque construida de muesca en la parte baja del valle de Los Chilchos. // The muesca house of Sr. Culque in the lower part of the Chilchos Valley.

por una cortina de plástico. Las familias tienen sillas y bancas de madera en su sala, comedor y cocina colocando mantas tejidas para sentarse encima.

En los dormitorios tienen camas de madera ó tarimas (base de madera sin cabecera). En los hogares de menores recursos tienen camas hechas de caña partida en dos (caña hueca) empotrada en el ángulo de la pared. Encima de las camas colocan colchones confeccionados con paja o con algodón vegetal. Algunas casas tienen en el dormitorio un baúl de madera, donde guardan sus documentos y objetos de mayor valor.

En percheros de madera cuelgan la ropa y la cubren con plástico. La mesa más grande la ubican en la sala y las más pequeñas en la cocina o dormitorio.

En las casas de dos pisos, los dormitorios se encuentran en el segundo piso; abajo se hallan el almacén de los granos y una pequeña salita. Las casas de dos pisos frecuentemente tienen balcones de madera.

Fig. 49. Don David preparando el horno para hacer pan. // Don David preparing the oven for bread baking

La cocina se encuentra separada de las otras habitaciones. La cocina es utilizada como comedor con bancas, mesa de madera y aparadores hechos de caña para poner los platos, especies y otros. Allí se encuentra el fogón de leña en un puyo (asiento) y debajo del fogón, el cuyero. Sobre el techo se guardan los granos y legumbres. Su techo es más ligero, utilizando pajilla en el techado.

Todas las familias utilizan leña como combustible para cocinar y hacer pan. Algunas familias, tienen un horno grande de adobe y arcilla afuera de la cocina para elaborar pan (Fig. 49).

Para voltear el pan en el horneado utilizan un palo de madera amarrado en la punta a una espátula de lata, y para sacarlo, cuando el horno está enfriando utilizan los espátulas de madera (Fig. 50). El pan es colocado en unos canastotes de carrizo envuelto con manteles blancos. Las bateas de madera son muy usadas para el lavado de carne, platos, ropa, etc. (Fig. 91); y las garrafas reusadas de plástico para llevar el agua.

Fig. 50. Espatulas de madera para hacer pan. // Wooden spatels for bread baking.

Alrededor de las viviendas se encuentran pequeños jardines con plantas ornamentales, huertas o plantaciones de plátanos y cafetales.

Educación

Desde el año 1956 se crea la escuela N° 18048 en Los Chilchos, su primer local fue en una casa particular al lado izquierdo del río. Se inicia con un solo profesor (polidocente) que enseñaba todos los grados. En el año 2000, FONCODES financió la construcción de su moderno local.

En la actualidad, la escuela cuenta con tres profesores, cada uno enseña dos grados. Las clases son en la mañana de 9:00 a 12.00 pm, y en la tarde de 2:00 a 4:30 pm.

La escuela tenía 61 alumnos matriculados, 34 varones y 27 mujeres, con un 11% mayor de varones. Los padres priorizan la educación de los hijos varones, pues dejan a las hijas para hacer el trabajo doméstico. Si los jóvenes desean continuar estudios secundarios se trasladan a Leymebamba o hacia otros pueblos cercanos (Fig. 51).

Problemas educativos y sociales
Problemas educativos pueden relacionarse con los niños, padres de familia o profesores.

Los niños
Gran parte de los niños se sienten cansados y duermen en clase. La falta de ingesta de proteínas y parasitos (vea anexo*) afectan el desarrollo físico como intelectual de los niños y van manifestándose en el bajo nivel de atención y retención de los contenidos educativos.

Fig. 51. Los alumnos en formación al frente de la escuela en la mañana. // Schoolchildren placed in line during the morning session.

Los niños que viven en los lugares más alejados en el valle se ven obligados a quedarse al medio día, aprovechando el fiambre que llevan, puede ser fruta, tortilla, cancha, arroz o yuca, algunos no llevan nada. El poco fiambre, no muy nutritivo, predominando los carbohidratos.

Los niños se quedan a cargo de sus hermanos mayores, que son igualmente niños sin tener la protección y el cuidado de los adultos; esto a causa de la migración de los padres por necesidades de trabajo.

La violencia familiar asociado al consumo de licor repercute mucho en el aspecto psicológico de los niños, por ello son tímidos y otros son violentos, agresivos y no entablan buenas relaciones con sus compañeros.

Los niños dibujaron sus vidas desde diferentes representaciones, algunos los dibujaron en medio de su mundo ideal con la naturaleza cerca al río y los árboles, otros regando las plantas, una niña se dibujó junto a su madre, ambas sin boca y el padre cerca a su hermano, otra niña se dibujó jugando con su hermano solos en su casa.

La mayoría de niños va a la escuela con un solo cuaderno, muy pocos son los niños que tienen útiles escolares suficientes.

Los padres

El poco ingreso económico de sus productos agrícolas y ganaderos les hace buscar trabajo, fuera de Los Chilchos. Hombres como mujeres pueden abandonar a sus hijos pequeños a sus hermanos y hermanas. La migración del padre origina el abandono del hogar, produciéndose nuevas uniones, siendo frecuente que las parejas tenga dos compromisos maritales e hijos en su primer y segundo compromisos. Los hijos que viven con el padrastro no tienen las mismas consideraciones y son objeto de maltrato.

Los padres no orientan los deberes escolares de sus hijos, por el contrario lo obstaculizan, priorizando las tareas de la casa y la chacra; tampoco cumplen con asistir a las reuniones de la escuela, lo que revela la poca importancia que le dan a la educación escolar, y como consecuencia de esto los padres no compran todos los útiles escolares, enviándoles con un solo cuaderno.

Los profesores

Los profesores no cuentan con los materiales para aplicar nuevas técnicas de enseñanza, tampoco son capacitados por el estado. Ellos hacen lo posible por capacitarse en los meses de vacaciones en Chachapoyas, Trujillo ó Lima no obstante las bajas remuneraciones que perciben. La lejanía del lugar y la poca comunicación entre otros profesores son factores adversos a su formación continua.

Religión

Celebraciones y festividades

En Los Chilchos contrariamente al valle de Huambo (Schjellerup et al. 2003) 53 familias (88%) profesa la religión católica, y 7 familias (12%) son Adventistas del Séptimo Día.

Los católicos celebran el día domingo para rezos en la iglesia y celebran grandes fiestas de sus santos durante el año.

En cambio los adventistas guardan el sábado, el cual asignan como día de reposo y culto. Ellos prohiben a sus fieles trabajar, al igual a sus animales, asimismo tienen prohibiciones en su comidas como carne de cerdo. Son muy celosos del cumplimiento de sus normas y reglas.

Ambos entierran a sus muertos en ataúdes y tienen un cementerio al lado izquierdo del río, utilizan cruces, coronas y flores para rendir culto a sus muertos (Fig. 52).

En el valle no hay sacerdote, sólo la hermandad que realiza paraliturgias, el sacerdote es invitado de Leymebamba a venir según las celebraciones religiosas. El comité de Fiesta Patronal y los mayordomos son los que se encargan de todas las celebraciones religiosas.

Su santo patrón es San Ildefonso, el 23 de enero, pero en el tiempo colonial movieron su imagen original de San Ildefonso a San Ildefonso de los Chilchos (Montevideo), donde es colocado en la iglesia (Fig. 53).

La fiesta más importante en Los Chilchos hoy es "La Fiesta de la Cruz", se rinde culto a la cruz de Cristo y se realiza durante la primera semana de mayo. Los otras fiestas son:

- Sagrado Corazón de Jesús (3 de Junio)

- Sagrado Corazón de María (4 de Junio)

- Fiesta de las Tres Cruces (24 de junio)

- Día de los difuntos (1 de noviembre). Se va al cementerio en el día, llevando comida y cañazo para agasajar a los difuntos.

Para La Fiesta de La Cruz varios mayordomos son nominados:

Mayordomías de la fiesta de la Cruz

Mayordomo del Alba el 1° de Mayo: Celebra la misa en la mañana (4:00 – 5:00 a.m.); sirve a los presentes caldo de gallina y aguardiente, después se inicia el deporte.

Mayordomo de la Víspera el 2 de Mayo: Se encarga de dar la cena y fiesta a todos los presentes, la noche anterior al día central de la celebración.

Mayordomo del Día el 3 de Mayo: Da el almuerzo y el "trago" (cañazo), para todos los presentes. Además, otorgan el "voto".

La procesión de La Cruz es realizada vistiéndola con un manto y colocándola en el anda. El anda se adorna con flores y frutas, después se saca de la iglesia recorriendo el centro de Los Chilchos. Luego, se llega al campo deportivo para rezar y cantar y regresa a la iglesia para la ceremonia del voto.

El Voto: Es una ceremonia de intercambio con la contribución en dinero y/o en productos, como gallinas, pan, azúcar, gaseosas y otros;

Fig. 52. El cementerio cubierto de vegetación con las tumbas individuales. // The overgrown churchyard with the individual graves.

Fig. 53. El imagen de San Ildefonso guardado en la iglesia del pueblo de Montevideo (antes San Ildefonso de los Chilchos). // The image of San Ildefonso which is kept in the church in the village of Montevideo (before San Ildefonso de los Chilchos).

por un monto aproximado de 160 a más de 300 soles que los mayordomos al terminar su participación colocan en una mesa. Cualquier persona voluntariamente puede tomar los productos para su beneficio personal, pero se compromete para la mayordomía del año siguiente a devolver el Voto. El Voto debe ser devuelto en igual o mayor cantidad; su disminución o incumplimiento, implica desprestigio para la persona y para la familia que asume el compromiso.

A Los Chilchos les gusta una buena fiesta, bailando el pasillo, huayno, y la cumbia. Los Chilchos tiene una banda que toca acordeón, wiro, y guitarra y una cantante, que tambien toca en los pueblos vecinos. En las fiestas se toma cañazo (aguardiente de caña), cóctel es un batido de leche, huevo, azúcar y cañazo, también champagne (un combinado de gaseosa con cañazo). Las fiestas son muy concurridas, alegres y se prolongan hasta el día siguiente.

Landarute

Landarute es el "primer corte de pelo" del niño, y se realiza antes del bautismo. Los padres eligen por afinidad a los padrinos, los cuales tiene el derecho de ser los primeros en cortar uno de los mechones del cabello del niño. Los padrinos otorgan un presente que puede consistir en dinero (desde 50 soles a más), un becerro, o un caballo. Luego, los invitados pasan a cortar los mechones del cabello, dejando como regalo presentes o dinero. Los padres corresponden agasajando a los padrinos e invitados con abundante comida y licor.

El corte de pelo es una costumbre andina muy antigua que representa la extensión social de la familia, mediante los vínculos de compadrazgo y socialización.

El acaboso
Al terminar la construcción se organiza el baile en la casa para aplanar el piso. La creencia es que la casa debe tener mucha alegría como buen augurio para la familia; los amigos y los que trabajaron participan en la construcción mediante el "washao" (trabajo solidario). El dueño de casa invita la comida y el licor.

Otras creencias
Chilchos tiene un folklore rico referente a supersticiónes populares. La creencia tiene muchas formas, según sus historias tales como fantasmas y encantamientos de duendes. Las creencias influyen en las percepciones y son parte de la vida cotidiana.

Ellos expresan que los *"aparecidos"* o "malos espíritus" son seres malignos, a través de los cuales se manifiesta el "enemigo" o diablo para hacer daño y robarle el alma a una persona. Su aparición es más frecuente por las noches; en aquellos lugares donde ha ocurrido una "mala muerte" (asesinato o suicidio). Se manifiestan, por lo general, bajo la forma de un perro negro con ojos que echan fuego; un jinete montando un caballo negro, con aperos de plata u oro; y una silueta humana a la que no se le puede distinguir el rostro.

Los *"duendes"* o *"duendas"*, son también seres malignos, pero se diferencian por ser juguetones. Se aparecen por lo general muy temprano, en las mañanas; o en las tardes, antes de que anochezca. Estos se roban a los niños pequeños, no bautizados; imitan el llanto de los niños, silbidos de personas, con la finalidad de extraviar a los que los escuchan; también ocultan al ganado, colgándolos de las colas en los árboles. Dejan sus huellas en el barro como las de un pato gigante con membranas entre los dedos.

El *"encantamiento o cariño"* Es la posesión de un "ser maligno" en el cuerpo de una persona, luego con el "encantamiento" o "cariño" las personas mueren o quedan "tullidas" (paralíticas).

En Los Chilchos se manifiesta el animismo, en la percepción del árbol llamado Itil. Los pobladores creen que es un árbol que tiene espíritu y les puede castigar por no tener buenos sentimientos; por eso, las personas

Recuadro 5: Testimonios

El perro negro

Yo venía de la casa de Ezequiel Cueva, aproximadamente a las 7.00 de la noche, sano y bueno sin tomar aguardiente, había estado dirigiendo la construcción de su tapial. Cuando pasaba por la cueva a la altura del puente San Martín, me puse a armar mi cigarro, sentado en una piedra; de repente oí un ruido como la de un animal bajando el cerro, ví la tierra desmoronarse y un perro negro se puso delante de mí, me miró con sus ojos que echaban candelas. Entonces, saqué mi puñal y golpeé la piedra, chispeó candela, y el perro negro se volvió para arriba.

Al otro día, fui a ver la tierra que se había desmoronado y me di con la sorpresa que no encontré nada. ¿Qué fue? mal espíritu seguro. Mis hijos, cuando eran chicos, me contaron que habían visto en el mismo lugar un hombre con una banda roja en el pecho, y un sombrerazo grande, que se tiraba al agua.

Testimonio de don Eusebio Garay Salazar (83 años).

La duenda

La primera vez que fui con mi esposo a la montaña, en 1985 a traer caña de una chacrita lejos. Me fui enojándome con mi esposo, fui sola; cuando resultó que la duenda me llamaba, me engañaba que fuera por otro lado; silbaba igualito a como silbaba mi esposo. Me bajaba muy rápido, me bajaba por unas peñas feas, con el fin de no encontrarla, de que no me gane; y total, no sé cómo llegué a mi casa; mi esposo dice que llegué medio loca, sin habla, queriendo arrojar.

Él me curó con carbón y no sé qué otras cosas más. Al carbón, la duenda le tiene asco; por eso es bueno. Otra vez fue por aca en las chacras de mi cuñado Domingo Espinoza, me fui al agua dejando a mi hijita en la cama y cuando volví, oí que gritaba desesperadamente, lloraba. Total, cuando llegué a la casa mi hijita estaba dormida. Cuando regresaron mi esposo y mi cuñado, les conté lo que paso y me dijeron que la duenda me había querido quitar a mi hijita. No se como son los duendes pero si se escucha que gritan como muchachito chico en el día, bien temprano, pero en la tardecita es más.

Por Tushpa Rumi, en el camino a Leymebamba por ahí también se escucha a la duenda que grita.

Testimonio de la Sra. Feli Cruz Gutiérrez (38 años).

La duenda

Antiguamente dicen, los sacerdotes se iban de uno a otro sitio, por evangelizar, por hablar la palabra de Dios. Y en el trayecto, uno siempre se queda a pasar la noche. Una noche ellos se quedaron en un campamento, al amanecer se despiertan y no encuentran los aperos del animal, de la bestia que llevaban y total resultó que la duenda había jugado; colgando los aperos. De tanto buscarlo, se dio cuenta que la montura estaba colgada en un árbol. La duenda juega con las cosas de las personas, no ataca a las personas.

Últimamente tenemos otro caso. Acá existe un potrero que se llama "El Albaso", es de Lolo Garro. Adentro él cría ganado, y la duenda colgó del rabo a un becerro; solamente las puntas de sus patas llegaban al suelo. Estaban en el barro las huellas de la duenda así como son las del pato, con membranas.

Testimonio del Sr. Ernesto Ocampo (61 años).

La cueva

Yo tenía una hermana que ya murió hace 5 años (1999). Mi hermanita era bien buena moza, era mayor que yo. A los 9 años, ella se iba a la escuela que quedaba a la otra banda, con mi hermano. Ellos almorzaban junto con otros muchachos en una cueva en medio de la peña. Cuentan que siempre salía un perro negro de allí. Un día se quedaron dormidos, después de almorzar, y resulta que esa cueva era virgen entonces le" *cariñó la cueva"* a mi hermana. Le empezó a doler el tobillo primero, luego las piernas, hasta que ya no pudo caminar más, y se quedó tullida inválida.

Mi hermana no llegó a sanar; pero así pudo tener a sus hijos. Con sus manitos hacía todo; pero para caminar e incluso para llevarla al baño, había que ayudarle. Pero así, se comprometió con un hombre de Montevideo, y tuvo sus hijos. Pero por desgracia, uno de los niños también adquirió la enfermedad.

Testimonio de la Sra. Rosa Tello (49 años).

> **El Itil**
>
> Un día cuando salí de mi casa, más o menos a la 1.00 pm, estaba yendo al teléfono, cuando encontré un monte cortado, y lo habían tirado al camino, como iba tejiendo a croché no me di cuenta. que planta era. Cuando volvía, me di cuenta que había pasado junto a todito el monte cortado de Itil; tuve miedo, y por la noche sentí un escozor, tenía todito el cuerpo hinchado. Tuve que ir a la posta; en la posta me pusieron ampollas. Cuando nos daña el Itil se siente comezón en todo el cuerpo, se hincha y se hacen llagas y dura de 8 a 15 días por lo menos, y eso es que sólo pase por su lado. Para que no nos haga daño hay que saludarlo "Señor Ítil, buenos días", "Señor. Ítil, buenas tardes"; si le saludamos no nos hace daño. Porque aquí en el valle le tenemos demasiado miedo.
>
> *Testimonio de la Sra. Lidubina Espinoza (40 años).*

tienen que mostrarle respeto saludándolo cuando pasan por su lado, de no hacerlo son castigados con fiebres, heridas e hinchazones por todo el cuerpo.

Salud

Según el técnico sanitario las enfermedades más frecuentes son parasitosis, infecciones diarreicas agudas "EDA", infecciones respiratorias agudas "IRA", vaginitis, cistitis, heridas y picadura de víbora. No se ha detectado ninguna epidemia.

Un alto grado de caries se encuentra en los dientes de la población de Los Chilchos debido al exagerado consumo de azúcar, (mastican la caña e ingieren melaza) y a la falta de higiene dental.

Sobre la parasitósis realizamos estudios en Los Chilchos (vea apendice 2) identificándose que la causa principal es la falta de higiene, en el manejo de los alimentos, y la contaminación producida por la basura, las heces y el estiércol de los animales (Fig. 54). Por ello, es importante que todas las familias construyan letrinas domiciliarias y públicas. Por ello una de las preocupaciones del sector salud, consiste en eliminar los focos de infección, ocasionado por la vagancia de los animales, que dejan el estiércol esparcido por todo lugar. Se ha presentado un proyecto para conseguir apoyo para la construcción de un potrero municipal y de letrinas públicas, a la dirección regional de salud de Amazonas, pero todavía no hay respuesta.

El puesto de salud de Los Chilchos se crea en el año 1995, construyéndose el local con el financiamiento de FONCODES. Actualmente cuenta con un técnico sanitario, jefe del puesto de salud y representante del Sector Salud, en el Programa Salud Básica.

Eventualmente, es visitado por otros profesionales de salud de Leymebamba, según las campañas y programas del sector; de vacunación, de salud bucal y otros.

El puesto atiende a toda la población y en especial a los asegurados del programa del Seguro Integral del Ministerio de Salud (SIS), que está dirigido a las familias más pobres. Los requisitos para asegurarse son llenar una ficha socioeconómica, luego envían la ficha a Leymebamba y allí son categorizados socialmente. La ventaja de estar en el seguro es tener atención de salud y medicamentos a un costo mínimo, si están en el grupo de pobreza extrema les dan gratuitamente.

Los programas del puesto de salud para el año 2004 son: IRA, EDA, Planificación Familiar, Perinatal, Tuberculosis, Transmisión Sexual y SIDA, Malaria, Salud Bucal, Crecimiento y Desarrollo, Vacunación y Saneamiento Ambiental. No obstante la aplicación de tantos programas la atención es limitada por la escasez de recursos.

Recuadro 6: Recetas caseras para el tratamiento de las enfermedades

Las enfermedades reconocidas son de cuatro tipos: bronquios de calor o frío; estómago sucio; sangre intoxicada; y dolor de riñones.

Lavativas o enemas: sirve para tratar "los bronquios" de calor o de frío; y para efectuar las "purgas" (a modo de laxante), cuando el estómago esté "sucio".

Las "lavativas" consisten en la aplicación de líquidos - preparados especialmente, y según la enfermedad, directamente a los intestinos, a través del ano. Para esto, se utilizan un depósito y una manguerita.

Baños de ramas: pueden ser de vapor; sólo para el pecho y espalda, cuando se trata de "bronquios de calor"; para todo el cuerpo, cuando la sangre está intoxicada, y de asiento cuando hay infección de las vías urinarias.

Cataplasmas: se utilizan para el tratamiento de golpes, torceduras, y dolor de riñones. Para la cataplasma se usa arcilla, a la cual se le puede añadir los zumos de hojas o de frutos.

"Las tomas": son la ingestión de hojas o frutos, a manera de: zumos; y hervidos, fríos o calientes.

Síntomas y tratamiento de los "bronquios de calor", y los "bronquios de frío":

Bronquios de calor

Es cuando el enfermo tiene tos constante, agitación y escupe algo espumoso, puede ser que tenga infección al estómago, es decir estómago "cargado" o "sucio"; o infección a los pulmones. A esto le llaman: "bronquios de calor" y se puede complicar con alguna infección estomacal.

La cura es: por las mañanas, se le debe dar un baño parcial de vapor con "ramas" (tilo eucalipto, ciprés, amargón, guariguay, chilca, una porción de café, una porción del "cogollito" de la guayaba, una pequeña porción de manzanilla, cedrón y enojo o hinojo), exponiendo primero los pulmones, y luego el pecho. A los 2 ó 3 minutos que el paciente está en el vapor, se lo retira y se acuesta en la cama; luego, humedecer una toalla en este baño, escurrirla bien y limpiar todo el sudor. Nuevamente, se le deja en el vapor por otros 2 ó 3 minutos más. Finalmente, se le acuesta en la cama y aplica un lavado intestinal frío, consistente en una taza con agua fría y 2 ó 3 limones ácidos. Si no se tiene limones, se puede emplear una copa de trago (cañazo).

Finalmente otra opción es darse baños de asiento (baños genitales) por 15 a 20 minutos; cuidando que el agua no toque del tobillo para abajo.

Bronquios de frío

Es cuando el enfermo tiene una tos acentuada, le suena en el pecho, y escupe una flema blanca. Cuando está avanzada la enfermedad, se arroja una flema de color rojo, con rasgos de sangre.

Cuando la flema es amarilla - verdosa, es cuando está complicado la vesícula o el hígado.

Se prepara un té de tilo hervido (2 gramos de tilo aproximadamente),

> y se enfría un poco, luego añadir 2 gotas de limón, junto a unas gotas de miel de abeja; seguidamente beber esta infusión. Adicionalmente, hay que aplicar un enema de ajenjo, eucalipto, coca y limón.
>
> **Tratamiento para el dolor de riñones**
>
> Hay que hacer baños genitales, en una tina honda, antes de dormir; por un plazo de 20 a 30 minutos. Después del baño, se seca con la toalla, y se acuesta en la cama.
>
> Se recoge barro negro en un depósito, se agrega limón o vinagre, y alcanfor. Luego, se coloca un trapo, se vierte el barro sobre el trapo envolviéndolo de manera que no caiga el contenido; luego se aplica esta cataplasma sobre los riñones.
>
> Entrevista Martha Briones (curandera) (vea diccionario de las plantas).

Frente a las carencias en la atención médica, es que hay un alto grado de uso de plantas medicinales y mantenimiento de costumbres ancestrales en recetas caseras para el tratamiento de varias enfermedades (vea lista de plantas medicinales).

Nutrición

La preparación y combinación de los alimentos están relacionadas con los ciclos de agricultura y sus costumbres. Las comidas tienen más contenido de carbohidratos, algo de proteínas y pocas vitaminas aunque comen frutas (vea lista de cultivos).

En la comida diaria siempre están presentes; la yuca, arroz y plátano. Los pobladores también se alimentan de papas y camotes, pero con menor frecuencia, porque la producción ha disminuido en estos últimos años. Hay un consumo frecuente de frijoles de distintas variedades y de maíz en choclo y mote, aracacha y las verduras como el repollo, cebolla, caigua, culantro y hojas de witina.

Gallinas, ovejas, cerdos y ganado vacuno se consumen frecuentemente durante festividades.

La frecuencia en la caza y pesca es de una a dos veces por semana. 42 familias (70%) pescan y 36 familias (60%) cazan. Ellos mencionan que la caza ha disminuido en los últimos años, debido a la deforestación, los bosques se van alejando y para cazar hay que trasladarse a mayores

Recuadro 7: Platos típicos

Humitilla de plátano

30 plátanos verdes.

1 tapa de chancaca de 1 Kg

Media tapita de esencia de vainilla.

Se pelan y muelen los plátanos, formando una masa. Se raspa la chancaca y se la agrega a los plátanos, juntamente con la vainilla. Se mezclan bien todos los ingredientes. Luego, se coloca un poco de masa en hojas de plátano secas, o de maíz; y se las amarra bien. Aparte, hacer hervir agua; cuando ésta rompa en hervor, agregar las humitillas. Dejar cocinar por 35 minutos; luego sacarlas y dejar enfriar.

Sopa de fríjol con yuca o plátano (6 personas)

2 platos de fríjol verde de preferencia común

2 Kg de yuca picada (o una docena y media de plátanos verdes)

Culantro picado al gusto

Especies para el aderezo (ajo, achiote, cebolla)

½ Kg de cascarón de coche (pellejo seco de chancho)

Sal al gusto

Aceite

Picar el cascarón de coche y luego freírlo con aceite en la sartén, echar las especies y sal al gusto, enseguida vaciar en una olla el cascarón frito, la yuca picada, fríjol y agua. Si se desea reemplazar la yuca por el plátano, picar el plátano verde y lavarlo con agua caliente, para que no sea "patico" (pactoso) y suelte el líquido lechoso. Dejar que se cocine, agregar sal, picar el culantro y echar a la olla al momento de bajar.

Picuro con tacacho (*8 personas*)

1 picuro entero

Especies para el aderezo (ajo, azafrán cebolla, ají amarillo)

2 manillas de plátano verde

Sal al gusto

Aceite

> Se lava el plátano verde con agua caliente, luego se sancocha, después se baja y se aplasta con un tenedor o piedra de sal, se adereza en la sartén con aceite, ajo molido, ají amarillo y sal al gusto, se amasa y se coloca en el plato en forma redonda.
>
> Se mata y pela el picuro, luego se corta en presas poniendo a sancochar en una olla con sal al gusto, se saca la carne a medio cocinar y se condimenta con las especies, luego se fríen la sartén.

distancias.

Tabú en la comida

La secta de los Adventistas del Séptimo Día están convencidos que la Biblia prohíbe comer la carne de algunos animales por considerarlos inmundos, maldecidos y poseídos por el demonio. Esta prohibición alcanza a la carne de todo animal cuadrúpedo, que no rumia y tenga pezuñas como; la chosca, cuy, conejo, picuro, carachupa y otros, igualmente de las aves que son rapaces que tienen garras y pico corvo como; la pava de monte, guacamayo el gavilán y otras, del mismo modo los peces que no tienen aletas ni escamas.

Actividades socio económicas, agricultura contemporánea

La principal actividad socioeconómica es la agropecuaria: agrícola y ganadería. La agricultura permite la obtención de los productos de pan llevar y la ganaderia junto a la crianza de animales menores es la que provee del ingreso económico para la compra de sus artículos de primera necesidad.

La tierra

El territorio del Valle Los Chilchos fue habitado en las épocas prehispánicas y en los inicios del periodo colonial, posteriormente fue abandonado y a partir del siglo XX se inicia el proceso contemporáneo de colonización.

En el mapa del Perú el territorio del valle había sido considerado zona virgen, inhabitado; solo a partir de la información censal del año 93, se actualiza la carta nacional, ubicando algunas viviendas del valle. Los primeros pobladores se repartieron grandes extensiones de tierras, pero con la llegada de más colonos, la repartición de tierras ha disminuido en extensión, ya no hay tierras desocupadas en el centro habitado del valle, ni chacras cercanas. Por ello los nuevos pobladores compran o alquilan

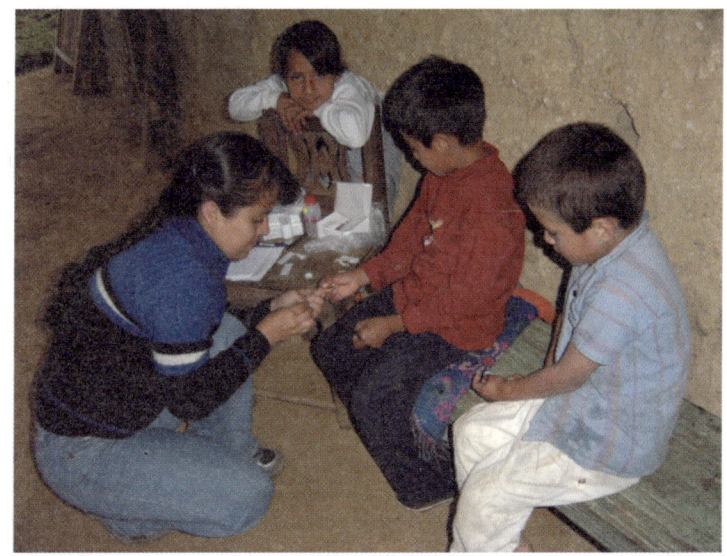

Fig. 54. Microbiologa Maribel Vilchez Toribio tomando muestras de sangre a los niños en la escuela. // Microbiologits Maribel Vilchez Toribio taking blood samples from the schoolchildren.

tierras y casas, a la gente que emigra a los pueblos aledaños.

La agricultura es de pan llevar para el consumo y algunos productos como frutas, yuca y cocopa (harina de plátano) son vendidos. Anteriormente la población era caficultora, pero en los últimos cuatro años la población ha dejado de cultivar café por una disminución de su precio en el mercado local e internacional. La crianza de ganado y de animales menores se destina para la venta.

Forma de Adquisición de las Tierras

Después de un siglo del ingreso de los colonos, la cantidad de hectáreas con relación a la adquisición ha variado. Durante los primeros años la adquisición se efectuaba mediante la colonización y el reparto comunal.

En estos últimos 20 años hubo un mayor movimiento de compra y venta de tierras por la salida de pobladores antiguos y la llegada de nuevos.

En 2004 la menor cantidad de hectáreas se adquirió por colonización; 368,33 ha (5%); el mayor porcentaje de hectáreas ha sido adquirido por compra: 5083,06 ha (69%).

Los precios han aumentado en el transcurso de los años, así en 1998 se pagó por 30 ha S/. 150 .00 (1 ha a S/ 5.00), en el año 2000 S/. 750.00 nuevos soles por 60 ha (1ha a S/12.50) y en el año 2001, por 5 ha se pagó S/. 70.00 (1 ha a S/ 14.00).

Recuadro 8: Nombre de las Chacras y de los Potreros

Pampa Hermosa	La Colmena	La Ciénaga
Villa Aurora,	La Perla	Madre de Dios
San Cristóbal,	Las Orquídeas	El Chontal
San Lucas	Bellavista	El Infiernillo
El Porvenir	El Pollito	El Encanto
El Recodo	La Grama	El Paraíso
La Paccha	La Grama Dulce	El Gavilán
El Porvenir	Albazo	El Dorado
Manantial	El Pilón	Rumiyacu
Paujiles	Venezuela	Miraflores
El Milagro	El Laurel	La Colmena
La Colpa	Nueva Esperanza	La Rendija
Acapulco	El Negro	Punta Arenas
La Unión	El Encanto	El Pijuayal
San Miguel	El Pongo	San Juan
Santa Clara	Las Piñas	La Cascarilla
Pomalca	La Unión	El Chaparral
El Diamante	San Luis	El Ingenio
San Genaro	Río Blanco	Las Delicias
El Tingo	EL Callejón	Portugal
San J. de las Palmas	Santa Cruz	Indochina
Aguas Claras	Casa Grande	Trinidad
Las Granadillas	Campo Redondo	Junín
La Playa	Cayaltí	Raymapampa
La Esperanza	Las Mercedes	Las Mercedes
El Pajatén	México	El Porvenir
El Delirio	Cartavio	

Las Chacras

Las chacras son ubicadas por ambos lados del río Chilchos. La distancia mayor a una chacra medida en tiempo es hasta 8 horas, si embargo la mayoría de ellos demora en llegar a la suya de una a dos horas, los nombres de las chacras se colocan según los acontecimientos o las características geográficas del lugar. Por ejemplo Río Blanco, Aguas Claras, Manantial, La Unión, El Gavilán, El Milagro, El Paraíso, El Dorado.

Tabla 3: Forma de Adquisición de las Tierras

Tierra	Cantidad (Ha)	%
Compra	5083,06	69
Repartición comunal	589,34	8
Herencia del padre	884,01	12
Herencia de la madre	442,00	6
Colonización	368,33	5
Total	7366,75	100

La señora Rosa Tello tiene una chacra "El Encanto", le puso su padre porque dos ganados se perdieron en el sitio y después de tres meses, como por encanto lo encontraron en la chacra cerca al puquial.

Tabla 4: Tamaño y uso de la Tierra

Tierras cultivadas				Tierras no cultivadas		Total	
Pastos		Cultivos					
Ha	%	Ha	%	Ha	%	Ha	%
218,75	2,97	202,75	2,75	6945,25	94,28	7366,75	100

Según las entrevistas el total de tierras que poseen los pobladores en Los Chilchos es 7.366,75 ha con un promedio de 122,77 ha por familia.

La mayor parte de tierras en Los Chilchos no son cultivadas: 6.945,25 ha (94% del total). Sólo el 6%, 421.5 ha son tierras cultivadas con un promedio de 7.02 ha por familia. En estas tierras se cultivan pastos 218,75 ha (2,97%) y cultivos de pan llevar 202,75 ha (2,75%).

Tabla 5: Tenencias de tierra

Categoría	Familias		Ha cultivadas y no cultivadas		Promedio de ha cult. y no cult./ Familia	Ha cultivadas		Promedio de ha cult./ Familia
	No.	%	No.	%	Ha	No.	%	Ha
I (330-420 Ha)	5	8%	1694.35	23 %	338.87	143.31	34 %	28.66
II (200-302 Ha)	11	18%	2136,35	29 %	194.21	75.87	18 %	6.89
III (90-172 Ha)	18	30%	2799,36	38 %	155,30	109.59	26 %	6.08
IV (30-80 Ha)	15	25%	663,00	9 %	44,20	67.44	16 %	4.49
V (10-24 Ha)	5	8%	66,3	0,9 %	13,26	21.07	5 %	4.21
VI (0-5 Ha)	6	10%	7,36	0,1%	1,22	4.21	1 %	0.70
Total	60	100 %	7366,75	100 %	-	421.5	100 %	-

La propiedad de la tierra es un indicador importante que refleja las brechas existentes entre los ricos y los pobres en el Valle de Los Chilchos.

Fig. 55. Alto Chilchos con las cuestas de la montaña quemados para la agricultura. La chacra cerca la casa tiene varias variedades de plátanos. // Upper Chilchos with the burnt mountain slopes for agriculture. The field at the house has several varieties of bananas.

Cinco familias concentran el 23 %, 1694.35 ha, cultivadas y no cultivadas del total; siendo 338,87 ha el promedio por familia y de estas sólo se cultivan un promedio de 28.66 ha por familia ya sean pastos ó cultivos de pan llevar.

En las categorías II – V las diferencias marcadas de extensión de tierras que poseen las familias están dadas por el promedio de áreas no cultivadas.

En la categoría II, el promedio de área no cultivada es de 187,32 ha y en la categoría IV 39.71 ha notándose una gran diferencia entre categorías. A diferencia del promedio de áreas cultivadas se encuentran en un rango poco diferenciado por categorías entre 6,89 ha y 4,21 ha.

A diferencia seis familias concentran el 0,1%, 7,36 ha cultivadas y no cultivadas de la cantidad total, con un promedio de 1,22 ha por familia, cultivándose de estas sólo 0,70 ha. En esta categoría de 0 – 5 ha se encuentran dos familias que son los sin tierra y trabajan las chacras en condición de partidarios ó encargados. Mientras estas últimas familias subsisten en condiciones precarias, las primeras tienen grandes exten-

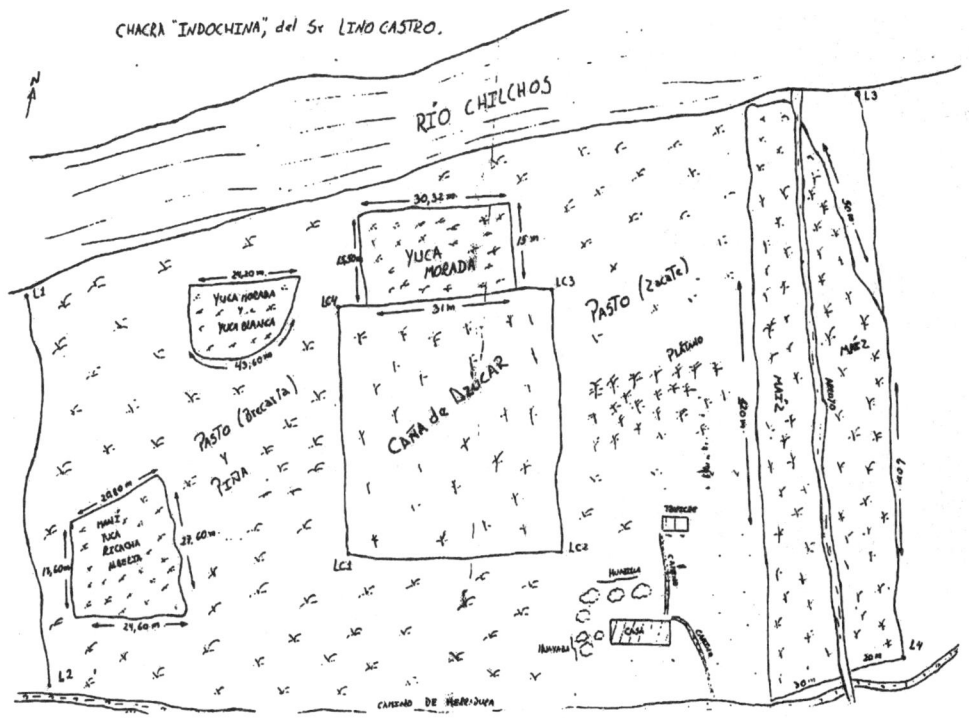

Fig. 56. La chacra del Sr.Lino Castro con secciones de diferente variedades de yuca, caña de azucar y pasto. //The field of Sr. Lino Castro with sections of different varieties of manioc, sugar cane and pasture.

siones de tierra para cultivar y pastizales para desarrollar principalmente la ganadería.

Según el promedio de ha cultivadas por familia se clasifican en pequeños y medianos agricultores. Estas familias tienen de 1 – 3 chacras. Los campos se rozan y queman en la época de verano aproximadamente 1 ha por año (Fig. 55).

Los cultivos

Se práctica la asociación y diversificación de cultivos. Parte de una chacra tienen por ejemplo caña de azúcar, otra parte yuca y otra maíz asociado con fríjol, calabaza y frutales. Un caso concreto tenemos en la chacra Indochina (Fig. 56) ellos tienen cultivos de maní, yuca (blanca y morada), arracacha, arveja, piña, pasto, caña de azúcar, plátano, huabilla, guayaba y maíz (Fig. 57).

Las chacras son usadas en un periodo de 3 a 4 años y luego se deja en descanso. En un periodo de 3 años se forma monte para ser usado de

Fig. 57. Centro Chilchos con una chacra de yuca, caña de azucar y camote. // Middle Chilchos with a field with manioc, sugar cane and sweet potato.

nuevo o para sembrar pasto. En algunos casos se siembra el pasto al mes que se sembró maíz luego se cosecha el maíz y se deja al ganado para que aproveche el pasto.

Los árboles frutales se siembran en cualquier tiempo. Las estaciones no son marcadas porque todo el tiempo llueve y hay humedad pero la población identifica como periodos de invierno y verano; en verano, mayo – junio se roza y épocas de invierno se siembra, Diciembre – Enero.

Las técnicas usadas para preparar la chacra es el rozo, quema y la sacha. En el primer corte o monte virgen siempre usan:

Rozo y quema es más común para la preparación de la chacra y se utiliza para las primeras siembras, como el maíz, la yuca, el fríjol y después la calabaza.

1 Rozo (corte con machete) del monte bajo.

2 Derribo de los árboles (con el hacha).

3 Quema del follaje.

4 Siembra del maíz y fríjol (cultivos asociados).

Sacha es usada en la preparación de la chacra especialmente para los cultivos de tallo bajo como repollo (Fig. 58), camote, cebolla, papa y café; en está técnica no se cortan lo árboles frondosos sólo el monte bajo después se deja secar y sirve como abono.

Fig. 58. Señora Maria Espinoza escardando su huerta de repollo. // Señora Maria Espinoza weeding her garden with cabbage.

Tubérculos y raíces

Los tubérculos y raíces son órganos subterráneos usados en la alimentación básica desde tiempos prehispánicos. Los tubérculos corresponden a tallos subterráneos y al igual que las raíces están bien adaptadas al almacenamiento de sustancias nutritivas y proporcionan alimento al hombre y a los animales.

Las Apiaceae y Araceae son las familias de plantas que están representadas por dos especies cultivadas y las demás con una sola especie. De todas éstas, alrededor del 80% se trata de especies andinas y domesticadas por los antiguos pobladores y pocas son introducidas como la zanahoria, michuca y beterraga.

La yuca *Manihot esculenta* (Euphorbiaceae) es una especie que presenta gran diversidad, la que se manifiesta en la forma de crecimiento de las plantas y las raíces se diferencian en el color, sabor y tiempo de cocimiento. Los pobladores las denominan "muncha", "huayacha", "gigante", "blanca", "amarilla", "montañera" y "morada".

La arracacha *Arracacia xanthorrhiza* (Apiaceae) también presenta diversidad en el porte y color de sus tallos, y en la forma y color de sus raíces, son denominados "blanca", "amarilla" y "manchada".

Ipomoea batatas "camote" (Convolvulaceae) posee diversidad en la forma de las hojas, tallos, tiempo de cosecha; así como, en la forma, color, sabor y tiempo de cocimiento de sus raíces. Los pobladores la han clasificado en "espelma", "blanco", "morado", "huayacho", "amarillo" y algunos

Tabla 6: Lista de cultivos en el Valle de Los Chilchos

Tubérculos y raíces

Nombre común	Nombre científico	Familia
Achira	*Canna indica (n)*	Cannaceae
Arracacha, ricacha	*Arracacia xanthorrhiza (n)*	Apiaceae
Beterraga	*Beta vulgaris (i)*	Chenopodiaceae
Camote	*Ipomoea batatas (n)*	Convolvulaceae
Huitino	*Xanthosoma sagittifolium (n)*	Araceae
Llacón	*Smallanthus sonchifolius (n)*	Asteraceae
Mashua	*Tropaeolum tuberosum (n)*	Tropaeolaceae
Michuca	*Colocasia esculenta (i)*	Araceae
Oca	*Oxalis tuberosa (n)*	Oxalidaceae
Olluco	*Ullucus tuberosus (n)*	Basellaceae
Papa	*Solanum tuberosum (n)*	Solanaceae
Sacha papa	*Dioscorea sp. (n)*	Dioscoreaceae
Yuca	*Manihot esculenta (n)*	Euphorbiaceae
Zanahoria	*Daucus carota (i)*	Apiaceae

Legumbres (Fabaceae)

Arveja	*Pisum sativum (i)*	
Frijol	*Lupinus mutabilis (n)*	
Haba	*Vicia faba (i)*	
Habillas	*Dolichos lablab (n)*	
Lenteja, lentejita	*Lens esculenta (i)*	
Maní	*Arachis hypogaea (n)*	
Palito, frejol palo	*Cajanus cajan (i)*	
Pallar	*Phaseolus lunatus (n)*	
Poroto	*Erythryna edulis (n)*	
Soya	*Glycine max (i)*	
Tarwi	*Lupinus mutabilis (n)*	

Hortalizas y condimenticias

Achiote	*Bixa orellana (n)*	Bixaceae
Ají	*Capsicum annuum (i)*	Solanaceae
Ajo	*Allium sativum (i)*	Liliaceae
Apio	*Apium graveolens (i)*	Apiaceae
Azafrán	*Curcuma longa (i)*	Zingiberaceae
Berenjena	*Cyphomandra betacea (n)*	Solanaceae
Caigua espinuda	*Sechium edule (i)*	Cucurbitaceae
Caigua lisa	*Cyclanthera pedata (n)*	Cucurbitaceae
Cebolla	*Allium cepa (i)*	Liliaceae
Cebolla china	*Allium fistulosum (i)*	Liliaceae
Chiclayo	*Cucurbita fiscifolia (n)*	Cucurbitaceae

Coliflor	*Brassica oleracea (i)*	Brassicaceae
Culantro	*Coriandrum sativum (i)*	Apiaceae
Hierba buena	*Mentha spicata (i)*	Lamiaceae
Huacatay, shilshil	*Tagetes terniflora (n)*	Asteraceae
Lechuga	*Lactuca sativa (i)*	Asteraceae
Limón	*Citrus limon (i)*	Rutaceae
María sacha	*Tagetes sp. (n)*	Asteraceae
Orégano	*Origanum vulgare (i)*	Lamiaceae
Pepinillo	*Cucumis sativus (n)*	Cucurbitaceae
Perejil	*Petroselinum crispum (i)*	Apiaceae
Repollo	*Brassica oleracea var. capittata-alba (i)*	Brassicaceae
Rocoto	*Capsicum pubescens (n)*	Solanaceae
Rabanito	*Raphanus sativus (i)*	Brassicaceae
Sauco	*Sambucus peruviana (n)*	Caprifoliaceae
Tomate	*Solanum esculentum (n)*	Solanaceae
Zapallo	*Cucurbita maxima (n)*	Cucurbitaceae

Frutas

Anona	*Rollinia sp. (n)*	Annonaceae
Cacao	*Theobroma cacao (n)*	Sterculiaceae
Café	*Coffea arabica (i)*	Rubiaceae
Caimito	*Pouteria caimito (n)*	Sapotaceae
Chirimoya	*Annona cherimola (n)*	Annonaceae
Coco	*Cocos nucifera (i)*	Arecaceae
Cocona	*Solanum sessiliflorum (n)*	Solanaceae
Durazno	*Prunus persica (i)*	Rosaceae
Granadilla	*Passiflora ligularis (n)*	Passifloraceae
Guayaba	*Psidium guajava (n)*	Myrtaceae
Limero	*Citrus aurantifolia (i)*	Rutaceae
Limón	*Citrus limon (i)*	Rutaceae
Limón dulce	*Citrus sp. (i)*	Rutaceae
Lúcuma	*Pouteria lucuma (n)*	Sapotaceae
Mandarina	*Citrus reticulata (i)*	Rutaceae
Mango	*Mangifera indica (i)*	Anacardiaceae
Manzana	*Malus domestica (i)*	Rosaceae
Maracuyá	*Passiflora edulis (n)*	Passifloraceae
Marañón	*Anacardium occidentale (n)*	Anacardiaceae
Naranja	*Citrus aurantium (i)*	Rutaceae
Níspero	*Eriobotrya japonica (i)*	Rosaceae
Pacae	*Inga feuillei (n)*	Fabaceae
Huabilla	*Inga edulis (n)*	Fabaceae
Palta	*Persea americana (n)*	Lauraceae
Papaya	*Carica papaya (n)*	Caricaceae

Tabla 6, continuada

Nombre común	Nombre científico	Familia
Piña	*Ananas comosus (n)*	Bromeliaceae
Plátano	*Musa acuminata (i)*	Musaceae
Poro-poro	*Pasiflora tripartita var. mollisima (n)*	Passifloraceae
Tumbo	*Passiflora quadrangularis (n)*	Passifloraceae
Uva	*Vitis vinifera (i)*	Vitaceae
Gramíneas y pseudocereales		
Arroz	*Oryza sativa (i)*	Poaceae
Caña de Azúcar	*Saccharum officinarum (i)*	Poaceae
Cebada	*Hordeum vulgare (i)*	Poaceae
Kiwicha	*Amaranthus caudatus (n)*	Amaranthaceae
Hierba luisa	*Cymbopogon citratus (i)*	Poaceae
Maíz	*Zea mays (n)*	Poaceae
Quinua	*Chenopodium quinoa (n)*	Chenopodiaceae
Trigo	*Triticum aestivum (i)*	Poaceae
Especies de múltiples usos		
Nombre común	*Nombre científico*	Familia
Algodón blanco	*Gossypium barbadense var. barbadense (n)*	Malvaceae
Algodón pardo	*Gossypium barbadense var. peruvianum (n)*	Malvaceae
Cacao	*Theobroma cacao (n)*	Sterculiaceae
Café	*Coffea arabica (i)*	Rubiaceae
Estevia	*Stevia sp. (i)*	Asteraceae

Basados en informantes del Valle de Los Chilchos y donde n: nativa e i: introducida. Determinadas por V. Quipuscoa S.

camotes llamados "camote papa" por ser sosos luego de ser cocidos y no contienen abundante azúcar.

Los tubérculos andinos domesticados por los antiguos pobladores como la oca, "mashua", "olluco" y "papa" son poco diversos y cultivados en lugares de mayor altitud.

Leguminosas

Las legumbres pertenecen a la familia Fabaceae y son cultivadas para aprovechar las semillas que extraen de los frutos secos y también se usan los frutos verdes. Leguminosas siguen en importancia a los cereales como fuente de alimento por su alto contenido de proteínas que se acerca a la carne. También contienen carbohidratos, grasas, elementos minerales y vitamina B. Más de la mitad de estas especies cultivadas son introducidos y las especies nativas muchas fueron domesticadas en los Andes.

El cultivo se realiza generalmente asociado a otras especies, con excepción del maní (*Arachis hypogaea*) que preferentemente es un monocultivo, existiendo tres cultivares llamados "blanco", "morado", "rosado", según sea el color de las semillas.

Phaseolus vulgaris "frijol" presenta gran diversidad en la forma de crecimiento de las plantas, periodo de cosecha; así como, el color, forma, sabor de los frutos y semillas; generando muchos cultivares que los pobladores denominan "pishingo colorado", "pishingo negro", "canario", "chaucha", "guayacho", "negrito", "toda la vida, "panamito blanco" "panamito negro", "lautau", "granate", "chiclayano", "bayo" y "ñuña".

En el valle y en lugares más cálidos se cultivan soya, frijol, montañero o palito, asociado a maní y maíz; en tanto que, a elevaciones mayores a 1800 m. Algunos cultivos adquieren mayor rendimiento en su producción como es el caso del poroto, haba y tarwi.

Hortalizas y condimenticias

Las hortalizas constituyen un grupo de plantas comestibles usadas como verduras y los órganos de la planta se consumen preferentemente en forma cruda (ensaladas) o guisadas. Las condimenticias son especies que sirven para sazonar o aderezar las comidas y darle buen sabor y aroma. Varias especies son consideradas especias. El contenido de agua en estos productos es elevado, de allí que su valor nutritivo es relativamente bajo, pero su valor alimenticio se ve aumentado porque contienen sales minerales y vitaminas disponibles. Aproximadamente el 60% de especies cultivadas son introducidas de los trópicos asiáticos y los huertos caseros se constituyen en la mejor forma para cultivarlos.

Estas plantas han almacenado alimento de reserva en raíces (rabanito), tallos subterráneos como rizomas (*Curcuma longa*, azafrán), tubérculos (Solanaceae) y bulbos (*Allium*, ajos, cebollas), hojas (apio, culantro, hierba buena, menta, huacatay, lechuga, maría sacha, orégano, perejil, repollo, sauco), flores (coliflor) o frutos (ajíes, rocotos, berenjena, caigua, chiclayo, limón, pepinillo, tomate, zapallo). Las hojas y frutos son mayormente usadas para estos fines.

Los Chilchos usan además algunas especies compradas, pero que no son cultivadas como la corteza de canela (*Cinnamomum zeylanicum*, Lauraceae), los botones florales del clavo de olor (*Eugenia caryophyllata*, Myrtaceae) y los frutos de la pimienta (*Piper nigrum*, Piperaceae).

Cuatro especies son usadas para dar color a sus comidas: el azafrán (*Curcuma longa*), achiote (*Bixa orellana*), los ajíes (*Capsicum annuum*) y el rocoto (*Capsicum pubescens*).

Las Cucurbitaceae y Solanaceae son las más diversas con 9 especies en total y representan alrededor del 34%. *Cucurbita ficifolia* "chiclayo" es una especie que presenta diversidad en sus frutos, los hay de semilla negra, semilla blanca, otro denominado "chelito" (grande) y el "cushe" que les sirve para preparan dulces y guisos.

Los ajíes y rocotos (*Capsicum*, Solanaceae) son de mayor diversidad, los frutos presentan muchos colores, dimensiones y formas (amarillo, anaranjado, rojo, redondo y alargado) y el tomate *Solanum esculentum* presenta dos cultivares, uno grande llamado "costeño y el otro pequeño "montañero".

Frutas

Las especies frutales crecen mejor en lugares cálidos debido a su adaptación y su cultivo lo realizan asociando muchas especies en huertos y otras en pequeños monocultivos (papaya, plátano, piña). Aproximadamente el 57% corresponden a especies nativas; sin embargo, especies introducidas de la familia Rutaceae son las más abundantes (5 spp.), seguidas de especies de Passifloraceae (4 spp.).

Los frutales más diversos son los plátanos (*Musa acuminata*, Musaceae) con 11 variedades: "sedillo", "machillo", "seda", "seda amarillo","man zano"(pequeño) "guineo", "blanco", "morado", "isleño", "morocho verde", y "rey" (casi redondo).

La palta *Persea americana* (Lauraceae) es cultivada en forma de injertos y existen cultivares denominados "fuerte", "lisa" y "morada". En el caso de la piña *Ananas comosus* (Bromeliaceae) cultivan las denominadas "huicunda" y "portuguesa", esta última de color morado.

Caso similar ocurre con la guayaba *Psidium guajava* (Myrtaceae) cuyos frutos se diferencian por su color y sabor (blanca, amarilla y rosada).

Gramíneas y pseudocereales

Las gramíneas pertenecen a la familia Poaceae cuyos frutos son denominados granos (cariópside) o cereales y se constituyen en una de las primeras fuentes para la alimentación. Los frutos son fáciles de transportar, pueden almacenarse por largo tiempo y poseen gran valor nutritivo con gran cantidad de carbohidratos, proteínas, algunas grasas y vitaminas. Algunas especies producen frutos que sirven para obtener harinas y se usan en la elaboración de pan, tortas, queques y cachangas (panes delgados y grandes); otras son cocidas directamente para el con-

Fig. 59. Señor Ernesto Ocampo y Señor Jaime Campos moliendo caña de azucar en el trapiche de madera. // Señor Ernesto Ocampo and Señor Jaime Campos grinding sugar-cane in a wooden sugar mill.

sumo diario. Los pseudocereales pertenecen a especies de otras familias con características de uso similares a los cereales.

El 62% de especies cultivadas son introducidas y del grupo de las gramíneas sólo el maíz es andino, las demás especies andinas son pseudocereales.

El maíz es cultivado por todos los pobladores y generalmente es asociado con yuca, michuca, huitino, culantro, plátano, arracacha y camote.

Los cultivares mas sembrados son el "híbrido" (morocho) y "cachín" usado principalmente para alimentar animales (gallinas) y el "común" y "bagüino" usado generalmente en la alimentación y sirve para la preparación de chicha, tamales, mote pelado y tortillas.

En lugares más cálidos (partes bajas del valle) siembran arroz (*Oryza sativa*, Poaceae) y el pilado del arroz lo realizan en morteros de madera.

Caña de azúcar

La caña de azúcar (*Saccharum officinarum*, Poaceae) es de amplio cultivo y poseen cultivares denominados: "cristal" (blanco), "carrizo" (proporciona el mejor jugo y es dura para ser consumida directamente), "cisoza" (color casi guinda) "piojota blanca", "piojota negra" y "piojota morada". Las "piojota" son usadas para consumo directo por ser suaves y pueden ser fácilmente masticadas. Las otras son usadas para obtener jugo de caña; este jugo es fermentado y sirve para destilar el cañazo (bebida alcohólica) y para preparar la "chancaca" usada como edulcorante (Fig. 59).

Especies de múltiples usos

Existen cultivos que son usados en forma variada ya sea como alimenticias, medicinales o para confeccionar prendas de vestir y son productos que les proveen de ingresos económicos.

Algodón

El algodón es cultivado en dos variedades: *Gossypium barbadense* var. *barbadense* "algodón blanco" y *Gossypium barbadense* var. *peruvianum* "algodón pardo". La fibra de sus semillas sirven para tejer prendas de vestir, bolsas o la fibra es vendida directamente en el mercado. El algodón se constituyó en uno de los principales cultivos en épocas pre-hispanicas y coloniales.

Tabla 7: Ciclos de cosecha

Principales cultivos menores a un año		Principales cultivos más de un año	
Maiz	4 meses	Plátano	2 años
Frijol	4 meses	Caña	2 años
Maní	6 meses	Guayabo	2 años
Repollo	3 meses	Naranja	3 años
Camote	4 meses	Limón	2 años
Ricacha	7 meses	Palta	3 años
Tomate	3 meses		
Michuca	8 meses		
Papa	4 meses		
Piña	4 meses		

Café

El producción de café ha decrecido notablemente debido en gran parte a la disminución de su precio en el mercado, sin embargo era uno de los más importantes cultivos que generaba a los caficultores importantes ingresos económicos. Entre los principales cultivares tenemos: "typica o nacional", "caturra" y "catimor", se cosecha de 2-3 veces al año porque

Fig. 60. Las herremientas agricolas. // The agricultural tools.

es un cultivo perenne cuyas plantas están bajo la sombra de árboles frondosos, en la actualidad hay productores de café orgánico, este producto tiene un mayor valor comercial para el mercado internacional, pero la cantidad y calidad siguen siendo los problemas principales.

Tabla 8: Producción de cultivos

Cultivo	Semilla X Ha.	Cosecha
Maíz	1/2 arroba	30 quintales
Fríjol	3 Kg	Regular 7 quintales
		Bueno 15 quintales
Maní	4 Kg	10 quintales
Yuca	5, 000 plantas	6 – 7 kilos por planta

Medidas utilizadas: 1 Arroba = 11,5 Kg, 1 Quintal 50 Kg

Herramientas

El hacha: para tallar los arboles
El machete: para cortar el monte
La lampa: para trabajar la tierra
La tahuma, un palo con punta: para sembrar el maíz y fríjol
La lampilla: para la limpieza en el retiro de la maleza
La barreta: para remover la tierra y cortar las raíces profundas (Fig. 60).

Toponimia de los suelos

Los pobladores identifican los suelos poniéndoles nombre según el color, uso para la siembra y la ubicación. Los pobladores no conocen la extensión de la tierra según la diversidad de suelos porque el 94.2% del total de las tierras son no cultivadas.

> **Recuadro 9: Fases de la luna**
>
> Las fases de la luna se relacionan con la siembra, el deshierbe, el crecimiento de las plantas el corte de madera y la crianza del ganado.
>
> En luna nueva (luna verde, ó luna tierna) nadie debe sembrar, desyerbar o cosechar una planta cultivada o cortar madera. Si lo hacen, las plantas "se harán caña" (se pondrán huecas). La mejor época para sembrar y cosechar es de cinco a seis días después que aparece la luna mengua (cuarto menguante).
>
> La mejor época para desyerbar maíz es cuando la luna tiene siete días. Si se siembra durante la luna vieja, las plantas tendrán flores grandes pero no darán fruto.
>
> Consideran que la luna también tiene influencia en la cría del ganado, porque las vacas entran en celo fácilmente durante la luna llena. La castración, esquila y marca de animales debe efectuarse en luna llena.
>
> El corte de madera para la construcción de una casa debe efectuarse dos días después de la luna llena, por la tarde.

Tierra negra
- muy fértil para todo tipo de cultivo. Esta tierra no es muy abundante y se encuentra en las partes altas húmedas cerca de las tomas de agua.

Tierra ciénega
- muy húmeda de color verdoso, también es conocida como suelo fangoso, esta tierra no es buena para los cultivos. Se ubica en las partes planas bajas especialmente cerca de los caminos, en los lugares donde desembocan los riachuelos.

Tierra Cangallo
- es blanca arcillosa, no crecen los cultivos, pero sí los árboles. Se encuentra alrededor de los caminos y cerca del lugar llamado loma blanca.

Amarilla gredosa
- es de color amarillo y arcillosa los cultivos que crecen bien son el camote y la papa. Se ubica en los terrenos que no tienen mucha pendiente y que no son muy húmedos.

Fig. 61. Gallinas y chanchos. // Chicken and pigs.

Enfermedades que afectan los cultivos

Siga Toca Negra: Es un gusano de color negro ó marrón oscuro, afecta la raíz y hojas del plátano produciendo que se seque la planta. Las hojas parecen quemadas y se secan poco a poco. Cuando cortan la raíz encuentra al gusano.

La Mosquilla Blanca: La mosca deja su queresa de color blanco en toda la planta, las hojas se secan y caen, al igual que las flores; después se seca poco a poco toda la planta

La ganadería

La ganadería en el valle es una actividad económicamente relacionada a la actividad agrícola.

33 familias (56%) crian ganado vacuno. Se cría ganado criollo y ganado fino; el ganado fino que se adaptó al Valle es el Brown Swiss y Holstein, también se han hecho cruzamientos con el ganado criollo. En la ceja de selva la ganadería se ve afectada por el tupe (los huevos de mosca se alojan en la piel del ganado causándole heridas). El tupe se cura con ampollas pero quedan marcas en la piel disminuyendo el precio en la venta del ganado vacuno.

La crianza de caballos y mulas es importante en el valle pues sirve como medio de transporte y carga, a la vez a los dueños le significa ingresos económicos por su alquiler.

Recuadro 10: Animales domésticos

Animal	Familias	N° de animales	Promedio por familia
Ganado vacuno (total 330)			
Toros	22	76	3,4
Vacas	39	150	3,8
Terneros	34	104	3
Ganado cabellar (total 129)			
Caballos	44	89	2
Mulos	22	39	1,8
Burros	1	1	1
Ganado ovino (total 21)			
Ovejas	30	21	0,7
Ganado porcino (total 82)			
Cerdos	36	82	2,3
Aves (total 882)			
Pavos	15	29	1,9
Patos	14	50	3,6
Gallinas	51	803	15,7
Otros (total 347)			
Perros	49	65	1.3
Gatos	28	34	1,2
Cuyes	35	248	7

Las familias mencionan que en estos últimos años se ha incrementado la crianza de ovinos y porcinos para consumo y para vender debido al impacto del crecimiento de la población y porque la caza de animales ha disminuido.

La crianza de aves domésticas es la más intensa en el valle; sirven para la alimentación y el comercio, 51 familias (85 %) se dedican a la crianza de gallinas teniendo un promedio de 16 gallinas por familia (Fig. 61).

Tabla 9: Cantidad de ganado vacuno por categoría

Categoria	N° de familias	N° de ganado	Promedio de ganado / Familia
I (21 – 44 cabezas)	4 (7%)	119 (36%)	30
II (10 – 20 cabezas)	10 (16 %)	102 (31%)	10
III (3 – 9 cabezas)	19 (31%)	92 (28%)	5
IV (1 – 2 cabezas)	10 (17%)	17 (5%)	2
V (00 cabezas)	17 (29%)	00	0

Fig. 62. Don Alfonso Tocas en camino a Los Chilchos baja para cazar, donde todavia existen bosques maduros. // Don Alfonso Tocas on his way to hunt in lower Chilchos where there still is mature forest.

En el Valle de Los Chilchos cuatro familias concentran la mayor cantidad de ganado vacuno 119 cabezas del total (36%) con un promedio de 30 cabezas por familia.

En la segunda categoria diez familias tienen menos de la mitad con 10 cabezas promedio per familias y en las categorías III y IV tienen entre 2 y 5 cabezas y 17 familias (29%) no poseen ninguna cabeza de ganado.

Tabla 10: Rendimiento de leche según el tipo de ganado vacuno

Criollo	4 lts. de leche diario.
Cruce Brown Swiss- criollo	15 lts. de leche diario
Brown Swiss -	20 – 25 litros de leche diario
Holsteín	18 litros de leche diario

La caza

Los Chilchos utilizan escopetas de 16 ó 20 de calibre y trampas construidas según el tamaño del animal. Los niños usan los "jebes", "ondas" ó

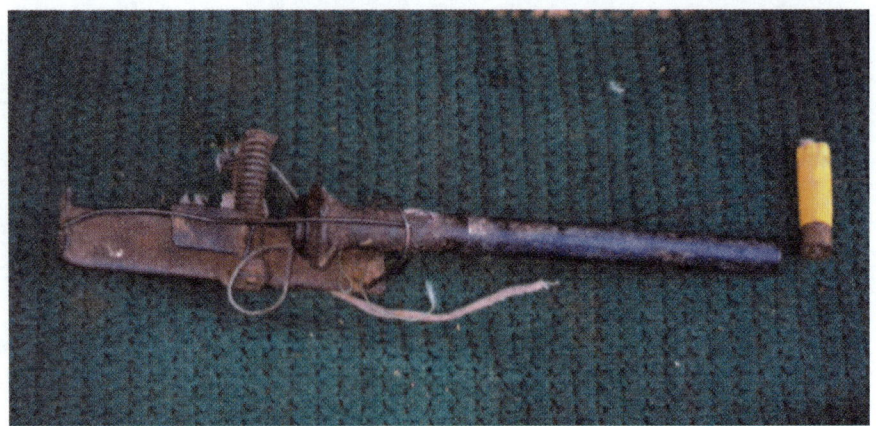

Fig. 63. El "trampero" puede ser una escopeta; o solamente el cañón y percutor, sin la culata. // Hunting with a trap uses the trampero. The trampero can be a riffel or only a tube and firing pin without the butt.

"huaracas", para cazar animales menores. Con los "jebes" se lanzan piedras pequeñas a modo de proyectiles.

Tipos de caza

La caza con escopeta puede realizarse de día o de noche. Cuando se realiza de noche, a veces el cazador construye una plataforma de ramas elevada del suelo, para que sea más fácil divisar a la presa. A esto se le llama "chapana" y a la acción, "chapanear" (Fig. 62).

La caza con "trampero". El "trampero" puede ser una escopeta; o solamente el cañón y percutor, sin la culata. Esta arma se dispone en la senda que utilizan los picuros y choscas, para ir a buscar su alimento. Cuando el animal tira del "bejuco" (especie de cordel vegetal, que se encuentra atado al gatillo) el arma se dispara (Fig. 63).

Caza con salero. Para los picuros; que generalmente salen a alimentarse de noche o en las madrugadas; se les pone un "salero" (tazón con sal) para que el animal se acostumbre a salir por la sal, y sea más fácil cazarlo.

Tipos de pesca

Pesca con cuica. Se realiza en las noches oscuras, sin luna, y con el agua turbia para pescar llambo y plateado. La cuica es la lombriz de tierra, la cual se usa como carnada. El anzuelo es arrojado, acogiéndolo por el cordel, a los lugares menos torrentosos; manteniéndose callado y quieto, a la espera. Al sentir el tirón del anzuelo, se jala rápidamente, para que se enganche el pez.

Fig. 64. Se ve el mismo pescado grabado en los calabasas antiguas de la Laguna de los Condores. // The same fish is seen engraved on the ancient calabashes from the Laguna de los Condores.

Pesca con mariposa. Es especialmente para la trucha en los días soleados, con el agua clara y limpia. La mariposa es un señuelo de metal, brillante o de colores vivos, que va junto al anzuelo. La pesca con mariposa consiste en arrojar lo más lejos posible, en las pozas profundas, o los lugares donde no hay mucha corriente; luego, se jala lentamente el cordel, envolviéndolo en la madera. Cuando se sienta un tirón en anzuelo, se deja un poco de cordel, para luego jalarlo con fuerza, de tal modo que se enganche la trucha.

Pesca con atarraya. Se puede hacerse de día o de noche, pero es indispensable que el agua esté sucia para pescar plateado, trucha, llambo y bagre. La atarraya es una red como una bolsa con unos plomos a los extremos; y un cordel que cierra la boca de la red, cuando se tira de ella. La técnica de pesca consiste en arrojar la atarraya abierta al río a las partes menos profundas, esperar que se sumerja un poco, jalar y sacar la red con los peces que quedaron atrapados (Fig. 64).

Pesca de la "carachama". No requiere ningún instrumento, dado que la "carachama" (Pterygoplichthys multiradiatus), se encuentra adherida a las piedras, en las partes menos profundas del río. Para pescarla, hay que meterse al agua, y buscar en las piedras; cuando se ubica al pez, hay que acogerlo de la "nuca", y sujetarla fuerte, teniendo mucho cuidado, ya que tiene espinas a la altura de las agallas, y pueden lastimar.

Recuadro 11: Animales silvestres y uso

Picuro (Agouti paca)	carne
Chosca (Dasyprocta variegata)	carne
Ronsoco (Hydrochoerus hydrochoerus)	carne y piel
Venado (Mazama americana)	carne y piel.
Oso de anteojos (Tremarctos ornatus)	piel y grasa.
Otorongo (Panthera onca)	carne y piel
Ardilla	carne y piel
Armadillo o carachupa	carne y caparazón
Huangana Tayasssu pecari)	carne
Sajino (Tayassu sp.)	carne
Sachavaca, (Tapirus terrestris)	carne
León colorado (Felis concolor)	carne y piel
Tigrillo (Felis pardalis)	carne y piel
Achón o sapapuro	carne
Lobo de río	

Monos

Mono choro (Lagothrix legothricha) (Fig. 65)	carne y mascota.
Mono frailecillo (Saimiri sciuresus sciureus)	carne y mascota.
Mono maquisapa (Ateles belzebuth)	carne y mascota.
Taita mono	carne

Aves

Guacamayo (Ara militaris)	mascota
Gasna dorada	mascota
Gallito de las rocas (Rupícola peruviana)	mascota
Loro maicero (Bolborhynchus aurifrons)	mascota
Perico (Brotogeris pyrrhopterus)	mascota
Dios te de	mascota
Pava de monte o Pava María (Penelope montagnii)	carne
Perdiz de monte (Nothoprocta ornata G.R.Gray)	carne
Paloma (Columba livia Gmelin)	
Gavilan (Parabuteo unicinctus spp.)	
Aguila (Aguila chrysaetos)	
Golondrina (Notiochelidon murina)	
Codorniz (Odontophorus speciosus)	
Huataraco (Penélope sp.)	
Tucan (Andigena hypoglauca)	
Hornero (Furnarius leucopus)	

Fig. 65. Lita Shirley Trigoso con su mono choro. // Lita Shirley Trigoso with her monkey mono choro.

Fig. 66. El jergón una serpiente venenosa en el camino a la escuela. // A jergón, bushmaster, a venenous snake on the trail to the school

Pico Verde (Pionus sp.
Tuco ((Tyto alba Scopoli)
Lechuza (Tyto ¿?
Zorsal (Turdus serranus)
Carpintero (Colaptes rupicola Dórbigny)
Picaflor (Colibri coruscans Gould)
(Especies de Siluriformes)

Peces
Carachama (Pterygoplichthys multiradiatus)
Llambo o sábalo colanegra (Brycon melanopterus)
Saltón plateado (Brachyplatystoma fylamentosum)
Boquichico (Prochilodus nigrican)
Trucha (Salmo Trutta)
Bagre dorado (Brachyplatystoma flavicans)
Anguila (Electrophorus sp.)

Víboras
- Machacuay (Boa constrictor): Color azul y cabeza redonda, mide 3 a 4 m. de largo, no venenosa.
- Loro machaco (Bothrops Bilineatus): Color verde oscuro, larga de 2 a 3 mts. y delgada, vive en los árboles y corre rápido por las ramas. La cabeza es triangular, muy venenosa
- Jergón (Bothrops atrax): Color marrón con negro y blanco, con cocos en su lomo, mide hasta 2 metros (Fig. 66).

- La culebra verde caña: mide entre 1 y 2:30 mts., no es venenosa pero corretea, y latiguea las piernas.

Comercio

Las familias del Valle Los Chilchos tienen un movimiento económico limitado. Ellos compran sus productos una ó dos veces al año; la venta de sus productos, es más frecuente, se realiza entre dos o cuatro meses, siendo una de las modalidades por encargo. Ellos entregan a las personas que viajan a las ferias sus gallinas u otros productos para comercializarlos.

En el valle hay una sola tienda donde expenden productos de consumo doméstico: velas, kerosene, fósforo, aceite, galletas, cerveza, gaseosa, cigarros, golosinas, arroz, aguardiente, lana, sal, azúcar, chancaca y otros (Fig. 67).

Tabla 11: Categorías de ingreso por grupos de familias.

Categoría de Ingresos	N° de Familias *	Ingreso Prom. S/.	Egresos Prom. S/.	Saldo Promedio S/.
I (S/7000-17000)	3	11576,67	7066,67	4510,00
II (S/2000-3390)	10	2506,10	1607,87	898,23
III (S/1000-1999)	39	1406,10	1380,50	25,60
IV (S/0-999)	8	773,75	706,33	67,42

Valor de Cambio (US $ 1 = S/. 3,40 del 2004**)

En el valle de Los Chilchos existen grandes brechas entre las familias que más tienen y otros que tienen muy poco.

Tres familias tienen el mayor ingreso económico anual con un promedio de S/.11.576,67 por familia y un saldo promedio de S/.4510,00. Hay una acentuada diferenciación con la IV categoría que tienen un ingreso bajo de S/.773,75 anuales (siendo S/. 10802.92 la diferencia entre ambos)

Por otro lado se observa la diferencia entre el saldo promedio de la I y la III categoría, en esta se identifica el saldo promedio más bajo de S/. 25,60 nuevos soles con una diferencia entre ambos de S/.4484.4 nuevos soles.

El Ingreso

La principal fuente de ingreso de las familias es la venta de ganado vacuno, ovino y porcino; así como la venta de aves; gallinas, patos y pavos.

Fig. 67. Señora Rosita Tello tiene la única tienda en Los Chilchos. // Señora Rosita Tello has the only shop in Los Chilchos.

También incrementa su ingreso con la venta de productos como frutas, café y aguardiente. Una vaca cuesta entre S./ 500-800 y un toro entre S./ 800-1200, como es ganado de raza. Una gallina cuesta S./ 15 y un gallo S./ 20.

La ocupación principal en los Chilchos según el tiempo que le dedica es la agricultura, pero en estos tiempos es muy común que los agricultores trabajen como peones en el valle, ó en los lugares aledaños. Pero en la actualidad debido a los bajos precios de los productos y al surgimiento de nuevas necesidades en el mercado, el campesino deja de cultivar su chacra para ofrecerse como peón, y así poder tener liquidez económica con la cual cubrir sus necesidades básicas.

Existen otras ocupaciones ocasionales como la de músicos, parteras, curanderos. Las familias que tienen sus hijos fuera reciben un apoyo económico denominado "apoyo de terceros". Los hijos e hijas que trabajan en la costa o en la provincia, envían a sus familias productos, ropa ó dinero.

El Egreso

Las familias compran alimentos, kerosene/velas, como no tienen elctricidad, ropa, herramientas, detergentes, medicina, cartuchos para la caza y otros articulos.

El campesino gasta en la cosecha de los productos agrícolas porque si pasa el tiempo se pierde la cosecha.

Es casi imposible para el campesino calcular un balance entre los ingresos y los gastos como el nunca sabe la cantidad de la cosecha, o los precios que él podrá conseguir para algunos de los productos

El aguardiente origina un costo importante. Se destila en muchas de las casas y se vende y consume cada día. Uno de los pro-blemas más frecuentes en Los Chilchos es el aguardiente. Por ser un valle productor de caña y aguardiente se abarata el costo, elevándose el consumo casi a diario perjudicando la salud individual y familiar así como la economía del hogar.

Recuadro 12: Principales Ingresos y Gastos de las Familias en Cuatro Grupos

I	II	III	IV
Ingresos			
Venta de Ganado	Venta de Ganado	Venta de Ganado	
Empleado público			
Comercio			
Aves de corral	Aves de Corral	Aves de Corral	Aves de Corral
	Peón	Peón	Peón
	Frutas	Frutas	Frutas
Aguardiente	Aguardiente	Aguardiente	
Café	Café	Café	
	Apoyo de terceros	Apoyo de Terceros	Apoyo de Terceros
Gastos			
Alimentación	Alimentación	Alimentación	Alimentación
Keroséne	Keroséne	Keroséne	Velas
Ropa	Ropa	Ropa	
Aguardiente	Aguardiente	Aguardiente	Aguardiente
Peones	Peones	Peones	
Herramientas	Herramientas	Herramientas	Herramientas
Detergente	Detergente	Detergente	Detergente
Cartuchos	Cartuchos	Cartuchos	
Medicina-animal	Medicina-animal	Medicina-animal	Medicina-animal
			Ropa
Medicina pers.	Medicina pers.	Medicina pers.	
			Flete
Utensiles escolares	Utensiles escolares	Utensiles escolares	

El ingreso y gastos están en orden de importancia según el opinion de las entrevistadas.

Historia de Vida: Sr. Delfín Espinoza (76 años de edad)

"Yo nací en La Lucma, distrito de Bambamarca, provincia de Hualgayoc; en el departamento de Cajamarca. Mi papá se llamó Matías Espinoza; y mi mamá, Agustina Aguilar Chota.

Mi madre murió cuando yo tenía 15 años (...) nosotros éramos 4 hermanos; 2 varones y 2 mujeres. Luis, Gabriela y Julia; las mujeres eran las menores.

A la edad de 18 años decidí irme a la costa. Fui a trabajar como peón en la caña, en la hacienda de Cayaltí; en ese entonces ganaba 5 soles la tarea.

Después fui a Chachapoyas; ahí me conocí con Saúl Idrogo. El era un paisano que siempre nos encontrábamos en la tienda comprando manteca, un día me contó que por estos lugares había bastante tierra para sembrar.

En 1948, a la edad de 19 años, nos aventuramos con mi amigo a venir para acá. El señor Augusto Tenorio nos trajo a la casa de su suegro, don Santos Garro; en donde vive actualmente su nieto Victoriano.

Sufrimos mucho para llegar, nos demoramos como tres días; no había puentes, teníamos que cruzar el río Lemicho. Cuando llegamos no había mucha gente, sólo una casa que otra.

Nosotros llegamos a trabajar como peones; pero mi amigo Saúl Idrogo... no se aguantó aquí, porque no le gustaba la comida; los plátanos, las yucas, las frutas; no había arroz, papas, sólo estuvo 15 días y regresó. Yo me quedé, me acostumbré a trabajar por acá, y llegué incluso a comprar unos terrenitos del Sr. Oscar Chávez, ahí donde se llama Acapulco y La Viña; y empecé a sembrar maíz, caña, yuca.

Acá primero había muchos animales como osos, guanganas, leones, otorongos; pero a mí nunca me atacaron. Una vez mis amigos mataron un oso que estaba encaramado en un árbol. Lo bajaron a balazos, y lo rematamos a palos.

En las chacras, cuando limpiamos para sembrar, encontramos víboras, yo he matado varias con el machete; cuatro o cinco al día por lo menos.

A los 30 años más o menos, conocí a mi señora. Ella hacía caramelos en Montevideo.

Tuve con ella ocho hijos; el mayor se llama Gabriel, después viene

Liduvina, Cleofé, Clorinda, Maruja, y Carlos; a demás de otros dos que murieron de fiebre y tos, acá en Los Chilchos; pues no había medicina. Uno murió cuando tenía 1 año; y el otro, antes del año. Ellos eran una mujer y un varón.

Al año siempre voy a Bambamarca, a visitar a mi hermano Luis, y a mi hermana. Este año ya no he ido; es que llovía mucho, y no hizo verano para sembrar maíz...

En la sierra o la costa no viviría, es que más me gusta la montaña; aquí se puede sembrar, criar sus animalitos, ganado, chanchos, gallinas, bestias. Aquí hay campo, pasto para todo.

En otros lugares hay que arrendar, comprar el pasto. A parte, me gusta trabajar y limpiar las chacras."

(Entrevista realizada a Delfín Espinoza de 76 años de edad, agosto del 2005).

Capítulo 5

Bosques montanos orientales en el Perú

La cordillera de los Andes que configura todo el relieve occidental de América del Sur, se divide en el Perú en tres ramales, el occidental, central y oriental. La cadena oriental con influencia climatológica del Amazonas y del Atlántico, hace posible la existencia de bosques que se extienden desde los 80 m hasta los 3800 - 4000 m. Estos bosques fitogeográficamente corresponden al dominio Amazónico y están agrupados en bosques tropicales de Selva Baja, bosques premontanos y bosques montanos con subdivisiones determinados por factores climáticos, edáficos y biológicos. Los bosques tropicales de Selva Baja se extienden a partir del límite inferior hasta aproximadamente 600 m de elevación, que es el límite inferior de los bosques premontanos hasta los 1200 - 1500 m de elevación. A partir de estas elevaciones se extienden los bosques montanos alcanzando límites superiores a los 4000 m de elevación en el lado oriental.

Los bosques montanos, incluyendo a los premontanos son designados como "selva alta", "ceja de selva", "ceja de montaña", "cabecera de montaña" o región "Rupa-Rupa". El límite superior se inicia con formaciones transicionales de bosques aislados y rodeados por pajonales. El bosque montano continuo se extiende por debajo de los transicionales y según sea la ubicación geográfica pueden tener un límite inferior por debajo de los 1200 m de elevación, donde empiezan los bosques premontanos. Aunque no existen líneas limítrofes entre los diferentes tipos de vegetación, es posible notar el cambio de la representatividad en especies vegetales. Este tipo de bosques en su mayoría se caracteriza por ser muy húmedos y húmedos con presencia de neblina en forma casi constante (Fig. 68). Por debajo de estas elevaciones se ha establecido el bosque tropical, conocido como "selva baja", "Omagua" o "Hylaea", caracterizada por extensas áreas planas y sin neblinas permanentes.

La ceja de selva debido a la influencia del Amazonas y del Atlántico se caracteriza por sus temperaturas relativamente bajas que oscilan entre los 9 y 25° C, alta incidencia de neblinas y por lo tanto gran humedad según sea el tipo de formación vegetal. Los bosques nublados, así también llamados, porque durante casi todo el año la atmósfera, la vegetación y

Fig. 68. Bosque húmedo montano en el Valle de Los Chilchos. // Humid montane forest in the Chilchos Valley.

el suelo se hallan saturados de agua y dependiendo de las elevaciones tienen un promedio de 1000 a 4000 mm anuales de precipitación. De las precipitaciones que ocurren anualmente en esta zona, un promedio de las dos terceras partes es devuelto a la atmósfera como evapotranspiración y el resto se elimina como escurrimiento a través de los numerosos riachuelos. Estos riachuelos frecuentemente abruptos por la presencia de altas y angostas cimas llamadas "filas" o "cuchillas" están conformados por numerosas quebradas. Las aguas en su recorrido forman muchas cataratas o entran por estrechos y profundos cañones para llegar a aumentar el caudal de numerosos ríos torrentosos.

Las lluvias en estos bosques son abundantes en casi todo el año, con un periodo considerado de "verano" o "secano" en los meses de agosto hasta octubre, donde las lluvias se suspenden por algunos días y alternan con lluvias moderadas. En esta época los ríos y quebradas poseen el menor caudal aumentando progresivamente hasta la época "lluviosa" o "invierno" en los meses de noviembre hasta abril, donde el caudal de los ríos llega a su más alto nivel. En estos meses las lluvias son torrenciales y prolongadas, las cuales generan deslizamientos de áreas debido a la humedad y al declive del terreno. Según Young & León (1999) manifiestan que el 10 % de la disturbancia de los bosques se debe a deslizamientos en los bosques montanos orientales del Perú; sin embargo, en las cuencas del Río Huambo, Río Verde (Schjellerup et al. 2003) y la Cuenca del Valle de Los Chilchos éstos no son abundantes y alcanzan aproximadamente de 2-4%.

Los suelos son poco profundos. La superficie está formada por capas de materia orgánica entre ellos troncos parcialmente descompuestos, hojas y raíces superficiales, luego está seguido de capas grises o blancas de 20 cm de profundidad aproximadamente. Dependiendo del lugar existen otras capas oscuras que no son profundas antes de llegar a la roca madre, lo que significa que estos suelos no son aptos para la agricultura o ganadería permanente. Cuando a estos suelos se les despoja del bosque maduro para establecer cultivos y en otros casos para establecer invernas y criar principalmente ganado vacuno, éstos no son capaces de soportar más de cinco años y se empobrecen. Por tanto, la acción antrópica sobre estos bosques da inicio a la erosión acelerada de estas áreas, donde el subsuelo y muchas veces la roca madre quedan expuestos inmediatamente a la acción continua de las abundantes lluvias y neblina.

El medio ambiente de la selva alta se caracteriza en gran parte por la humedad y el relieve pronunciado de gran porcentaje del área que ocupa. La topografía presenta pendientes abruptas y son escasas las áreas planas o de declive moderado. Estas áreas están cruzadas por ríos y quebradas torrentosos, lo que ha favorecido la evolución de endemismos en numerosos grupos de plantas y animales. Los bosques premontanos y montanos orientales se distinguen por la impenetrable cubierta vegetal que siempre permanece verde y a veces comparte algunos componentes vegetales con los bosques montanos occidentales debido a múltiples factores geográficos e históricos, que han generado la concentración de una diversidad grande en especies vegetales y animales.

La vegetación progresivamente cambia sin tener una clara delimitación de una a otra zona de vida. Por encima de los 2500 m abundan especies de las familias Ericaceae, Asteraceae, Cunoniaceae, Myrsinaceae, Proteaceae, Podocarpaceae y Rosaceae (Fig. 69).

Desde los 2000 m hasta aproximadamente los 2500 m tienen mayor representatividad especies de las familias Lauraceae, Melastomataceae, Rubiaceae, Solanaceae, Araceae, Fabaceae, Piperaceae, Asteraceae y muchas Pteridophyta.

Fig. 69. Género Thibaudia (Ericaceae), posee especies representativas del Bosque húmedo montano alto. // The genus Thibaudia (Ericaceae) contains many species that are representative of the upper humid montane forest.

Desde los 1500 m hasta los 2000 m son abundantes las Lauraceae, Rubiaceae, Araliaceae, Melastomataceae, Clusiaceae, Annonaceae, Myrtaceae, Meliaceae, Fabaceae, Araceae, Moraceae, Solanaceae y Arecaceae.

Desde los 1000 m a 1500 msnm. las familias mejor representadas son las Moraceae, Fabaceae, Sapindaceae, Lauraceae, Bignoniaceae, Rubiaceae, Euphorbiaceae, Apocynaceae, Flacuortiaceae, Malpighiaceae, Myrtaceae, Nyctaginaceae, Anacardiaceae, Clusiaceae, Meliaceae, Myrsinaceae, Olacaceae, Sterculiaceae, Bombacaceae.

Por debajo de los 1000 m de elevación son las Moraceae, Bombacaceae, Rubiaceae, Arecaceae, Meliaceae, Cecropiaceae, Verbenaceae, Bignoniaceae entre las principales.

Las formas de vida de la vegetación que crecen en las partes superiores, debido a la exposición al viento y a la humedad hacen que los árboles generalmente presenten el tronco retorcido e inclinado, de aproximadamente 0,50 m de diámetro. A medida que desciende la elevación los diámetros se hacen mayores; sin embargo, como el suelo es poco profundo, las raíces de los árboles son superficiales y a fuertes lluvias y vientos, éstos caen erosionando gran parte del terreno. Las copas de los árboles son típicamente pequeñas y a veces apretadas entre sí, pero se vuelven anchas y de abundante follaje a menores elevaciones. Las hojas son pequeñas, duras y muchas veces agrupadas en fascículos, en las especies de elevaciones superiores, pero son todo lo contrario a medida que descienden dichas elevaciones. Estos árboles sirven además de hábitat

Fig. 70. Género Chusquea (Poaceae), posee varias especies que crecen dentro de los bosques montanos y sirven de forraje natural al ganado. // The genus Chusquea (Poaceae) has many sub-species growing in the montane forest and serve as natural fodder for the cattle.

de numerosas especies epifitas como algas, líquenes, musgos, helechos, bromeliáceas, orquídeas entre otras especies.

El estrato arbustivo y herbáceo se caracteriza por la presencia de especies trepadoras y los llamados "suros" (*Chusquea*) que hacen de estos bosques casi impenetrables (Figs. 70).

Durante los continuos estudios realizados en las cuencas de los ríos Huambo, Verde y Los Chilchos, nos indican que la migración de los pobladores de la sierra inició la tala y quema de árboles, para instalar sus cultivos y criar ganado vacuno principalmente, en pequeñas áreas. En la última década según Young (1992), las vertientes orientales están habitadas por más de un millón de personas, que han cambiado y cambiarán aún más las distribuciones bióticas. Estos cambios, se realizan principalmente en el bosque montano, donde existen áreas más o menos planas que les permiten establecerse. Desde los 2500 m hasta los 3500 m de elevación el impacto es menor debido a que éstas tierras no son muy aprovechables para la agricultura y ganadería, pero la pérdida de la cubierta vegetal se debe a los incendios en los pajonales en el límite superior o por influencia de carreteras y caminos, en tanto que, los mayores cambios en la selva alta se originan desde los 500 m hasta aproximadamente los 2500 m. Estos cambios son originados por actividades agrícolas, ganaderas y extracción de maderas, principalmente realizados por los pobladores procedentes de la sierra, quienes avanzan en la colonización de nuevos terrenos, abandonando los ya deforestados y erosionados.

Los bosques montanos y premontanos orientales del Perú, son de enorme importancia desde el punto de vista hidrológico forestal, de diversidad biológica y cultural, por que han sido y son usados por muchas tribus de la Amazonía. En estas regiones se han desarrollado culturas pre-incaicas como los Chachapoya con su estilo especifico así mismo, los Incas aprovecharon estas tierras. Muchos refugiados pre-incas que no se sometieron al Imperio como es el caso de Lamas en San Martín. Los Wayko han vivido y viven aprovechando los recursos de estas tierras de manera racional y equilibrada (Schjellerup et al., 2001).

De tal forma que urge adoptar medidas de protección en zonas erosionadas y frágiles y derivar esfuerzos en investigaciones donde los científicos no han llegado para registrar la diversidad biológica y cultural. Es necesario además, seguir obteniendo datos acerca del uso de éstas áreas por los antiguos pobladores acerca de la domesticación y manejo de muchas especies actualmente utilizadas en la alimentación. En el ámbito global, según Gentry (1992) la alta diversidad de América tropical, comparada con la de Africa Tropical o Austral-Asia, se debe a la presencia de los Andes y que esta diversidad podría deberse a una "especiación explosiva" resultando en más endemismo local en los bosques nublados de los Andes que en otras partes del mundo. La diversidad florística de los Andes Tropicales es por tanto, mayor al presente en América Central o en sur de América del Sur, por lo que en cada bosque talado en el Perú podría representar la pérdida de numerosas especies de plantas desconocidas, lo que implicaría una tasa de extinción sin igual en el mundo y con ello la pérdida de toda la diversidad existente en los bosques, antes que el hombre los conozca o los use.

La vegetación en el Valle de Los Chilchos

Introducción

En las exploraciones realizadas al Valle de Los Chilchos se han colectado 398 taxa de plantas. Estas corresponden a 182 géneros, agrupados en 72 familias, de los cuales 4 géneros pertenecen a mixomicetos, 6 a briofitas, 28 a pteridofitas (helechos y plantas afines) y 144 géneros corresponden a las angiospermas o plantas con flores.

La vegetación del Valle de Los Chilchos comprende formaciones vegetales muy similares a las cuencas de Huambo y La Meseta (Quipuscoa en Schjellerup et al. 1999 y Schjellerup et al. 2003).

Las formaciones boscosas que existen en los bosques húmedos montanos corresponden a muchas de las clasificaciones realizadas por otros autores como Weberbayer (1945), Tosi (1960), según el Sistema e Clasificación de Fanerógamas Vegetales del Mundo propuesta por Holdridge (1982).

El área de investigación presenta cinco principales tipos de vegetación: Comunidades de Jalca comprendida entre 3700 m hasta los 4100 m, vegetación transicional de 3500 m hasta los 3700 m, bosque montano alto de 2900 m hasta los 3300 m, bosque húmedo montano de 1900 m hasta los 2900 m y bosque montano bajo desde los 1400 m hasta los 1900 m de elevación.

Tabla 11: Tipos de vegetación en el valle de Los Chilchos

Vegetación	Altitud (m)
Jalca	3700-4100
Vegetación Transicional	3500-3700
Bosque Montano Alto	2900-3500
Bosque húmedo Montano	1900-2900
Bosque Montano Bajo	1400-1900

Comunidades de la jalca 3700-4100 m

Los comunidades de la jalca son muy similares a las formaciones vegetales de La Meseta (Schjellerup et al. 2003). Las comunidades vegetales de rocas y pedregales ocupan pequeñas áreas con abundantes rocas y peñascos. Estas comunidades poseen predominancia de arbustos y arbolillos dispersos (Fig. 71).

Los escasos árboles están representados principalmente por especies de *Escallonia* (Grossulariaceae) y *Weinmannia* (Cunoniaceae), que alcan-

Recuadro 13: Metodología

Las investigaciones botánicas realizadas en el Valle de Los Chilchos, comprendieron dos etapas, una de campo y la otra de laboratorio. En el campo se tomaron datos según sean los objetivos a cumplir. Así para el análisis de la diversidad de los bosques maduros y secundarios se realizaron transectos de 5 m x 240 m, divididos en 48 sub unidades de 5m x 5m cada una y parcelas de 20 m x 20 m, con dos repeticiones en cada área muestreada. Se realizaron inventarios de las plantas que crecen dentro y alrededor de las construcciones arqueologicos tomando datos de parcelas de 20 m x 20 m. Para el estudio etnobotánico se realizaron entrevistas y encuestas a los pobladores generalmente a los de mayor edad, elaborando listas de las especies útiles y forma de aprovechamiento, los cuales fueron verificados al visitar sus hogares y chacras de cultivo.

Generalmente se colectaron siete muestras de cada planta, valiéndose para tal efecto de un desplantador, tijeras podadoras y machetes, según se trate de hierbas, arbustos o árboles (Fig. 72). Las muestras seleccionadas de cada planta contenían flores y frutos, además de hojas, en algunos casos solamente flores o frutos y en plantas monoicas y dioicas se colectaron las ramas floríferas masculinas y femeninas.

Las muestras fueron colocadas en diarios usados, enumeradas, prensadas, empaquetadas y conservadas en alcohol, durante la permanencia en el campo hasta el secado en el Herbario. Así mismo se tomaron datos "in situ" del hábito, habitat, usos, forma de aprovechamiento, fecha de colección, características particulares de la planta, elevación, localización geográfica con ayuda de GPS y se tomaron fotos digitales de todos.

La "técnica del alcohol" consiste en colocar las ramas seleccionadas dentro de periódicos usados. Luego en un costado del periódico se escriben las iniciales del colector y se enumeran; éstas se apilan una sobre otra hasta aproximadamente 15 cm de alto, todas con la abertura a un mismo lado, posteriormente las muestras se envuelven con periódicos usados formando un paquete que es atado con hilo pabilo dejando la abertura de las muestras sin envolver. Los paquetes formados se introducen en una bolsa plástica gruesa y resistente y se acomodan con la abertura hacia arriba, luego se agrega la solución de alcohol y agua en la misma proporción, dependiendo del tipo de muestra y del tiempo de permanencia en el campo. La proporción de alcohol debe ser mayor cuando se trate de plantas crasas o suculentas y menor si son hierbas no suculentas o si se trata de helechos, briofitos o líquenes. La solución de agua y alcohol (de no conseguirse alcohol agregar "aguardiente" o "cañazo" sin diluir) debe cubrir completamente las muestras, colocando sobre éstas otras muestras hasta llenar la bolsa. Posteriormente la bolsa se cierra herméticamente con cinta de embalaje y se enumera la bolsa para su prioridad en el secado. Finalmente se coloca dentro de un saco de polietileno, asegurándolo para su transporte hasta el Herbario en mulas y en bus.

Esta técnica nos permite conservar las muestras por dos hasta tres meses antes del secado, sobretodo cuando se colecta en lugares inaccesibles a vehículos en bosques húmedos y donde es difícil de llevar una estufa; sin embargo, las muestras pierden el color de las flores y hojas, para esto el colector debe anotar entre otras características el color de sus órganos.

En el herbario se procedió al secado, montaje, etiquetado y determinación de las muestras. La determinación de muchas especies se realizó con la ayuda de material herborizado y haciendo uso de

Fig. 72. Botánico Víctor Quipuscoa Silvestre colectando especies de Bromeliaceae que crece en el bosque montano maduro. // Botanist Victor Quipuscoa Silvestre collecting species of Bromeliaceae in mature montane forest.

> literatura especializada, claves taxonómicas o con ayuda de los especialistas. Algunas muestras fueron clasificadas porque resultaron nuevas para la ciencia, las cuales han sido descritas, esquematizadas. El material colectado fue incorporado al Herbario Antenor Orrego (HAO) de la Universidad Privada Antenor Orrego de Trujillo, Herbarium Truxillense (HUT) de la Universidad Nacional de Trujillo, Herbario de la Universidad Nacional de San Agustín de Arequipa (HUSA) y cuatro duplicados enviados al Herbario del Field Museum (F) de Chicago U.S.A., institución que distribuyó el material a los especialistas para su determinación y clasificación.

zan los 6-8 m de alto. Sus tallos están cubiertos por muchas epifitas que pertenecen a líquenes, musgos y algunas angiospermas.

El estrato arbustivo está constituido por muchas especies espinosas de las familias Asteraceae (*Barnadesia* y *Chuquiraga*), Rosaceae (*Rubus*) y Berberidaceae (*Berberis*) entre las más abundantes. Entre otras plantas de esta comunidad vegetal crecen especies de las familias Asteraceae (*Gynoxys, Aristeguietia, Baccharis, Pappobolus, Pentacalia, Coreopsis, Diplostephium*), Lamiaceae (*Satureja, Minthostachys, Salvia*), Clusiaceae (*Clusia, Hypericum*), Fabaceae (*Otholobium*) y Melastomataceae (*Brachyotum*).

El estrato herbáceo está constituido por varias especies de Pteridophyta (helechos) de los géneros *Polypodium, Asplenium, Blechnum, Elaphoglossum, Campyloneurum, Huperzia, Lycopodium, Jamessonia, Lycopodiella*.

Las angiospermas (plantas con flores) están representadas principalmente por especies de las familias Asteraceae (*Stevia, Perezia, Bidens, Pseudognaphalium* y *Senecio*), Scrophulariaceae (*Castilleja*), Calceolariaceae (*Calceolaria*), Begoniaceae (*Begonia*), Ranunculaceae (*Ranunculus*), Fabaceae (*Lupinus*), Solanaceae (*Solanum* y *Lycianthes*), Rosaceae (*Acaena* y *Alchemilla*), Verbenaceae (*Verbena*), Bromeliaceae (*Tillandsia, Puya* y *Greigia*) (Fig. 73), Gentianaceae (*Gentianella* y *Halenia*) y Poaceae (*Stipa Eragrostis*).

Las mayores elevaciones en los pajonales tienen una predominancia de gramíneas. Las Poaceae de los géneros: *Stipa, Festuca, Eragrostis* y *Calamagrostis* son los más diversos y dominantes y crecen en forma de manojos de 0,80 - 1,2 m de alto, dejando espacios estrechos entre ellos, a manera de laberintos o caminos sinuosos.

Fig. 71. Comunidades de pajonales y parte alta del bosque húmedo montano. // Pajonales communities and upper part of the humid montane forest.

Fig. 73. Especie del género Puya (Bromeliaceae) que crece en las comunidades vegetales de jalca. // Species of the Puya genus (Bromeliaceae) growing in the jalca vegetation communities.

Esta comunidad está constituida por otras especies que pertenecen a las Briophyta (*Polytrichadelphus, Marchantia, Sphagnum*, entre otros géneros) y Pteridophyta (*Jamessonia, Asplenium, Blechnum, Elaphoglossum, Lycopodium* y *Huperzia*).

Las plantas con flores están representadas por varias especies de las familias Asteraceae (*Dorobaea, Pseudognaphalium, Conyza, Baccharis, Gamochaeta, Hypochaeris, Ageratina*), Fabaceae (*Lupinus*), Scrophulariaceae (*Mimulus, Castilleja*), Calceolariaceae (*Calceolaria*), Melastomataceae (*Brachyotum*), Ericaceae (*Gaultheria, Pernettya*), Gentianaceae (*Halenia, Gentianella*), Lythraceae (*Cuphea*), Rosaceae (*Alchemilla*), Rubiaceae (*Galium*), Plantaginaceae (*Plantago*), Iridaceae (*Sisyrinchium*), Cyperaceae (*Rhynchospora, Carex*), Poaceae (*Cortaderia*), Oxalidaceae (*Oxalis*), Bromeliaceae (*Puya, Greigia*), Valerianaceae (*Valeriana*), Rubiaceae (*Galium*), Geraniaceae (*Geranium*) Ranunculaceae (*Ranunculus*), Campanulaceae (*Lysipomia*), entre las principales.

Dentro de los pajonales es posible distinguir algunas formas no muy extensas denominadas comunidades vegetales de Césped de Jalca que crecen pegadas al suelo o ligeramente elevadas de la superficie. El Césped de Jalca presenta porte almohadillado, arrosetado o se agrupan entre sí, para protegerse de las condiciones climáticas. Las especies más frecuentes de estas áreas es *Plantago tubulosa* (Plantaginaceae) asociada a *Werneria nubigena* (Asteraceae) con la presencia de muchas especies herbáceas adaptadas a humedad permanente y corresponden a las familias: Asteraceae, Valerianaceae, Gentianaceae, Rosaceae, Campanulaceae, entre otras.

Estas áreas que pertenecen a las partes altas de la cuenca del valle, carecen de lagunas y no forman las comunidades vegetales que son abundantes en la cordillera que delimita los departamentos de La Libertad y San Martín como las comunidades denominadas turberas de *Distichia*. Sin embargo, existen pequeñas áreas que permanecen húmedas en la mayor parte del año y presentan características semejantes a los páramos del norte de Sudamérica, pero carecen de las especies representativas y que son típicas del páramo. Es característica la presencia en estas zonas de la Briophyta del género *Sphagnum* (Sphagnaceae), la que crece asociada a algunos helechos (Pteridophyta) de los géneros *Blechnum* (Blechnaceae), *Elaphoglossum* (Dryopteridaceae) y *Lycopodium* (Lycopodiaceae). Las plantas con flores están representadas por especies de las familias Asteraceae (*Werneria nubigena*, *Baccharis genistelloides* y especies de los géneros *Hieracium* e *Hypochaeris*), Plantaginaceae (*Plantago tubulosa*), Rosaceae (*Alchemilla orbiculata*), Cyperaceae (*Cyperus*, *Carex*, *Rhynchospora*), Gentianaceae (*Gentianella*, *Gentiana*) y Melastomataceae (*Brachyotum*) entre las principales.

Vegetacion trancisional 3500 - 3700 m

Bosques transicionales existen en áreas no muy extensas de 2-6 hectáreas que se encuentran rodeados por los Pajonales y constituyen el nexo entre las comunidades de Jalca y el bosque continuo. El bosque transicional se ubica en las faldas y quebradas empinadas de la Jalca del Rayo (vea Cap. 4, la historia de Don Genaro) y se extienden hasta la parte alta del lado este de Leymebamba.

La vegetación está representada en sus tres estratos, el arbóreo, arbustivo y herbáceo con muchas especies epifitas y especies hemiparásitas (Fig. 74).

El estrato arbóreo

El dosel superior alcanza los 8-12 m de alto con tallos retorcidos, y con hojas pequeñas y endurecidas. Sus principales representantes pertenecen a especies de *Escallonia* (Grossulariaceae), *Polylepis* (Rosaceae), *Weinmannia* (Cunoniaceae), *Miconia* (Melastomataceae), *Podocarpus* (Podocarpaceae), *Desfontainia* (Loganiaceae), *Vaccinium* (Ericaceae), *Myrcianthes* (Myrtaceae), *Berberis* (Berberidaceae).

Fig. 74. Bosques transicionales 3500- 3700 m.s.n.m. Estas formaciones son semejantes a las que se encuentran en toda la cordillera que delimita los departamentos de San Martín, La Libertad y Amazonas pero demuestra diferencias. // Transitional montane forest 3500 -3700 m.a.s.l. This vegetation is similar to the transitional forests found in the San Martin, La Libertad and Amazonas departments but shows differences.

El estrato arbustivo

Este estrato esta representado por especies de Asteraceae (*Gynoxys, Jungia, Diplostephium, Ageratina*), Melastomataceae (*Brachyotum*), Solanaceae (*Cestrum*), Onagraceae (*Fuchsia*), Grossulariaceae (*Ribes*), Capparaceae (*Cleome*), *Monnina* (Polygalaceae), Rosaceae (*Rubus*), *Saracha* (Solanaceae), *Salvia* (Lamiaceae), *Thibaudia* (Ericaceae), *Centropogon* y *Siphocampylus* (Campanulaceae), Rubiaceae (*Arcytophyllum*) y *Chusquea* (Poaceae).

El estrato herbáceo

Las especies herbáceas están constituidas por especies erguidas, apoyantes, volubles y trepadoras de especies de los géneros *Ranunculus* (Ranunculaceae), *Gunnera* (Haloragaceae), *Bomarea* (Alstroemeriaceae), *Mikania, Hieracium* (Asteraceae), *Stellaria* (Caryophyllaceae), *Valeriana* (Valerianaceae), *Geranium* (Geraniaceae), *Dioscorea* (Dioscoreaceae),

Passiflora (Passifloraceae), *Begonia* (Begoniaceae) y *Nasa* (Loasaceae). Otras son hemiparásitas (*Aetanthus*) y epifitos como líquenes, musgos, helechos y fanerógamas de las familias Bromeliaceae y Orchidaceae principalmente.

Estas formaciones son semejantes a las que se encuentran en toda la cordillera que delimita los departamentos de San Martín, La Libertad y Amazonas pero demuestra diferencias interesantes e importantes.

Estas zonas ecologicas merecen ser investigadas con mayor detenimiento, para determinar la transición de páramo hacia formaciones vegetales de jalca. La cordillera mencionada constituye el límite geográfico que señala el curso del agua; unas se dirigen a la cuenca del Pacífico y otras a las del Atlántico, generando un clima especial que se diferencia a las demás zonas del Perú.

La cordillera comporta como una barrera natural para muchas especies del lado oriental y occidental; sin embargo, existen otras especies que fácilmente pueden dispersarse y crecer en ambos lados, lo que genera una diversificación explosiva de plantas.

El bosque montano alto continuo se extiende inmediatamente debajo de la vegetación transicional, o está separado por franjas de pajonales en lugares más o menos planos.

Se puede distinguir tres zonas: El bosque montano alto, el bosque montano y el bosque montano bajo.

Bosque montano alto 2900 - 3500 m

El bosque montano alto delimita con los Pajonales y bosques transicionales, esta constituido por plantas de Jalca que crecen entremezcladas con especies de bosque montano. Esta formación es una de las más diversas y se caracteriza por la presencia de muchos árboles esclerófilos y arbustos pubescentes y a veces lanosos.

El estrato arbóreo

El estrato arbóreo alcanza los 15-18 m en el dosel superior y está representado por especies de las familias Ericaceae (*Bejaria, Vaccinium*), Melastomataceae (*Miconia*), Cunoniaceae (*Weinmannia*), Grossulariaceae (*Escallonia*), Araliaceae (*Oreopanax*), Podocarpaceae (*Podocarpus*) y Arecaceae (*Geonoma*).

Fig. 75. Centropogon granulosum C. Presl (Campanulaceae) arbusto que crece en el bosque montano. // Centropogon granulosum C. Presl (Campanulaceae), a shrub from the montane forest.

El estrato arbustivo

El estrato arbustivo se caracteriza por la presencia de especies de las familias: Campanulaceae (*Centropogon* (Fig. 75), *Siphocampylus* géneros de gran diversidad), muchas especies de Ericaceae (*Cavendishia, Gaultheria, Pernettya, Thibaudia*), Asteraceae (*Baccharis, Loricaria, Diplostephium, Gynoxys, Llerasia*), Solanaceae (*Larnax, Solanum, Lycianthes, Jaltomata*), Grossulariaceae (*Ribes*), Rosaceae (*Rubus*), Rubiaceae (*Psychotria*) y Gentianaceae (*Symbolanthus calygonus*) principalmente. Sobre los árboles y arbustos crecen especies epifitas como algas, hongos, musgos, líquenes, helechos y plantas superiores (Bromeliaceae, Piperaceae) y hemiparásitas (Loranthaceae) con varias especies de *Chusquea* (Poaceae) que hacen al bosque muy denso y de difícil acceso.

El estrato herbáceo

El estrato herbáceo tiene muchas especies de helechos (Pteridophyta) de los géneros: *Blechnum, Eriosorus, Jamessonia, Hymenophyllum, Polypodium, Cochlidium, Grammitis, Asplenium, Adiantum, Lycopodiella, Lycopodium, Huperzia*), Loasaceae (*Nasa*), Alstroemeriaceae (*Bomarea*), Eriocaulaceae (*Paepalanthus*), Iridaceae (*Sisyrinchium*), Orchidaceae (*Elleanthus, Cochlioda, Epidendrum*), Piperaceae (*Peperomia*), Asteraceae (*Munnozia, Mikania, Trixis*), Poaceae (muchas que ingresan de los Pajonales), Geraniaceae (*Geranium*) y Bromeliaceae (*Puya*).

Bosque húmedo montano 1900 - 2900 m

El bosque húmedo montano comprende el Valle de Los Chilchos hasta el lugar denominado Laurel, donde se observa cambio de la vegetación. Este bosque presenta cerros con pendientes inclinadas así como planas en el valle con una extensa área, donde se localizan la mayoría de las viviendas de los pobladores. El bosque tiene una elevada diversificación de plantas y presenta características similares a las otras áreas estudiadas como la cuenca de Huambo (Schjellerup et al. 2003).

Gran parte de esta formación está disturbada por acción humana, grandes áreas de bosque han sido taladas y quemadas con fines agrícolas y ganaderas. Es poco el porcentaje de disturbancia natural (derrumbes) que son alrededor del 2%.

El estrato arbóreo

El estrato arbóreo alcanza de 35-40 m de alto en su dosel superior con la presencia de numerosas especies epifitas. Entre las familias de plantas con flores mejor representadas son las Rubiaceae con 12%, seguido de las Lauraceae 10%, Gesneriaceae 7%, Melastomataceae y Moraceae 5% Solanaceae y Fabaceae 4% y las demás familias con el 53%, referido al total de especies de angiospermas registradas en los transectos y parcelas.

Las especies arbóreas más representativas y de mayor fuste pertenecen a las familias Moraceae (principalmente de los géneros *Ficus* "matapalo"(porque sus ramas envuelven el árbol contiguo "abrazándolo" hasta causarles la muerte. Cada rama tine ca. 1,05 m de diámetro a la altura del pecho (DAP), "renaco" y *Clarisia* "lechoso"), Meliaceae (*Cedrela* "cedro") con ca. 0,80 m de diámetro (DAP).

Las Lauraceae están bien representados con varias especies de *Nectandra* "ishpingo" con 0,48 m de DAP, *Ocotea* "mohena" y *Persea* "palta silvestre").

Rubiaceae es una de las familias mejor representadas y con especies de los géneros *Cinchona*, *Remigia*, *Psychotria*, *Palicourea* entre otros), Anacardiaceae (*Toxicodendron striatum* "itil", especie tóxica), Myrtaceae (*Campomanesia* "palillo"con frutos comestibles y *Myrcianthes* "lanche" árboles usados en construcciones y por sus frutos comestibles (ca. 0,30 m DAP), Myrsinaceae (*Myrsine*), Tiliaceae (*Heliocarpus americanus* "llausa", apreciado por el uso de su corteza en la confección de sogas y cordeles), Melastomataceae (muchas especies de *Miconia*), Araliaceae (*Schefflera* y *Oreopanax*), Cecropiaceae (*Cecropia* con 0,385 m de DAP y *Coussapoa*), Urticaceae (especies de *Urera* "ishanga"), Solanaceae (*Solanum*), Siparunaceae (*Siparuna* "poshmete"), Chloranthaceae (*Hedyosmum*), Buxaceae (*Styloceras*), Clusiaceae (*Clusia*), Burseraceae, Annonaceae (*Annona*), Lamiaceae (*Hyptidendron*).

Las Fabaceae tiene gran diversidad en especies del género *Inga* que los pobladores denominan "huabilla", "huabo", "shimbillo" o "pacae" (0,37 m de DAP), especies de *Erythrina* "pajuro", "poroto silvestre" y *Senna*.

En este estrato están bien representadas las Arecaceae y el género más diverso es *Geonoma* "palmiche". Además crecen especies de *Bactris* "pishuay" y *Astrocaryum* "chonta".

Es característica en esta zona la presencia de muchas especies de helechos arborescentes de la familia Cyatheaceae principalmente de los géneros *Cyathea* y *Dicksonia*, que alcanzan hasta los 18 m de alto (Fig. 76).

Los árboles se encuentran cubiertos por una gran variedad de plantas, desde las menos evolucionadas (criptógamas) hasta las más evolucionadas (fanerógamas) que crecen desde la base del tallo hasta el dosel superior en una estratificación de las especies. Entre los grupos que se observan sobre los árboles destacan especies saprofitas como hongos (*Ganoderma*, *Auricularia* (Fig. 77), *Polyphorus*); especies hemiparásitas y parásitas de las familias Loranthaceae (*Aetanthus*) y Viscaceae (*Phoradendron*).

La mayor diversidad lo constituyen las epifitas y hemiepífitas, que viven sobre la mayoría de árboles. Existen algas que prefieren lugares muy húmedos y con poca iluminación. Los líquenes son un grupo diverso y se encuentran pegados a los tallos; los musgos (una gran cantidad de especies) y las hepáticas (*Frullania*) son los más abundantes.

Las Pteridophyta constituyen otro grupo diverso representado por especies de los géneros: *Huperzia* (Lycopodiaceae), *Niphidium*, *Campyloneurum*, *Platycerium* (Polypodiaceae), *Asplenium* (Aspleniaceae), *Vittaria* (Vittariaceae), *Pleopeltis*, *Polypodium*, (Polypodiaceae), *Nephrolepis* (Davalliaceae), *Elaphoglossum* (Dryopteridaceae), *Trichomanes*, *Hymenophyllum* (Hymenophyllaceae), *Grammitis*, *Cochlidium* (Grammitidaceae) entre los principales.

Las Angiospermas epifitas representadas por varias familias como Cactaceae (*Rhipsalis*, *Disocactus*, *Epiphyllum*), Piperaceae (*Peperomia*), Bromeliaceae (*Tillandsia*, *Aechmea*, *Vriesea*, *Catopsis*), Gesneriaceae (*Columnea*), Cyclanthaceae (especies hemiepifitas de *Asplundia* y *Thoracocarpus*), Araceae (*Anthurium*, *Philodendron* con especies hemiepifitas), Orchidaceae (*Pleurothallis*, *Oncidium*, *Maxillaria*, *Epidendrum*, *Stelis*, *Psygmorchisglos-*

Fig. 76. Especie del género Cyathea (Cyatheaceae) helecho arbóreo que crece en el bosque montano. // Fern tree of the Cyathea (Cyatheaceae) genus) in the montane forest.

somistax, *Elleanthus, Gongora, Telipogon, Dichaea*) y otros géneros aún no determinados, que crecen a diferentes niveles de los árboles.

El estrato arbustivo

El estrato arbustivo es conspicuo en algunas áreas y en otras poco desarrolladas. Las especies se elevan hasta los 4-5 m de alto. El género *Piper* (Piperaceae) es el más diverso, estas especies son denominadas "maticos" o "cordoncillos" por los pobladores.

Otras familias de plantas bien representadas son las Solanaceae (*Solanum, Brugmansia, Lycianthes, Cestrum, Cyphomandra*), Rubiaceae (*Palicourea, Psychotria* el más diverso y otras especies aun no determinadas), Campanulaceae (*Centropogon* y *Siphocampylus*), Melastomataceae

Fig. 770. Especie de hongo comestible del género Auricularia que crece en los árboles secos y en estado de descomposición.// The fungus species of the genus Auricularia which grows in dry trees in decomposition.

(*Meriania, Miconia, Tibouchina, Axinaea*), (Fig. 78) Poaceae (varias especies de *Chusquea* que crecen imposibilitando el paso dentro del bosque), Urticaceae (*Urera* y *Phenax*), Euphorbiaceae (*Croton, Acalypha*), Gesneriaceae (*Alloplectus, Columnea*) (Fig. 79), Onagraceae (muchas especies de *Fuchsia* cuyas flores rojas y rojo-anaranjadas dan colorido al bosque), Ericaceae (varias especies de *Psammisia, Thibaudia* y *Bejaria*), Begoniaceae (*Begonia parviflora*), Araliaceae (*Schefflera*).

Las Asteraceae están mejor representadas por especies de la tribu Vernonieae y otros géneros como *Bardanesia, Pentacalia, Liabum, Gynoxys, Erato*, entre los principales.

Crecen además algunas especies de Pteridofitos que alcanzan estas alturas de la familia Dryopteridaceae como muchos bejucos de las familias: Sapindaceae, Bignoniaceae, Fabaceae, Malpigiaceae y Apocynaceae (*Peltastes*).

El estrato herbáceo

El estrato herbáceo está constituido principalmente por pteridofitos (helechos) que crecen de manera uniforme cubriendo casi toda el área.

Las familias mejor representadas son las Dryopteridaceae (varias especies de *Diplazium* y una diversidad grande de *Elaphoglossum*), Polypodiaceae (*Polypodium, Pecluma, Campyloneurum*), Pteridaceae (*Pteris, Lindsaea, Adiantum, Eriosorus*), Hymenophyllaceae (*Hymenophyllum* y *Trichomanes*), Davalliaceae (*Nephrolepis*), Aspleniaceae (*Asplenium*), Blechnaceae (*Blechnum occidentale*, entre otras especies), Selaginellaceae (*Selaginella*), Lycopodiaceae (*Lycopodiella cernua*), entre las principales.

Fig. 78. Especie del género Meriania (Melastomataceae) del bosque montano. // Species of the genus Meriania (Melastomataceae) in the montane forest.

Fig. 79. Alloplectus peruvianus (Zahlbruckner) Kvist & L.E.Skog, especie de Gesneriaceae caraterística de los bosques montanos. // Alloplectus peruvianus (Zahlbruckner) Kvist & L.E.Skog, a Gesneriaceae species typical of the montane forests.

Las plantas con flores están representadas por las familias Piperaceae (*Peperomia*), Amaranthaceae (*Iresine*), Bromeliaceae (*Pitcairnia, Ananas, Tillandsia, Greigia*), Urticaceae (*Pilea*), Begoniaceae (muchas especies de *Begonia*), Asteraceae (la mayoría de especies son apoyantes y pueden alcanzar el dosel superior principalmente los géneros: *Mikania, Trixis, Munnozia*), Solanaceae (*Lycianthes, Witheringia, Larnax. Jaltomata* tiene frutos comestibles y crece preferentemente en lugares disturbados), Araceae (*Anthurium, Caladium*), Acanthaceae (*Justicia, Sanchezia*), Dioscoreaceae (*Dioscorea*), Cyperaceae (*Cyperus, Eleocharis, Scleria, Uncinia*), Commelinaceae (*Commelina, Tradescantia*), Cyclanthaceae (*Cyclanthus*), Fabaceae (*Desmodium*), Zingiberaceae (*Renealmia*), Passifloraceae (*Passiflora*), Lamiaceae (*Salvia*), Marantaceae, Cucurbitaceae (*Psiguria*), Asclepiadaceae (*Cynanchum, Marsdenia*) y Orchidaceae (*Epidendrum, Elleanthus, Cranichis*).

Otras especies son saprofitas ycrecen en troncos en proceso de putrefacción de las familias Burmanniaceae (*Gymnosiphon*) y Balanophoraceae (*Helosis, Corynaea* y *Langsdorffia*).

En el bosque húmedo montano se distinguen algunas comunidades vegetales cuyo nombre esta referido a las especies dominantes.

Chontales

Los chontales se ubican principalmente en las cumbres de los cerros y están constituidos por especies de Arecaceae (Palmeras). Alcanzan los 12-15 m de alto. No todos los chontales presentan la misma especie; la mayoría están representadas por especies del género *Geonoma* "palmiche", otras por *Bactris* "pishuay" y además por *Astrocaryum* "chonta"

Fig. 80. Inflorescencia de una especie de palmera del género Geonoma (Arecaceae) que crece en el bosque montano y formando los chontales. // Flowering palm of Geonoma (Arecaceae) in the montane forest forming the chontales.

de diferentes especies. Están presentes los tres estratos, con muchas epifitas (Fig 80).

Bosques esclerófilos

Los bosques esclerófilos se sitúan también en las cumbres de los cerros principalmente en el camino al lugar denominado La Cascarilla y se encuentran entre los 1800-2500 m de elevación. Los bosques esclerófilos se caracterizan por la presencia de árboles pequeños y gran cantidad de Rubiaceae con hojas gruesas y quebradizas. Presenta los tres estratos y alcanzan hasta los 8 m en el dosel superior. Están presentes además especies de las familias: Myrtaceae, Melastomataceae, Ericaceae (Fig. 81), Asteraceae, helechos arborescentes, que contienen muchas especies epifitas. Presentan una gran diversidad de familias herbáceas.

Bosque montano bajo 1400 – 1900 m

El bosque húmedo montano bajo constituye el límite inferior del valle de Los Chilchos y se extiende hasta el límite con Añazco Pueblo (Schjellerup et al. 2003). La temperatura promedio es mayor en 2-3°C que la formación anterior.

Este tipo de bosque está influenciado por la presencia de ríos y extiende a lo largo de sus riberas, desde 1400 m hasta los 1900 m de el-

Fig. 81. Especie del género Bejaria (Ericaceae) que crece en el bosque esclerófilo.eller // Bejaria (Ericaceae) which grows in the sclerophilous forest.

evación aproximadamente. Los árboles alcanzan hasta los 40 m de alto y debajo de estos crecen muchos arbustos y hierbas como una gran cantidad de epifitos. Las familias de plantas con flores mejor representadas son las Rubiaceae con 15%, seguido de las Lauraceae 11%, Fabaceae 10%, Moraceae 8%, Solanaceae y Bombacaceae 8% y las demás familias con el 48 % referido al total de especies de angiospermas registradas en los transectos y parcelas.

El estrato arbóreo

El estrato arbóreo alcanza los 40 m y presenta gran diversidad de Rubiaceae; sin embargo, las Moraceae, Lauraceae y Fabaceae alcanzan la mayor altura. Entre sus representantes más conspicuos destacan los géneros *Ficus* y *Clarisia* (Moraceae); *Nectandra* spp. "ishpingo", *Ocotea* "mohena" y *Persea* "palta silvestre" (Lauraceae); *Inga* (muchas especies que se han diversificado principalmente a las riberas de los ríos), *Erythrina* y *Senna* (Fabaceae).

Otras especies representativas pertenecen a las familias: Rubiaceae (*Psychotria, Palicourea, Ladenbergia, Hilia*), Bombacaceae (*Ochroma, Chorisia*), Annonaceae (*Guatteria, Rollinia*), Tiliaceae (*Heliocarpus*), Myrsinaceae (*Myrsine*), Siparunaceae (*Siparuna*), Solanaceae (*Solanum*), Anacardiaceae (*Toxicodendron*), Cecropiaceae (*Cecropia*), Melastomataceae (*Miconia*) y Arecaceae (*Geonoma, Iriartea* y *Bactris*), entre las principales. Están presentes además helechos arborescentes de la familia Cyatheaceae.

El estrato arbustivo

En el estrato arbustivo las especies alcanzan hasta los 6 m de alto y es muy similar a la al estrato arbustivo de La Meseta (Schjellerup et al. 2003).

Las especies de *Piper* (Piperaceae) son las más diversas y abundantes. También están presentes las Asteraceae (*Pentacalia, Liabum* y *Critoniopsis*) entre las principales), Euphorbiaceae (*Phyllanthus* "chanca piedra", *Croton* y *Acalypha*), Urticaceae (*Phenax, Boehmeria* y *Urera*), Melastomataceae (*Miconia*), Solanaceae (*Solanum, Lycianthes, Capsicum* y *Cestrum*), Rubiaceae (con especies arbustivas *Palicourea* y *Psychotria*) y Campanulaceae (*Centropogon* y *Siphocampylus*).

En el estrato arbustivo es característica la presencia de muchas especies saprofitas (hongos) y hemiparásitas (Loranthaceae y Viscaceae). La mayor abundancia lo constituyen las especies hemiepifitas (helechos, Araceae, Cyclanthaceae) y epifitas como líquenes, musgos, hepáticas, helechos (*Niphidium, Campyloneurum Pleopeltis, Polypodium, Nephrolepis*).

Entre angiospermas son las familias Piperaceae (*Peperomia*), Araceae (*Anthurium* y *Philodendron*), Bromeliaceae (*Tillandsia*) y Orchidaceae (*Pleurothallis, Oncidium, Pachyphyllum, Maxillaria, Epidendrum, Stelis*), entre otras familias.

El estrato herbáceo

En el estrato herbáceo tiene muchas especies de pteridofitos (helechos). Las especies de *Selaginella* (Selaginellaceae) y de las Lycopodiaceae (*Lycopodiella cernua*) son abundantes. Entre otras especies crecen géneros de las familias Schizaeaceae (*Anemia*), Davalliaceae (*Nephrolepis*), Pteridaceae (*Adiantum, Pteris, Lindsaea*), Aspleniaceae (*Asplenium*), Blechnaceae (*Blechnum occidentale*), Polypodiaceae (*Polypodium, Pecluma*), Dryopteridaceae (*Diplazium* y *Elaphoglossum*) e Hymenophyllaceae (*Hymenophyllum* y *Trichomanes*).

Las angiospermas más representativas son las Piperaceae (*Peperomia*), Begoniaceae (*Begonia*), Asteraceae (*Smallanthus, Munnozia* y *Mikania*), Solanaceae (*Solanum* y *Lycianthes*), Araceae (*Anthurium*), Orchidaceae (*Altensteinia* y *Epidendrum*), Lamiaceae (*Salvia*), algunas Poaceae y otras familias poco representadas (Fig. 82).

Tipos de vegetación modificados por el hombre

Los bosques de Los Chilchos fueron ocupados desde tiempos pre-hispánicos por cientos de años. Hoy en día la migración de diversos lugares del norte del Perú están modificando el paisaje con sus asentamientos y su agricultura y ganadería.

Fig. 82. Prof. Rómulo Ocampo Zamora dentro del bosque montano. // Romulo Ocampo Zamora in the dense montane forest.

Potreros

Muchos porteros se encuentran en áreas muy disturbadas en el bosque (Fig. 83). Los habitantes cercan grandes extensiones de bosque y allí dejan su ganado durante largos periodos de tiempo. En estos lugares el ganado se alimenta de pastos nativos y viven dentro del bosque.

Los pastos nativos que sirven de alimento al ganado vacuno, pertenecen principalmente a la familia Poaceae (varias especies de *Chusquea* "suro" o "carricillo", *Paspalum, Paspalidium* y *Digitaria*), Commelinaceae (*Tradescantia* "cuelinga"), Cucurbitaceae (*Psiguria*), Urticaceae (*Urera* "ishanga", sobretodo brotes).

Cuando las condiciones son propicias y no existen enfermedades o depredadores, el ganado aumenta bien y desarrolla sin problemas. Los pobladores tienen que acudir su ganado periódicamente para agregar sal a su dieta y curar sus heridas provocadas por accidentes o por larvas de moscas causantes de miasis "tupe", acuden para extraer leche y asistir a los becerros; además, asegurarse que no son atacados por depredadores.

En la mayoría de los casos las vacas son llevadas a invernas cercanas

Fig. 83. Potrero con ganado vacuno en Pomalca. // Potrero, pasture cultivated for cattle in Pomalca.

a las viviendas para cuidar de la parición y a sus crías.

La presencia de ganado vacuno es una de las causas para el deterioro del bosque maduro. La práctica de cercar el bosque para constituirse en potreros, genera una de las primeras formas de disturbancia de los bosques maduros cuando los pastos nativos son depredados del ganado. Las constantes lluvias causan en ellas una fuerte erosión y además son cubiertas por *Pteridium aquilinum* "choz".

Chacras e invernas

Los pobladores de Los Chilchos usan gran parte del bosque montano para sus prácticas agrícolas (Fig. 84). Los cultivos no dependen de agua de regadío, sino de las lluvias que caen constantemente en este valle. Los cultivos se realizan con la agricultura de quema y rozo para establecer cultivos anuales, bianuales o perennes como el café y frutales.

Las chacras son cercadas con árboles que siembran a sus alrededores o les dejan en las chacras sin quemar. Estas especies sirven para delimitar las parcelas, como protección de los animales o para dar sombra a algunas plantas.

Muchas de ellas presentan algunos órganos de defensa con espinas, sustancias irritantes o pelos urticantes o son de gran altura. Entre estas especies tenemos al "cedro" (*Cedrela*, Meliaceae), "higuerón" (*Ficus*, Moraceae), varias especies de "huabilla" (*Inga*, Fabaceae), "ishpingos" (*Nectandra*, Lauraceae), "mohena" (*Ocotea*, Lauraceae), "palta silvestre" (*Persea*, Lauraceae), "itil" (*Toxicodendron striatum*, Anacardiaceae), "pajuro" (*Erythrina*, Fabaceae) y "ishanga" (*Urera*, Urticaceae).

Fig. 84. Tipos de vegetación e inverna en los bosques de Cascarilla. // Types of vegetation in the invernas in the cascarilla forest.

Sin embargo en la actualidad casi todas las delimitaciones de sus chacras lo hacen mediante alambre espinudo, que es colocado en postes de madera, de tal forma que aseguran la protección de sus cultivos.

Cultivos perennes

Son aquellos que una vez establecidos, producen durante muchos años. Es característico de plantas leñosas.

El cultivo de café (*Coffea arabica*, Rubiaceae) ocupaba una gran extensión antes y era realizado por casi todas las familias. Para esta actividad el bosque no es talado completamente, se cortan principalmente los arbustos, hierbas y algunas especies de árboles. Las especies que dejan crecer sirven para dar sombra al cultivo y entre las más usadas cumplen los siguientes requisitos: ser de rápido crecimiento, muy frondosos y de copa ancha como la "huabilla" (*Inga* spp., Fabaceae), "higuerón" (*Ficus*, Moraceae), "llausa" (*Heliocarpus americanus*, Tiliaceae), "ishanga" (*Urera*, Urticaceae) y los "ishpingos" (*Nectandra* y *Ocotea*, Lauraceae).

Muchos frutales pueden ser monocultivos, como el caso del plátano (*Musa acuminata*, Musaceae) y la papaya (*Carica papaya*, Caricaceae) pero generalmente son cultivados en forma asociada a otros frutales o con especies no frutales o en pequeños huertos cercanos a sus viviendas.

Los huertos tienen muchas especies frutales como naranja (*Citrus aurantium*, Rutaceae), limón (*Citrus limon*, Rutaceae), mandarina (*Citrus reticulata*, Rutaceae) mango (*Mangifera indica*, Anacardiaceae), palta (*Persea americana*, Lauraceae), níspero (*Eriobotrya japonica*, Rosaceae), guayaba (*Psidium guajava*), piña (*Ananas comosus*, Bromeliaceae). Algunas especies frutales nativas que crecen en el bosque maduro, están incorporándolos en estas asociaciones como el "palillo" (*Campomanesia*, Myrtaceae), "sacha anona" (*Rollinia*, Annonaceae), "pepinillo" (*Cyphomandra* sp., Solanaceae) y muchas "huabillas" (*Inga* spp., Fabaceae).

Cultivos anuales y bianuales

El otro grupo lo constituyen los cultivos anuales y bianuales, cuyo periodo de vida es un año, dos años o menores a estos. Se caracterizan por ser herbáceos. Estos pueden ser monocultivos como el maní (*Arachis hypogaea*, Fabaceae) especie que genera ingresos económicos a las familias. Los otros cultivos son mencionados en capítulo 4.

Invernas

Las invernas son áreas deforestadas completamente o chacras abandonadas y preparadas para el cultivo de pastos para la crianza de ganado, caballar, mulas y asnos. Las invernas se ubican cerca de sus viviendas y todos los pobladores cultivan pastos de *Pennisetum purpureum* (pasto de elefante), *Brachiaria eruciformis* (brecaria), *Panicum maximum* (gramalote), *Trifolium repens* (trébol), *Philoglossa mimuloides* (siso), *Pennisetum clandestinum* (grama, kikuyo).

Vegetación secundaria y lugares deforestados

Grandes áreas en el Valle de Los Chilchos consisten de bosques secundarios y por otros tipos de vegetación modificados por el hombre. La mayoría de estos tipos de vegetación se localizan a ambas riberas del río Chilchos y áreas cercanas al valle cuyas zonas son más o menos planas. Los principales tipos de vegetación secundaria formados en la cuenca del

Valle de Los Chilchos son: Herbazales, chozales, vegetación arbustiva y purmas.

Herbazales

Los herbazales son pequeños áreas cubiertas de hierbas y se forman a partir de cultivos abandonados en lugares muy húmedos o a las riberas del río.

La vida de los herbazales es corta de 2-4 años y a medida que transcure el tiempo, aparecen arbustos que van cubriendo el área y se vuelven dominantes. La mayor representatividad la constituyen especies herbáceas de las familias Poaceae (35%), Cyperaceae (25%) y Asteraceae (21%).

Después el abandono de los cultivos, surge una proliferación inmediata de especies de las familias Poaceae (*Paspalum, Pennisetum, Setaria*), Cyperaceae (*Cyperus, Eleocharis, Scirpus* y *Rhynchospora*), Asteraceae (*Bidens, Galinsoga, Ageratum*), Verbenaceae (*Verbena*), Solanaceae (*Solanum, Jaltomata*), Apiaceae (*Ciclospermum*), Malvaceae (*Sida*), Lamiaceae (*Hyptis*), entre otras.

Chozales

En el Valle de Los Chilchos los chozales ocupan la mayor extensión con respecto a las demás formaciones modificadas por el hombre.

Los chozales sonson conocidos como "shapumbales" en la cuenca del Río Mayo (San Martín), "garadales" en Ayabaca (Piura) o "pteridiales" en las vertientes orientales de Norte y Centro del Perú.

Se forman mediante la proliferación explosiva de la especie *Pteridium aquilinum* "choz" (Dennstaedtiaceae), después el abandono de cultivos o en áreas deforestadas y no cultivadas. La especie presenta dos variedades para algunos autores o son consideradas dos especies diferentes *Pteridium caudatum* y *Pteridium arachnoideum*.

El choz es un helecho rizomatoso que alcanzar de 2-3 m de alto, con un rápido crecimiento y aumento de individuos que es favorecido por la humedad y los nutrientes que existen en estas zonas, constituyéndose en la especie dominante (87%). Aunque el choz es dominante, muchas especies de angiospermas poco competitivas crecen dentro de esta formación.

El choz alcanza su distribución de 1000 m hasta aproximadamente los 2500 m de elevación y cubren cualquier zona descubierta del bosque.

Los chozales ocupan la mayor parte de áreas abandonas y se encuentran cercanos a los cultivos; así mismo, pueden invadir los cultivos

Fig. 85. Dos tipos de vegetación, arriba bosque húmedo montano maduro y abajo purma tipo atadijal. // Two types of vegetation: above the humid montane forest and below the characteristic "atadijal" purma.

cuando no se realizan labores de limpieza en las chacras, porque sus rizomas permanecen en el suelo, aun cuando las partes aéreas hayan sido quemadas o cortadas.

Los chozales pueden permanecer por largos periodos de tiempo, empobreciendo el terreno que luego son difíciles de recuperar para el cultivo. Sin embargo, los pobladores constantemente realizan quema de estas formaciones y dan lugar a la presencia de árboles del bosque maduro, que con el tiempo pueden llegar a formar purmas.

Vegetación secundaria arbustiva

La vegetación secundaria arbustiva ocupa áreas por arbustos, algunos árboles pequeños (*Heliocarpus americanus*, *Inga* spp.) y muchas especies herbáceas. Se forman ya sea a partir de un herbazal, chozal o directamente de cultivos abandonados de caña de azúcar, arracacha o plátano. Son formaciones que permanecen de 4-6 años, para luego dar paso a otra formación. Se presentan cerca de los ríos, chacras abandonadas o son la transición hacia las purmas.

Las Asteraceae (*Critoniopsis* "cosomo", *Baccharis*, *Munnozia*, *Verbesina* y *Pentacalia*) son las dominantes acompañados de especies arbustivas de las familias Piperaceae (*Piper*), Fabaceae (*Inga*, *Acacia*) Solanaceae (*Solanum*) y herbáceas de los géneros *Bidens*, *Acmella*, *Siegesbeckia* (Asteraceae), *Setaria*, *Eragrostis*, *Brachiaria* (Poaceae) con presencia de plantas de *Pteridium aquilinum* (Dennstaedtiaceae).

Purmas

Las purmas, bosques secundarios generalmente de 10-15 años de edad o más (hyptidendral) se originan a partir de otras formaciones vegetales como los de arriba mencionados o directamente de chacras o lugares deforestados abandonados. La edad de una purma se puede apreciar por la aparición de especies propias del bosque maduro y por la presencia de ciertas especies epifitas que solamente se establecen en estos bosques (Fig. 85).

No todas las purmas son iguales, existen algunas diferencias entre ellas y se ha realizado una clasificación de acuerdo a la dominancia de las especies como los cecroopiales, los tremales o atadijales, huabillales o ingales y los hyptidendrales.

Los cecropiales se caracterizan por la dominancia de *Cecropia* "cetico" (Cecropiaceae) 50%, con presencia además de *Ochroma pyramidale* "palo de balsa" o "topa" (Bombacaceae) 25%, *Heliocarpus americanus* "llausa" (Tiliaceae) 12% y un 13% de otras especies arbóreas de las familias Melastomataceae y Rubiaceae; poseen una edad de 8-12 años de permanencia. Las especies de "llausa" alcanzan de 15-18 m en el dosel superior, con 0,40 m (DAP).

El estrato arbustivo con presencia de *Critoniopsis*, *Baccharis*, *Cyrtocymura* (Asteraceae), Piperaceae (*Piper*) y algunas Rubiaceae. Las herbáceas son escasas con presencia de helechos y angiospermas como las Poaceae, Commelinaceae, Araceae, Zingiberaceae, entre otras.

Los tremales o atadijales presentan dominancia de *Trema micrantha* "atadijo" (Ulmaceae) 43% acompañado de "palo de balsa" o "topa" 30%, "llausa" 15%, y el 12% de otras especies arbóreas (Lauraceae, Melastomataceae, Rubiaceae, Fabaceae) y algunas Cyatheaceae dispersas. Alcanzan una altura de 15-18 m en el dosel superior y pueden permanecer por ca. 18 años de edad.

Los arbustos con predominancia de Piperaceae (*Piper* spp.), Melastomataceae (*Miconia*), Solanaceae (*Solanum*), Begoniaceae (*Begonia parviflora*) y las herbáceas con muchas especies de Asteraceae escandentes o apoyantes (*Mikania*, *Munnozia*, *Trixis*, *Mutisia*), algunas hemiparásitas y epifitas.

Los huabillales o ingales son purmas de más de 10 años de formación con dominancia de muchas especies de *Inga* "huabilla", "shimbillo" (Fabaceae) 52%, asociados a especies de Lauraceae ("ishpingos" *Nectadra*, *Ocotea* y *Persea*) 16,3% "espina" *Solanum* (Solanaceae) 12%, *Cedrela* "cedro" (Meliaceae) 6% y solamente un 3% de otras especies arbóreas. El

Fig. 86. Inflorescencias de Hyptidendron arboreum (Bentham) R. Harley, especie de Lamiaceae que forma los bosques secundarios denominados hyptidendrales. // Flowering Hyptidendron arboreum (Bentham) R. Harley, a species of Lamiaceae characteristic of the secondary forest known as hyptidendrales.

Fig. 87. Vegetación secundaria correspondiente al hyptidendral, conformado por la especie Hyptidendron arboreum (Bentham) R. Harley "palo morado" (Lamiaceae). // The species Hyptidendron arboreum (Bentham) R. Harley "palo morado" (Lamiaceae) typical of the seconday vegetation known as hyptidendrales.

estrato arbustivo con muchas especies de Rubiaceae arbustivas, Piperaceae (*Piper*) y varias especies de hierbas.

Los hyptidendrales son formaciones de más de 15 años de edad y ocupan gran parte del bosque secundario (Fig. 86 y 87). No están presentes en las cuencas del río Huambo y La Meseta.

Se reconocen fácilmente porque los bosques presentan una coloración morada en el dosel superior por la dominancia de *Hyptidendron arborea* "palo morado" 63%. Esta especie es una Lamiaceae andina que alcanza hasta los 25 m de alto en bosque secundario, con 15-42 cm de DAP y están distanciados de 1-2 m entre ellos; sin embargo, dentro del sotobosque puede crecer entre los 25-30 m de alto. Otras especies que acompañan esta formación pertenecen a las familias: Melastomataceae (*Miconia*), Chloranthaceae (*Hedyosmum*), Rubiaceae (*Psychotria*), Lauraceae (*Nectandra*), Tiliaceae (*Heliocarpus*), Cecropiaceae (*Cecropia*), Fabaceae (*Inga*), Myrtaceae (*Myrcianthes*) y helechos arborescentes de la familia

Cyatheaceae (*Cyathea* y *Dicksonia*).

El estrato arbustivo presenta especies de bosque maduro y especies de vegetación arbustiva como las Piperaceae (*Piper*), Rubiaceae (*Palicourea, Psychotria*), Asteraceae (*Verbesina ampliatifolia*), Melastomataceae (*Tibouchina*), Solanaceae (*Solanum*), Campanualaceae (*Centropogon*) y Gesneriaceae (*Alloplectus, Columnea*).

El estrato herbáceo representado por pteridofitos (helechos) como *Blechnum* "choz bejuco" (Blechnaceae), *Pteris* (Pteridaceae), *Hymenophyllum, Trichomanes* (Hymenophyllaceae), *Polypodium, Campyloneurum* (Polypodiaceae), *Danaea* (Marattiaceae), *Elaphoglossum* (Dryopteridaceae), *Asplenium* (Aspleniaceae) y Selaginellaceae (*Selaginella*); especies de angiospermas de las familias Araceae (*Anthurium*), Piperaceae (*Peperomia*), Gesneriaceae (*Gloxinia*), Zingiberaceae (*Renealmia*), Cyclanthaceae (*Cyclanthus*) y Poaceae (*Ichnanthus*). Los árboles están cubiertos por hepáticas, musgos, hemiepifitos (*Anthurium, Philodendron*), epifitos (*Pleurothallis*, Orchidaceae y algunas Araceae) y hierbas apoyantes (*Mikania*, Asteraceae). Además se observa la presencia de bejucos de las familias Bignoniaceae, Fabaceae y Sapindaceae.

Las purmas que pasan los 10 años de edad, presentan los tres estratos con muchas especies de epifitos y con la presencia establecida de *Chusquea* spp. "suro" (Poaceae).

En esta zona los arbustos más frecuentes pertenecen a especies de las familias: Piperaceae (*Piper*), Melastomataceae (*Miconia*), Solanaceae (*Solanum*), Rubiaceae (*Psychotria*), Gesneriaceae (*Alloplectus*) y Acanthaceae (*Justicia*).

El estrato herbáceo está representado por muchas especies de helechos, algunas Gesneriaceae, Poaceae y Cyperaceae son predominantes. Estas formaciones boscosas pueden convertirse en bosque maduros si permanecen inalterados a los que contribuyen como agentes dispersores de semillas como aves, murciélagos y otros mamíferos

La etnobotánica

Uso de recursos en el Valle de Los Chilchos

En el Valle de Los Chilchos los pobladores actuales usan alrededor 327 especies de plantas. De éstas, 92 son cultivos, 53 son usadas en la construcción, herramientas, utensilios, leña y artesanía, 97 son usadas como especies medicinales, 29 son frutas silvestres, 39 especies son usadas como ornamentales, 19 plantas como cercos vivos y 31 especies como forrajes. Del total de especies, 33 tienen usos diversos.

La mayoría de especies usadas en el valle de Los Chilchos son nativas: 215 spp. (66%) y 112 spp (34%) son introducidas. Los pobladores utilizaron algunas especies como el nogal (*Juglans neotropica*, Juglandaceae), achiote (*Bixa orellana*, Bixaceae) y chinchango (*Hypericum laricifolium*, Clusiaceae) como especies tintóreas, éstas actualmente no son usadas para este fin, porque compran prendas de vestir e hilos teñidos con anilinas para sus tejidos.

Cultivos

En el Valle de Los Chilchos los pobladores cultivan 92 especies, que usan en diversas formas para satisfacer sus principales necesidades de alimentación, vivienda, vestido y cura de sus enfermedades. Del total de especies 14 (15%) son tubérculos y raíces, 11 pertenecen a la familia Fabaceae (legumbres) (12%), 27 corresponden a hortalizas y condimenticias (28%), 30 son frutales (32%), 8 especies son gramíneas (Poaceae) y pseudocereales (Amaranthaceae y Chenopodiaceae) (8%) y 5 especies tienen uso variado o múltiple (5%), existiendo tres especies que tienen usos comunes en los grupos mencionados Las plantas de mayor uso pertenecen a las familias: Fabaceae 13 especies (14%), Solanaceae y Poaceae con 6 especies (7%), Cucurbitaceae, Asteraceae, Apiaceae y Rutaceae con 5 especies (6%), que en conjunto representan ca. 55% del total de especies cultivadas con fines alimenticios (Tabla 6 en el capítulo 4).

Especies invasoras de los cultivos

Las principales especies invasoras de cultivos pertenecen a las familias: Asteraceae (*Aequatorium*, *Gamochaeta americana* "lechugilla", *Munnozia*, *Conyza* "chuzgan", *Bidens pilosa* "cadillo", *Porophyllum*, *Siegesbeckia*, *Acmella*, *Pseudelephantopus*, *Ageratum*, *Galinsoga*, *Taraxacum officinale*, *Erechtites*, *Sonchus oleraceus*), Dennstaedtiaceae (*Pteridium aquilinum* "choz"), Cyperaceae (*Cyperus* "coquito"), Poaceae (*Pennisetum clandestinum* "kikuyo"), Plantaginaceae (*Plantago australis* "llantén macho"), Fabaceae (*Desmodium*, *Trifolium*, *Melilotus*), Scrophulariaceae

Fig. 88. Bidens pilosa L. "cadillo" (Asteraceae) especie usada como medicinal como diurética. // Bidens pilosa L. "cadillo" (Asteraceae) us as a medicinal plant as a diuretic.

Fig. 89. Plantago australis Lamarck "llantén" (Plantaginaceae) especie medicinal usada para desinfectar heridas. // Plantain Plantago australis Lamarck (Plantaginaceae) used as a medicinal plant for disinfecting wounds.

(*Castilleja*), Malvaceae (*Sida*), Lythraceae (*Cuphea* "hierba del toro"), Solanaceae (*Solanum americanum* "hierba mora"), Polygonaceae (*Rumex crispus*), Caryophyllaceae (*Stellaria*), Lamiaceae (*Stachys*), Verbenaceae (*Verbena*) y Apiaceae (*Ciclospermum*). Algunas de estas especies una vez establecidas dentro de los cultivos son difíciles de erradicar como el kikuyo, choz, coquito y rumex, de allí que algunos pobladores prefieren abandonar estas tierras y deforestar otras.

Plantas medicinales

Plantas medicinales han sido usadas desde la presencia de grupos étnicos selváticos y probablemente alcanzó un auge con la ocupación de la Ceja de Selva por parte de los Chachapoya e Inca. Con la ocupación de los españoles, muchas de las prácticas medicinales empezaron a desparecer; sin embargo es posible rescatar el gran acervo cultural acerca del uso de muchas especies de plantas por la población actual.

Actualmente los pobladores de este valle usan 97 especies de plantas con fines curativos y de éstas el 67% son nativos y 37% son introducidas (Tabla 12). No todas especies nativas proceden del bosque montano, muchas de ellas han sido llevadas de otros lugares. Las especies están agrupadas en 43 familias de plantas, de las cuales cinco son las más abundantes en especies: Asteraceae 17 especies (40%), Lamiaceae 8 especies (8%), Solanaceae 7 especies (7%), Fabaceae 5 especies (5%), Rutaceae 4 especies (4%) y el 17% corresponden a las 38 familias restantes (Fig. 88).

Tabla 12: Plantas Medicinales usadas en el Valle de Los Chilchos

Nombre común	Nombre científico	Familia	Acción, forma de uso y parte usada
Achicoria	*Picrosia longifolia* (s, n)	Asteraceae	Depurativa, desinfectante, vermífuga (if, h)
Achiote	*Bixa orellana* (c, n)	Bixaceae	Diurética, Afecciones bronquiales (z-e, r-h)
Ajenjo	*Artemisia absinthium* (sc, i)	Asteraceae	Emenagoga, carminativa, vermífuga (if, h)
Ajo	*Allium sativum* (c, i)	Liliaceae	Antidiarreico, afecciones bronquiales (z-e, b)
Alfalfa	*Medicago sativa* (c, i)	Fabaceae	Diurética, depurativa, tónica (if, h-t)
Alfalfilla	*Melilotus indica* (s, i)	Fabaceae	Desinfectante, diurética (if, h-t)
Aliso	*Alnus acuminata* (s, n)	Betulaceae	Diurética, analgésica (if-e, h)
Allamanchana	*Hyptis sp.* (s, n)	Lamiaceae	Carminativa, digestiva (if, h-t)
Angusacha	*Sida rhombifolia* (s, n)	Malvaceae	Analgésica, desinfectante, febrífuga (z-if, h)
Anís	*Tagetes filifolia* (s, n)	Asteraceae	Analgésica, digestiva (if, h-t)
Apio	*Apium graveolens* (c, i)	Apiaceae	Digestiva (if, h-t)
Arracacha, ricacha	*Arracacia xanthorrhiza* (c, n)	Apiaceae	Afecciones uterinas, desinfectantes (if-cc, h)
Berenjena	*Cyphomandra betacea* (c, n)	Solanaceae	Digestiva (d, fr)
Berro	*Rorippa nasturtium-aquaticum* (s, i)	Brassicaceae	Desinfectante (z-d, h-t)
Bolsa del pastor	*Capsella bursa-pastoris* (s, i)	Brassicaceae	Emenagoga, diurética (if, h-t)
Cadillo, amor seco	*Bidens pilosa* (s, n)	Asteraceae	Desinfectante, diurética (if, tp)
Caigua	*Cyclanthera pedata* (c, n)	Cucurbitaceae	Afecciones de los ojos (z, fr)
Callu manzanilla	*Tanacetum parthenium* (sc, i)	Asteraceae	Afecciones pulmonares (if, tp)
Canchalagua	*Schkuhria pinnata* (s, n)	Asteraceae	Analgésica, digestivo, depurativa (if, h-t)
Calaguala	*Niphidium crassifolium* (s, n)	Polypodiaceae	Desinfectante, antiséptica (if-cc, rz)
Caraña	¿? (s, n)	Burseraceae	Antirreumática (p, l)

Carqueja	*Baccharis genistelloides (s, n)*	Asteraceae	Depurativa de la sangre (if, h-t)
Cascarilla	*Cinchona sp. (s, n)*	Rubiaceae	Depurativa de la sangre, febrífuga (m, cz)
Cebolla	*Allium cepa (c, i)*	Liliaceae	Hemostática, expectorante (cc, b)
Cedro	*Cedrela montana (s, n)*	Meliaceae	Cicatrizante (cc, cz)
Cedrón	*Aloysia triphylla (c, n)*	Verbenaceae	Digestiva, carminativa (if, h-t-fl)
Cerraja	*Sonchus asper (s, i)*	Asteraceae	Depurativa de la sangre, abortiva (if-l, tp)
Cerraja	*Sonchus oleraceus (s, i)*	Asteraceae	Depurativa de la sangre, carminativa (if-l, tp)
Chilca	*Baccharis sp. (s, n)*	Asteraceae	Antidiarreico, desinfectante, luxaciones (if-cc, h)
Coca	*Erythroxylum coca (s, n)*	Erythroxylaceae	Sedante, digestiva, carminativa (if, h)
Cola de caballo	*Equisetum bogotense (s, n)*	Equisetaceae	Diurético, desinfectante (if-cc, h-t)
Cola de caballo	*Equisetum giganteum (s, n)*	Equisetaceae	Diurético, desinfectante (if-cc, h-t)
Congona	*Peperomia inaequalifolia (c, n)*	Piperaceae	Digestiva, sedante (if, h)
Culantrillo, parterita	*Adiantum sp. (s, n)*	Pteridaceae	Analgésica, acelera el parto (if, h-t)
Culén	*Otholobium mexicanum (s, n)*	Fabaceae	Digestiva (if, h)
Diablo sacha	*Kalanchoe sp. (c, i)*	Crassulaceae	Analgésica, desinfectante (cc, h)
Diente de león	*Taraxacum officinale (s, i)*	Asteraceae	Depurativa de la sangre, tónica (if, h)
Escorzonera	*Perezia multiflora (s, n)*	Asteraceae	Diurética, febrífuga (if, h-t)
Eucalipto	*Eucalyptus globulus (c, i)*	Myrtaceae	Expectorante (if, h)
Flor de clavo	*Ludwigia sp. (s, n)*	Onagraceae	Desinfectante (cc, tp)
Frijol	*Phaseolus vulgaris (c, n)*	Fabaceae	Diurética (if, fr)
Granadilla	*Pasiflora ligularis (c, n)*	Passifloraceae	Desinfectante (if, h)
Guayabo	*Psidium guajava (c, n)*	Myrtaceae	Antidiarreico, febrífuga (cc, cz)
Hierba buena	*Mentha spicata (c, i)*	Lamiaceae	Digestiva, vermífuga (cc, h-t)
Hierba luisa	*Cymbopogon citratus (c, i)*	Poaceae	Digestiva, analgésica (if, h)

Hierba maría	*Rumex crispus (s, n)*	Polygonaceae	Antidiarreico (cc, r)
Hierba mora	*Solanum americanum (s, n)*	Solanaceae	Febrífuga (if, h)
Hierba santa	*Cestrum auriculatum (s, n)*	Solanaceae	Desinfectante, febrífuga (cc, h)
Higuerilla	*Ricinus communis (c, i)*	Euphorbiaceae	Desinfectante, febrífuga, laxante (cc, h)
Higuerón	*Ficus sp. (s, n)*	Moraceae	Laxante (l)
Hinojo	*Foeniculum vulgare (c, i)*	Apiaceae	Digestiva, expectorante (if, h-t)
Huarmi huarmi	*Ageratum conyzoides (s, n)*	Asteraceae	Desinfectante de los riñones (if, h)
Ishanga, ortiga	*Urtica sp. (s, n)*	Urticaceae	Antirreumática (d, h-t)
Lanche blanco	*Myrcianthes sp. (s, n)*	Myrtaceae	Carminativa, antidiarreico (if, h)
Lancetilla	*Alternanthera sp. (s, n)*	Amaranthaceae	Desinfectante, febrífuga (if-cc, h-t)
Lechuguilla	*Gamochaeta americana (s, n)*	Asteraceae	Desinfectante, cicatrizante (cc, h-t)
Limón	*Citrus limon (c, i)*	Rutaceae	Digestiva, desinfectante, febrífuga (if, h-fr)
Linaza	*Linum usitatissimum (c, i)*	Linaceae	Diurética, desinfectante, depurativa (if, s)
Llantén	*Plantago major (s, i)*	Plantaginaceae	Desinfectante, hemostática (cc, h)
Llantén macho	*Plantago australis (s, i)*	Plantaginaceae	Desinfectantes, hemostática (cc, h)
Maíz	*Zea mays (c, n)*	Poaceae	Diurética, cálculos renales (if, fl)
Malvavisco	*Malva silvestris (c, i)*	Malvaceae	Digestiva, carminativa (if, h)
Manzanilla	*Matricaria recutita (c, i)*	Asteraceae	Digestiva, cardiotónica (if, h-t-fl)
María sacha	*Tagetes sp. (sc, n)*	Asteraceae	Carminativa (if, h)
Matico blanco	*Piper sp. (s, n)*	Piperaceae	Desinfectantes, expectorantes (cc-if, h)
Matico negro	*Piper sp. (s, n)*	Piperaceae	Desinfectantes, expectorantes (cc-if, h)
Mangue paki	*Bocconia integrifolia (s, n)*	Papaveraceae	Desinfectante de los riñones (if, h)
Menta	*Mentha aquatica (c, i)*	Lamiaceae	Digestiva, sedante (if, h-t)
Naranja	*Citrus aurantium (c, i)*	Rutaceae	Sedante, cardiotónica (if, fl)
Nogal	*Juglans neotropica (s, n)*	Juglandaceae	Expectorante, afecciones pulmonares (if, h)
Ojé	*Ficus insipida (s, n)*	Moraceae	Vermífuga, laxante (l)

Nombre común	Nombre científico	Familia	Usos
Orégano	*Origanum vulgare (c, i)*	Lamiaceae	Carminativa, emenagoga, sedante (if, h-t-fl)
Paico	*Chenopodium ambrosioides (s, n)*	Chenopodiaceae	Digestiva, vermífuga (if, h-t-fl)
Palta	*Persea americana (c, n)*	Lauraceae	Antidiarreico, vermífuga, febrífuga, abortiva (if, s)
Papa	*Solanum tuberosum (c, n)*	Solanaceae	Diurética, cálculos renales (if, tb)
Pie de perro	*Desmodium sp. (s, n)*	Fabaceae	Digestiva, diurética (if, h-t)
Plátano	*Musa acuminata (c, i)*	Musaceae	Cólicos estomacales, úlceras gástricas (l)
Poleo	*Minthostachys mollis (s, n)*	Lamiaceae	Carminativa, afecciones hepáticas (if, h)
Poro-poro	*Passiflora tripartita (sc, n)*	Passifloraceae	Sedante, mantener la presión (if, h, fr)
Ruda	*Ruta chalepensis (c, i)*	Rutaceae	Analgésica, abortiva (d-if, h-t)
Ruda	*Ruta graveolens (c, i)*	Rutaceae	Analgésica, abortiva (d-if, h-t)
Sábila	*Aloe vera (sc, i)*	Liliaceae	Antiséptico, febrífuga (mu)
Salvia	*Salvia sp. (s, n)*	Lamiaceae	Expectorante (if, h)
Sangre de grado	*Croton lechleri (s, n)*	Euphorbiaceae	Cicatrizante, hemostática, úlceras gástricas (if, l)
Sauco	*Sambucus peruviana (sc, n)*	Caprifoliaceae	Vermífuga, digestiva, expectorante (if, fl-fr)
Suelda	*Phoradendron sp. (s, n)*	Viscaceae	Luxaciones (e, tp)
Supiquegua	*Stachys arvensis (s, n)*	Lamiaceae	Carminativa, emenagoga (if, h-t)
Tabaco	*Nicotiana tabacum (s, n)*	Solanaceae	Cicatrizante, vomitiva (if, h)
Tomate	*Solanum esculentum (c, n)*	Solanaceae	Febrífuga, desinfectante (d-cc, h-fr)
Tomatillo	*Physalis peruviana (sc, n)*	Solanaceae	Analgésica, febrífuga (if, h)
Toronjil	*Melissa officinalis (c, i)*	Lamiaceae	Cardiotónica, digestiva, carminativa (if, h-t)
Torurco	*Commelina fasciculata (s, n)*	Commelinaceae	Analgésica, desinfectante (d-cc, h)
Venenillo	*Asclepias curassavica (s, n)*	Asclepiadaceae	Cicatrizante, vermífuga (if, h)
Verbena	*Verbena litoralis (s, n)*	Verbenaceae	Afecciones hepáticas, febrífuga (if, h-t)

Vira vira	*Pseudognaphalium sp. (s, n)*	Asteraceae	Desinfectante (cc, h-t)
Zapallo	*Cucurbita maxima (c, n)*	Cucurbitaceae	Vermífuga (if, s)
Zarzamora	*Rubus robustus (s, n)*	Rosaceae	Sinusitis (d, fr)

Basado en informantes del Valle de Los Chilchos y donde c: cultivada, sc: semicultivada, n: nativa, i: introducida, e: emplasto, d: usado en forma directa, if: infusión, z: zumo, cc: cocción, p: parche, m: macerado, r: raíz, h: hojas, t: tallo, fl: flores, fr: frutos, s: semillas, tp: toda la planta, rz: rizoma, b: bulbo, tb: tubérculo cz: corteza, l: látex y mu: mucílago. Determinadas por V. Quipuscoa S.

La familia Asteraceae está mejor representada y es una de las que contienen la mayor cantidad de especies y géneros en todo el mundo, como poseen una gran plasticidad genética, logrando adaptarse a la mayoría de los ambientes.

Las especies de la familia Lamiaceae son muy usadas por su alto contenido en aceites esenciales y los pobladores usan para solucionar problemas de la digestión. Las Solanaceae son usadas en forma diversa, así como las Fabaceae y Rutaceae.

En este valle las plantas se usan con fines principalmente curativos y son 34 los grupos de plantas según su acción. El 26% son desinfectantes, 20% digestivas, 14% diuréticas, febrífugas y carminativas, 11% analgésicas, 9% depurativas y vermífugas, 8% expectorantes, 6% antidiarreicos y 5% cicatrizantes.

La preparación y administración de las plantas como medicinales, se realiza en forma empírica. El 65% se toma en forma de infusión, 22% en cocción, el 8% se realiza aplicando el medicamento en forma directa, generalmente cuando se trata de heridas abiertas (Fig. 89), el uso del zumo de las plantas es usado en 5% y en menores proporciones se realiza en forma de emplasto, parches o macerados.

Las hojas de las plantas se usan en mayor porcentaje, seguidas del tallo, frutos y flores, látex y toda la planta. La infusión se prepara principalmente a partir de hojas, tallos jóvenes y brotes.

Aún cuando persiste el conocimiento de los antiguos pobladores, el uso de plantas medicinales es practicado por pocas personas, que tratan de mantenerlos y trasmitirlos a las nuevas generaciones.

La introducción de la medicina occidental es la causa de la pérdida del conocimiento pero desgraciadamente mucha medicina occidental se

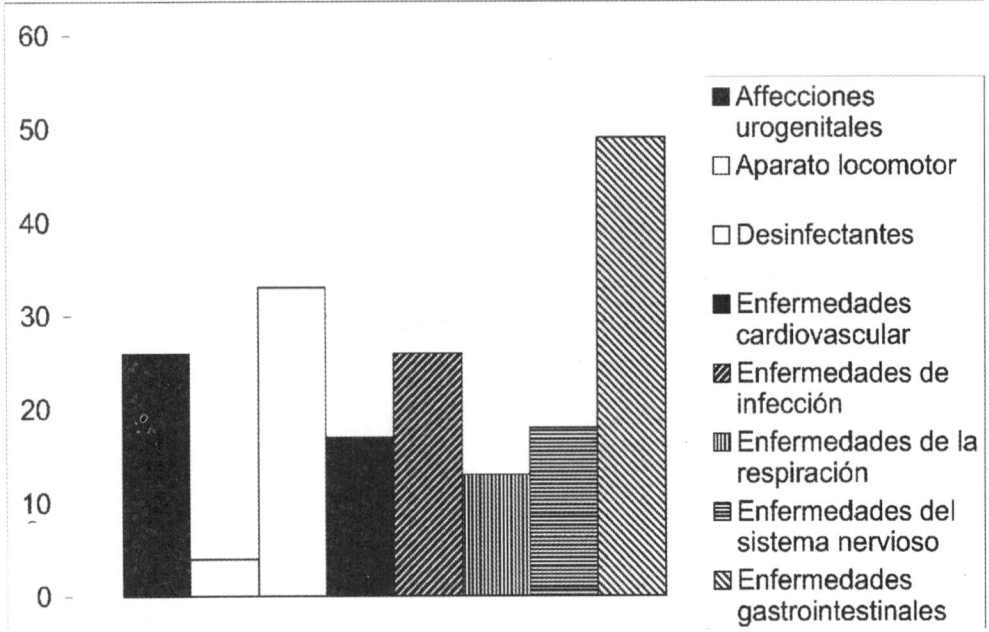

Fig B23: Los principales usos medicinales de las plantas según número. // The most important uses of medical plants according to number.

utiliza sin ninguna prescripción.

El valle de Chilchos se puede considerar como almacenaje de plantas medicinales que necesita de investigaciones adicionales para el conocimiento de las virtudes de las plantas y poder así mejorar las condiciones de la vida de la gente y para solucionar los problemas causados por la dependencia en el uso de la medicina occidental que es muy costosa para los lugares alejados como Los Chilchos.

Tabla 13: Principales usos medicinales de las plantas

Enfermedades gastrointestinales	49	26%
Afecciones hepáticas	2	
Antidiarreicas	6	
Carminativas	12	
Cólico estomacal	1	
Digestivas	20	
Laxantes	3	
Ulceras gástricas	2	
Vomitiva	1	
Tónicas	2	
Tratamiento de heridas	33	18%
Desinfectantes	28	

Cicatrizantes	5	
Affecciones urogenitales	26	14%
Abortion	4	
Acelar el parto	1	
Affecciones uterina	1	
Disloventes de cálculos renales	2	
Emenagogas	4	
Diuréticas	14	
Enfermedades infecciosas	26	14%
Antisépticas	2	
Antipalúdica	1	
Febrífugas	14	
Vermífugas	9	
Sistema nervioso central	18	10%
Analgésicas	11	
Sedantes	6	
Afecciones de los ojos	1	
Enfermedades cardiovasculares	17	9%
Cardiotónicas	3	
Depurativas	9	
Hemostáticas	4	
Mantener la presión	1	
Enfermedades pulmonares	13	7%
Afecciones bronquiales	2	
Afecciones pulmonares	2	
Expectorantes	8	
Sinusitis	1	
Sistema de aparato locomotor	4	2%
Antirreumáticas	2	
Luxaciones	2	

Plantas usadas en la construcción, herramientas, utensilios, leña y artesanía

Los Chilchos prefieren hacer uso de 53 especies según la experiencia que han acumulado a través del tiempo (Tabla 14).

Para la construcción de viviendas de muesca seleccionan especies de madera dura, resistentes a la humedad y al ataque de insectos (termitas). Las especies más usadas son ishpingo (blanco y amarillo), ishpingo caoba, ishpingo mohena, quillo, sacha quillo, lechoso, lanche, caballo runtu, arrayán, higuerón, laurel, naranjillo, pakurrapra, itil y cedro.

Para la construcción de una casa de muesca de 3 m de ancho por 3,85 m de largo y 1,7 m de alto, usan aproximadamente 40 troncos de 0,20 m de diámetro para las paredes y 12 troncos para el techo de 0,05 m de

Fig. 91. Confección de una batea de "cedro" especie perteneciente al género Cedrela (Meliaceae). // Manufacturing of a cedar (Cedrela (Meliaceae) trough.

Fig. 92. Frutos de una especie del género Cedrela "cedro" (Meliaceae), una especie muy usada para la confección muebles, puertas, ventanas y utensillos de cocina, entre otros. // Fruits of the genus Cedrela "cedro" (Meliaceae), a species used for manufacturing furniture, doors, windows, kitchen utensils and others.

diámetro. Los tronkos son unidos con palos delgados y atados con cordeles (sogas) de cabuya, llausa o atadijo. Sobre este armazón colocan hojas de palmeras, penca, pasto, tejas o calamina que les sirve de techo.

Estas especies también son usadas para confeccionar escaleras, que constan de dos troncos grandes unidos por pequeños y delgados palos (peldaños) o de un solo tronco grueso al que tallan los peldaños.

El cedro (*Cedrela*, Meliaceae) (blanco y rosado) es quizá la madera más usada, abundante en el bosque y es sembrado alrededor de chacras. El cedro es usado de preferencia para la construcción de puertas, sillas, bancas, bateas (que varían de 0,265 m hasta 0,82 m de diámetro), muebles y utensilios de cocina. También confeccionan moldes para chancaca (edulcorante de caña de azúcar) Fig. 91-93).

Muchas de sus herramientas usadas en labores agrícolas o para la confección de bateas y utensilios de cocina tienen una parte metálica y otra de madera denominada mango o cabo de la herramienta (hachas, palanas, lampas, zapapicos, machetes, cuchillas) (Fig. 60).

Fig. 93. Planta jóven de cedro Cedrela (Meliaceae) sembrado como cerco vivo. // Young cedro tree panted as a hedge.

Estos mangos son confeccionados con maderas duras y hechos individualmente para los dueños (1,05 m para el mango de hacha) La madera más usada es de lanche, guayaba, ishpingo, naranja, limón, quillo, sacha quillo y chilca brava.

Para confeccionar trapiches usan madera muy dura que no confieren color ni sabor al jugo de la caña de azúcar, como el quillo y sacha quillo preferentemente.

Entre otras herramientas que constantemente usan, es el sacador de fibra de cabuya confeccionado de chilca; el despulpador de café hecho de cedro y atado con sogas de llausa; piladores de café preferentemente de chilca brava.

Las hojas de la palmera conocida como "ramos" sirve para confección de escobas y canastas. Doña Andrea Zavaleta Muñoz dice que le basta medio día para confeccionarlas y para colocar el mango con clavos y cordeles (Fig. 94 y 95). Las fibras se obtienen de una hoja que han secado 3-4 días.

El mango de la escoba (1 m aproximadamente de longitud) es de preferencia de limón o guayaba que son duros y resistentes. El precio de venta es de 2,5 cada una y dura un promedio de 4 años de uso continuo (Fig. 96). El sorgo, la angusacha y la chilca sirven también para la confección

Fig. 94. Una canasta con las mismas hojas de la palmera ramos. // A basket being made of palm leaves.

Fig, 95. Un bolso ya terminado. // A finished bag.

de escobas para barrer el horno.

Leña

Las maderas secas de los árboles en las chacras son quemadas pero los pobladores usan la leña que poseen resinas y dan elevado calor para cocinar sus alimentos o para calentar hornos. La madera considerada de buena calidad es de limón, guayaba, naranjo, palo morado, lanche, quillo, arrayán, pakurrapra, que son almacenados en sus casas bajo los techos para protegerlos de las lluvias. Otra madera no es considerada buena leña como el atadijo, palo de balsa, cecropia, cetico, ishanga, llausa, palta, itil, y potoshongo.

El uso de leña varía según las actividades y tipo de alimentos que preparan, pero usualmente consumen cerca de media carga diaria (25 palos) que equivale a aproximadamente 30 Kg diarios de leña. Estos gastos de leña son similares en lugares como la Morada y la cuenca del Huambo (Schjellerup et al. 1999, 2003).

Para calentar un horno usan unos 60 palos cuando el horno esta frío; el bagazo de la caña de azúcar se usa para encender fuego para las cocinas o para el horno.

Existen plantas de uso diverso como: *Dipsacus fullonum* "cardón" (Dipsacaceae) cuyos frutos secos sirven para sacar pelusa a los tejidos de lana o algodón (Fig. 97). La fibra de las semillas del palo de balsa y algodón es usada para la confección de almohadones y colchones. Los tallos de otras especies y la fibra de las semillas sirven para confeccionar sogas, cordeles,

Fig. 96. Señora Andrea Zavaleta Muñoz mostrando la escoba que ella elabora de las hojas de la palmera denominada ramos.// Señora Andrea Zavaleta Muñoz showing a broom made by palm leaves.

Fig. 97. Dipsacus fullonum L. (Dipsacaceae), especie usada para obtener pelusa en sus tejidos.// Dipsacus fullonum L. (Dipsacaceae) for carding wool.

canastas y bolsas (maguey, cabuya, ramos, llausa, atadijo, tamshi).

La cabuya y penca son especies de uso múltiple, de éstas plantas se usan las hojas para el techado, para extraer fibra dura y el escapo (tallo de la inflorescencia) para construcción de viviendas (Fig. 98).

El bosque montano de este valle contiene una gran diversidad de especies vegetales maderables y no maderables, las que son usadas por los pobladores y de éstos el 87% son especies nativas y las familias de mayor representación son las Myrtaceae (6 spp.), Asteraceae (4 spp.), Moraceae (4 spp) y con tres especies: Poaceae, Fabaceae y Lauraceae. Aunque se usan más especies que en otros lugares cercanos como la Meseta y el Huambo, es incipiente el uso de especies vegetales para la artesanía, actividad que debería desarrollarse, debido a la presencia de muchos recursos vegetales y sólo una pequeño porcentaje se usan para la confección de canastas, bolsas y llaveros (palo de balsa, carrizo, cabuya y tamshi), actividades que conducirían a proteger los bosques y empezar un desarrollo sostenible en este valle.

Fig. 98. Don Nicolás Campos extrayendo fibras de Cabuya Furcraea andina. // Don Nicolás Campos removing fibers from the Cabuya Furcraea andina.

Tabla 14: Plantas usadas para construcción, leña, herramientas, artesanía

Nombre común	Nombre científico	Familia
Aliso	*Alnus acuminata (c, h, n)*	Betulaceae
Angusacha, langosacha	*Sida rhombifolia (h, n)*	Malvaceae
Annona	*Annona sp. 1 (c, l, n)*	Annonaceae
Arrayán	*Myrcianthes sp. 1 (c, h, n)*	Myrtaceae
Arrayán	*Myrcianthes sp. 2 (c, h, n)*	Myrtaceae
Arrayán, lanche	*Myrcianthes sp. 3 (c, h, n)*	Myrtaceae
Atadijo	*Trema micrantha (c, h, n)*	Ulmaceae
Azarcillo	*Miconia sp. 1 (c, h, n)*	Melastomataceae
Cashacaspi, caballo runtu	*Solanum sp. (c, h, l, n)*	Solanaceae
Cabuya	*Furcraea andina (c, h à, n)*	Agavaceae
Café	*Coffea arabica (h, i)*	Rubiaceae
Calabaza	*Lagenaria siceraria (h, n)*	Cucurbitaceae
Caña de Guayaquil	*Guadua angustifolia (c, n)*	Poaceae
Cardón	*Dipsacus fullonum (h, i)*	Dipsacaceae
Carrizo	*Arundo donax (c, h, a, i)*	Poaceae
Cedro	*Cedrela montana (c, h, n)*	Meliaceae
Chilca	*Baccharis sp. (h, l, n)*	Asteraceae
Chilca brava	*Baccharis sp. (c, l, h)*	Asteraceae
Eritrina	*Erythrina sp. (c, h, n)*	Fabaceae
Eucalipto	*Eucalyptus globulus (l, i)*	Myrtaceae
Guayaba	*Psidium guajava (c, h l, n)*	Myrtaceae
Higuerón	*Ficus sp. (c, l, n)*	Moraceae
Hoja ancha, sacha tabaco	*Verbesina ampliatifolia (c, n)*	Asteraceae
Huaba	*Inga edulis (l, n)*	Fabaceae
Huabilla	*Inga sp. (c, l, n)*	Fabaceae

Kosomo, potoshongo	*Critoniopsis sp. (c, h, n)*	Asteraceae
Ishpingo	*Nectandra sp. (c, h, l, n)*	Lauraceae
Ishpingo caoba	*Nectandra sp. (c, h, l, n)*	Lauraceae
Ishpingo mohena	*Ocotea sp. (c, h, l, n)*	Lauraceae
Itil	*Toxicodendron striatum (c, h, n)*	Anacardiaceae
Laurel	*Myrica pubescens (c, h, n)*	Myricaceae
Lechero	*Ficus sp. (c, l, n)*	Moraceae
Lechoso	*Clarisia sp. (c, h, n)*	Moraceae
Limón	*Citrus limon (c, h, l, i)*	Rutaceae
Llausa	*Heliocarpus americanus (h, n)*	Tiliaceae
Lupuna	*Hura Crepitans (c, n)*	Euphorbiaceae
Maguey	*Agave americana (c, h, n)*	Agavaceae
Morado	*Hyptidendron arborea (c, n)*	Lamiaceae
Morocho	*Mysine sp. 1 (c, h, l, n)*	Myrsinaceae
Naranja	*Citrus aurantium (c, h, l, i)*	Rutaceae
Naranjillo,	*Myrsine sp. 2 (c, h, l, n)*	Myrsinaceae
Pakurrapra	*Miconia sp. 2 (c, h, l, n)*	Melastomataceae
Palta silvestre	*Persea sp. (c, l, n)*	Lauraceae
Palillo	*Campomanesia sp. (c, h l, n)*	Myrtaceae
Palo de balsa, topa	*Ochroma pyramidale (h, a, n)*	Bombacaceae
Palo fuerte	*Ficus sp. (c, h, n)*	Moraceae
Pona	*Iriartea sp. (c, n)*	Arecaceae
Quillo	*Escallonia sp. 1 (c, h, l, n)*	Grossulariaceae
Ramos	*Oenocarpus?(c, h, n)*	Arecaceae
Sacha annona	*Annona sp. 2 (l, n)*	Annonaceae
Sacha quillo	*Escallonia sp. 2 (c, h, l, n)*	Grossulariaceae
Sorgo	*Sorghum halepense (h, i)*	Poaceae
Tamshi	*Carludovica? (h, a, n)*	Cyclanthaceae

Basado en informantes del Valle de Los Chilchos; a: artesanía, c: construcción de viviendas, h: herramientas y utensilios, l: leña, n: natural e i: introducida. Determinadas por V. Quipuscoa S.

Plantas usadas como forrajes

Las especies usadas como forraje para la crianza de ganado o para alimentar animales domésticos son 31 (Tabla 15). La familia Poaceae posee la mayor cantidad de especies 58%, seguida de las Fabaceae con 26%, luego las Asteraceae con 7% y con el 3% cada una de las familias Commelinaceae, Urticaceae y Cucurbitaceae. El 61 % son especies andinas y las introducidas en su mayoría son cultivadas o se han naturalizado (Fig. 99).

Las especies del género *Chusquea* spp. "suro" (Poaceae) y demás especies nativas crecen en forma espontánea dentro y alrededores del bosque. Estas especies son alimento del ganado en los potreros y cuando son depredados de estas áreas, los potreros son abandonadas y empieza

Fig. 99. Especies de forrajes cultivadas en el Valle de los Chilchos.// Pasture species in the Chilchos Valley.

la deforestación.

Las especies introducidas son cultivadas en las invernas, muchas de estas especies producen óptimamente de 2-3 años, luego su producción disminuye para ser reemplazadas por otras especies de pastos o plantas invasoras (choz). Las especies introducidas mejor adaptadas y cultivadas son la brecaria, gramalote, zacate y pasto de elefante; en tanto que, otras especies se han naturalizado luego de ser introducidas (trébol, alfalfilla y kikuyo) y hasta invaden cultivos y lugares abandonados.

No todas la especies introducidas son de amplio cultivo, la alfalfa (*Medicago sativa*, Fabaceae), avena (*Avena sativa*, Poaceae) y sorgo (*Sorghum halepense*, Poaceae) son poco cultivadas, aunque en otros lugares son muy apreciadas como forraje.

Algunas especies cultivadas para aprovechar los frutos y semillas en la alimentación del hombre, sirven como forraje (arveja, frijol, maíz y trigo). Las pasturas se observan como campos dominadas por una especie, sin embargo, dentro de estas, crecen muchas especies que pertenecen a las familias: Malvaceae (*Sida*), Rubiaceae (*Richardia*), Asclepiadaceae (*Asclepias curassavica*), Fabaceae (*Desmodium*), Plantaginaceae (*Plantago*), Scrophulariaceae (*Castilleja*) y Apiaceae (*Ciclospermum*), las que compiten por nutrientes del suelo y llegan a disminuir notablemente la producción de los pastos, si no son erradicados.

Tabla 15: Plantas usadas como forrajes

Nombre común	Nombre científico	Familia
Alfalfa	*Medicago sativa* (c, i)	Fabaceae
Alfalfilla	*Melilotus indica* (s, i)	Fabaceae
Amor seco, cadillo	*Bidens pilosa* (s, n)	Asteraceae
Arveja, alberja	*Pisum sativum* (c, i)	Fabaceae
Avena	*Avena sativa* (c, i)	Poaceae
Brecaria	*Brachiaria eruciformis* (c, i)	Poaceae
Cuelinga	*Tradescantia sp.* (s, n)	Commelinaceae
Frijol	*Phaseolus vulgaris* (c, n)	Fabaceae
Frijolillo	*Vicia sp.* (s, n)	Fabaceae
Grama de caballo	*Paspalum sp.* (s, n)	Poaceae
Grama dulce	*Digitaria sp.* (s, n)	Poaceae
Gramalote	*Panicum maximum* (c, i)	Poaceae
Huabilla	*Inga spp.* (s, n)	Fabaceae
Ishanga	*Urera sp.* (s, n)	Urticaceae
Kikuyo	*Pennisetum clandestinum* (s, i)	Poaceae
Lengua de vaca	*Munnozia sp.* (s, n)	Asteraceae
Maíz	*Zea mays* (c, n)	Poaceae
Pasto	*Ichnanthus nemorosus* (s, n)	Poaceae
Pasto	*Paspalidium sp.* (s, n)	Poaceae
Pasto	*Paspalum sp.* (s, n)	Poaceae
Pasto de elefante	*Pennisetum purpureum* (c, i)	Poaceae
Pasto, grama	*Agrostis sp.* (s, n)	Poaceae
Sacha calabaza	*Psiguria sp.* (s, n)	Cucurbitaceae
Siso	*Philoglossa mimuloides* (sc, n)	Poaceae
Sorgo	*Sorghum halepense* (c, i)	Poaceae
Suro, bambú	*Chusquea sp. 1* (s, n)	Poaceae
Suro, bambú	*Chusquea sp. 2* (s, n)	Poaceae
Suro, bambú	*Chusquea sp. 3* (s, n)	Poaceae
Trébol	*Trifolium repens* (sc, i)	Fabaceae
Trébol	*Trifolium amabile* (sc, i)	Fabaceae
Zacate	*Eragrostis sp.* (c, i)	Poaceae

Basado en informantes del Valle de Los Chilchos; c: cultivada, sc: semicultivada, n: nativo e i: introducida. Determinadas por V. Quipuscoa S.

Plantas usadas como cercos vivos

Los pobladores usan 19 especies de plantas para delimitar sus chacras o parcelas y para proteger sus cultivos ante el ingreso de animales (Tabla xx). Las especies seleccionadas son de fácil propagación, rápido crecimiento 16son buenos para la defensa. Las plantas de propagación vegetativa son las más usadas, porque son colocadas primero como postes y luego enraízan para convertirse en plantas individuales. Plantas de defensa con pelos urticantes, espinas, ganchos, resinas o sustancias irritantes

Fig. 100. Inflorescencias y flores de la "piña espinuda" del género Ananas (Bromeliaceae). // Flowering pineapple of the genus Ananas (Bromeliaceae).

Fig, 101. Especie mejorada de Carica (Caricaceae) usada en la alimentación.// Carica (Caricaceae), an improved species used for consumption.

son las más apropiadas. Casi todas estas especies son de origen andino (Fig.100). Esta práctica es similar a las usadas en lugares cercanos como en La Meseta y Río Huambo.

En escasas circunstancias cultivan frutales alrededor de sus chacras, ya sea como cercos vivos o para aprovechar su sombra, en pocas ocasiones lo siembran en huertos conjuntamente con los frutales introducidos.

Tabla 16: Plantas usadas como cercos vivos

Nombre común	Nombre científico	Familia
Atadijo	*Trema micrantha* (s, n)	Ulmaceae
Cabuya	*Furcraea andina* (s, n)	Agavaceae
Cedro	*Cedrela* sp. (s, n)	Meliaceae
Chilca	*Baccharis* (s, n)	Asteraceae
Cordoncillo	*Piper* sp. (s, n)	Piperaceae
Farol chino	*Malvaviscus penduliflorus* (c, n)	Malvaceae
Hoja ancha	*Miconia* sp. (n)	Melastomataceae
Huabilla	*Inga* sp. (s, n)	Fabaceae
Ishanga	*Urera* sp. (s,n)	Urticaceae
Pajuro	*Erythrina edulis* (sc, n)	Fabaceae
Pajuro silvestre	*Erythrina* sp. (s, n)	Fabaceae

Penca	*Agave americana* (s, n)	Agavaceae
Piña espinuda	*Ananas* sp. (n)	Bromeliaceae
Potoshongo	*Critoniopsis* (s, n)	Asteraceae
Rosa	*Rosa canina* (c, i)	Rosaceae
Uña de gato	*Caesalpinia spinosa* (s, n)	Fabaceae
Zarza	*Byttneria* sp. (s, n)	Sterculiaceae
Zarza mora	*Rubus robustus* (s, n)	Rosaceae
Zarza silvestre	*Rubus* sp. (s, n)	Rosaceae

Basado en informantes del Valle de Los Chilchos; c: cultivada, sc: semicultivada, n: nativo e i: introducida. Determinadas por V. Quipuscoa S.

Plantas usadas como ornamentales

Los pobladores de Los Chilchos usan 39 especies ornamentales del bosque que es una fuente rica de plantas ornamentales (Tabla 17). De éstas el 51% son especies nativas de las familias Orchidaceae, Begoniaceae, Araceae, Bromeliaceae, Solanaceae, Gesneriaceae, Campanulaceae, algunas Asteraceae, Zingiberaceae, Melastomataceae, Piperaceae y Fabaceae. Aunque las flores son de interés ornamental, los helechos (Pteridophyta), plantas que no producen flores y prefieren lugares sombríos, son usados como plantas ornamentales. Las plantas son cultivadas en pequeños jardines cerca de sus viviendas o en algunos depósitos que hacen de maseteros. Gran parte de especies ornamentales cultivadas son introducidas, éstas proceden de ciudades cercanas y son llevadas por los pobladores cuando retornan al valle.

El cultivo de estas especies no se realiza para fines comerciales y la mayoría no son cultivadas. En algunos casos como las especies de Orchidaceae son cultivadas en tallos secos de helechos arborescentes de la familia Cyatheaceae (*Cyathea* y *Dicksonia*) los cuales son usados como maseteros. La especie *Kalanchoe tubiflora* "toro simuro", "misha" (Crassulaceae), es cultivada en sus jardines porque manifiestan que estas plantas silban o emiten sonidos, cuando alguna persona desconocida se acerca a sus viviendas y por tanto es una especie que cuida sus casas.

Una práctica que está incrementándose, es la de introducir algunas especies foráneas como el ciprés y el eucalipto con fines ornamentales. Son sembrados cerca de sus viviendas y aunque no existe una proliferación de estas especies en estos ambientes húmedos, es recomendable no continuar con esta práctica y reforestar los terrenos abandonados con especies nativas.

Tabla 17: Plantas usadas como ornamentales

Nombre común	Nombre científico	Familia
Achira	Canna indica (c, n)	Cannaceae
Agapanto	Agapanthus umbellatus (c, i)	Liliaceae
Balsamina, espuela	Impatiens balsamina (c, i)	Balsaminaceae
Begonia	Begonia parviflora (s, n)	Begoniaceae
Begonia	Begonia sp. 1 (s, n)	Begoniaceae
Begonia	Begonia sp. 2 (s, n)	Begoniaceae
Campanilla	Ipomoea purpurea (c, n)	Convolvulaceae
Cartucho	Zantedeschia aethiopica (c, i)	Araceae
Ciprés	Cupressus sempervirens (c, i)	Cupressaceae
Corazón de Jesús	Coleus blumei (c, i)	Lamiaceae
Crino	Crinum sp. (c, i)	Amaryllidaceae
Cucarda	Hibiscus rosa-sinensis (c, i)	Malvaceae
Dalia	Dalia variabilis (c, i)	Asteraceae
Enredadera	Mutisia wurdackii (s, n)	Asteraceae
Farol chino	Malvaviscus penduliflorus (c, n)	Malvaceae
Flor de muerto	Tagetes erecta (c, i)	Asteraceae
Floripondio	Brugmansia arborea (c, n)	Solanaceae
Fucsia	Fuchsia magellanica (c, i)	Onagraceae
Fucsia	Fuchsia sp. (s, n)	Onagraceae
Girasol	Helianthus annuus (c, i)	Asteraceae
Gladiolo	Gladiolus caommunis (c, i)	Iridaceae
Grevillea	Grevillea robusta (i)	Proteaceae
Geranio	Pelargonium roseum (c, i)	Geraniaceae
Higuerilla	Ricinus communis (sc, n)	Euphorbiacae
Hoja morada	Iresine herbstii (c, i)	Amaranthaceae
Orquídea	Encyclia sp. (s, n)	Orchidaceae
Orquídea	Psygmorchisglossomistax sp. (s, n)	Orchidaceae
Orquídea	Epidendrum sp. (s, n)	Orchidaceae
Orquídea	Odontoglossum sp. (c, n)	Orchidaceae
Pajuro	Erythrina edulis (sc, n)	Fabaceae
Pajuro silvestre	Erythrina sp. (s, n)	Fabaceae
Rosa	Rosa canina (c, i)	Rosaceae
Sábila	Aloe vera (c, n)	Liliaceae
Salvia	Salvia leucantha (c, i)	Lamiaceae
Sauco	Sambucus canadensis (c, i)	Adoxaceae
Sancapilla	Telipogon sp. (s, n)	Orchidaceae
Sancapilla	Oncidium sp. (s, n)	Orchidaceae
Tabaco	Nocitiana tabacum (sc, n)	Solanaceae
Toro simuro, misha	Kalanchoe tubiflora (c, i)	Crassulaceae

Basado en informantes del Valle de los Chilchos c: cultivada, sc: semicultivada, n: nativo e i: introducida. Determinadas por V. Quipuscoa S.

Frutos silvestres comestibles

En el bosque crecen 29 especies de plantas nativas, cuyos frutos son usados en la alimentación. Estas especies corresponden a 14 familias y 18 géneros (Tabla 18).

La familia Solanaceae con 6 especies es la más usada y representa el 21%, seguido de las Fabaceae con 4 especies (14%), las Bromeliaceae con 3 especies (11%), con dos especies las familias Caricaceae, Malpighiaceae, Annonaceae, Melastomataceae, Lauraceae, Caprifoliaceae y Buxaceae y las demás familias con una especie (Fig. 101).

Los frutos conocidos como "huabillas" *Inga* spp. (Fabaceae) son las más abundantes y la mayoría de especies producen vainas o legumbres, cuyas semillas poseen sarcotesta blanca. Las frutas de estas especies se colectan directamente o lo hacen ayudados de palos y ganchos o derribando las plantas.

El consumo de estas frutas se realiza de manera directa sin ser transformados en otros productos Las poblaciones de estas especies se están diezmando por la tala de los bosques.

Para los pobladores actualmente estos productos no generan ningún ingreso económico y son reemplazadas por el cultivo de especies introducidas y de amplia distribución.

Tabla 18: Frutos silvestres comestibles

Nombre común	Nombre científico	Familia
Achupa, sacha piña	*Greigia sp.1 (s)*	Bromeliaceae
Berenjena silvestre	*Cyphomandra sp. (s)*	Solanaceae
Calvinche	*Solanum sisymbrifolium*	Solanaceae
Caimito	*Pouteria caimito (sc)*	Sapotaceae
Cansaboca silvestre	*Bunchosia sp. (s)*	Malpighiaceae
Chanfurra	*Carica sp. 1 (s)*	Caricaceae
Chanfurra	*Carica sp. 2 (s)*	Caricaceae
Chirimoya	*Annona cherimola (sc)*	Annonaceae
Gallitos	*Centropogon granulosus (s)*	Campanulaceae
Granadilla silvestre	*Passiflora sp. (s)*	Passifloraceae
Lanche	*Myrcianthes sp. (s)*	Myrtaceae
Huabilla	*Inga sp. 1 (s)*	Fabaceae
Huabilla	*Inga sp. 2 (s)*	Fabaceae
Huabilla	*Inga sp. 3 (s)*	Fabaceae
Huabilla lanosa	*Inga sp. 4 (s)*	Fabaceae
Lucmillo	*Styloceras sp.*	Buxaceae
Mishuñao	*Jaltomata sinuosa (s)*	Solanaceae
Mishuñao negro	*Jaltomata repandidentata (s)*	Solanaceae

Mote-mote	*Miconia sp. (s)*	Melastomataceae
Palillo	*Campomanesia sp. (s)*	Myrtaceae
Palta silvestre	*Persea sp. (s)*	Lauraceae
Pepino silvestre	*Solanum sp. (s)*	Solanaceae
Poro-poro	*Passiflora tripartita var. mollisima (sc)*	Passifloraceae
Piña espinuda,	*Ananas sp. (s)*	Bromeliaceae
Sacha piña	*Greigia sp. 2 (s)*	Bromeliaceae
Sauco	*Sambucus peruviana (sc)*	Caprifoliaceae
Tomatillo	*Physalis peruviana (sc)*	Solanaceae
Zarza mora	*Rubus robustus (s)*	Rosaceae
Zarza de oso	*Rubus sp. (s)*	Rosaceae

Basado en informantes del Valle de los Chilchos; c: cultivado, sc: semicultivado y s: silvestre. Determinados por V. Quipuscoa S.

Vegetación asociada a monumentos arqueologicos en el Valle de Los Chilchos

La vegetación asociada a monumentos arqueológicos, posee una composición similar a los bosques maduros montanos con algunas diferencias.

En el sitio Inca de Cascarilla Llacta se ha colectado una especie del género *Cinchona* "cascarilla" (Rubiaceae) que probablemente fue sembrada por los incas y olvidado después. En la actualidad no existen más individuos de esta especie en el valle de Chilchos.

Otras especies colectadas dentro de las construcciones pertenecen al género *Persea* "palta silvestre" (Lauraceae) cuyos frutos sirven de alimento a los pobladores. Entre las Solanaceae crecen especies de *Cyphomandra* (Solanaceae) denominadas "pepinillo" o "berenjena silvestre" usada como alimenticia y especies no alimenticias conocidas como "pepinillos venenosos". Estas especies son parientes silvestres de *Cyphomandra betacea* "berenjena", que fue domesticada en los Andes y actualmente usada en la alimentación.

También crecen especies del género *Carica* "papayas silvestres" (Caricaceae), parientes de *Carica papaya* "papaya" de amplio cultivo y consumo en estos lugares.

Además crecen varias especies que los pobladores denominan "pajuro silvestre" del género *Erythrina* (Fabaceae) parientes de *Erythrina edulis* "poroto" o "pajuro", esta última usada en a alimentación y también domesticada en los Andes. Las especies mencionadas anteriormente han sido colectadas dentro de las construcciones arqueológicas; sin embargo, también forman parte de los bosques maduros.

Cascarilla Llacta

Cascarilla Llacta está ubicada en el caserío denominado Pajatén a unos 2000 m de elevación. Es un centro administrativo inca menor y está cubierto por una vegetación que probablemente conste de algo de 500 años de antigüedad. Está constituida por el 23% de la familia Rubiaceae, seguida de las Lauraceae y Moraceae con 15 %, las Gesneriaceae 8 %, Solanaceae y Fabaceae con 7 %, las demás familias botánicas son menos representativas. Todo el área está cubierta por una densa vegetación que contiene gran cantidad de especies arbóreas cuyo estrato alcanza de 30-35 m de alto y está representado por especies de la familia Rubiaceae destacando los géneros *Cinchona, Psychotria, Palicourea* que llegan hasta el dosel superior, seguida de especies de *Nectandra* "ishpingos", *Ocotea* "mohena" y *Persea* "palta silvestre" de la familia Lauraceae, varias especies de *Ficus* de la familia Moraceae. Entre las Solanaceae están bien representadas especies del género *Solanum.*

Las Fabaceae presentan especies del género Inga conocidas como "huabillas" usadas en la alimentación humana, así como, sirven de alimento para muchas especies de animales especialmente para los monos. Entre otras especies de esta familia esta presente el género *Erythrina* "pajuro silvestre". En el dosel superior también se encuentran las especies arbóreas del género *Cedrela* "cedro" de la familia Meliaceae. Dos géneros son predominantes de las Araliaceae *Schefflera* y *Oreopanax*. Sobresalen además especies de Cecropiaceae (*Cecropia*) denominados "cetico", *Heliocarpus americanus* "llausa" (Tiliaceae) es una especie abundante sobretodo en lugares disturbados; así como especies de *Urera* "ishanga", "shanga" (Urticaceae).

Entre las familias representadas por especies arborescentes de más de 10 m de alto se encuentran las Siparunaceae (*Siparuna*), Myrtaceae (*Myrcianthes*), Buxaceae (*Styloceras*), Chloranthaceae (*Hedyosmum*), Melastomataceae (*Miconia*) y Piperaceae (*Piper*). Especies de Arecaceae (palmeras) y especies de helechos arbóreos de la familia Cyatheaceae de los géneros *Cyathea* y *Dicksonia* alcanzan hasta los 15 m de alto.

En el estrato arbustivo crecen especies de los géneros *Cyphomandra, Solanum* (Solanaceae), *Centropogon, Siphocampylus* (Campanulaceae) y abundantes especies de *Piper* (Piperaceae), *Miconia* (Melastomataceae), *Palicourea* (Rubiaceae), *Geonoma* (Arecaceae) y *Begonia parviflora* (Begoniaceae).

Dentro del bosque crecen de manera enmarañada muchos bejucos o lianas de 8 -15 m de longitud y de 10-12 cm de diámetro y pertenecen a las familias Bignoniaceae, Asclepiadaceae, Passifloraceae (*Passiflora*), Gesneriaceae (*Columnea* y la especie *Alloplectus peruvianus*) y la familia Sapindaceae con varias especies.

El estrato herbáceo constituido principalmente por helechos de los géneros: *Diplazium, Didymoclaena, Asplenium, Pteris, Blechnum, Nephrolepis, Trichomanes, Hymenophyllum* y muchas especies de *Peperomia* (Piperaceae), Commelinaceae, *Epidendrum* (Orchidaceae), *Anthurium* (Araceae), *Renealmia* (Zingiberaceae), *Begonia* (Begoniaceae), Gesneriaceae y algunas especies de Poaceae.

Las especies apoyantes que alcanzan el dosel superior apoyadas en los árboles pertenecen a los géneros *Mikania* y *Munnozia* (Asteraceae) y especies del género *Chusquea* "suro" (Poaceae) que crecen enmarañando el bosque.

Es característica la presencia de muchas especies de epifitos que crecen a diferentes alturas de los árboles como algas, líquenes, una gran variedad de hongos, musgos y hepáticas. Entre las Pteridophyta (helechos) varias especies del género *Polypodium* que llegan hasta el dosel superior y además crecen especies de los géneros *Pecluma, Campyloneurum, Elaphoglossum, Asplenium, Niphidium, Blechnum, Trichomanes, Hymenophyllum* y *Vittaria*.

Las fanerógamas están representadas por especies de *Peperomia* (Piperaceae), *Epidendrum, Maxillaria, Masdevalia, Stelis* y *Pleurothallys* entre otras especies de Orchidaceae; *Tillandsia, Vriesea* (Bromeliaceae), muchas especies de Araceae de los géneros *Anthurium* y *Philodendron* principalmente. Otras son especies saprofitas como las Burmanniaceae y Balanophoraceae (*Corynaea, Helosis* y *Langsdorffia*).

Este tipo de vegetación es similar en los sitios arqueologicos en todo el valle de Chilchos como en Nueva Esperanza, San Juan, Higuerón, Chilchos, Condebamba, Palma a-c, Morropón, La Luna, Contamana y Las Ventanas.

Nuestros resultados obtenidos antes en las cuencas de Huambo y La Meseta, nos indican que la presencia de poblaciones humanas ya sea de etnias selváticas o la importante presencia Inca y Chachapoya han sido decisivas para la diversificación de las plantas silvestres y cultivadas (Schjellerup *et al.* 2003).

El bosque maduro montano ha sido influenciado por factores naturales; así como, por factores culturales, interacción de asentamientos humanos y por la introducción de otras plantas, de los cuales algunos fueron domesticados y otros abandonados antes de entrar a un proceso directo de cultivo.

La presencia de muchos parientes silvestres de plantas hoy usados ampliamente en la alimentación, ilustra como el hombre ha tomado una parte activa en la diversificación de las plantas, de las cuales muchos tienen virtudes alimenticias y medicinales importantes.

Recuadro X: Especies nuevas para la ciencia: Nasa Victorii Weigend

Especie de la familia Loasaceae descrita y publicada como nueva para la ciencia por el botánico alemán Maximiliam Weigend (Weigend 2004) de las muestras colectadas por primera vez entre Cerro El Negro y Jalca del Rayo ubicado a 6° 40,98´LS-77°41,49´LW y a 3200 m, habitando en el bosque húmedo montano alto del valle de Los Chilchos, crece con otras especies de la familia Campanulaceae (Centropogon, Siphocampylus), Valerianaceae (Valeriana), Solanaceae (Larnax), Poaceae (Chusquea), Onagraceae (Fuchsia), Alstroemeriaceae (Bomarea), Orchidaceae (Cochlioda, Epidendrum), Ericaceae

Fig. 102. La nueva especie Nasa Victorii Weigend // The new species Nasa Victorii Weigend.

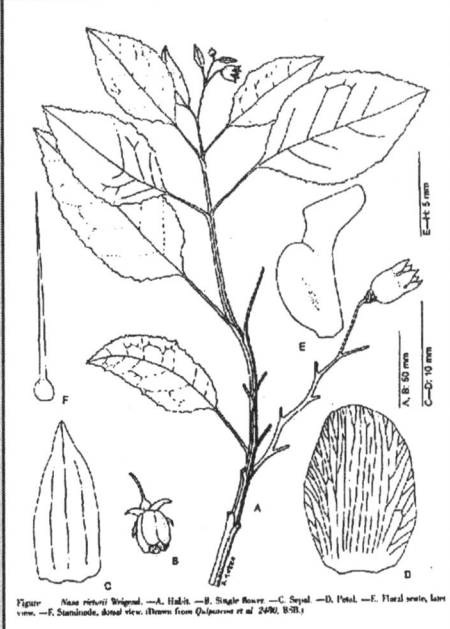

Fig. 103 // Dibujo de Nasa Victorii Weigend. /7 Drawing of Nasa Victorii Weigend.

(Bejaria, Thibaudia, Pernettya), Gentianaceae (Symbolanthus) entre otras especies del bosque húmedo. También ha sido colectada en la Provincia de Rioja, entre La Esperanza y Nueva Cajamarca a 5°42´09´´LS-77°48´27´´ LW y a 2000-2300 m, departamento de San Martín-Perú por M. Weigend. Esta especie es conocida por los pobladores de Los Chilchos como "ishanga" o "shanga" y cuyo epíteto específico está dedicado a su colector principal y botánico del Proyecto ENVIPE Blgo. Víctor Quipuscoa Silvestre. La colección tiene el número 2480 y el holótipo está depositado en el Herbarium Truxillense (HUT) y los isótopos en los herbarios: BSB, F, HAO, HUSA y MO.

Se trata de un arbusto de hasta 2 m de alto, tallos teretes, cubiertos por pelos rígidos y punzantes. Hojas opuestas, pecioladas (pecíolos de 4-6,5 cm de largo cubierto por muchos pelos escabrosos, no glandulares), lámina ovada, de 10-15 cm de largo por 6-9 cm de ancho, membranáceas, base subtruncada, acuminada en el ápice, márgenes lobado-serrados, ambas caras esparcidamente cubiertas por tricomas escabrosos (ásperos al tacto), venación pinnada. Inflorescencia en monocacio terminal. Flores pedunculadas (pedúnculos de 2-4 cm de longitud); cáliz setoso hacia la base, tubo subgloboso, 5-lobado; corola con 5 pétalos obovados, cimbiformes, cubiertos con pelos cortos y rígidos, rojo-anaranjados, con 5 escamas y 2 estaminodios por escama; estambres numerosos, con filamentos filiformes, anteras oscuras; gineceo con ovario ínfero. Fruto cápsula subglobosa, dehiscente por tres valvas apicales, de 2 cm de diámetro, cubierta de tricomas escabrosos y con numerosas semillas ovoides, con testa reticuladas.

Weigend, M. 2004. Four new species of Nasa ser. Alatae (Loasaceae) in the Amotape-Huancabamba zone of Peru. Novon 14(1): 134-146.

Capítulo 6

Cambios de Uso de Tierra en el Valle de los Chilchos

Introducción

Los módulos arqueológicos, botánicos y antropológicos han tratado los aspectos cualitativos del cambio de uso de la tierra en el valle de los Chilchos. El conocimiento adquirido de estos módulos es fundamental para entender los procesos de cambio del uso de la tierra en el valle.

Sin embargo, una cuantificación de los cambios en el uso de la tierra basada solamente en un sondeo de campo, no es en sí misma, una medida tan confiable. Para complementar la información de los módulos anteriores, se han empleado técnicas de teledetección trazando mapas y analizando cambios actuales del uso de la tierra en el valle de los Chilchos. La teledetección está siendo reconocida como un instrumento de gran alcance en el trazado de mapas de los recursos del medio ambiente, especialmente debido a su capacidad de adquirir imágenes sistemáticas de una misma área utilizando una técnica de medida uniforme. Un buen reconocimiento de terreno se realiza con precisión en áreas pequeñas. El seguimiento a nivel regional requiere de la teledetección como único método viable con capacidad de abarcar áreas extensas de una manera instantánea, sin importar que tan lejos se encuentren.

En base a imagenes satelitales es posible levantar mapas temáticos sobre las categorías de la cubierta y el uso del terreno mediante el proceso de clasificación de imágenes. Los mapas correspondientes a la cobertura de terreno pueden ser utilizados para comparar e identificar áreas de cambio usando imágenes satelitales en series de tiempo. Permitiendo así la identificación de cambios tanto en el ámbito de espacio (la distribución aérea de las clases de cubierta terrestre) y de tiempo (entre diferentes imágenes de datos).

Toma de datos

Las imágenes del satélite Landsat fueron utilizadas para analizar la cubierta terrestre en el valle de los Chilchos. En comparación con otros satélites, Landsat tiene la ventaja de tener un tiempo de operación mayor, habiendo lanzado su primer satélite en 1973 con imágenes de franja ancha cubriendo áreas extensas aproximadamente de 185 x 185 kilómetros. Así mismo el tamaño de cada píxel es de 30 metros haciendo el uso de Landsat muy adecuado para diferentes aplicaciones. La resolución espectral es superior a muchos otros satélites de bandas de espacio visual, nir mid y de espectro electromagnético térmico infrarrojo.

En muchas regiones del mundo, la teledetección óptica es complicada debido a la frecuente formación de nubes. El satélite Landsat repasa cualquier ubicación dada en la tierra cada 16 días. No obstante, en regiones de frecuente nubosidad el número real de adquisiciones sin nubes es limitado. En el área de Chilchos, muy pocas imágenes con menos de 20% de nubosidad han sido registradas desde 1973 y las mejores de éstas han sido usadas en la investigación presente (Tabla 19).

La parte mas occidental de la zona de los Chilchos no fue cubierta por tres de las principales tomas del satélite (1987, 1996 y 2001). Durante esos años, se añadieron los datos Landsat de tomas adyacentes y puestas a manera de mosaico sobre la parte principal del Valle de los Chilchos.

Tabla 19: Imágenes de Landsat usados

Area central WRS 8/65	Area occidental WRS 9/65	Sensora Landsat
*May 21, 2004	*May 21t, 2004	ETM+
June 30, 2001	August 24, 2001	ETM+
August 11, 1996	N/A	TM
May 15, 1987	November 11, 1987	TM

*"Gapfilled" con datos de 30 Junio 2001.

Desde Mayo 2003, la calidad de imagen del censor ETM+ no ha sido óptima debido a un problema con la línea escáner del corrector a bordo del satélite Landsat 7. El resultado de éste malfuncionamiento es que la imagen aparece con interrupciones o perdida de líneas. Sin embargo, mediante un proceso llamado "gap-filling", es posible sustituir las interrupciones con datos de imágenes anteriores de la misma zona a fin de obtener una imagen completa.

El proceso de cubrir estas interrupciones (gap-filling) del año 2004, fue llenado con los datos de imagen Landsat del 2001, creando así una imagen casi perfecta sin perdida de datos. Se puede decir que el 20 % de la imagen del área de Chilchos del 2004 está hecha con píxeles del 2001; esto puede desvalorar ligeramente los cambios en el periodo 2001- 2004.

El área total analizada cubre aprox. 430 km², mientras que la parte central del valle cubre aprox. 113 km².

Métodos

Procesamiento de imágenes

El registro geométrico es una etapa fundamental del procesamiento de imágenes que es crítica en cualquier aplicación que implique imágenes en series de tiempo que cubren una misma zona. El registro geométrico convierte las coordenadas locales de la imagen digital en coordenadas geográficas. De esta manera, los datos se pueden relacionar con otras informaciones georeferenciadas tales como mapas existentes y datos recolectados usando instrumentos GPS (Sistema de Posicionamiento Global) en el campo.

La imagen Landsat ETM+ del 2001 fue geométricamente rectificada usando puntos GPS obtenidos en el campo debido a que el mapa topográfico del área era de calidad inadecuada para el ingreso de datos. Usando puntos GPS en el control del terreno se alcanzó una raíz cuadrada del promedio de los errores (RMSE) de menos de un píxel. Luego, esta toma fue utilizada como base de datos en las rectificaciones de imagen-a-imagen de las tomas restantes, con valores de 0.5-1 píxel.

Cuando se trabaja con series de tiempo de imágenes satelitales es importante calibrar o normalizar las imágenes ya que las variaciones en el ángulo de iluminación (rayos del sol y orientación) y efectos atmosféricos pueden erróneamente presentar u ocultar cambios reales en la cubierta del terreno al comparar pares de imágenes. A fin de contrarrestar este efecto, una calibración radiométrica relativa fue realizada (Song et al, 2001), usando la toma 2001 como base de imagen para la normalización. Los objetivos de normalización fueron ubicados en áreas que son consideradas radiométricamente estables (el así llamado características pseudo invariables) tales como lagos, áreas de roca madre u otras superficies impermeables desprovistas de vegetación.

Según lo mencionado anteriormente, la presencia de nubes es un problema serio en muchas regiones tropicales. Las áreas oscurecidas por nubes y sombras no contienen ninguna información sobre la cubierta terrestre real en esas localizaciones específicas y consecuentemente estas áreas tienen que ser enmascaradas y excluidas del análisis de la cubierta terrestre. El enmascaramiento de nubes y sombras fue realizado mediante la clasificación de nubes y sombras basada en el reflejo visual y la parte infrarroja del espectro electromagnético.

Para producir una serie de tiempos en el que todos los píxeles de la imagen puedan ser comparados directamente en una serie de tiempo, las cuatro máscaras de la cubierta de nubes fueron sumadas y aplicadas a todas la imágenes. Esto significa que aprox. 30% del área ha sido enmascarada, predominantemente áreas de altura donde las nubes son mas frecuentes.

Recolección de datos de campo
Generalmente se requiere recolectar datos de campo para relacionar los valores digitales en una imagen satelital con las clases de cubierta terrestre encontradas en la tierra. En el proceso de convertir una imagen satelital en un mapa temático, se debe aplicar una clasificación de tipo logarítmica a la imagen. La clasificación supervisada de forma logarítmica esta basada en el ingreso de información consistente en el área de entrenamiento de uso especifico y es necesaria para poder reconocer una clase basada en las características de los rasgos de una clase dada.

Algunas clases amplia cubierta terrestre, pueden ser fáciles de distinguir sin el uso de datos de referencia (es decir vegetación, agua, áreas urbanas, terreno quemado), pero para clasificar una imagen digital con diferentes clases de vegetación, se necesita recoger datos de control de campo (ground truth). Se hace una diferencia entre datos de referencia usados en el proceso de la clasificación (datos de entrenamiento) y los datos de control de campo usados para determinar la exactitud del producto final (Congalton 1999).

Los datos de entrenamiento del área del Valle de los Chilchos han sido recolectados durante expediciones en la zona en los años 2000, 2001 y 2004. Esto ha permitido la recolección de datos de campo representados en las imágenes del 2001 y 2004. La ubicación del área de entrenamiento y prueba de datos fue más complicada para las imágenes antiguas de la serie, ya que éstas requerían información sobre las condiciones del suelo en 1996 y 1987.

Los datos de entrenamiento para clases estables como las de bosques maduros, fueron en lo posible reusadas, mientras que casi todas las áreas de entrenamiento para todas las otras clases tuvieron que ser trasladadas ya que los cambios en el área ocurrían de manera rápida. Fue posible dar marcha atrás usando información de campañas del 2001 o 2004.

Puesto que las imágenes fueron cros-normalizadas, fue posible digitalizar nuevas zonas de entrenamiento y pruebas basadas en los números digitales combinados con el aspecto visual en una composición de falso color y comparación de marcas en el espectro.

Definición de las clases

La definición de las clases es una tarea difícil en un área como la del Valle de los Chilchos donde la escala de variación es a menudo menor que la del tamaño de los píxeles de la imagen. La cubierta terrestre de la parte poblada del Valle es a menudo piezada con pequeñas unidades sobrepuestas como jardines de cocina, orquídeas, pequeñas zonas de cultivo, campos y diferentes variedades de etapas de purmas (crecimiento secundario).

Otro punto en cuanto a la definición de datos se refiere, es el hecho de que la información record de los satélites sobre la cubierta terrestre no es siempre la misma que la del uso terrestre. Por ejemplo, el área de estudio ha demostrado una tendencia creciente hacia la producción de café en años recientes. El café ecológico se planta casi exclusivamente debajo del pabellón de las guabas (Inga sp. Farbaceae), un árbol que crece muy rápido y que proporciona sombra y de humedad a las plantas de café. Basados en la respuesta espectral la especie Inga no es separable de otros especies de bosques secundarios en la imagen Landsat por ese motivo la clase de cubierta terrestre de las plantaciones de café aparece como bosque secundario. El cuadro 2 demuestra una descripción de ocho clases de la cubierta terrestre identificadas en el campo.

Table 20: Brief descriptions of the classes defined in the area.

Clase Id	Descripción
Cn	Areas rozadas
Pp	Pastos (Paspalum sp.)
CPm	Cultivos (plátano, yuca, maíz, frutas))
SFf	Chozales: tipe de regeneración en areas secas de pocos nutrientes
SFl	Bosque secundario Bosque húmedo dominado por Moraceae and Asteraceae.
MFc	Bosque maduro: Bamboo (Chusquea sp)
MFl	Mature forest : dominado por Lauraceae, Rubiaceae etc.
Jp	Jalca: pajonales, céspedes y pastos.

La complejidad de los patrones del uso terrestre se complica por la empinada topografía que domina el Valle. La distribución de vegetación natural varía a través de las diferentes características del terreno, así como las variaciones topográficas causan cambios en las condiciones del crecimiento natural y en la vegetación influenciada por la actividad antropogénica. Young (1995) menciona tres gradiantes ambientales en la bibliografía ecológica, la elevación, humedad y posición topográfica (aspecto pendiente). Por lo tanto, la respuesta espectral de una clase de cubierta terrestre dada contendrá más variación en un ambiente montañoso que en áreas planas (Helmer et al. 2000; Toloka et al, 1999), haciendo el proceso de clasificación mas difícil debido a que el overlap es muy común. Varios investigadores han documentado los problemas de la discriminación de clases de bosque en el medio montano (Rudel et al., 2002; Helmer et al, 2000).

En efecto, las clases de vegetación natural son mayormente dominadas por una gradual transición. Este es el caso particular de las clases de bosques maduros, en donde especies maderables como Lauráceas, Meliáceas y Bombarcaceae se gradúan hasta el bambú Chasquea sp. que crece a menor altura. Por eso la delimitación exacta de las clases es de cierto modo arbitraria.

Detección de cambios

Existen varios métodos para detectar cambios entre dos o más toma de imágenes. La técnica más común es el método de la detección del cambio de posclasificación en donde los resultados en diferentes tiempos son comparados (Jensen, 1996). El método se basa en una comparación de dos o más clasificaciones, la exactitud de la detección de cambio es así dependiente de las exactitudes de las clasificaciones iniciales se componen en el proceso de la detección del cambio (Lillesand & Kiefer, 2000)

Deforestación

Se define como deforestación a la extracción de árboles en una zona dada (Goudie et al, 1994). A menudo se distingue entre deforestación bruta y neta. Se refiere como tasa de deforestación bruta a la disminución de la cubierta de bosque maduro, mientras que la tasa de deforestación neta toma en cuenta cualquier aumento de cubierta de bosque secundario. Este aumento puede estar relacionado con una regeneración natural de áreas previamente rozadas (reforestación) o con la extensión de la frontera del bosque hacia áreas sin previa historia de cubierta forestal (aforestacíon).

Resultados y discusión

Cambios generales

Figs. 104-107 y Tabla 3 muestran la distribución aérea de cada clase durante el periodo de 17 años de imágenes de cubierta desde 1987-2004. El cuadro 3 se refiere al área absoluta de cada clase en hectáreas, mientras que el cuadro 3b describe el porcentaje que cada clase ocupa dentro del área general de clasificación (número total de píxeles menos el número de píxeles no clasificados debido a nubosidad o datos perdidos). El cuadro contiene una lista de clases individuales pero también las descompone en clases agregadas.

Tabla 21: Areal distribution for classes in the period 1987-2004.

Clase	Ha.				%			
	1987	1996	2001	2004	1987	1996	2001	2004
Nublado	13014	13014	13014	13014				
Cultivos CpM	366	298	471	132	1.2	1.0	1.5	0.4
Rozado Cn	35	75	218	77	0.1	0.2	0.7	0.3
Chusquea MFc	3713	3084	3872	2049	12.0	10.0	12.5	6.6
Bosque mad. MFl	26498	26908	25469	26917	85.5	86.9	82.2	86.9
Pastos Pp	87	217	156	387	0.3	0.7	0.5	1.2
Chozales SFf	180	64	39	26	0.6	0.2	0.1	0.1
Bosque sec. SFl	56	262	610	1374	0.2	0.8	2.0	4.4
Jalca Jp	48	74	147	21	0.2	0.2	0.5	0.1
Total	43996	43996	43996	43996	100.0	100.0	100.0	100.0
Classes agregadas								
Cultivos	488	590	845	597	1.6	1.9	2.7	1.9
Chozales	180	64	39	26	0.6	0.2	0.1	0.1
Bosque secundario	56	262	610	1374	0.2	0.8	2.0	4.4
Bosque maduro	30211	29992	29341	28966	97.5	96.8	94.7	93.5
Jalca	48	74	147	21	0.2	0.2	0.5	0.1
Total nublado	13014	13014	13014	13014				
Total	43996	43996	43996	43996	100	100	100	100

Generalmente, la proporción de bosque maduro ha disminuido durante el periodo de 17 años de 1987-2004, mientras que otras clases de bosque se han expandido en el área ligeramente en el área. Estas áreas de bosques no maduros incluyen cultivos, pastizales y bosques secundarios. Aparentemente de acuerdo al cuadro la situación en 1987 y 1996 es bastante similar. Los cambios más saltantes fueron durante el periodo de 1996-2001. En este periodo el área definida como tierra cultivada (ya

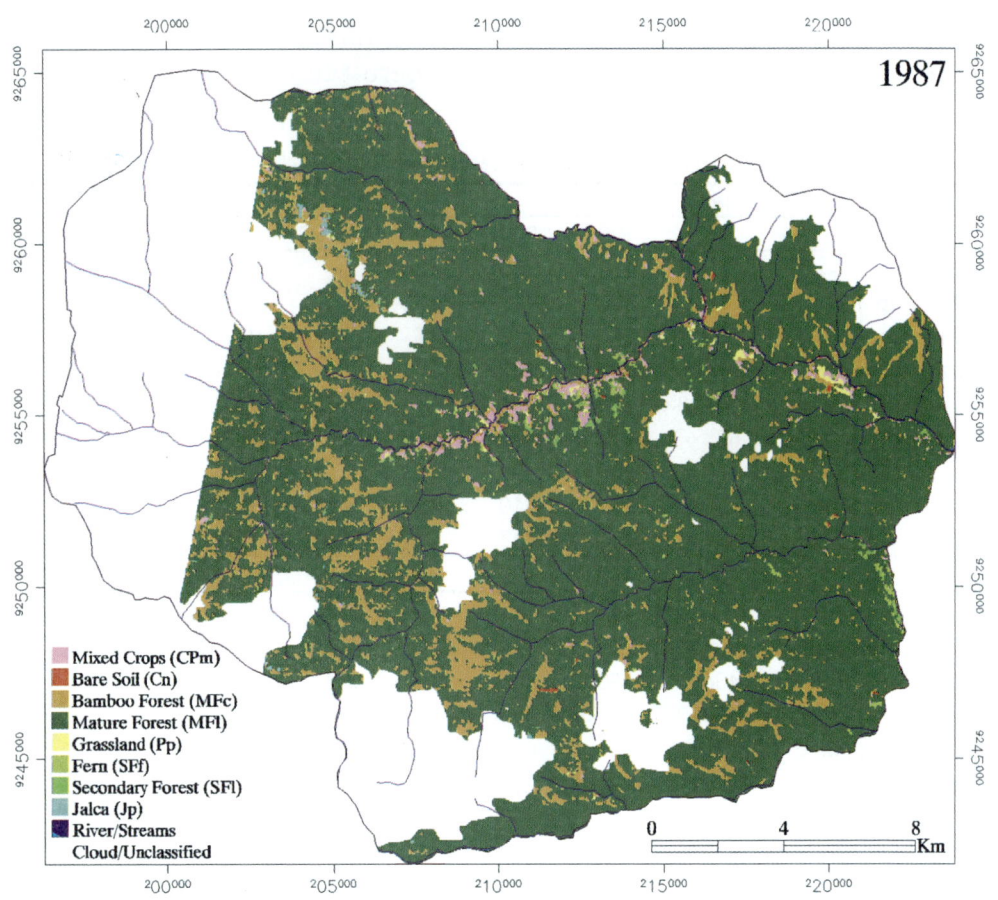

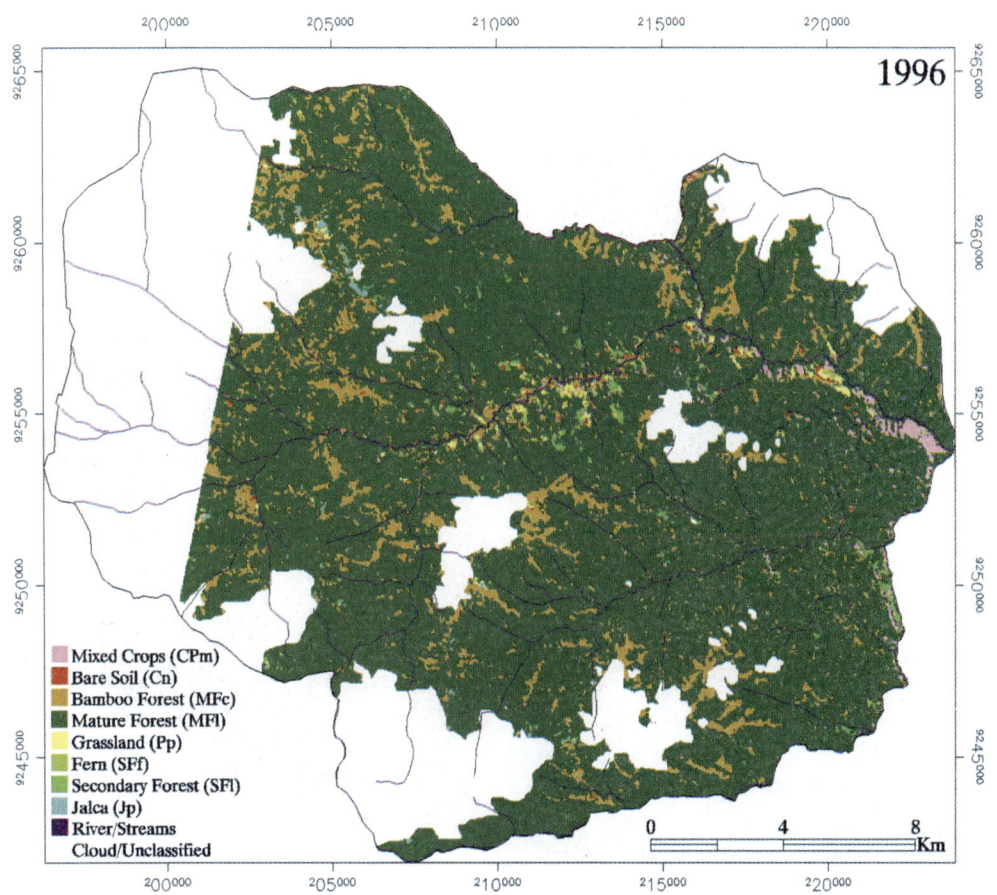

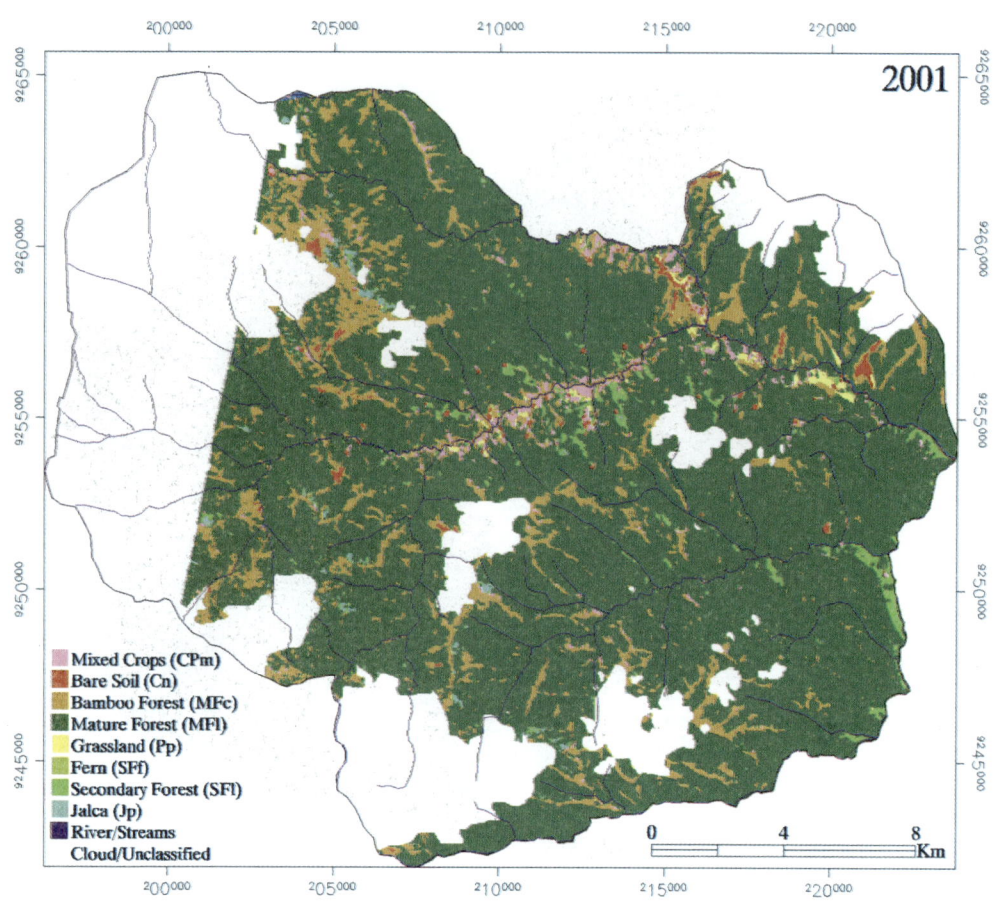

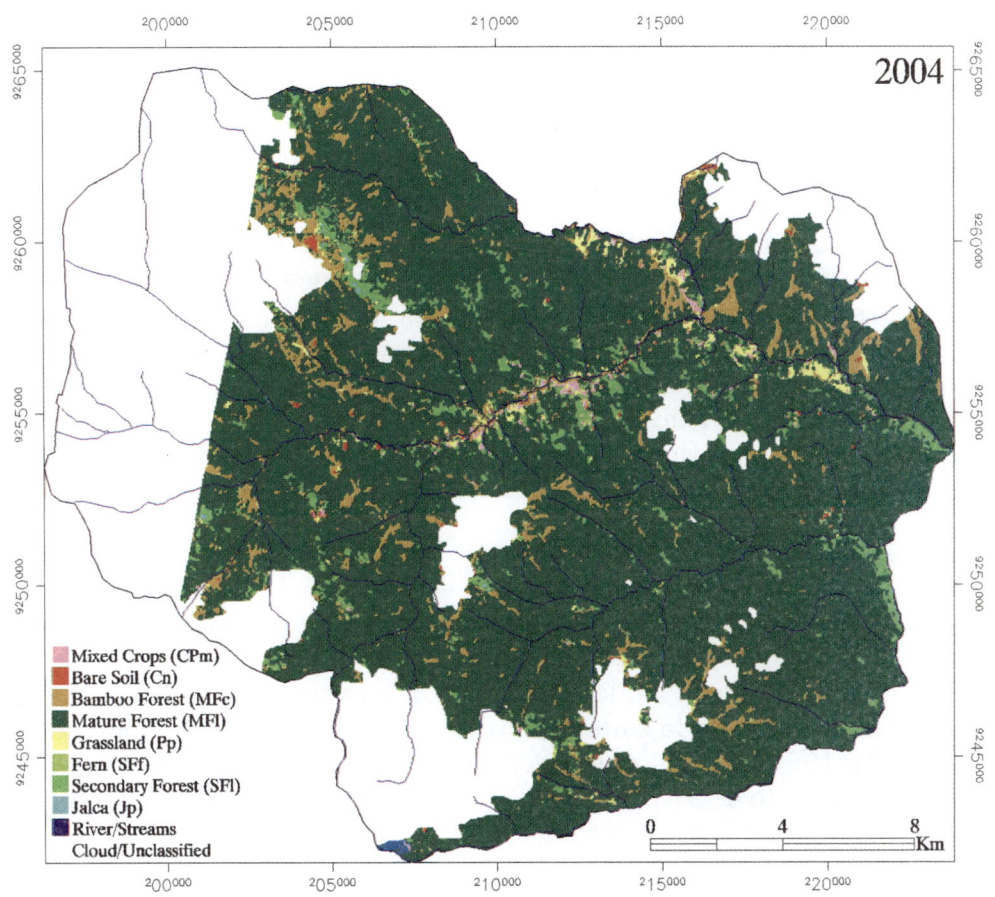

sea cultivos, áreas recientemente quemadas o pastos) se eleva a 2.7 % del área la cual se debe al aumento de áreas de suelo descubierto y áreas con cultivos. El desarrollo en periodo siguiente de 2001-2004 indica que algunas áreas de cultivo han sido abandonadas. Las áreas de cultivación han disminuido en área mientras que las áreas de bosque secundario se han mas que duplicado.

La clase vegetal de bambú (MFc) exhibe una cierta variación a través de los años, aun siendo una clase de vegetación natural ésta no es el típico objetivo de deforestación como lo es por lo general en terrenos relativamente mas elevados. Sin embargo, una gran parte de la variada proporción MFc es atribuible a las variaciones de las condiciones de iluminación y también a los cambios de fenología ya que la serie de tiempo de las imágenes usadas no son precisamente de la misma estación.

La vegetación de bambú se encuentra sobre los 2000 mt. en las cuestas empinadas libres de árboles debido a eventos naturales como derrumbes. En estas alturas el bambú es la principal especie pionera (Young & Leon, 1999). En alturas mas elevadas existe una transición gradual entre el bosque montano superior dominado por gran densidad de árboles como la Ericáceas, Melastomatáceas etc. y el bosque de bambú dominado por la especie Chusquea. Por lo tanto la clasificación en estas regiones puede ser ambigua.

Deforestación

Las tasas de deforestación de toda el área de estudio han sido computarizadas así como también las sub-áreas en la parte central del Valle alrededor del pueblo de Chilchos. Fig. 108 muestra estadísticas de esta zona. Al observar toda la zona de estudio, el desarrollo del periodo de los 17 años de 1987 al 2004 nos muestra que el porcentaje de bosque maduro a disminuido de 97.5% en 1987 a 93.5% en el 2004, correspondiente a una reducción de aproximadamente 1200 hectáreas de bosque y una tasa bruta de deforestación de 0.25% sobre todo el periodo de 1987-2004 (Tabla 22).

Sin embargo, este desarrollo es balanceado debido a un incremento de cubierta forestal secundaria de 0.2% en 1987 comparado con 4.4% en el 2001, lo que significa que no existió una deforestación neta durante todo el periodo. Por lo general, las tasas de deforestación son mas elevadas durante la última parte del periodo, con tasas anuales de deforestación bruta de 0.43% del periodo de 1996 al 2004. La deforestación bruta durante los años 2001 a 2004 fueron altas con 0.87%, duplicando de esa manera la deforestación bruta del periodo. Esto indica que en los últimos años la tasa de regeneración supersede a la tala de nuevos bosques.

Cuadro 22: Tasas de deforestación anual del área total de interés.

Año	1987	1996	2001	2004
Bosque maduro	97.51%	96.80%	94.70%	93.49%
Bosque secundario	0.18%	0.84%	1.97%	4.43%
Período	87-96	96-01	"01-04	87-04
Deforestación bruta	0.08%	0.43%	0.43%	0.24%
Reforestación bruta	0.08%	0.23%	0.87%	0.26%
Deforestación neta	0.00%	0.20%	-0.44%	-0.01%

En la parte central del valle (definida como 2000 mt. del río Chilchos), la situación es un poco diferente. La deforestación se eleva 0.72% en el periodo de 1996 al 2001 pero en el siguiente periodo de 1996 a 2001 la regeneración de bosques resulta mayormente en una net de incremento de cubierta forestal (Tabla 23).

Tabla 23: Tasas de deforestación anual del área central del Valle de los Chilchos (2000 mt. de los ríos Chilchos y Tingo).

Año	1987	1996	2001	2004
Bosque maduro	95.19%	94.31%	90.91%	90.77%
Bosque secundario	0.36%	1.12%	2.79%	5.15%
Período	87-96	96-01	"01-04	87-04
Deforestación bruta	0.10%	0.72%	0.05%	0.27%
Reforestation bruta	0.09%	0.36%	0.86%	0.30%
Deforestación neta	0.01%	0.37%	-0.81%	-0.02%

El patrón espacial de deforestación bruta esta representada en Fig. 108. Se puede observar que las áreas que anteriormente estaban deforestadas en la primera imagen del satélite en 1987 son mayormente ubicadas en la ribera sur del río Chilchos muy cerca al río. En el periodo siguiente de 1987 a 1996 el patrón continúa con nuevas talas en la parte más Este del área, un poco mas lejos que el de la zona de Leimebamba. Durante el período de 1996 al 2001 la gran parte de deforestación ocurrió al norte del Río Chilchos, especialmente a lo largo del Río Tingu de la confluencia de los ríos Chilchos-Tingu. Las tasas de deforestación fueron menores en el periodo del 2001 al 2004. El patrón espacial en este periodo indica que la más reciente deforestación ha ocurrido a mayores alturas en la zona noroeste.

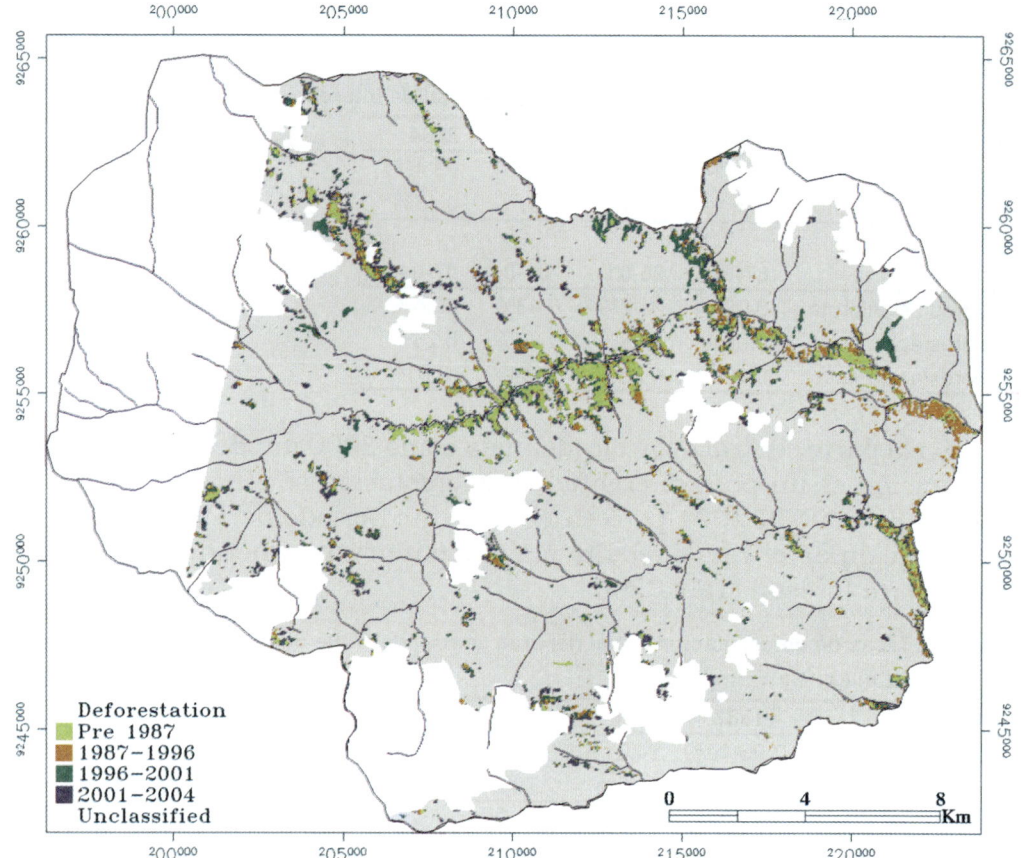

Fig. 108. Mapa de la chronología de deforestación en el Valle de Los Chilchos. // Map of the chronology of deforestation in the Chilchos Valley.

Fuera del área principal del valle aparecen pequeñas unidades de tala de bosques. Estas podrían ser atribuidas a ciertas familias únicas del área, pero muchas de estas áreas también pueden ser el resultado de fenómenos naturales como deslizamientos o tormentas. Especialmente en zonas de altura y de montañas escarpadas.

Influencia de Infraestructura

Muchas áreas de la Ceja de Selva Peruana son dominadas por tasas de deforestación elevadas debido a las migraciones que se aventuran en busca de nuevas tierras del lado Este de la Sierra. El valle del Huambo ubicado al noroeste del Valle de los Chilchos, fue estudiado en un anterior proyecto de investigación (Schjellerup et al., 2003). En esta región, las tasas de deforestación total eran elevadas, en algunas áreas hasta el 15%

por año. Una probable explicación es la diferencia de infraestructuras en los últimos años entre el Valle del Huambo y el de los Chilchos. Se puede llegar al valle del Huambo por carro y micro desde Rodríguez de Mendoza. Actualmente la carretera esta siendo extendida al valle. Por lo contrario el valle de los Chilchos no tiene acceso a carreteras para vehículos motorizados. En vez, un camino de herradura atraviesa la cordillera con alturas que sobrepasan los 3000 mt. que conduce hacia el pueblo principal de Leimebamba. Esta falta de acceso es la principal razón de las bajas tasas de deforestación en el valle de los Chilchos.

Resumen

Los cambios de terreno en el área peruana de estudio en el periodo 1987-2004 fueron trazados usando datos de teledetección. La tasa anual de deforestación bruta en ese periodo fue aproximadamente de 0.25% alcanzando un máximo de 0.72 % en el periodo 1996-2001 en la parte central del Valle de los Chilchos. Debido a un incremento de vegetación de bosques secundarios, especialmente durante el periodo 2001-2004, la deforestación neta de las áreas ha sido limitada, lo que podría deberse a la falta de carreteras en el área.

Capítulo 7

Resumen y conclusión

El fin de este libro es identificar y analizar las actitudes y estrategias humanas en el valle de Los Chilchos para comprender como el medio ambiente ha cambiado durante el transcurso del tiempo. Este rincón nor-oriental ha sido ignorado por la corriente principal de investigación científica y nunca tuvo mucha atención.

Los problemas son muy complicados por la carencia de datos científicos que caracteriza a la mayor parte de la región, especialmente la ausencia del conocimiento de los factores culturales.

El valle de Los Chilchos es una zona importante por su proceso histórico cultural, lo que evidencia etapas de población desde la época prehispánica, los inicios de la colonia y el abandono durante la república y su posterior repoblamiento desde 1900 a la actualidad; desarrollándose oleadas migratorias pequeñas de la sierra a la ceja de selva desde el oeste al otro lado del río Marañón como de comunidades vecinas.

Esta parte de la ceja de selva tiene un terreno muy húmedo con cordilleras que alcanzan 3.500 m.s.n.m. con topografía accidentada, escabrosa con lados empinados, crestas puntiagudas y desfiladeros profundos con bosques densos. Hace poco tiempo consideraban la ceja de selva deshabitado e impenetrable para las actividades humanas.

Pero la vertiente este de los Andes constituye no solamente un lugar de una diversidad biológica muy grande sino también un lugar de diversidad cultural con vestigios de múltiples culturas que han desarrollado sus rasgos particulares durante miles de años.

Cambios en las estrategias de subsistencia, demografía y cambios en percepción, han alterado estos paisajes y localización de asentamientos durante el tiempo.

La relación entre hombre y tierra nunca es una constante, es siempre un proceso, porque la tierra es utilizada, se altera aunque éste proceso sea ligero.

Nuestras investigaciones arqueológicas han confirmado la presencia de varias culturas prehispánicas en el valle, lo que se evidencia por los restos de cerámica y huesos encontrados en las cuevas y en las construcciones más notables como arquitectura de piedra y bastante andenería en las laderas de las montañas. Desafortunadamente casi todos los sitios encontrados están muy destruidos por la acción humana y por la vegetación.

La filiación cultural de los sitios pertenece a los chachapoya y una fuerte presencia de los incas en la región, como también se ha demostrado también a través de nuestras anteriores investigaciones en áreas aledañas.

La cultura de Chachapoya (c. 800 –1470 AD) hasta ahora no es muy conocida, esta cultura se desarrolló como una confederación de señoríos en donde Los Chilchos era un señorío o cacicazgo de las yungas. Los Chachapoya establecieron sus asentamientos con casas circulares y techos cónicos de paja principalmente en las crestas y cimas de las montañas como en los sitios La Luna y La Fila de Contamana. Las cámaras funerarias monumentales se encuentran en lados escarpados de la roca.

En nuestras investigaciones se debe tener en consideración que solamente los rastros visibles de la arquitectura fueron registrados; pero en este clima más caliente, los asentamientos pre-hispánico fueron construidos indudablemente más de material perecedero, como las construcciones actuales donde la mayoría de las casas de los campesinos se hacen de madera o de muesca.

Los chachapoya fueron conquistados por los Incas alrededor 1470 y los incas usaron los sistemas de comunicación e hicieron nuevos caminos que se ve hasta ahora en el valle de Los Chilchos.

Una serie de instalaciones tales como centros administrativos (Cascarilla Wasi), tampus (San Juan, Condebamba)– un tipo de albergues - fueron construidos al lado de los caminos y otras instalaciones menores fueron construidas en áreas agrícolas más grandes, donde el paisaje fue modificado con terrazas en los lados de la montaña. Sus sistemas agrícolas de formas especiales de terrazas redujeron la erosión del suelo, lo cual se presenta con frecuencia en la actualidad como resultado del sobrepastoreo y cultivo en laderas muy empinadas.

Los factores coloniales a partir del siglo XVI como la introducción de otros soberanos, una nueva población, cultivos y animales de España pusieron un contraste agudamente con las formas y los patrones tradicionales de la gente indígena.

Los documentos historicos presentan información muy valiosa acerca de la politica-administrativa del tiempo colonial, de los misióneros, así como descripciones etnográficas de las tribus vecinas de Los Chilchos.

La población de Los Chilchos fue expuesta a un abuso increíble, por parte del encomendero Juan Pérez de Guevara y sus descendientes. La demanda de tributos exagerados, especialmente de algodón crudo y labrado, y otros productos de los recursos del valle, más el maltrato hacia los indígenas provocaron un deterioro de la población y del medio ambiente.

Las enfermedades que fueron introducidas por los europeos disminuyeron rápidamente la población indígena en el valle de Los Chilchos, además una gran parte de indígenas huyeron a lugares recónditos.

Los pocos sobrevivientes fueron trasladados por la política española de reducciones y por el deseo de la gente, a un nuevo pueblo en la sierra, cerca del valle en San Ildefonso de Los Chilchos, que existe hasta actualmente con el nombre de Montevideo.

El valle de Los Chilchos fue olvidado por cientos de años hasta que el atrevido Señor Don Genaro logró redescubrir el valle.

En la etapa del redescubrimiento se iniciaron nuevos procesos socio culturales de adaptación al medio ambiente, articulando sistemas andinos a los ecosistemas de la ceja de selva.

Este proceso ha producido una cosmovisión sincrética sierra – ceja de selva reflejada en su percepción del medio ambiente y en sus prácticas agrícolas regidas por la concepción andina.

La lejanía y aislamiento de población a fortalecido sus creencias mágico – religiosas, que se manifiestan en sus costumbres folklóricas acerca de sus experiencias con duendes, encantamientos y aparecidos.

La relación entre el paisaje y las prioridades de la utilización de la tierra, seguirán cambiando, según la capacidad de la población para hacer frente los cambios, en un cierto plazo de tiempo. Este será asociado a los cambios en actividades territoriales y tenencias de tierra. Los recién llegados tienen que relacionarse y adaptarse a un paisaje ya modificado por actividades culturales precedentes.

En el valle de Los Chilchos mediante los indicadores de tenencia de la tierra, tenencia de la ganadería, el ingreso y el egreso el valle se evidencia marcadas diferencias en la concentración de la riqueza, en pocas familias y las carencias y sobrevivencia de la gran mayoría. 8% son dueños de 23 % de la tierra, mientras 18% solamente tiene 1% de la tierra.

El promedio anual de ingresos per familia dentro 3 familias son 71%

con un saldo de 82% del promedio total, a diferencia de 8 familias (13%) con un ingreso promedio de 5% y un saldo de 1,2% del promedio total.

Cada hogar así es el locus de interacciones entre más altos y más bajos niveles de decisiones basados en sus necesidades y experiencias específicas en su medio ambiente y sus valores culturales.

Aunque Los Chilchos presenta un crecimiento en la población, ésta no es estable debido a varias families entran y salen por razones económicas y sociales.

El campesino del valle a ingresado a un proceso de transición económica que puede acentuar su pobreza convirtiéndose ocasionalmente en peón asalariado por las necesidades de sobrevivencia.

Esto influye en la frecuente migración temporal de los padres y madres a lugares alejados para trabajar, dejando a sus hijos, los cuales asumen responsabilidades a temprana edad, descuidando sus estudios y sus expectativas de vida.

A esto se suma el consumo temprano de aguardiente y el incremento del alcoholismo con repercusiones negativas en la salud familiar y social.

La producción agrícola basada en las demandas para el autoconsumo se liga inextricablemente a los recursos naturales disponibles dentro del contexto regional.

La política local o nacional y los límites geográficos físicos también definen y expresan la organización y las maneras socio-económicas de la producción y también expresan las inquietudes en la infraestructura como el transporte y comunicación como se ve en la historia reciente de Los Chilchos.

El valle de Los Chilchos es una fuente importante de recursos naturales. Los bosques contienen especies maderables y no maderables que permiten satisfacer las principales necesidades. Se trata de recursos muy diversos, tanto en lo biológico como en lo cultural.

Durante el trabajo del campo el módulo botánico recogío 450 especímenes de plantas hasta ahora agrupadas en 182 géneros, que corresponden a 72 familias.

Una especie nueva y quizas otras cinco más serán descritas y reportadas como nuevas para la ciencia de las muestras colectadas. Sin embargo, casi todo el material colectado contiene gran información científica, porque los datos que se han obtenido sirven no sólo en el aspecto educativo, sino como punto de partida para otras investigaciones. Además esta colección es una de las primeras en ser depositada en varios herbarios del Perú y el extranjero y estará al alcance de científicos o para cualquier persona que desee consultarla. Servirá también para entender mejor estos bosques que son frágiles ante la acción del hombre y que urge conocerlos para planificar su utilización y protección.

El bosque es un recurso vital para los pobladores, actualmente ellos usan alrededor 327 especies de plantas, en comparación del valle de Huambo donde usan aproximadamente 230 especies de plantas, sin embargo, no se realiza un manejo adecuado de sus recursos para aprovecharlos de manera sostenible.

La tala y quema de grandes áreas boscosas se realizan constantemente y con ello la pérdida de la diversidad biológica y cultural. La pérdida en el valle de Los Chilchos no es tan grande como en los otros lugares en la zona oriental donde hemos estado. La razón probable es el difícil y largo acceso al valle, donde se hace necesario pasar la cordillera cuyo clima es agresivo y cambia constantemente.

Los recursos naturales están amenazados, pero tienen un inmenso potencial, si son utilizados de una manera sostenible.

Para asegurar que una región use y proteja sus recursos de manera sostenible, se debe incentivar a que el uso de estos recursos se realicen de manera intensiva y conservadora, con chacras pequeñas en vez de un planeamiento y estimulación a una explotación extensa y de áreas grandes. Se debe impulsar una estrategia agrícola basada en la diversidad nativa donde el cultivo de algunas plantas especificas pueden conllevar a mayor prosperidad al área.

Un énfasis en el conocimiento y e investigación sobre las virtudes de plantas medicinales, pueden conducir a cultivarlas ampliamente, orientando su producción al mercado. El problema de mercados y de la comercialización probablemente es el más difícil de solucionar.

La toma de decisiones y la aplicación de estas decisiones se presentan diariamente dentro de las comunidades, en un mundo de cambios constantes y la gente trata de sobrevivir en mejores condiciones. Solamente cuando las áreas deforestadas y cultivados sean pequeñas y se mantenga rodeados por el bosque montano se mantendrá un alto nivel de biodiversidad porque la diversidad biológica contribuye a la estabilidad de de ecosistemas.

La amplia evidencia en la complejidad de los constreñimientos ecológicos, económicos, sociales y políticos está formando las decisiones de la población. La mejora de la calidad de vida, el ordenamiento de las viviendas, la planificación en el uso de todos los recursos, la aprobación de leyes de protección y la educación ambiental son de sumamente importantes, asi como las medidas de protección de los bosques montanos, medidas que deben ser consideradas en los programas políticos gubernamentales y provinciales.

Esperamos que nuestras investigaciones propercionen a la población de Los Chilchos un conocimiento más profundo sobre su historia y sobre la utilización de sus recursos. Además, se sentáran las bases para un desarrollo sostenible y la planificación del futuro, esperamos también que ayuden a incrementar el sentimiento de identidad cultural en la comunidad.

Contents

Acknowledgments 230
Foreword 233
Introduction 235
The book 236

Chapter 1
Introduction to the Study Area 239
Geography 239
Topography and Geology 239
Climate 240
Vegetation 240
Population and Land Use 241

Chapter 2
The Pre-History 243
The archaeological evidence 243
The Chilcho in Chachapoyas 244
Archaeology in the Chilchos Valley 246
The Archaeological Research 248
Discussion 258

Chapter 3
The Chilchos People in the Colonial Period 259
The Historical Sources 259
Territory of the Chilcho 259
Consequences of the Spanish Colonial policy 260
The first Encomenderos and the Caciques 261
Decrease of Population 263
The Incidents in Los Chilchos 264
After Juan Pérez de Guevara 268
Removal of the Chilcho 269
The Visit of Bustente Zevallos 1686 271

The Chilchos Song 275

Chapter 4
Modern life in the Chilchos Valley 277
Recent history of the Chilchos 277
Don Genaro Hidalgo Chávez' expedition 277
Administrative and political relations 281
Roads, transportation and access to markets. 284
Population and Migration 286
Social institutions/Organisation 287
Electricity, water and sewage 288
Houses and construction 288
Education 290
Religion 292
Health 297
Nutrition 300
Socio-economical activities: Contemporary agriculture 302
The crops 305
Tools 313
Cattle breeding 314
Trade 319
Life story of Sr. Delfín Espinoza (76 years old) 322

Chapter 5
Vegetation and Use of Natural Resources 325
The vegetation in the Chilchos valley 330
Vegetation in the *Jalca* 3700-4100 m 331
Transitional vegetation 3500 - 3700 m 333
Upper montane forest 2900 – 3500 m 334
The humid mid-altitude forest 1900- 2900 m 335
The lower montane forest 1400 – 1900 m 339
Vegetation types modified by man 340
The etnobotany 347
Vegetation at the archaeological sites 363

Chapter 6
Land Cover Change in the Chilchos Valley 367
Introduction 367
Data 367
Methods 369
Change detection 372
Results and discussion 372

Deforestation 374
Summary 376

Chapter 7
Summary and Conclusion 377

Reference List.. 383

Appendix 1 387
Dictionary of useful plants 387

Appendix 2 419
Frequency of infection with intestinal protozoa and helminths 422

Acknowledgments

The authors wish to thank the V. Kann-Rasmussen Foundation and the National Museum of Denmark most sincerely for the grant supporting the project.

We are grateful to the involved institutions:

CONCYTEC (Peruvian Board of Sciences and Technology), the president Dr. Benjamin A. Marticorena Castillo, who auspiced the project and for the interest of the project by Dr. Javier Verastequi Lazo, Director General.

Universidad Nacional de Trujillo, Facultad de Ciencia Social, the Vice-rector Orlando Veláquez Benites and Dr. Weyder Portocarrero, the head of the Archaeological and Anthropological department Nyler Segura Vásquez and especially to the dean Dr.Santiago Uceda Castillo for his friendship and interest during our many years of research.

We thank Dr. Manuel Fernández Honores, Dean of the Facultad de Ciencias Biológicas, Ms.Cs. Elmer Alvitez Izquierdo Director for the Herbarium Truxillense (HUT) and Erick Rodríguez Rodríguez, keeper of the Herbarium Truxillense (HUT), for their friendship and facilities to dry the plants.

Centro de Análisis e Investigación ESCALABS e.i.r.l. de Trujillo, the director Dr. Hermes Escalante Mayorga, for his friendship and facilities put at our disposal for the analyses of the parasite samples as well as help in the treatment of the parasites in the Chilchos population.

Universidad Privada Antenor Orrego, the former director of the Museo de Historia Natural, Dr. Abundio Sagastequi for determining the plant material and whose great knowledge, kindness and hospitality have supported us for many years and to Ms.Cs. Segundo Leiva and Mario Zapata.

Universidad Nacional de San Agustín, Arequipa, the authorities and colleagues of the Departamento de Biología, Facultad de Ciencias Biológicas y Agropecuarias especially Prof. Blgo. Abraham Calla Paredes and Ms.Cs. Herbert Lazo Rodríguez for friendship and collaboration in teaching during absence of fieldwork and the students of the Grupo científico DIBIOS and all the members of the Herbarium Areqvipense (HUSA) for their help in the process of maintaining the collected botanical material.

We thank GRAS at the Institute of Geography, University of Copenhagen especially Mikael Kamp Sørensen for analysing the satellite images and air photographs.

Dr. Michael Dillon, Field Museum of Chicago for friendship, advice, classification of unknown plants and revision of the botanical text.

Adriana von Hagen for her friendship and kindness revising the English text on the anthropology.

Instituto Nacional de Cultura Credencial for permissions Resolución Directoral Nacional No. 706-2004.

Deep felt thanks go to professor Romulo Ocampo Zamorra from Chuquibamba for his never ending help as an assistant and in logistics and being a marvellous friend during hardship and good times during many years of fieldwork in the *Ceja de Selva*.

We thank most sincerely "our " house in Los Chilchos: Nicolas Campos Aguirre and his wife Gaudencia Zafra and their family: David Delgado Martinez, his wife Sobeida Haydeli Campos Zafra and their son Michel Delgado Campos and Clara Olinda Campos Zafra, Roger Arsenio, Sara Ester and Jaime Homero.

- The schoolteachers who where of great help: Lorgio Jobino Culqui Valle (Director) and his wife Sara Ester Campos Zafra

and our local asssistents

Romulo Trigoso Tuesta, his wife Clara Olinda Campos Zafra and their daughter Lita Shirley Trigoso Campos

and

Emerson Garay Maiseno, Wily Meza Espinoza, Miler Garro Ocampo, Dennis Campos Zavaleta, Dante Campos Zavaleta, Hernando Collantes Revilla, Patrocinio Zafra R.

We thank all the households of the Chilchos for their courtesy:

-Nicolás Campos, -Ambrosio Hidalgo Cruz, -Juan De La Cruz Tongo, -Manuel Culque Bazán, -Francisco Huamán Gomez, -Rodomiro Vardales Zavaleta, -Abraham Llaja Cortina, -Jaime Cotrina Orrillo, -Amado Borbor Briones,- Amado Borbor Briones, -Hermenegildo Ramírez Caman, -Jeremías Ramírez Inga,- Epifania Revilla Torrejón, -Hector Huamán Revilla, -Luciano Cercado, -Julio Culqui Vargas, -Edgar Zafra Garay, -Lucas Cueva Briones, -Luz Cotrina Orrillo, -Lino Castro Garro, -Eusebio Garay Salazar, -Dolores Garro Escobedo, -Lorgio Culqui Valle, -Romulo Trigoso Tuesta, -Genaro Garro Tafur, -Jaime Campos Zafra, -Jorge Vega Zafr, -Gabriel Espinoza Maicelo, -Angel Ramírez Muño, -Alcibíades Ramírez Inga, -Carlos Espinoza Maicelo, -Delfín Espinoza Aguilar, -Victorino Garro

Ocampo, -Ernesto Ocampo, -Vidal Cortina Manosalba, -Oscar Chuquimbalqui Garro, -Jhon Vásquez Chávez, -Carlos Santiago Valdivia, -Víctor Briones Acosta, -Ever Briones Garay, -Walter Cueva Briones, -Juan Rojas Huamán, -Santiago Choroco Toca, -Leodán Hidalgo Briones,- Alfonso Tocas Soberón, -Noé Tocas Mejía, -Fredy Chuquimbalqui Garro, -Ernesto Briones Ortiz, -José Borbor Briones, -Ramiro Bobor Briones, -Pedro Cruz Vergaray, -Edilberto Hidalgo Briones, -Agliberto Meza Camán, -Domingo Espinoza Sánchez, -Iván Briones Garay, -Pedro Borbor Guevara, -Mary Revilla Salazar, -Arsenio Campos Zafra, -Gerardo Briones Acosta, -Higinio Santiago Varga, -Francisco Briones Ortiz, -Joaquín Briones Ortiz, -Lorenzo Torres Garro y-Pelayo Huamán Choroco.

The director of the project especially wants to thank her enduring team from many years fieldwork and other participating members of the very rainy season in 2004:

Victor Peña Huaman, Hernando Malca Cardoza, Arturo Tandaypan Villacorta, Regina Abraham Fernández, Carolina Espinoza Camus, Randy León León, Victor Quipuscoa Silvestre, Maribel Vilchéz Toribio, Claudia Calderon, Romulo Ocampo Zamorra, Susanne van Deurs, my husband Jørn Jørkov for transcribing the Chilchos song, Henriette Borg Kristensen and Søren Lind

Foreword

At the end of our fieldwork in the Huambo valley and La Meseta in 2000, our expedition stayed for some days with one of our informants Don Fabian Añasco and his family in Añasco Pueblo. Here we happened to meet Sr. Tausen Añasco and Sr. David Delgado from Los Chilchos. As we at that time were discussing how to get out to a road to return to "civilization", our new friends invited us to leave through Los Chilchos to go to Leymebamba.

Two days after leaving Añasco Pueblo, we arrived in Los Chilchos after having spent one night in a cave and having crossed several rivers by foot.

In Los Chilchos we were accommodated in the communal house on the main plaza. We suggested giving a presentation of the expedition and its purpose for the Chilchos people as the local authorities expressed some doubt as to our investigations. So a meeting was held in the school where almost all of the inhabitants turnt up. We showed our book on La Morada (Schjellerup et al.1999) to explain the purpose of our research. This caused such an interest that most of the participants signed a petition in the hope that we would return some day in the future to do a similar study among the Chilchos.

We were happy to be able to comply with the wishes of the Chilchos people though it took some years to obtain the financial support.

We were also very pleased when CONCYTEC (Concejo de Sciencias y Tecnología) in Lima once more accepted to auspice our project.

Arriving in Leymebamba in August 2004, all official permissions were delivered at the Police Station, at the *Municipalidad* and at the *Instituto Nacional de Cultura* (INC) Despite that everything was in order, the authorities wanted to discuss our project in a meeting with all the participating scientists as they claimed to have the right to deny us access to the Chilchos Valley if we did not agree to their terms. Unfortunately the meeting took place in a very bad atmosphere of suspicion where the Leymebamba authorities expressed a total lack of understanding of a scientific project. One of them was, however, aware of their bad behaviour and turned up next morning with a bottle of *aguardiente*.

We managed to leave Leymebamba the next day and arrived at Los Chilchos after two horrible days of travelling on horseback on a slippery and steep mountain trail in dense fog and heavy rains. Once in Los Chilchos we were very kindly welcomed by Don David Delgado's family whose house became the most wonderful base of our fieldwork.

On one of the first evenings, we organised a meeting in the communal house presenting our project and each of the scientific participants explained the reason for our investigations in Los Chilchos.

The meeting ended in a very nice fiesta with plenty of *aguardiente* and live music by the local Chilchos group.

Our fieldwork in August and September became very difficult by heavy rains and because of that some of the archaeological sites could not be visited and registered, as we were unable to cross the rivers. However, we completed our investigations in our four modules and went back to Leymebamba under similar weather conditions as when we arrived.

Once again the authorities made life difficult for us as they only wanted to be given exact information on our archaeological research despite the fact that all the archaeological work in Los Chilchos had been done by the support of local assistants and that a supervisor from *Instituto Nacional de Cultura*, Chachapoya had visited us.

The head of the archaeological module explained the work, but interestingly enough, nobody in the assembly expressed any wishes to look at the maps. The problem is a latent trauma in Leymebamba concerning archaeological remains because they have had bad experiences in the past with explorers such as Gene Savoy not being a scientific researcher. Unfortunately people are not aware of the historical value of their archaeological remains.

The local people have no interest in "piles of stones" in their fields and destroy them to make new fences. The local authorities claim to have an interest but neither they nor the INC have enough political or financial support to take action. Frustrated as they are, and with no knowledge on scientific projects, they reject projects, which are not able to support their personal interests.

I hope this book will be of use to the very friendly people of Los Chilchos and that it will give a better understanding of the aim of scientific projects to the authorities in Leymebamba.

Inge Schjellerup, Copenhagen 2005.

Introduction

Human impact on the environment is of growing preoccupation to understand the formation of the contemporary landscapes and to be able to analyse the various phases of the development of a particular cultural landscape.

The impressive mountain landscapes in the Andean region in South America we observe today are not as pristine and untouched, as one could be tempted to believe but it is only recently being recognized as such.

Pre-Hispanic cultures have altered the landscape and the arrival of the Spaniards in the 16th century changed the landscape with the introduction of new crops, animals and technology.

Changes in subsistence strategies, demography or perception illustrate complex causes that provide important insights into different utilization systems.

The main objective of this study was to investigate the local pattern of biodiversity and habitats in the Chilchos Valley as a case study in order to understand the interplay between different cultural and biological factors as they have been modified by humans in the upper mountain rainforests on the eastern slopes of the Andes in north-eastern Peru.

We wanted to define the special history of human occupation in the contact zone of the *Ceja de Selva* in the Chilchos Valley, as it is one of the few passable routes connecting the Andes Mountains and the Amazon lowland.

To achieve these ends, the interdisciplinary research team of archaeologists, anthropologists, botanists and geographers:

- traced the forces driving changes in human activities, including knowledge on the dynamics of the natural environment in a historical perspective, using archaeological and archival sources;

- studied the local agro-ecological systems and collected plant material to obtain systematic insights into the dynamics of the use of natural resources in the geographically limited area;

- integrated the local people's perceptions in the understanding of local patterns of land use;

- surveyed and mapped contemporary and ancient settlement patterns and land use with the use of GPS (Global Positioning System) and a Geographical Information System (GIS). Satellite images were used to accurately map land use and generate statistics on changes in land use.

The book

The first chapter gives a general introduction to the research area on geography, geology and topography, climate, vegetation and population and land use.

The second chapter is dedicated to the results of the archaeological investigations where twenty new sites are reported and described from the late Intermediate (c. 1000 – 1470 AD) and late Horizon (1470 –1532 AD). Many disturbed remains from the Chachapoya and Inca civilizations were encountered.

The third chapter tells the history of the colonization during the Spanish colonial period until today. The situation between the local *caciques* and the first *encomendero* of the area is one of many examples of abuse towards the indigenous population. The information is based on published works, unpublished documents and travel accounts from the 16th and the 20th century.

Contemporary *campesino* life in Los Chilchos, which only began from the year 1900, is described and analysed in the fourth chapter. The anthropological research reveals the problems in the living conditions in places with difficult access, the lack of infrastructure and difficulties in market sale. Daily life with agricultural activities, crops and cattle breeding are examined. Perceptions of superstition and healing are discussed. Analyses of the socio-economical conditions show the big difference in land-use, land-tenure and ownership of livestock even in small agricultural communities.

The fifth chapter deals with the biological diversity as seen in the natural vegetation and the use of the natural resources with emphasis on the ethnobotany. Vegetation analysis of mature and secondary forest yields insight in the great variety in the forest-, shrub- and herb layers. The Chilchos people use many wild and semi-wild species.

The sixth chapter is devoted to change and vegetation patterns as seen in the analysis of satellite images. Images from the period 1987-2004 are analysed and changes in land cover classes are described and rates of deforestation are calculated.

The final chapter includes data from the four modules of archaeology, anthropology, botany and geography.

With the study of the Chilchos Valley, our Danish/Peruvian research team has completed a circular regional study including Chuquibamba (Schjellerup 1987, 1997, La Morada (Schjellerup el al. 1999) and the Huambo Cuenca and La Meseta (Schjellerup et al. 2003).

Chapter 1

Introduction to the Study Area

Geography

The Chilchos Valley is located in northern Peru at approximately 6° 05' S, 77° 30' W in the department of Amazonas (Fig. 4). It is part of Peru's humid eastern montane forest belt stretching in a north-south direction along the eastern slopes of the Andes mountain range. According to Young & Leon (1999), these areas represent some of the last forested wilderness in South America, and the area is considered of global importance for biological diversity (Young, 1992; Young & Valencia, 1992; Young, 1995; Kessler, 1999; Young & Leon, 1999). However, human migration to the montane forest zone has increased in recent years, exerting a constant pressure on the natural resources (Borgtoft et al., 1998; Schjellerup et al., 1999, Young & Leon, 1999; Schjellerup & Sørensen, 2001, Schjellerup et al. 2003).

The study area covered by the field campaign covers app. 430 km², comprising the Chilchos Valley and several other valleys (see Fig. 5 sat kort). The delimitation of the area is purely based on the research project and does not necessarily correspond to the administrative area of the Chilchos village. The central valley has a population of app. 300 persons. Outside the main valley, population is constrained to individual houses as there are no other villages.

The Chilchos Valley has no road connections with other areas. The main access point is a mule trail from Leymebama, an arduous journey across the cordillera taking 12-16 hours. A network of trails links the valley with smaller settlements in the forests such as La Mesata, La Morada, Luz del Oriente in the Huambo Valley.

Topography and Geology

The humid eastern montane forest zone in Peru is characterized by steep elevational gradients and deeply incised valleys draining from the Cordillera Oriental towards the Amazon lowlands.

The valleys are mainly V-shaped, indicating that fluvial processes are the principal geomorphologic agents (Fig. 6).

Young (1992) has divided the Peruvian eastern slopes into six physiographic regions based on geology and modern topography. The Chilchos Valley belongs to the Chachapoyan physiographic province, being located from 4.5 – 7 S and consisting of north-west- trending mountain ranges.

The Chilchos areas has elevations ranging from 800 m.a.s.l. along the valley floor to 3200 m.a.s.l. at ridge tops, especially towards the western boundary of the area facind the cordillera. Numerous side valleys are present, making up a dendritic hydrological network (Fig. 7, 3D view).

The geology in the zone is mainly composed of folded, faulted and metamorphosed Paleozoic rocks with interspersed Cretaceous and Tertiary limestones. in the Chilchos area the bedrock is primarily composed of Carbonian, Permian and Triassic elements (Jimenez et al, 1997). Soils in the regions are predominantly high in clay content and usually contain a large proportion of rock debris. However, in some places, soils are calcareous.

Climate

The entire eastern montane forest zone of Peru is characterized by a lack of systematic climate records (Young, 1992; Young & Leon, 1999). General climate maps indicate that mean temperatures range from 15-22°, and this range is confirmed by field observations (Fig. 8-9) performed in the period 2003-2004 in Los Chilchos and interviews with the local population (Schjellerup et al. 1999). The difference in humidity between the two sites is due to their location. The house of Walter Guera is located in lower Chilchos where the forest cover is more dense and this increases the humidity. The temperatures as similar to recent measurements in the Huambo Valley and La Meseta (Schjellerup et al., 2003).

Precipitation levels are from 2500-3000 mm (Young & Leon, 1999), although according to Johnson (1976) rainfall exceeds 7000 mm in places. There is a distinct seasonality in rainfall patterns, with a rainy season from September-April and a drier period from May-August.

Vegetation

Although the dominant part of the area is covered by evergreen rainforest, the pronounced altitudinal gradients produce a range of transitional vegetation types. The montane forest belt in Peru is characterized by high levels of biodiversity due to the transition between alpine species in the jalca or páramo (highland areas) and the tropical species composition found in the Amazon lowland (Gentry, 1992, Young & Leon, 1999).

Tropical montane forest is found at all elevations in the area, however, at most ridges above 1800 m.a.s.l. bamboo or fern species become dominant. As a result of human land use in the valleys, many areas near rivers or streams have been cleared and take part in a rotational pattern of subsistence agriculture. The vegetational landscape is thus a mosaic of small units of secondary forests of varying age, orchards and crop fields, pastures and recent clearings.

Population and Land Use

The first records of human settlements are found in caves and slash and burn agriculture in the Chilchos Valley are documented from Pre-Hispanic times. Recent fieldwork in the area has illustrated the widespread occurrence of Chachapoya and Inca ruins and terraces, confirming the presence of human activity in the area for centuries (Schjellerup et al. 1999; Schjellerup and Sørensen, 2001; Schjellerup et al. 2003). This area was left for centuries, as is the case of many places in the northeastern part of Peru.

In recent years there has been an increase in the migration from the Andean highlands down into the montane forest zone (Young and Leon, 1999, Schjellerup et al. 1999, 2003).

Colonization took place in Los Chilchos from 1900 and there is still some migration moving in from the highlands. There is no more free land as all land has been distributed by inheritance or by the Comunidad Campesina. Newcomers must often rent houses and fields.

In the Chilchos Valley, subsistence agriculture is widespread but increasingly being supplemented by the introduction of cash crops (primarily organic coffee) and livestock breeding as important economic appendages to the traditional cultivation of manioc, banana, maize and sugarcane. The population use the forests for its wood, used for construction, firewood, household articles and medicinal plants.

Logging activities are scarce in the area as there is no infrastructure to support it. A network of mule trails is the only physical connection between settlements in the area.

Chapter 2

The Pre-History

The archaeological evidence

The forested, northeastern part of the Peruvian *Ceja de Selva* or *Montaña* and *Selva* has been extensively occupied and exploited for thousands of years where different ethnic groups created different cultural pressures on the resources.

Preceding 1532 in the Pre-Hispanic period, the upper rainforest *(Selva Alta)* was inhabited by several indigenous groups speaking different languages of which only very few are left. Most of them lived in small, independent communities or in dispersed settlements with slash-and-burn cultivation and hunting and fishing that allowed for greater mobility. There was an abundant wild life with jaguars, *tigrillos*, poisonous snakes, monkeys, birds and many more species (Fig. 10).

Later, the Spanish colonial policy forced some of the groups to live together in nuclear settlements with the aim of Christianization and collecting tribute.

The collection of Izaguirre on Franciscan Missions gives especially valuable information on the mission journeys and ethnographic descriptions of the Cholones and Xibito tribes east of Caxamarquilla (Bolívar today).

The Franciscans mention how the native tribes came up several times from the lowlands to steal women and dogs and destroy mountain villages (Izaguirre Tomo II, 1923:195-200).

The rough mountainous terrain in the *Ceja de Selva* and rainy climate leave only some of the valleys and smaller areas suitable for cultivation of agricultural products.

In those times, the environmental changes in the forests were moderate. Over the past century, however, dramatic changes have influenced the region severely and altered the environment from a dense forest to a more open landscape with scattered forest areas and deep erosion gorges.

Throughout the Middle Horizon and Late Intermediate period (c. 800 – 1470 AD) the Chachapoya people developed their own socio-political organization and established powerful competitive chiefdoms in this former dense forested region east of the Rio Marañon towards the east into the present Huallaga province.

Most of the Chachapoyas settlements were placed in strategic positions on mountaintops overlooking communication routes that followed the east running rivers and the valley bottoms. The Chachapoya lived mainly in nuclear hierarchical settlements with monumental constructions and utilized the upper ecological zones for tuber crops and the lower ecological zones for maize, manioc, sweet potato, peanut, coca, cotton production and gold extraction.

The Chachapoya people shared the same beliefs and symbols. They had maintained their own way of life with internal social conflicts and raids without notable external influences from other neighbouring cultures. They dominated the passages to the eastern lowland in a cultural interaction network and they raised in common revolt against the Incas c. 1470 from the very first moment the Incas made their entry into the region.

The Chilcho in Chachapoyas

The Chilcho people formed part of the Pre-Hispanic Chachapoya chiefdoms as a specific *Ceja de Selva* ethnic group with their own *curacas* (Schjellerup 1997).

Before the conquest of the Chachapoya by the Incas c. 1470, the Chilchos chiefdom, *curacazgo*, was a leading *yunga* chiefdom consisting of other minor *curacazgos* and lineage groups with close alliances and connections to the *Sierra* and the *Selva*. The *yungas* was a term applied to the warm inter-andine valleys.

The chiefdoms, the *curacazgos* were independent political units generally comprising several villages, which were dominated by a single *curaca*. It was a society ordered by rank, with the main *curaca* ruling a larger village where his kin resided, and controlling smaller villages ruled in turn by a category of *curacas* of lesser rank. The larger villages may have been the socio-economic and political centres of power, where a dominating *curaca* and his family were in charge of maintaining a large-scale cultural interaction network of obligations, e.g. feast giving and the redistribution of food, clothes and women. The women were probably given in marriage alliances to minor *curacas* from the surrounding settlements and to the *curacas* from major centres within other sub-groups. In this way, economic political alliances were formed based on kinship ties and reciprocal obligations within the larger ethnic group.

After the Spanish invasion, one of the first Chilcho *caciques* to be mentioned in the Spanish sources is

"Chilcho, Lord of the Anayunga Indians and Chontaces and mitimaes" (AGI Patronato Real Legajo 123 Ramo 4:52r)

which illustrate the yunga connection and the Chilcho's supremacy over the Chontaces, a group most likely dedicated to the cultivation and manufacturing of the chonta palm. The chonta palm was used for making lances and halberds, which were weapons used by the Chachapoya people. For example, twelve hundred Chachapoya and Cañaris were selected to serve the Inca Huascar in Cuzco:

"..for his halberdiers and attendants of his house" (Pachacuti Yamqui [1613] 1968:312).

Several chonta lances have also been found in the burial chambers of the Chachapoya.

Special power was probably ascribed to the chonta palm owing to the belief that the spiny chonta palm itself is a demoniac tree, the seat of a powerful spirit, a belief that is found among the lowland Jivaros in Ecuador (Karsten 1935:265). The chonta lance was thus not only a dangerous weapon but inspired the enemies with fear. Many species of chonta palms are still to be found in the Chilchos Valley.

The *curacazgo* of Los Chilchos and Laja (see chapter 3) seems to have inhabited an area including the Laguna de los Condores to the south, following the Cordillera Yasgolga to the west with a tentative northern border at Río Tingo/ Cerro Tolén and continuing towards the northeast as far as the Río Mashuyacu, a tributary of the Río Huayabamba, an area much larger than the present annex of Los Chilchos. The Chilcho controlled access to several natural *entradas* or gateways connecting the Andes with the Amazonian lowland, which was of uppermost importance as a prime contact zone for communication and transportation of highland and lowland products.

The Inca conquest and colonization period that preceded the Spanish conquest brought many changes for the Chachapoya. The human landscape was altered with new architectural styles along with a new emphasis on cultivation for the Inca state of maize, cotton and gold extraction. This brief intermezzo of approximately sixty years had severe consequences for the population and their subsistence but only lately we are beginning to know more about the remarkable strong presence of the Inca settlements and their utilization of the land in Chachapoyas (Schjellerup 1997).

Inca policy included the presence of foreign *curacas* in their capital Cuzco several months a year. One of the first Spanish soldiers Diego Trujillo [1571, 1964] to enter Cuzco mentions:

"Finally we arrived in Cuzco, where the Cañari and Chachapoya Indians with Chilche came to our support, some fifty Indians. We entered the city of Cuzco where some Indians immediately came in peace".

No doubt that the word Chilche refers to the Chilcho ethnic group.

At the same time in the Utcubamba valley near Cuzco, one of the *mitimaes caciques* Francisco Chilche is mentioned as belonging to the Cañari ethnic group but his name does not suggest any affiliation with the Cañaris but indeed with the Chachapoya/Chilcho. In 1552 Chilche is mentioned as *cacique* of *yanaconas*. He was married to Doña Inés Coya, an Inca princess and was able to maintain his status as a native *cacique* with rights to impressive land possessions. He even had his own *mamaconas*. Francisco Chilche was later accused of having poisoned Sayri Topa, one of the last Neo Inca rulers, but he was released from prison after one year's stay as his guilt could not be proven. (Niles 1997: 126-131).

Poisoning was a very characteristic way of getting rid of people among the Chachapoya people (Schjellerup 1997). A *cacique* Vilca with his two sons is mentioned as a principal lord of the Chilche claiming land in the same area. The reason for mentioning these persons as Cañari must be because the Cañari are often mentioned together with the Chachapoya. Several historians have observed that these two ethnic groups were lumped together by the Spaniards as two very rebellious people in the Tawantinsuyu (Oberem and Hartmann 1976:8-9).

Knowledge of the Chilcho as a Pre-Hispanic group was almost lost as the valley was left due to the Spanish policy of reductions in the 16th century and due to a drastic population decrease after the European diseases.

However, Dr. Don Juan Crisóstomo Nieto (the "discoverer" of the famous Chachapoya ruin complex Kuelap) wrote in 1847 that there is a wide paved path from the Inca period leading into a very fertile valley where there once lived a population in the district of Leymebamba the "Estadística del departamento de Amazonas" referring to the Chilchos Valley (Larrabure i Correa 1905).

Archaeology in the Chilchos Valley

Archaeological research in the Chilchos Valley has been very scarce.

> **Methodology**
>
> The archaeological research methodology was based on surveys carried out on foot with local guides, who informed us about the evidence of archaeological remains in the dense forest.
>
> Use was made of the national map Leymebamba 1357 (14-h) and aerial photographs as graphic aids.
>
> Twenty new archaeological sites were registered with different characteristics and sizes consisting of settlements, single structures and grouped structures, systems of terraces from the Middle Horizon, Late Intermediate and Late Horizon, none of which had been registered previously in the *Instituto Nacional de Cultura* registry (Fig. 1).
>
> All the sites were registered using GPS and entered into the *Instituto Nacional de Cultura* registration system. The archaeological plans were drawn to scale using tape measures and compass. Each site got a file, its respective code and a color photograph.
>
> Unfortunately, none of the sites were in a good state of conservation and therefore made it difficult to carry out proper measurements, as was the case of many terracing systems and trails.
>
> It was not possible to get pottery samples from the surface as all the sites were covered by vegetation and because of the very few remains in some of the sites.

In April 200, a multidisciplinary team conducted a six day visit to the archaeological site named El Dorado, which was measured, drawn to scale and photographed (Martell et al. 2001). The site of El Dorado does not have anything to do with the myth of El Dorado or gold at all but consists of two walled sections of burial chambers from the Chachapoya culture characteristically placed under a cliff overhang (Kaufmann Doig 2003: 342, 343). The report does not mention any findings of archaeological objects. No survey or further archaeological investigations were carried out during their short stay.

The Chilchos inhabitants found evidence of earlier inhabitants in the 1900s when they discovered an ancient 2,3 m long wooden lintel with three carved figures from a burial cave called Los Gavilanes (Fig. 11).

On either side of the lintel perch, two carved human figures are flanking an animal being eaten by another animal. One of the human figures (maybe a woman?) with rectangular eyes and a flat headdress or hair has the arms outstretched and wears a long shirt or a *cushma* and ear spools similar to an ear spool found at the Laguna de los Condores (von Hagen 2000, fig. 11). On her right side is seen another carving which is very difficult to interpret, maybe the person is carrying a sack.

The other human figure (probably a man) has smaller oval eyes with different shaped ear spools and wearing an impressive headdress with a reverse arch-shaped symbol. The same symbol appears up side down as a red rock painting at La Peña Calata (Schjellerup 1997). The figure likewise is wearing an *uncu* or *cushama* and plays the *antara,* a panflute. The central figures show an *añuje*, or brown agouti which the people in Los Chilchos has identified as such being eaten by a caiman (Lerche 1995). The scene thus has close relations to both the *Sierra* and the *Selva*. In 2003, the Chilchos people acknowledged the importance of the archaeological museum in Leymebamba and placed the lintel in the custody of the museum.

Many families in Los Chilchos keep ancient grinding stones, pestles and a *huaco* or two in their houses but are very reluctant to show them to outsiders. We were able to photograph a pestle, a stone axe, several simple grinding stones and one very elaborate grinding stone with two characteristic Chachapoya stone carved human heads on the outside. The pottery consisted of Inca provincial *arybalos*, some smaller containers and an Inca/Chimu double chamber with double spouts with a central moulded scene of running animals (Figs. 12).

We were also shown a silver knife and pin which was found by a family in the forest (Fig. 13).

All the objects belong to the Chachapoya and Inca cultures.

However, the exiting discovery of the burial chambers at the Laguna de los Condores south of the Chilchos Valley in 1987 gives important knowledge to the understanding of Chachapoya and Chilcho archaeology.

Thanks to the remarkably good conservation of the organic material, the burial objects have been preserved. Beyond the 200 mummies, personal items such as wooden ear spools, hide- and feather headdresses, agave sandals, laboriously elaborated textiles, calabashes (Fig. 8), wooden idols, ceramics and other utensils give an insight in the daily life of the Pre-Hispanic period. (von Hagen and Guillén 1998, von Hagen 2000)

The Archaeological Research

The archaeological team located several Pre-Hispanic settlements and agricultural areas which gave information on the earlier utilization of the area that could be compared with the results of our former research carried out in the neighbouring part of the *Sierra* and the *Ceja de Selva* (Schjellerup 1985, 1992,1997, Schjellerup et al. 2003).

During the fieldwork, twenty new sites were located, but most of the encountered sites are very disturbed due to both the dense vegetation that covers most of the sites and due to the felling of the vegetation by the *campesinos* to get access to more land (Fig. 14). The *campesinos* have no interest in preserving their archaeological remains as the stones are seen as an obstacle to cultivate the land.

The archaeological sites in Los Chilchos are located on both sides of the Chilchos Valley. Many caves contain fragments of pottery as evidence of a possible Pre-Chachapoya occupation.

The visible architectural remains represent a number of different archeological types as segments of road systems, house structures, minor *tampus* and terracing systems from the Middle Horizon, Late Intermediate to the Late Horizon.

Nueva Esperanza A

Nueva Esperanza is located on the left bank of the Río Chilchos, at 9˙257,483 N and 211.835 E in the altitude of 2012 m, c. 500 x 500 m.

In the dense forest vegetation, a system of stone terraces was observed at the foothill of a mountain promontory that is located in a northern-southern direction. The walls are placed towards the west. They were built following the natural relief of the topography of the hill and have a curving form in some places and in others a straight outline, which gives a variable length of each terrace.

The retaining walls are constructed of fieldstones laid in clay mortar and are slightly inclined inwards for a better stability. The height is varying (0,40 m to 0,80 m) and in direct relation to the unevenness of the natural relief.

The character of the wall construction and the proximity to the house structures Esperanza B indicate that the site to belong to the Inca culture.

Nueva Esperanza B

Nueva Esperanza B is located towards the north of the Chilchos village on the left bank of the river to 9˙258,776 N and 211.390 and in the altitude of 2345 m, c. 150 x 20 m. The site is very disturbed.

Nueva Esperanza B is a concentration of structures placed on a rocky promontory extending from the south towards the north enclosed by terraces with protruding stones as stairs (Fig. 15). The site is flanked by two gorges that descend from the north to the south. The structures present quadrangular and rectangular forms, with varying dimensions according to the adjustment of the natural relief. The structures measure from a minimum of 3,30 x 4.30 m. to a maximum of 4 x 7 m (Fig. 16). They are all constructed on a series of larger and smaller terraces, where the terrain had been leveled before the building of the structures.

The retaining walls are of an irregular height varying between 0.50 m and 2 m, depending on the natural landscape. They are constructed of bigger and medium sized cut stone (40 x 30 cm, 30 x 25 cm) in clay mortar with protruding stones as stairs. The structures show double facing with the same rubblework. They stand in a height of 1 m with a wall thickness of 0,60 m.

The site occupies a strategic place where it could dominate all the valley of Los Chilchos, and had a habitacional function during the occupation by the Incas.

San Juan a
San Juan is near the right (western) bank of the river, twenty minutes on foot from the Chilchos village and consists of two parts: San Juan a at 9˚255,919 N and 212.390 in the altitude of 1710 m, c. 40 x 40 m and Juan b (Higueron).

The San Juan a site has two structures which were constructed on a leveled surface (Fig. 17). The greater rectangular structure (19 x 8.50 m) has its access towards the south and has an extension at the northwestern corner measuring 6 x 5 m.

Of the second single structure we were only able to register a constructed stone corner towards the east. The villagers of the valley had destroyed the remaining part.

The walls are made of fieldstones of bigger and medium sized stones in clay mortar and stand to a height of 1.50 m, wall thickness 0,70 m. It is possible that the site consisted of more structures and only what is left is standing in the middle of a field.

The site shows characteristics of an Inca *tampu* which was part of the road system along the western river bank of the Rio Chilchos.

Juan b (Higueron)

Higueron is located approximately 100 meters to the east of San Juan site at 9´255,898 N and 212.730 in the altitude of 1705 m, c. 50 x 40 m.

Three structures were constructed on an ample promontory where a rectangular structure with a length of 26 x 11 m towards the extreme west was found in the dense vegetation (Fig. 18). Inside the structure is an internal division. Towards the north it forms an open structure.

Next to the rectangular structure is a circular structure with a diameter of 11 m. The entrance is 1 m wide towards the south. Towards the northeast, a trapezoidal house structure measures 11 x 9 m. The walls are constructed of fieldstones with a base of bigger cut stones and a smaller amount of round stones with clay mortar. The walls rise to a height of 1.20 m with a wall thickness of 0,80 m.

The presence of the circular structure and several rectangular structures indicate that the site was occupied by the Chachapoya and later taken over by the Incas.

Shimbillo

A little section of a Pre-Hispanic road was registered on the left (eastern) bank of the Rio Chilchos at 9´257,606 N and 215,210 E, in the altitude of 1698 m.

The road runs in a western- eastern direction and is conserved in a length of approximately 50 m. The border of the road is constructed with a low stonewall and has a straight outline with a width of 3.30 m (Fig. 19).

The road is found in several sections towards the east until it reaches Rio Tingor and towards the west in the direction of the Inca site Cascarilla Wasi. It is one of the principal roads in the Inca road system in the valley.

Santa Clara

The site consists of a large system of stone terraces located near the principal Inca road leading to Cascarilla Wasi at 9´255,227 N y 209,947 E in the altitude of 1649 m, c. 200 x 100 m.

The retaining walls ascend following the configuration of the mountain. The dense vegetation in this part of the valley is still left free of cultivation which made it impossible to register the full extension of the terraces. The walls stand between 0,50 m and 0,80 m high. The proximity to the Inca sites on the left bank of the Rio Chilchos indicates a cultural affiliation to the Incas.

El Cedro

El Cedro is part of a section of the Pre-Hispanic road system located on the left bank of the Rio Chilchos at 9˙254,241 N and 207.845 E in the altitude of 1803 m.

The road section is in parts constructed with low walls that delineate a horizontal surface which facilitates walking. It ascends towards the west. The width in some sections is approximately 3 m. This section is part of the road network during the Inca occupation in the valley

Chilchos

Approximately 3 ½ hours walk from the Chilchos village in direction towards the west the archaeological site of Chilchos is situated at 9˙254,866 N and 205.816 E in the altitude of 2002 m, 140 x 50 m.

Chilchos includes two large areas divided by a big wall of approximate 1 m wide and 1,5 m high (Fig. 20). This wall runs from the south to the north leaving a great level area towards the west which stops where a retaining wall follows the direction of a small gorge. Here a circular structure was found with a wall width of 0,50 m and a height of 0,80 m, which probably had been part of a residential house. Towards the eastern end of the big wall several terraces follow the direction west - east ascending towards the north. Some of the terraces are more than 40 m long and a width of 15 m.

The circular structure suggests Chachapoya culture affiliation

Cascarilla Wasi

Cascarilla Wasi is located towards the east near the springs and on the left bank of the Rio Chilchos at 9˙254,457 N and 204.053 E in the altitude of 1997 m, c. 120 x 90 m.

The site is located on a leveled plain, located at the left side of the San Juan gorge. Characteristic is the Inca settlement pattern with some dispersed structures (Figs. 21 and 22).

Towards the north end is a rectangular bath or fountain. The conduit that supplied the water to the bath is placed on the upper middle part where the water was canalized into carved single stone blocks from above. The drainage in the bottom was not identified because abundant dry leaves and earth covered the floor. Two trapezoidal niches were placed on both sides of the water conduct to the bath. The western niche measured 25 x 30 x 30 cm and the eastern 30 x 40 x 30 cm (Fig. 23).

An open three-sided structure built into the bath shared one of the walls with the bath adjacent to the east with an entrance of 0.85 m. Some 15 m to the south of the bath a kancha structure (19 x 12 m) was located. The internal patio of 12 x 6 m is flanked on both sides by two symmetrical houses (8 x 6 m).

Near the kancha towards the south a structure (15 x 7 m), was divided by three symmetrical enclosures which we propose to be a deposit (colca).

A little distant and to the east of the kancha, a large rectangular structure, a kallanka, was found. The kallanka measures 33 x 9 m and has five entrances; two 1 m wide and three 2.50 m wide toward the west.

Two circular structures with a diameter of 8 m were localized to the north of the bath.

The bath shows finer masonry with longer carved stones. The other constructions are constructed of fieldstones laid in clay mortar and rise to an altitude of 0,60 m to 1,90 m, wall thickness 0,60 m.

The architectural characteristics define the site as a minor administrative Inca installation with a bath, a kancha, a kallanka and possible deposits and residential areas. The location was a strategically important point of control where the people at that time entered the valley of Los Chilchos from the west from Leymebamba. The site is related to the springs of the Río Chilchos (having a sacred significance to the Incas) and the Inca road. We named the site Cascarilla Wasi due to the existence of a lonely cascarilla tree standing next to one of the circular houses.

Condebamba

On the road to Casarilla Wasi the site of Condebamba is located at 9˙254,167 N and 207,336 E in the altitude of 1855 m, c. 20 x 80 m.

The site is situated on a plain near the left bank of the Rio Chilchos. On a rectangular platform (20 x 15 x 2 m), a rectangular structure (17 x 14 m) was constructed divided into two compartments (8.50 x 5 m, 6 x 5.50 m) with access from the southern side. A narrow terrace or banquet was constructed in front of the compartments with an open patio of 15 x 5 m (Fig. 24).

North of the principal structure, an angle of a stone structure was registered suggesting an earlier existence of several other house structures in this part of the site.

The walls are made of fieldstones laid in clay mortar with larger and medium sized cut stones. The height reaches 1,20 m.

This site has a direct relation with the Inca road that runs towards the south along the Rio Chilchos. Condebamba is probably an Inca *tampu*.

Palma A

The following sites at the left bank of the Rio Chilchos were named Palma after the name Palma of a gorge in the national map 14-h as the Chilchos people did not have a local name for the place.

Palma A consists of a system of stone terraces on the left side of the Rio Chilchos at 9˙256,364 N and 213.429 E in the altitude of 1692 m, c. 100 x 50 m.

The terraces present variable heights to 1.70 m and are constructed of fieldstones in clay mortar with larger stones at the base. In one of the terraces a fragment of Inca ceramics was encountered on the disturbed contemporary field surface, which indicate the system to be of Inca origin.

Palma B (Chasquitambo)

Near the principal Inca road coming from the east towards the west a rectangular structure was found at 9˙256,337 N and 213.148 E in the altitude of 1706 m, c. 8 x 5 m.

The structure measures 6 x 3 m with walls standing to a height of 0,45 m and wall thickness of 0,50 m (Fig. 25).

Due to the location near the Inca road and the presence of Inca ceramics at the surface the structure is of Inca origin. Chasquitambo keeps its ancient name as the place where the Inca relay runners the Chasqui spent the nights.

Palma C

At the left side of the Rio Chilchos is the archaeological site of Palm C, located about 30 minutes walk in direction of the Chilchos village at 9˙256,185 N and 212.879 E in the altitude of 1712 m, c. 20 x 12 m.

Three structures of circular form approximately 4,30 m in diameter are located on a plain (Fig. 26).

The site very is disturbed only a few stones are left. Probably belonging to the Chachapoya culture.

El Porvenir

El Porvenir is located on the left side of the Rio Chilchos at 9´256,170 N and 212.612 E in the altitude of 1707 m, c. 60 x 50 m.

The site consists of three structures of different dimensions:

A long rectangular structure divided into two (16 x 4.50 m; 13 x 4.50 m) with a rectangular side building towards the southwest (10 x 6 m).

Some meters towards the west of this structure is located a second small rectangular structure (4.60 x 2.60 m). The wall thickness of the rectangular structures is 0,50 m and they reach a height of 0,80 m.

The third structure is an oval/round house (11 m in diameter), wall height 0,80 m with a wall thickness of 1,10 m (Fig. 27).

The site is very disturbed and had apparently earlier many more rectangular and round structures. Remains of disassembled walls are stones accumulated in piles found in several parts of this site. The Chilchos people say that this place served as quarry to remove stones and to construct its bridge. The form of the rectangular and round structures indicates the occupation to be affiliated to the Chachapoya - and Inca culture..

Palma D

Palm D is an almost totally destroyed site at 9´256,185 N and 212.366 E and and in the altitude of 1707 m, c. 20 x 15 m.

A round structure of approximately 6,60 m in diameter was observed in dense secondary vegetation. The wall is only seen in parts and in a single row/ line. Stones from remaining walls of disturbed circular houses can still be observed (Fig. 28).

The site had clearly been cultivated before and the stones removed to make fences between the fields. The circular form indicates a Chachapoya occupation of the site.

Morropon

Morropon is 2 ½ hours walk from the village of the Chilchos on the right side of the Río Chilchos at 9´253,203 N and 209.602 E and in the altitude of 2247 m, c. 60 x 60 m.

Four circular structures are situated on a rocky promontory that descends from the northeast to the southwest. Previous to the constructions there was a process of leveling the original surface, through a system of terraces or platforms (10 x 7m a 10 x 12 m) that has varying heights from 0,60 m to 1,20 m (Fig. 29).

The circular structures have a diameter of 4 m constructed of double-faced walls of the circular structures are of larger and medium sized fieldstones with clay mortar. They rise to a height of 0,50 – 0,70 m, wall thickness 0,60 - 0,80 m.

Most of the larger structures are situated on the crest of the hill where most of the terraces are situated and diminishes in number descending. Affiliated to Chachapoyas culture.

La Luna

La Luna is located on the right side of the Rio Chilchos on the top of a mountain that extends in the direction of the northeast to the southwest. From here there is a beautiful panorama and control of the valley at 9´254,135 N and 211.266 E in the altitude of 2334 m, c. 50 x 100 m.

The crest of the mountain was modified with a series of terraces of varying amplitude, on which they constructed two circular structures (6 m in diameter) and a rectangular structure (13 x 3 m). The walls were constructed of fieldstones in clay mortar and stand to height of 0,60 m wall thickness 0,50 m (Fig. 30).

La Luna belong to the Chachapoya occupation with a later Inca presence.

Achones

This site is close to La Luna at 9´254,463 N and 211.788 E in the altitude of 2486 m.

Achones is a system of stone terraces constructed of retaining walls of varying length and height. The terraces follow the topography of the mountain hills from the highest part of the mountain and downwards. Thick vegetation covers the walls, but in between the vegetation a great number of the terraces can be observed along the mountainside. The proximity to La Luna indicates the terraces to belong to the Chachapoya culture later to be used by the Incas.

La Estrella

La Estrella is situated at 9´254,868 N and 211.660 E in the altitude of 2160 m.

The site has circular structures constructed on a wide leveled platform closed by a big retaining wall standing to the height of 1,50 m.

At the present only three circular structures (0, 70 m high) were noticed in the dense vegetation. The smallest has a diameter of 2,5 m and the largest 6,00 m (Fig. 31).

The site belongs to the Chachapoya culture.

La Fila de Contamana

The Fila de Contamana is located on the left side of the Rio Chilchos on the trail to La Luna at 9´255,121 N and 211.660 E and in the altitude of 2005 m.

A rectangular burial chamber was constructed at a natural opening of a great rock. The frontal wall of this construction partly is destroyed, which allowed observing the interior with remains of animal bones and some Inca pottery fragments.

The place is often used a cave for lodging hunters who frequently pass by this place (Fig. 32).

On the nearby large level natural plain circular structures are located with a diameter of approximately 10 m. They stand to a height of 0,60 m, wall width 0,60 to 0,80 m (Fig. 33).

Probably belonging to the Chachapoya culture.

Las Ventanas

Las Ventanas are easily observable on the journey from Los Chilchos to Leymebamba, at 9´256,221 N and 204.073 E in the altitude of 2557 m, c. 45 x 15 m.

The site conserves two structures of circular form with a diameter of 5 m. They rise to a height of 0,50 m, wall thickness 0,50 m. A part of a corner of a quadrangular structure is seen whose wall stand to a height of 0,60 m, wall thickness 0,50 m (Fig. 34).

The Leymebamba trail to Ls Chilchos crosses right in the middle of the site and according to information of the Chilchos people several of the structures were disassembled for the construction of the trail. The combined presence of circular and rectangular constructions indicates Chachapoyas and Inca occupation.

Discussion

The archaeological research has confirmed the Chilchos/Chachapoya affiliation and the heavy presence of the Incas in the region, as has been proved during our earlier investigations (Schjellerup 1997, Schjellerup et al. 1999, Schjellerup et al. 2003).

It has to be considered that only the visible traces of stone architecture were registered; but in this warmer climate most of the Pre-Hispanic settlements were undoubtedly constructed of perishable material as today where most of the *campesino* houses are made of timber or *muesca*.

The mention of long houses in the early colonial period (see the following chapter) also indicates relations to a characteristic lowland building tradition where the long houses were built of timber and palm leaves. Excavations around the registered archaeological sites and on more level areas would undoubtedly reveal postholes from both *campesino* houses and long houses.

In this way many of the apparently smaller sites were probably much larger. The mention of five *guarangas* (5000 tributepayers) under the cacique principal Don Hernando Chilcho at the time of the Spanish conquest (A 585 f 97v) suggest more settlements and residential houses that we have registered even taken the larger area of the Chilchos *cacicazgo* (chiefdom) into account.

Many of the minor settlements combine Chachapoya with Inca architecture probably for purposes of control.

Only Cascarilla Wasi shows features of a modest Inca administrative centre with the characteristics of almost all the Inca sites in the region with an Inca fountain, a kallanka and a kancha construction.

The amount of terraced mountain slopes witness of intensive use in the fertile Chilchos valley, which gave excellent conditions for agriculture for example maize cultivation and cotton production (as continued in the colonial period). Pre-Hispanic connecting trails cross cut the valley and the Incas made good use of the valley as one of an earlier major *entrada*. The *capac ñan* went to the major Inca site of Inca Llacta and from there further to the east (Schjellerup et al. 2003). There was a high degree of communication between highland and lowland until the end of the 16th century.

Chapter 3

The Chilchos People in the Colonial Period

The Historical Sources

Ethnohistorical research on the history of the Chilcho is a time consuming process. Only lately newly found archival documents are beginning to appear. Publications on the Chilcho are few and difficult to find.

The oldest existing historical source to mention the name Chilcho is found in a letter by the Spanish conquistador Francisco Pizarro to one of his captains, Alonso de Alvarado. Alvarado had invaded the Inca province of Chachapoyas in 1535 and given a report on the land to Francisco Pizarro in Lima. The letter is dated the 14th of January 1538.

In this document the principal *caciques* of the Chachapoyas province are mentioned:

"The principal cacique of Chachapoyas is called Guaman, [and he] with all his Indians and principals and villages and subjects [were present]. And also the cacique of Chilcho with his Indians and principals and subjects...." (Schjellerup 1997:25, 76, BNL A 585 f 111v, 112r).

Territory of the Chilcho

In the first colonial period in the 1540s the Chilcho is mentioned as the *Encomienda de Chilcho y Laja* that may be interpreted that the *cacicazgo* was socially-economically divided into the Andean dual/moiety system. The *cacigazgos* with its alliances apparently covered quite a large territory as mentioned earlier from the Valle de Los Chilchos (altitude c. 1600 m.a.s.l.) in the west stretching towards the northeast to an ethnic group called the Poci's or Posics. A location known as Laja and further to the northeast a sector is still called Posic, where it is said that the remains of an ancient village can be seen situated in the present district of Omia near the *caserio* of Nuevo Chirimoto (Davis 1988:51, Alfonso Saldaña personal comunicacion).

The Peruvian historian, Waldemar Espinoza, in his book "*Juan Pérez de Guevara y la historia de Moyobamba Siglo XVI"* (2003) places the village of Posic near Rioja, because a village of the same name is found on a contemporary map but this Posic is much too far away from the Valley de Los Chilchos. In the documents published in his book, the village of Posic is said to be situated some three *leguas* (a legua is 5,5 km) from the Orimona de la Sierra. A Santa Rosa de Orimona is found on a contemporary map about 5 km from Moyobamba but the ancient village was called San Miguel de Orimona.

The Spaniards considered the Posic a less civilised group compared to the Chilcho and to encourage the "process of civilization" the Posic were administratively placed under the custody of the Chilcho *cacique,* Don Gómez de Toledo (Espinoza Soriano 2003:70,81) but the Chilcho were probably allied with the Posic to get access to and obtain *Selva* products. Espinoza Soriano mentions the frequent contact and skirmishes between the various groups of the Chilcho, Posic and the Orimona further to the northeast due to Spanish political and economical pressure. However, a certain tension with frequent skirmishes and raids seems to have been latent between the Posic and the Orimona for a long time in the Pre-hispanic period.

The place names of Laja, Posic and the villages of Ipapuy, Ipoala and Jibil are not to be found on any contemporary maps. Other *Ceja de Montaña* groups were living along the Río Huambo, which is also a tributary of the Río Huayabamba during the same period (Schjellerup et al. 2003).

Consequences of the Spanish Colonial policy

The Spanish Colonial policy that had severe consquence for the Chilcho people consisted mainly of the *encomienda/corregimiento* institutions and the policy of reductions. There was also a large decline in the population due to different epidemics – measles in 1546, smallpox and measles in 1558-59, smallpox in 1585-1591 (Fig. 35) and other epidemics later on (Dobyns 1963). The population decline was extremely rapid and Cook particularly records that the Chachapoyas region staggered areas of demographic collapse (Cook 1981:195).

The *encomienda* was a political and economic unit given by the Spanish Cown to meritorious *conquistadores* and their descandants for two or three generatiopns. The *encomendero* received a certain number of Indians in his *encomienda*. They were held "in custody" and the ecomendero could use their labor free to extract tribute. European crops and animals were introduced on the land of the Indians, which were often in demand as tribute for the *encomendero*. He was responsible for the good treatment of the Indians and their education in the Christian faith. The *encomienda* did not give any rights of ownership or use rights concerning the land. The Spanish Crown was sovereign possessor of all land.

Spanish law forbid the *encomendero* or other Spaniards to live among "his" Indians, but this was often violated. The Indian *caciques* received the title of "Don" and were exempted from paying tribute and *mita* (forced labor) because of their status, but they were obliged to collect the tribute of their subjects and conscript them for the *mita*, besides attending to the cultivation of land. (Schjellerup 1997:80).

However, the *caciques* could present their legal claims directly to the *Audencia de Lima* and thus avoid the authority of the *Corregidor* who was their immediate superior (Rowe 1957:157). This was exactly what the enterprising *caciques* from the *Repartimiento* of Leimebamba and Cochabamba did, as will be explained later.

Dramatic changes took place from the end of the 1560s due to the various reforms of the Viceroy Francisco de Toledo (1569-1581). Among them was the law authorizing the *reducciones*, reductions, where the resettlement of the native population from their villages or from their dispersed habitat was the most radical. The populations were placed in new villages, which were laid out in a grid pattern with a church and an open plaza. The population size was dependent upon the natural resources. They had to support a priest, pay tribute and maintain themselves. There appears to have been up to the number of about four hundred tribute paying Indians in a parish, a socalled *doctrina* (Romero 1921:174). The purpose was to facilitate the Spanish political administration, particularly the collection of tribute and the religious indoctrination. Problems resulting from the compulsory displacement were numerous – ethnic affiliations were ignored, political units were divided and the authority of the local leaders broken (Schjellerup 1997:81). In the remote Chachapoyas province only doctrinas with a priest was established in the reduced larger villages.

The first Encomenderos and the Caciques

Captain Alonso de Alvarado became the first *encomendero* of the Leymebamba, Cochabamba and the chilcho Indians in the Chachapoyas province. When he left Chachapoyas around 1546 the *cacique* Guaman was dead and his succesor the *cacique* Alonso Quinyop is mentioned as *cacique* for the the highland Indians with a 1000 tribute payers while the cacique Chilcho, Señor de los Ancingas (Anayungas) had 1500 tribute payers (Duthurburo 1986:145).

The *encomienda* of Alonso de Alvarado was handed over on the 27th of August 1548 by a decree of La Gasca:

"I surrender the encomienda to Captain Juan Pérez de Guevara with the caciques from the principal villages and the highland and yunga Indians and the mitimaes and Chontales which were under the mariscal Alonso de Alvarado at the limits of the Ciudad de la Frontera de Chachapoyas in acordance with the the cédula given by the marques Francisco de Pizarro..." (AGI Patronato real 123 Ramo 4:59r).

In the same year a ceremony in the provincial town of Chachapoyas was celebrated on the 8th of November 1548 in which Captain Juan Pérez de Guevara took possession of the *Encomienda de Leimebamba, Cochabamba y Chilchos* after Alsonso de Alvarado. Here again the *cacique* Quinyop is referred to as the *cacique* for the native highland Indians but the *cacique* Chilcho is mentioned not only as Señor, Lord, of the Aneyungas naturales and *mitimaes* but also as Señor of the Chontaces (AGI 123:51v) (Fig. 36).

In 1554 the Padre fray Juan Ramirez of the first Augustinians arrived at the *encomienda* of Captain Juan Pérez de Guevara in Leimebamba and Cochabamba where he founded a convent in Leimebamba called San Agustin de Leimebama. He continued to Moyobamba presumably following the trails along the eastern river systems from the Valle de Los Chilchos. Thanks to the Augustinians we have a very vivid and truthful description of that part of the Chachapoyas region. They emphasized the great danger of travelling to these places because of the many jaguars. The danger of jaguars is also mentioned later by the lowland Orimonas (Espinoza Soriano 2003:135), and it is a problem existing up till present time (Schjellerup et al. 2003).

*"a land very impassable and very humid, as it rains all year round; this is why the Indians have their houses built on the top of the mountains, the houses are high and round; they almost reach to the Motilones, and there nearby it is worth mentioning that all the Chalchos (Chilchos) Indians both men and women have big glands".*Los primeros Agustinos [1550-1570] 1916:56)

The big glands may be proof of an insufficient nutrition lacking iodine why the people had developed struma/goitre.

The Chilcho people were under a very heavy burden and traumatic experiences during the colonial period.

The first *encomendero* Alonso de Alvarado had forced the Chilcho to work in the gold mines of Santo Thomas de Quillay as *mitimaes*, probably just continuing the labour tribute demand formerly made by the Incas. However Juan de Guevara probably recognized the poor labour by the Chilcho in the mines. They suffered the coldness of the mountains and they escaped the hard work by running away into the *montañas*, the forested hills, so he decided to bring them back to their place of origin (Espinoza Soriano 2003:53 - unfortunately we have been not able to verify the text in the original document, as its location is unknown).

Undoubtedly Juan de Guevara realised it was more feasable for him to force the Chilcho to pay their tribute in cotton cloths and other products found in the valle de Los Chilchos.

Decrease of Population

At that time there had already been a population decline from the Inca period around 1530, where the *parcialidad* de los Chilcho with the *cacique principal* Don Hernando Chilcho is said to have had 5 *guarangas* (5000 tribute payers).

" They say that Don Hernando Chilcho is cacique of the Chilchos parcialidad who was in charge of five guarangas and now there are no more Indians than that are registreredin this visita. The mentioned cacique has had his office for sixteen years in this part of the country. And there are six principales and three more, nine in all that are in charge without any objections or internal differences".(A 585:97v).

In 1546 when Alvarado left, there were 1500 tribute payers and only 1000 tribute payers later under the encomendero Juan Pérez Guevara (Espinoza Soriano: 71). TheEuropean diseases were responsible for the great loss of people. A climate change, the Little Ice Age may have given problems in growing certain products in the warmer *yunga* valleys.

Several authors have dealt with the difficulties of estimating the correct number of inhabitants in the pre-Hispanic and early Hispanic periods. They have come to different conclusions concerning the number of persons to be attached to the tribute payer in order to calculate the total population in Peru in different time periods. Rowe offers the value of 5, Smith 6, Cook says between 5 and 9 and Golte gives 6 (Rowe 1946:264, Smith 1970, Cook 1970, Golte 1973:265).

Based on the assumption that a family has 3-4 children and grandparents I will suggest a number between 7 and 8, which means that the total number of inhabitants in Los Chilchos (including the Laya, the Chontaces, and the Posic) may have reached 7- 8000 people during the first years of Juan Pérez de Guevara.

The Incidents in Los Chilchos

In Los Chilchos, the encomendero Juan Pérez de Guevara placed a Francisco Menacho as mayordomo from December 1548 to April or May 1550 to supervise the cultivation and fabrication of cotton textiles and the payment of tribute to be transferred to his house in Chachapoyas.

During a rebellion and invasion of the Posics into the valle de Ipapuy in 1549 the Corregidor of Chachapoyas, Don Gomez de Alvarado, forced Juan de Guevara to take action against the involved parts as they all belonged to his *encomienda* at that time. He took off with ten Spaniards, among them Francisco Menacho, and a great number of people from Leymebamba and Los Chilchos (Espinoza Soriano 2003: 69).

The expedition was very violent and several of the Posic *caciques* were killed. Before returning to Chilchos, Francisco Menacho was told to install a pigyard in Posic where the pigs were to be fed by maize which the Posic were said to have learned to cultivate. At first only the maize was used for tribute but later cotton textiles were included in the tribute. A Francisco Jara was placed as *mayordomo* in charge of educating the Posic in the fabrication of textiles in the form of blankets, shirts and shawls. Five other Spaniards were then placed in Posic and lived there until 1556. (Espinoza Soriano 2003: 70, 112).

From 1548-49, the *encomienda* of Chilchos and Laya had to produce the outrageous amounts of 900 pieces of cotton cloths, 150 panes of wax, 2800 cylinders of honey, 5510 balls of spun cotton, 594 baskets of dried fish, 1054 chicken, 20 fanegas of maize, 33 beams, 46 trunks of the chonta palm, 50 boards and 2 beds of timber (Espinoza Soriano 2003:81) a burden which became even worse in the years to come.

The *mayordomos* received part of their payment in the textiles, which they were able to sell.

At that time La Gasca still had not provided any regulations of the amount of tribute that could be demanded on the indigenous people, which is why the *encomenderos* had a free hand to exploit the poor Indians. And even when the new valuation regulations came into force in 1561, Juan Pérez de Guevara refused to obey. This became the reason for a lawsuit in the Real Audencia in Lima forwarded by the *caciques* from Leimebamba and Los Chilchos in 1564 which is mentioned below in which Pérez de Guevara was finally sentenced to prisoned but for a very short time.

During the years, Juan Pérez de Guevara had been able to collect 5077 pieces of cotton cloth, the greater part coloured, 394 panes of wax, 7735 cylinders of honey, 5610 balls of spun cotton, 4400 baskets of peanuts, 660 baskets of dry fish, 510 chicken, 5000 salt stones, 90 fanegas of wheat and 200 fanegas of maize and later further 60 loads of chonta and 6 trunks of cobber to make nails (Espinoza Soriano 2003:112,119)

The natural cotton from Los Chilchos come in many colors from white to brown (based on present day collection but they may have had other colors as well) which is why the delivery of cotton cloth as tribute could not be given in one color only. So though it seems that the Spaniards in the major towns in Peru preferred only white the Chilcho had to colour their cotton into one colour (brown?) to be able to satisfy the *encomendero* because colored cotton gave a better prise in the market. In the lawsuit in the Audencia de Lima the Chilcho were very much against colouring their cotton and wanted the *encomendero* to accept the different colours in the natural cotton (Espinoza Soriano 2003:112).

The insatiable and greedy *encomendero* ordered a brother of his Francisco de Guevara (1561) to go with a group of Chilcho, Laya and Posic (under the *caciques* Don Pedro Matoche, *cacique* of the Chilchos, Don Gómez Atilao, *cacique* of Laya, Don Cristóbal Colimbo of Ipaola and Don Juan, Don Diego and Don Pedro, *caciques* of Posic) to raid the Orimona, an ethnic group further to the northeast. The Orimona probably consisted of the Orimona de la Sierra and the Orimonas del Valle.

The very cruel assault was carried out with hunting dogs and machetes and almost wiped out the whole population. Their houses and fields were burnt and some of the wounded were taken back to Posic. A witness declared afterwards that the attack had only been carried out by the order of the *cacique* from Chilcho, who claimed that the climate en Los Chilchos was too cold for the cultivation of cotton (the Little Ice age?) and they did not have any wax. It was said that the Orimona did not want to grow cotton though their climate was very suitable for the cultivation. So in order to comply with the tribute the Chilcho was compelled to take action.

Juan Pérez de Guevara probably forced some of the Chilcho, the Laya and the Posic as hirelings with the help of his brother to go into the warfare against the Orimona because he wanted to include the area in his *encomienda* to get more cotton. One of the problems was based in the political administration of Chachapoyas and Moyobamba, where the *encomienda* of Pérez de Guevara with Leimebamba, Cochabamba and Chilchos (including Laja and Posic) belonged to Chachapoyas and the Orimona de la Sierra belonged to Moyobamba. Another problem was that Juan Pérez de Guevara possessed an overwhelming local influence of power and was able to manipulate, threaten and violate the indigenous people as much a he pleased and no one took action against him expect for the lawsuit in 1564 and other complaints (Schjellerup 1997).

From the description of the outcome it seems that the attack was against the Orimonas de la Sierra as the they were robbed of 100 llamas, many blankets and clothing, a certain amount of balls of spun cotton (if they did not grow cotton?) many blow guns, macanas, hunting nets (for birds?) and plenty of guinea pigs. (Espinoza Soriano 2003: 125).

Another Jara, Enrique Jara (brother to Francisco Jara?) was ordered by Pérez de Guevara to distribute the Orimona land into new cotton fields and take care of the tribute collecting. Enrique Jara comitted other cruelties against the Orimona population with some of the Chilcho, Laja and Posic people during the next six years despite the objections of the other *encomenderos* of the Orimona, who lived in Moyobamba. The assaults by the Laya and Posic against the Orimona continued into the 1570s.

Espinoza Soriano lists the complaints of the *caciques* Don Hernando Chilcho of the Chilchos and Don Alonso Lonquín from Leimebamba together with Don Diego Capilayo, principal of the Posic, Don Cristóbal Colimba, *cacique* of Ipoala y Don Francisco Unpuancho.They had the case brought forward to the Audencia de Lima against their *encomendero* Juan Pérez de Guevara in 1564. Here we only cite a selection of the complaints published by Espinoza Soriano (2003):

- he (Juan Pérez de Guevara) forced the yungas Chilcho to work in the mines in Quillay, situated in cold lands, which motivated the indigenous to run away

- permitted that Menacho killed Chuylonqui, a Chilcho, by cutting his head off with his sword in the village of Olcos

- permitted that Menacho cut the nostrils of the indigenous Sosia Otano in the village of Ipapuy

- agreed that Menacho in the village of Pilaya closed a longhouse (galpón) with a large group of indigenous of both sexes to spin, weave and make cloths without giving them food, then giving them as dessert the possibility of escaping to the mountains where many of them, died of hunger. Of the others who were caught some of them had their nostils cut others

were left powerless having part of the flesh of the legs cut off and the rest had their ears chopped off. Among the victims are mentiones a Tipoc Punti and Quiunti

- allowed Menacho in Leimebamba to hang two Chilcho caciques (Chingatopa from Ipapuy and Miango from Jibil) up side down by their feet a whole day because they had not brought and delivered the cloth according to the quality the encomendero wanted. He did not permit cloth of bad quality

- that the mayordomo Menacho when he lived in Chilcho and in Laya ate, drunk and lived a loose life as all mayordomos on the cost of the indigenous people

- that the mentioned Menacho violated the women he liked as he pleased among the Chilchs people

. that he at the same time sent the Spaniard, Diego Pérez, to Los Chilchos to control the fabrication of cloths and take care of the pigyard staying there for three years and four months

-that he ordered a Diego Pérez to snatch away maize and arracachas from the Chilcho to breed and fatten the pigs that belonged to him the encomendero

- that the Chilchos ran away because of all the abuses to seek protection in the montaña to the "Indians of war" that still were not conquered and definitely did not go back

- that he ordered the Spaniard, Juan de Horosa, to go to Chilcho y Laya to find mines, and Horosa, to comply laid (violent) hands on many of the indigenous, one of those, Pincho, died crushed by the cliffs

-that he had whipped, beaten and kicked Miguel Mellec, brother to the Chilcho cacique, because Mellec had denied telling him the location of some mines leaving him with a broken arm and some broken ribs. The chastisement was so bad that the noble Mellec was left apalled almost dying

- that he had allowed his three mayordomos (Menacho, Jara and Pérez) to keep the Chilchos and Laya men and women enclosed in longhouses to make clothes-

- that he had employed a large amount of indigenous people in transporting the tribute from their villages to his house in Chachapoyas

- that he had ordered Diego Pérez to force the Chilchos and Layas to cultivate more chacras of cotton in excess of the amount for the tribute. In two years they got more than 700 arrobas (8.050 Kg) placed in his house

in Chachapoyas without paying anybody anything

Juan Pérez de Guevara was only kept in the prison in Chachapoyas during his case where he denied all the serious accusations. As Espinoza Soriana remarks the outcome of the case is unknown and Pérez de Guevara was a free man shortly afterwards. He died in 1569 and left his *encomienda* to his son Francisco de Guevara who seems to have been of the same caliber as his father

After Juan Pérez de Guevara

In 1570 the *Parcialidad* de Los Chilchos is seen in the documents to belong to the *Repartimiento* de Leimebamba y Cochabamba under the *encomendero* Don Francisco de Guevara. He received the *encomienda* on the 1st of August 1570 and the three *caciques principales* Don Alonso Lunguichuquimis, *cacique* of the provinces of Leymebamba, Don Juan Chilcho, *cacique* of the provinces of Los Chilchos and Domingo Guacara, *cacique principal* de Los Guancas (originally a *mitimaes* group transferred by the Incas) were present during the takeover.

Francisco Pérez de Guevara also claimed his right to the Orimona and a new lawsuit broke out with another *encomendero* who fought for his rights but during the case Don Francisco died quite suddenly before the case could be resolved.

In the many the years of objections of the Orimona towards the Spanish authorities many of their *caciques* talked *quechua* (the language of the Incas) although they manifested that they never became subjects of the Incas (Espinoza Soriano 2003: 154).

Not only were several cases between *encomenderos* and *caciques* brought forward to the Audencia de Lima but also internal titles to land between several of the *caciques* in in the *Repartimiento* de Leimebamba y Cochabamba.

In 1570 some of the witnesses came from Los Chilchos to support the highland *caciques*.

Antonio Omimalo, from Los Chilchos was presented as a witness by the *cacique* Don Francisco Guaman. Two years later in 1574 Don Francisco Guaman presented Pedro Ichan, Indian from Chilcho – more than 70 years old and Don Francisco Guaman's rival the *cacique* Don Gomez Tomallaxa presents Alonso Aliochaz, an Indian from Los Chilchos apparently 80 years old (A585: 88r, 97r, 118v, 119r)

In 1574, the Chilcho still belonged to the oldest son of Juan de Guevara, Don Francisco Guevara (BNL A 585 f 118v, Vizcarra 1574 published in Espinoza Soriano 1967:307) but the Chilchos part of the *encomienda* was probably returned to the Spanish Crown at his death (Schjellerup 1997:83).

Removal of the Chilcho

Nine years later in 1583 *the Repartimiento of Leymebamba and Cochabamba belonged to the Corregimiento de la Provincia* of Caxamarquilla and was under the *encomendero* Juan de Guevara, the second son of the first Juan Pérez de Guevara, as Francisco had passed away.

"The Repartimiento de Laymebamba y Cochabamba , is under Don Joán de Guevara, and there are certain situations concerning the tributes . It has 912 Indian tribute payers and 5203 persons, reduced into the three villages called Santo Thomás de Quillay and Elifonso and Cochabamba".

The certain situations must imply some kind of problems and change not only with the tribute. The problems undoubtedly had something to do with the heavy burdens of tribute and abuse of the encomendero, The mention of Elifonso refers to San Ildefonso de los Chilchos and means a change in the location of habitat as the new village was and is situated in the Sierra in the altitude of approximately 2700 m.a.s.l.. The new San Ildefonso de los Chilchos is here mentioned as a reduction as part of the Spanish policy of reductions.

However, around 1580 a *Repartimiento* of Chilchos and Laya appears a a *separate repartimiento*, property of the Spanish Crown under the *Corregimiento de la Provincia* of Caxamarquilla with 353 Indian tribute payers and 1457 persons (old age, women and children) reduced into the three villages called Santa Mónica, Sant Guillermo and El Asiento de Tambo (Maurtua 1906:262). Today we have no references where these villages were situated and even in the *visita* by Mongrovejo in 1593 these locations are not mentioned.

It thus appears that the Chilcho were removed to San Ildefonso de los Chilchos and others (the Laya?) to the three other villages.

Nevertheless we know from the municipal archives that several other villages, such as Leymebamba, which do not appear in the visitas, continued to exist at that time (Titulos de Leimebamba, Regional Archive, Chachapoyas). If demographic counts and analyses are based only on official numbers from the reductions from this period, without research on the local level, serious misinterpretations may be the result.

The reduced village San Ildefonso de Los Chilchos belonging to the *Repartimiento* of Leymebamba and Cochabamba in 1583 and consisted of people from Los Chilchos. However, the oral tradition in the present village Montevideo (the former San Ildelfonso de los Chilchos) tells that the people went away from Los Chilchos (the Chilchos Valley) to live in another village at a higher level because a serious illness threatened to wipe out the whole population. It might have been small pox or other illnesses (Figs. 35 and 37).

As mentioned the archbishop of Lima, Toribio Mogrovejo, visited Chachapoyas in his second pastoral visit in 1593 where we find many of the place names but with only a few inhabitants.

"-The caciques Don Juan Chilcho and Don Pedro Yaxa (Laya) with 56 Indian tribute payers among those three crippled and one mute in San Ildefonso de los Chilchos, anex of the Santo Thomás doctrina.

-Padre Fray Francisco Cabezón of the Mercedarian order is priest in the doctrina of Taulia. It is very difficult to get to the doctrina as the priest must take uppermost care and caution because of the Motilones and Jeberos Indians who normally leave for Laya and Posic and this area to cut off the heads of the Christians, and all of the trails are very bad and dangerous.

-The village of Laya was depopulated because of the fear of the Ancaes (savage Indians) only three Indians are left.

The village of Ipapuy which is 7 leguas of very bad trail with danger of being attacked by the Ancaes had 22 married Indian tribute payers and 12 old Indians, married and single and 12 Indian women, widows and single and 16 boys. This time only 11 persons.

-The village of Possi [Posic] had 26 married Indian tribute payers and 9 single Indian tribute payers, 10 old Indians free of tribute, married and single and 8 Indian women, widows and single and 16 boys and 22 girls, en total 91 souls. This time only 28 persons. The population lives within the montaña and dangerous country with enemies. The report on the yanaconas in charge of the llamas in the estancias is in the information given by the Señoria which is in this book, and all of them are anexes of this doctrina – and they have more people and villages in the highlands outside the montaña." (Mogrovejo 1921:51, 65).

Most of the locations in the montaña seem to have disappeared in the 17th century as the reduced villages Santa Mónica, Sant Guillermo and El Asiento de Tambo in the Repartimiento of Chilchos and Laya mentioned ten years earlier. They may have been populated as reductions for a very short time if existing at all.

So we find a very dramatic population decline in the first 50 years after the conquest with plenty of abuse from the Spanish invasion and finally the Chilcho people reduced to San Idefonso de los Chilchos.

From later in the colonial period there are very few references to the Chilcho people. One of them is a Albaro Jausen, Indian from Los Chilchos, who owed one of the *caciques* from Leimebamba Don Juan Pisarro Guaman tre reales, but he lived in the hamlet of Xembo, near the village of Uchucmarca.

The Visit of Bustente Zevallos 1686

However in the Visita de Bustente Zevallos from 1687 we get the personal names of the ordinary Chilcho people living in San Ildefonso and their ages and family stucture (Table 1). The very same visita was undertaken in San Ildefonso de los Chilchos with the presence of all the caciques from the parcialidades and villages in the Chachapoyas province.

Table 1. Numeration of the Indians in San Ildefonso de los Chilchos, 1687.

Persons and families		Age
Don Chilcho, Blas Geronimo	Widower	46
JuanChilcho (vive en Lima	Son	
Chilcho, Francisco	Brother to Blas	29
Chuiguala, Augustina		24
Chilcho, Joachin		12
Solin, Francisco	No children	29
Sonila, Barbola		29
Puimal, Geronimo		37
Puimal, Lorenzo		17
Puimal, Pedro		9
Choacha, Maria		31
Rosa, Maria		4
Choacha, Maria		12
Choacha, Poloni		3
Chuin, Juan	No children	29
Petrona, Maria		29
Matripen, Joseph		26
Augustina, Juana		29
Rosa, Maria		2
Puimal, Pedro	Single	17
Llicat, Pedro	Single	25

Solin, Christoba	Single	18
Bala, Gregorio	No children	57
Ysabel Accla		57
Dumguma, Ysabel	No children	57
Pedro Casio		57
Piondo, Miguel	Single	52
Piquin, Miguel	Single	-
Chilcho, Lasaro	Orphan	18
Chilcho, Juan	Dead	
Poma, Juan	Orphan	9
Poma, Juan	Dead	
Lam, Maria	Orphan	5
Sambul, Juana	Widow with children	46
Rosa, Maria		10
Sambul, Basu		7
Theodora		4
Chuquimasan, Agustin	Orphan	½
Chuquimasan, Ynes	Widow	-
Cono, Maria	Single	47
Guala, Ysabel	Widow	46

Origen from Mian		Edad
Garcia, Domingo	Orphan	12

Chilchos, who do not know their origen and pay tribute to the Royal Crown		
Felis, Juan		49
Quiniti, Ana		45
Felis, Maria		16
Felis, atalina		9
Felis, Eusebia		5
Cullas, Juan	sin hijos	24
Angelina, Juana		30

Total	
Persons	48
Widower	1
Widows	3
Orphans	5
Couples with no children	5
Singles	6
Households	19

The few numbers of persons where six couples out of nine have no children and five orphans witness of a drastic populations decline and very hard times.

The Chilchos Valley remained abandoned and the population survived in a very limited number in the new village of San Ildefonso de los Chilchos, which exists to day under the name of Montevideo (Fig. 38).

The Chilchos Song

Beloved valley of the Chilchos
the land where I was born
Land of brave men
Don Genaro was the discoverer
Land of brave men
Don Genaro was the discoverer
your entrance is beautiful
penetrating into the east

Your entrance is beautiful
penetrating into the east.
Your children remember you today
and sing for your with their hearts
Your children remember you today
and sing for your with their hearts

You are a tempel of education
with the best teachers
who give our children education
This is the hope of our place
to give our children education
This is the hope of our place

Chapter 4

Modern life in the Chilchos Valley

Recent history of the Chilchos

The Chilchos have but a faint memory of the ancient history of the valley. They say that the name correspond to the chiefdom Chilcho in the Inca period. They also recognize that indigenous people inhabited the valley and that two of them appeared on the hillock named Ullipe near the Raymipampa village, today Leymebamba. This was before the year 1575. Around that time they say there was a heavy epidemic of smallpox. They therefore presume that these two brought the disease to Los Chilchos almost wiping out the whole population. The remaining were transferred to the village San Ildefonso de los Chilchos, now called Montevideo. From that time the valley of Los Chilchos was forgotten until the so-called discovery of Don Genaro Hidalgo Chávez in 1900.

The trail to Los Chilchos was constructed as a contract between Leymebamba, San Pedro de Utac and Montevideo (the former San Ildefonso de los Chilchos). Because Montevideo and San Pedro de Utac after some years did not fulfill their part of the contract Valle de Los Chilchos became part of Leymebamba in 1936. The annex of Los Chilchos was founded in 1939 when several migrants arrived from Celendin to live in Los Chilchos. But the recent history begins with the first expeditions in August 1900.

Don Genaro Hidalgo Chávez' expedition

The history of Genaro Hidalgo Chávez' expedition is told by one of the oldest persons in Los Chilchos Don Eusebio Garay (see frontpage), son-in-law to Robertina Hidalgo Jáuregui, daughter of the pioneer Genaro Hidalgo Chávez:

The discovery of the Chilchos Valley

You have to know our earlier history to appraise the past and progress in the future. Eusebio Varay, who writes this story, is 79 years old and comes from Chuquibamba. He has been living in this place for 46 years

> **Box 2: Methodology**
>
> The basic methods of data collection for the evaluation of the agricultural system in relation to the natural resources consisted of participant observation with structured and semistructured interviews (based to a questionnaire elaborated by Inge Schjellerup and Carolina Espinoza) in the Chilchos Valley.
>
> The objective was to understand the socioeconomic processes with regard to land tenure and land use, crops, production and possession of livestock. Importance was attributed to the perception of the environment and folkloric beliefs.
>
> The ethnobotanical research was carried out in collaboration with the botanical module.
>
> A map of the location of the households was elaborated with the use of GPS (Global Positioning System) and sixty families, the total of the population of Los Chilchos were interviewed. The household was considered as the domestic social and economic unit characterized by having a common residence with a kitchen.

and was a courteous son-in-law in the life of the Señora Robertina Hidalgo Jauregui, who at the age of 14 accompanied her father Don Genaro Hidalgo Chavez in his first discovering journey to this beautiful place to be known by my kinsmen.

My mother in law told me that when she was 14 years old her father Don Genaro invited the authorities in Leymebamba to a meeting where he suggested that a expedition should be organized to go to the Chilchos Valley to rediscover this abandoned area which had been left for many years and reach at the place which had belonged to the Chilchos civilization.

Full of joy and pleasure to know of the good intention of Señor Genaro the authorities accepted with great affability and asked him to find out who should be memebers of the expedition. He then told them that he already had prepared some people and presented the gentlemen Don Juan Jose Escobedo and Licenciado in bordering questions in Iquitos, Don Fermin Jauregui, Licenciado in Lambayeque, Don Anamias Vergaray and his daughter Robertina Hidalgo Jauregui as members of the first expedition.

One day in the month of August 1891 they left Leymebamba from the place of the Chávez, today the property of Señor Hector Dias Aguilar. They arrived at the summit of the Negro (Fig. 39) and looking at the lovely valley they descended boldly into the valley taking the future trail by the mountain they called La Rayo, following the ridge descending at the landmark at Laurel Pilon.

After four days they arrived at the banks of the Río Chilchos following the river until they came to the place where it meets another river that they called Rio Tingo.

In this place they found edible plants as manioc, bananas, and some old huts covered by rokoto plants (pepper plants), which they concluded had belonged to the Chilchos civilization.

They stayed for two days and going back they set up a camp in what today is the parcel Santa Clara of professor Largo Colquitt Valle. Here they stayed for three days planning the return journey. Señor Genaro said:

"Let us see how we have to proceed to return. I think we should leave along the ridge that served us as a guideline. I think we should do so returning".

His companions answered: "You are the one who orders". They then had to decide who should be left back in the Chilchos to guarantee the discovery for the reason that it did not make any sense in carrying out the expedition if nobody was left to prove the presence of the commission. Don Genaro then said:" My brothers, I am of the opinion and I decide that Juan José who know most of the Selva that he stays here".

The others answered: "You are the one who orders" and Juan José said that he was not afraid nor did he mind to stay because his experiences in the Selva would ensure his survival until the commission returned with good news.

Having heard this Señor Genaro embraced him and congratulated him for his guarantee and courage and Don Genaro said to him: "You will stay here, my brother, in the shadow of Our Heavenly Father and we will be with you gain after some eight or ten days. You, Anamias Vergaray, will leave the same way we came and have the mission to give the news to the authorities who are coming to meet us in four days with provisions and people near the Andean summit and I together with Robertina and Germin Jaurequi will leave along the ridge of Tingo Chico to discover a path to make a trail."

They all accepted with pleasure and he continued: " ou ask me hy I do this? Quite simple, if we all leave together each of us will have to tell the difficulties we are experiencing and nobody will want to come and accompany us to finish the expedition because of the sufferings we are experiencing. But if we leave our dear brother Juan José and as soon as the first arrive *[in Leymebamba] he will say that they need to make a second expedition because we have left our brother alone and without food". His companions congratulated him with his strategy.*

The 6th of August the same year, on a beautiful clear day, Don Genaro gave his blessings in the name of God to his brother Juan José and they left for some days. Anamias took the route they showed him and the three others went along the ridge that today is called El Rayo.

After six days they arrived at the highest mountain called Negro Chico. For three days they did not have any food, as all the food was eaten ascedending the ridges, only some salt and a little bit of cancha (roasted maize) for the girl.

During the three days they only had coca to chew. The sixth day they stayed at the summit of the "Negro". The men were almost without any energy. On the morning of the seventh day Señor Genaro said: "If we do not meet somebody today at the læatest the only thing we can do is to kill our faithful little dog although with pain in our hearts. Stay with us to kill the little dog. Fortunately we have salt for the soup."

The instant moment he stopped speaking they heard a noise as from a gun from the highest point of the pajonal and they answered with another shot. It was the last shot they had left, and again they heard a gunshot coming from the same direction. They then began to walk in the direction of the gunshots.

Later at six o'clock the same day on the rough path and in the dense vegetation they met their countrymen in the place that they called El Encuentro (the Encounter) and here in this place they embraced their brothers Leimebambinos. They continued forward and arrived at a cave.

On the clear and beautiful day the high mountain in front of them suddenly became covered with a black blanket of ice and they were wrapped in black and it started raining with big hailstones covering the whole area in a white blanket, and destructive flashings of lightening, thunder and lightening shaked the earth all over. For this reason they called the place at the cave el Rayo, the flash of lightening, a name it has kept till today.

The commissioners gave them roasted meat, cancha and bread, but the poor expedition members could not chew due to their swelling jaws because they had not had any food food for four days and they said that they preferred a soup in the camp and therefore continued their way to the high mountain where more people were waiting with warm soup. The moon being full the heavy rain stopped and they stayed overnight in this place.

In the morning the discoverer [Don Genaro] asked them to return with the luggage to inform the authorities that at four o'clock the following day they would arrive in Leymebamba. And the others would accompany them where the trail should become the real path.

They returned to the cave at El Rayo and left in front of the place that today is called the Almendras (almonds) and came to the pajonal where a fox crossed the trail and therefore called the place El Zorro, the fox, which still has that name.

The same day at four o'clock they arrived at Zizo Huayco where they met the authorities and many people with wind instruments as the quena playing beatiful melodies and thus they arrived to their beloved village at six o'clock in the evening and an incredible party was held in the bonour of the five discoverers.

Two days later the common assembly agreed and allowed Don Genaro and his companions and many people a second journey to open the path to the valley. He went ahead with the provisions because he could not wait to meet his brave brother and companion and after eleven days he returned to embrace him in a healthy state. This was what the narrator said about the origin and discovery of the Chilchos valley. Signed March 15 1999.

Engineer Alan Arturo Melendez Pamo, grandnephew to the discoverer of Chilchos compiled the story May 3 2004.

Administrative and political relations

Politically and admistratively Los Chilchos valley belongs to the District of Leimebamba, Province of Chachapoyas, The Amazonas Department, although geographically most of the territory belongs to the Huallaga Province, Department of San Martin (Fig. 40).

The Chilchos valley has a *teniente gobernador,* an *agente municipalid* and a president for the *comunidad* and his *junta directiva.*

The *teniente gobernador* is appointed by the prefectura in Chachapoyas and represents the sitting government. The *teniente gobernador* is in charge of the public order, prosecution and transmit the cases to the court in Chachapoyas. He also grants certifications for cattle to be sold.

The district mayor of Leimebamba appoints the *agente municipal.* The inhabitants of the districts and provinces elect provincial and district mayors. The mayors represent a political party or an independent list for a period of five years after the latest modification of the municipal law. The *agente municipal*, a secretary, and a treasurer are in charge of the cultural heritage, urban development and the security of the citizens.

The president of the community and his council, the treasurer, sec-

---

Box 3: The History of Los Chilchos

c. 1200	The Chilchos chiefdom with the Chilcho, Llaja, the Anayunga and the Chontaces ethnic groups.
c. 1470	The Chilchos chiefdom is conquered by the Incas and becomes part of the Inca province Chachapoya
1535	Repartimiento de Chilcho y Llaja, part of the ecomienda of the captain don Alonso de Alvarado
1548	Part of the encomienda of Don Juan Perez de Guevara
1570	Part of the encomienda of Francisco de Guevara.
1575	Epidemy of smallpox, Los Chilchos is reduced to San Ildefonso de los Chilchos.
1900	Genaro Hidalgo Chávez rediscover Los Chilchos Valley with Robertina Hidalgo Jaureguí, Juan José Escobedo, Fermín Jáuregui and Ananías Vergaray

The first inhabitants: Eusebio Garay (Chuquibamba), Asunción Cruz (Magdalena - Tingo), Delfín Espinoza (Bambamarca), Fernando Revilla (Pueblo María, Yomblón), Eleodoro Chota (Palmira), Ezequiel Cueva Quevedo (Celendín), Lino Castro Garro (Leymebamba), Tello (Bellavista, Celendín), Patrocinio Zafra (Leimebamba), Patrocinio Vigo (Montevideo) and Teodoberto Hidalgo (Montevideo)

1936	The District of Leimebamba includes Los Chilchos valley as part of their territory
1939	Chilchos is recognized as an annex, a political-administrative unit. The first *Teniente Gobernador* : Teodoberto Hidalgo Ríos; the first *Agente Municipal*: Don José Santos Garro.

1957	Forty inhabitants apply for titles to land based on art. 76 del Reglamento de Ley 1220 de "Tierras de Montañas"
1959	A legal provisional protection of the land is obtained by an agreement between the Amazonas and San Martín departments.
1963	Foundation of a cattle pre-cooperative "Juán Velasco Alvarado" based on a loan of 60 cows and 4 pastures. However as the president of the *comunidad de Leymebamba*, José Darwin Vega, refused to authorize the necessary land tenure and the cooperative was left disorganized.
1978	Lino Castro Garro starts negotiations on a road connection from Leymebamba to Los Chilchos
1979	The president of *Consejo de Administración* José Darwin Vega obstructs the construction of the road.
1979	Lino Castro and Eusebio Garay continue the negotiations and receive financial support from the President Morales Bermúdez, for the first 15 1/2 km.
2000	The Chilchos annex chooses as their representatives: Towsend, Añasco Chávarri, as president of the *Junta Administrativa Local*, and Señor Ramiro Borbor Briones as *teniente gobernador* trying to receive political and administrativo recognition from the Department of San Martín in coordination with the village La Morada to be part of the District of Saposoa, Provincia del Huallaga, Department de San Martín.
2003	The intention of a separation from the Amazonas department is lost with a ratification of Los Chilchos as belonging to the District of Leimebamba.
2004	*Teniente gobernador* Sr. Ernesto Briones Ortiz.
2004	*Agente municipalidad* Sr. Lino Castro.

retary, fiscal and two vocales are much more accepted as they are elected by the Chilchos *comuneros* for two years. To become a *comunero* you have to be minimum 18 years old and be inscribed in the *junta directiva* which assign land to cultivate. The *junta directiva* acknowledges ownership to land and is in charge of the rights and communal land.

Roads, transportation and access to markets.

Roads

Two routes from the coast lead to the Chilchos Valley. One route is from Trujillo via Cajamarca - Celendin – crossing the bridge at the Río Marañon at Balsas and then to Leymebamba. The other one is from Chiclayo via Chachapoyas to Leymebamba. A van (combi) runs every day between Chachapoyas to Leimebamba, a four-hour trip. The road from Celendin as well as the road from Chachapoyas are dirt roads and transport dependents on the weather conditions.

A 43 km long trail leads from Leymebamba to the Chilchos Valley. The only means of transportation is on horse or mule back, which costs for a horse from 40 – 60 S/ and S/ 20 – 30 for a muleteer. The trail starts in Palmira (a 15 minutes walk from Leimebamba). The journey lasts 10 – 15 hours for local people and often the double for foreigners depending on the weather situation.

The trail is very rough and muddy with steep cliffs and most of the time it crosses the cordillera in the altitude of 3400 masl. If the landscape is not covered in fog it is pouring down with a heavy rain called *zarzaganeta* with strong winds. In other sections the trail is covered with very slippery rocks that do not provide safe footing for the mules thus make hazardous risks for the safety of the traveling people.

July 2004 the trail was improved under the gobermental program "*A Trabajar Rural*". The Chilchos say that before it was improved the journey took three days with a overnight stay in some tambos as in El Laurel.

One of the Chilchos' principal needs is construction of a dirt road from Leimebamba to Los Chilchos. They have solicited financial support for the road project since the government of Francisco Morales Bermudez (1975), under whom a distance of 15 km was projected. They continue trying to get support for the road.

Bridges

There are four bridges crossing the Rio Chilchos in the valley:

Puente San Genaro also called *Las Palmas* is situated on the western side of the Rio Chilchos crossing the Rio Palmas and is part of the main trail. It was built with the support of the local people and the Catholic Church.

Puente San Martín is part of the internal trail system in Los Chilchos. It was built with the support of the local people and the *Municipalidad Distrital de Leimebamba* (Fig. 41).

Puente San Antonio was built with the support of the Catholic Church.

Puente La Victoria or *Puente Nuevo* is the latest bridge constructed with the support of the *Municipalidad Distrital de Leimebamba*.

Communication

From 2002 national and international calls can be transferred via a public satellite telephone. The medical clinic has a transmission radio, which can reach other medical offices and regional offices.

Some 58 % (35) of the Chilchos households possess a radio. Every morning between 5 and 6 a.m. national and international news are being broadcasted. Later during daytime and sometimes at night the radios are unable to receive the signal. The most effective way of getting news is through people coming and going.

Letters, parcels, and commissions are sent with tfamily, friends and trustworthy persons.

Market

A modest market takes place every Sunday when people come down from the various populated areas. The women sell home-grown products such as bananas, oranges, avocados, pineapples, onions, cabbage and other vegetables according to season (Fig. 42). They also sell home-made bread, biscuits, galantine, soft drinks, cheese and some dishes such as *guiso de Majas*, fried chicken or roasted pig.

When a family needs cash they may slaughter a cow, a pig or a sheep, which is called *camaleo*. They will then announce it to their neighbours and other families to come and buy the meat for S/5 a kilo.

Some families exchange eggs for beans and manioc for potatoes. But bartering is not very common as all families have enough food and what they may need they buy at the local market, in the shop or in Leymebamba.

The Chilchos farmers commercialize their products at the nearest markets of Leymebamba and Hierbabuena. Compared to the market in Los Chilchos, these markets take place every Saturday and are much bigger and better organized.

One of the main problems in the Chilchos Valley is the difficulty of transporting agricultural products and animals to these markets.

The agricultural products have to be transported on mule or horseback, which is a costly affair, and the cattle have top be driven along the dangerous and rough trail to Leimebamba or Hierbabuena thus loosing weight during the trip.

In the market the products and the cattle must compete in price with others brought from places nearer and to lower prices thus without being profitable for the farmers of Los Chilchos.

Coffee used to be profitable, because the price went up to S/. 5,00 pr kg, but the decrease in the prices on the national and international markets made growing coffee for the market unprofitable. The fields are now used for other products.

Population and Migration

August 2004 the population of Los Chilchos consisted of 60 households totalling 268 persons distributed into 60 families: 147 men (55%) and 121 women (45%) giving an average of 4,5 persons pr. household. There is a difference of 10% more boys than girls in the age group 0- 14 years old (Fig. 43). The present population is white, mestizo and *cholo*.

The young people live together very early, women when they are about 15 years old and the young men 18 – 20 years old and they get an average of 6 children (Fig. 44).

Of the 60 households scattered in the Chilchos Valley 47 (78%) consist of young new families while 13 (22%) are extended families with grandparents, parents, children and uncle, aunts and cousins.

There is a frequent migration into and out of the Chilchos Valley. The newly arrived are still able to get land to cultivate but young men may leave to work as day laborers in other places and women to work as house assistants and traders. In some cases the parents leave their children alone. Very few go away to get a higher education.

People mainly originate from the nearest departments of Cajamarca, San Martín, Amazonas and La Libertad and from the villages of Bambamarca, Celendín, San Pedro de Utac and Leymebamba. There is no immigration from the coast.

Table 2: Origin of men and women migrated into Los Chilchos, status 2004.

Place	Men	Women	Total
Usquil	1		1
Celendín	9	6	15
Leymebamba	7	6	13
Chilchos	14	18	32
Chuquibamba	3		3
San Pedro de Utac	3	4	7
Mariscal Castilla (Chachapoyas)		1	1
Sonche		2	2
La Encañada (Cajamarca)	2	2	4
El Mayno	1		1
Montevideo	3	4	7
Bambamarca	5	5	10
Yeso		3	3
El Tingo	3		3
Duraznopampa		2	2
Balsas	2	1	3
Chachapoyas	1		1
Atuén	1		1
Yomblón		1	1
Levanto	1		1
Yerbabuena		1	1
Santo Tomás		1	1
Hualgayoc	1	1	2
Asunción	1		1
Total	61	55	116

Social institutions/Organisation

In 1996 the community founded a Club de Madres Robertina Hidalgo to ask for social support from the district and regional social institutions and the mayor in Leymebamba as e.g. food from the national program for nutrition, PRONAA. The participants in the club organize sports events, raise money to celebrate Mother's and Father's Day and help carrying food and soft drinks for the workers in repairing of the trail.

Since 1958 Chilchos has a Cultural and Sports Club. The sport activities soccer and volley ball are played by men and women respectively every Sunday on the open plaza in front of the school. The teams organize

> **Box 4: Foundation of Public and Social Institutions**
>
> | | |
> |---|---|
> | 1956 | Foundation of the primary school 18048, Los Chilchos on the initiative of José Santos Garro, Teodoberto Hidalgo Ríos and Rogelio Zafra Romero. |
> | 1958 | Foundation of the Cultural and Sports Club |
> | 1994 | Foundation of the Center of Initial Education. |
> | 1995 | Foundation of a medical clinic by the financial support of FONCODES (El Fondo de Compensacion Económica y Social) |
> | 1996 | Foundation of the Club de Madres Robertina Hidalgo |

themselves and each player pays 0,50 centimos or 1 sol to participate, and the money is afterwards given to the winning party.

The *Fiesta Patronal* committee is in charge of organizing the religious fiestas.

Electricity, water and sewage

In the Chilchos Valley there is no electricity. 46 families (77%) use kerosene lamps and 14 families 23%) use only candles. The communal house and the medical clinic both have a small generator to be used in cases of emergency and social activities. As could be expected it is difficult and expensive to get fuel because of the distance to Leymebamba.

During 1999 with economical support from FONCODES a water tank and a system of portable water from springs higher up in the mountains was installed in the houses, but the water supply does not cover the demand why many families still use water from the creeks or the river.

Los Chilchos has no sewage system. 48 families (80%) of the households have privies.

Houses and construction

The Chilchos houses are scattered along the Rio Chilchos with a concentration at down town Chilchos at the plaza, where the communal house, a kindergarten, the medical clinic and the school are situated. (Figs. 45 and 46). There are 68 houses in the valley. Many families have two houses, a residencial house and one out in the fields.

The houses are built in a variety of materials reflecting the economical capacity of the families.

1. *Adobe*, sun dried mud bricks shaped in a wooden frame, and left to dry for one week. The adobes are collocated with mud.

2. *Tapia*, where the walls are made of rammed earth plastered with mud in a wooden mould which is c. 2 m long and 80 cm wide, leaving small square openings in the wall from the mould (Fig. 47).

3. Wooden houses made of planks. Only two houses are constructed of planks.

4. *Muesca*, constructed as log cabins measuring approximately 6-8 m by 4- 6 m. These houses are built in one or two stories by joining the logs together at right angles. No nails are used. At the entrances are some supports called *"burritos"* used to lock the door. Rope made of agave is used to tie the corners. Inside the houses the walls are covered with hides, plastic and cartoons, and some people put mud in between the logs to be more protected.

Most of the houses are constructed of *muesca* being the cheapest material and the easiest to build (Fig. 48).

The roofs are mainly made of corrugated tin brought from Leymebamba, or burnt tile are used.

Arrangement of the houses

Most of the houses have but one room with an open window or no windows at all. In the one-storyed houses a plastic curtain separates two "bedrooms" and a storage section.

The Chilchos families have chairs, tables and benches of timber in their *sala*, dining room, and in the kitchen placing woven or embroidered rugs on top of them. The "bedroom" has beds of timber or platforms for beds. In houses of less income the beds are made of sugar-cane and arranged in a corner of the house. On the beds are mattresses made of straw or natural cotton. Many of the households have a wooden chest where personal documents and objects of value are kept. Wooden horizontal poles are used as a cloak hanger and the clothes overed with plastic.

A large table is placed in the *sala* and small tables in the kitchen or in the sleeping section.

In the few two storyed houses the "bedrooms" are situated on the second floor and the storage facilities the agricultural products and a small salt deposit below on the first floor. The houses often have small wooden balconies.

The separate kitchen is used as a dining room. It is furnished with wooden benches, a table and a construction of cane to store the plates and other kitchen utensils. The open fireplace is often placed on a raised platform with a *cuyero* below, where the guinea pigs live. In the *altillo*, upper part, vegetables and other agricultural products for use in the kitchen are kept. The kitchen is covered by *parilla*, straw, as a roof.

Firewood is the only source of fuel for cooking and baking in all the families. Some families have a big oven made of adobe and clay placed outside the kitchen for baking bread (Fig. 49).

For turning the bread in the oven special handmade wooden tools are used as palettes (Fig. 50). The bread is placed in a white cloth in baskets of *carrizo*. Large troughs of wood are used for washing everything like meat, clothing, dishwashing etc. (Fig. 91). Water is now carried in reused plastic bottles. Small gardens, orchards or plantations of coffee and bananas surround the houses.

Education

1956 the first primary education from 1st to 6th grade started in Los Chilchos when school N° 18048 was founded after having started earlier in a private house with one teacher. In 2000 FONCODES supported the building of a new school.

The three teachers working at the school are polidocentes andeach teach 2 grades. The working day is from 9:00 a.m. - 12:00 p.m. and from 2:00 p.m. - 04:30 p.m.

The school has 61 children with a 11% majority of boys (34 boys and 27 girls) (Fig. 51). There is a majority of boys because the parents prefer their sons to be educated and tend to keep the daughters back home to do domestic work. To get higher education one must go to Leymebamba or one of the other neighboring district capitals.

Educational and social problems

Educational and social problems can be related to the children, their parents, or the teachers.

The children
Many children feel tired and fall asleep during class hours. Lack of proteins and parasites (see later under health) affect the children physically as well as intellectually and result in low concentration and stagnation of the learning process.

The children living far away in the valley have to stay the whole day at the school therefore bringing a lunch pack. Lunch always consist of manioc, rice, cancha, and, at times some tortilla or fruit. Many of the children do not get any lunch. Most of the lunches contain too many carbohydrates and are not very nutritious.

Children living alone have to take care of their brothers and sisters and are often left without care and protection of their parents. The parents have left Los Chilchos to earn money for the survival of the family.

Violence is another a factor seen in some families due to heavy drinking. The children suffer and get phycological problems. They become frightened or agressive to their classmates.

In their drawings the children present their lifes. Some draw their ideal world with landscapes at the river with trees, others irrigating plants. A girl drew her mother without a mouth and the father placed near to her brother and sister; another girl showed herself playing with her brother all-alone in the house.

Most of the children go to school with only one exercise book and very few have sufficient school utensils.

The parents
As the families earn very little from selling agricultural products and cattle many seek work outside Los Chilchos. Both men and women sometimes leave their small children with their elder brothers and sisters. When a husband leaves his wife she often takes a new partner why many families have children from both the first and the second partnership/ marriage. Children who live with their stepfather or -mother do not get the same attention and many are being mistreated.

Many parents do notsupport the schoolwork of their children; on the contrary, they make all kinds of obstacles giving priority to work in the house and in the fields. Neither do they attend school meetings thus showing the little interest they pay school education. As a consequence, these families do not invest in textbooks but buy only an exercise book.

The teachers

The teachers do not have the necessary materials they need in order to use new techniques when teaching. They have no possibilities to join state courses but they try to participate in summer courses in Chachapoyas, Trujillo or Lima though they have to pay themselves of their meager wages. The remote place and lack of communication isolate them from other teachers.

Religion

Celebrations and fiestas

In Chilchos, in contrast to the Huambo Valley (Schjellerup et al. 2003), most of the population fiftythree families (88%), are Catholics and seven (12%) belong to the Adventista del Séptimo Día. The Catholics celebrate Sundays by praying in church and during the year celebrate big fiestas for the saints. They have no prohibition against any food or beverages.

The Adventists have Saturdays as their days of rest and praying. They prohibit their faithful to work on Saturdays as well as their animals and they have certain food restrictions like pig meat. They are very careful to fulfill the norms and regulations of their religion.

Both groups bury their dead in wooden coffins in the cemetery, which is on western bank of the Rio Chilchos. Crosses are raised on the graves and decorated with flowers and others and are visited and cleaned on All Saints day November 1st (Fig. 52)

The Chilchos Valley has no priest, only a fraternity who is in charge of church services. The priest from Leymebamba is invited to come and hold the services at the saints' fiestas. The committee of the *Fiesta patronal* and the *mayordomos* are responsible for the religious fiestas.

The Saint San Ildefonso (January 23) is the patron of Los Chilchos but the original image of San Ildefonso was moved to San Ildefonso de los Chilchos (Montevideo) where it is placed in the church (Fig. 53).

To day the most important religious fiesta in Los Chilchos is the *Fiesta de la Cruz* for the cross in the first week of May. The other fiestas are:

Sagrado Corazón de Jesús, June 3

Sagrado Corazón de María, June 4

Fiesta de las Tres Cruces, June 24

All Saints day, November 1. The cemetery is visited and food and flowers are brought to please the diseased. For the *Fiesta de La Cruz* several *mayordomos* are nominated:

Mayordomo del Alba el 1° de Mayo: after Mass is celebrated early in the morning (4:00 – 5:00 a.m.) the mayordomos serve chicken soup with trago, sugar-cane alcohol, and sports activities start outside.

Mayordomo de la Víspera el 2 de Mayo: The mayordomo serves supper and hosts a fiesta before the central day of the saint.

Mayordomo del Día el 3 de Mayo: The mayordomo serves breakfast and trago for the whole village and executes the voto (food exchange ceremony) after the procession.

A procession carries a cross covered with a cloth and placed on a litter decorated with flowers and fruits from the church to the open area in front of the school while praying and singing hymns. Then they return to the church for the *voto*.

The *voto* is a gift exchange ceremony where money and agricultural products as chicken, bread, sugar, soft drinks and others (worth c. S/ 160 – 300) are piled on a table by the mayordomos. Anybody who want may collect the products but then has to pay back the *voto* next year with a little more of everything. If the family who collects the contents of the table is not able to pay back it means a serious loss of reputation.

The Chilchos all enjoy a good party with dancing the *pasillo, huayno,* and *cumbia*. They have a local band consisting of accordion, *wiro* (calabash), guitar and a singer, and they also perform in the neighboring villages. During parties a lot of beverages as *cañazo* or *aguadiente* also called *trago* (sugar-cane alcohol), cocktail, (beaten milk, egg, sugar and sugar-cane alcohol) and champagne (half soft drink half sugar cane alcohol) are consumed. Everybody get together for the lively fiestas that last to the following day.

Landarute

The first haircut, the *landarute*, is done before the child is baptized. The parents choose friends as godparents who get the right to be the first to cut their godchild's locks of hair. After the haircutting the godparents are obliged to present the child with a gift that may be money (some S/ 50 soles or more), a calf, or a horse. The gift will be presented when the hair has been cut. Afterwards the parents treat the godparents with plenty of food and sugar-cane alcohol.

The *landarute* is an ancient Andean custom that extends the social relationship of a family to other families who are often better off economically within the godfather institution.

The acaboso

The *acaboso* is the celebration of a finished construction of a house when a dance party is organized to make the ground floor level. Friends of the owner and workers on the house participate as it is believed to be necessary for a house to be a happy home and taken as a good omen for the family. The work has been done in the so-called "*washao*" (solidary work). The owner of the house invites everybody to eat and drink *aguardiente*.

Other beliefs

The Chilchos have a rich folklore concerning popular superstition. The beliefs have many forms as expressed in their stories such as *duendes* a kind of ghosts and enchantments. The beliefs influence the perceptions and are part of daily life.

They tell about "*aparecidos*"/*ghosts* or evil spirits, malicious beings representing an enemy or a devil to hurt or to rob the soul of a person. They appear often at night especially where some wickedness has happened such as a "*mala muerte*" (an assassination or a suicide). The malicious beings take the form of a black dog with eyes as fire, or a horseman on a black horse with his tools of silver or gold; or a human silhouette where the face is indistingible.

- The *duendes* or *duendas*, male and female ghosts are also malicious but different because they are frolicsome. They appear very early in the mornings or late evenings. They steal small children that have not been baptized imitating the cry of the children or the whistling of persons to mislead they who listen. The *duendes* also hide cattle by suspending their tails in the trees. They leave their prints in the mud as from a giant duck with webbed feet.

- The enchantment or *cariño*, "affection" is a way of being possessed by some evil in the body of a person and the person dies or become paralyzed.

BOX 5: Experiences

The black dog

I came from Ezequiel Cueva's house about 7 pm. in good health and well without having been drinking aguardiente (sugar-cane alcohol). I had been supervising the construction of his tapia house. When I passed by the cave at the bridge San Martin, I sat down on a stone and lightened a cigarette when I suddenly heard a sound - something like an animal descending the mountain. I saw the earth beginning to molder and a black dog in front of me starred at me with eyes as fire. I took my puñal (an iron tool), and beat the stone hard with sparking flakes of fire and the black dog ran up the mountain again.

The next day I returned to see the molded earth and I saw with surprise nothing. ¿What had it been? I am sure an evil spirit.

My children when they were small told me that they had seen a man with a red scarf round his breast, and a big straw hat, jumping into the water at the same place.

Told by Sr. Eusebio Garay Salazar, 83 years old.

La duenda

The first time I came to the montaña in 1985 was to harvest some sugar-cane from a little field far a way. Angry with my husband I went away alone, when a duenda called and deceived me to take the wrong way; it whistled exactly as my husband does. I went down the mountain very fast near some very dangerous cliffs just to avoid him, not to be deceived by him. I do not know how I came back to the house; my husband tells me that I arrived half crazy, without being able to speak just wanting to dismiss him.

My husband cured me with carbon and I do not know what else. The duenda hates carbon that is why it is very useful. Another time I went to my brother in law Domingo Espinoza's fields. -

When I went away to get some water I left my little girl in her bed and when I returned I heard her cry desperately and weeping. Finally when I came back home my daughter was sleeping. When my wife and my brother in law came back, I told them what had happened and they told me that a duenda had wanted to steal my baby. I do not know how the duendes are but if you hear crying and weeping as a child it is because of the duendes. They appear early in the morning but more frequently in the evenings.

On the trail to Leymebamba at Tushpa Rumi is where you often hear the duenda crying.

Told by la Sra. Feli Cruz Gutiérrez, 38 year old.

The duenda

Earlier they say that the priests went from one place to the other to preach the word of God. During their travels they had to stay out overnight. One night they stayed in a tent and when they woke up early in the morning they could not find the saddlery of the mule. The duende had tricked them and after having looked around they found the saddlery was hanging in a tree. The duenda play with the people, they do not attack them.

Lately there was another case. Here is a pasture called El Albaso that belongs to Lolo Garro where he raises his cattle. The duende suspended the tail of a calf to a tree so only the feet of the calf reached the earth.

The print of the duenda was left in the mud seen as a duck with the webbed feet.

Told by Sr. Ernesto Ocampo ,61 years old.

The cave

I had a sister who died 5 years ago in 1999. My sister was older than me and a very nice girl. When she was nine years old she went to school with my brother on the other side of the river. They had lunch together with the other children in a cave in a big rock. One day they fell asleep after lunch and as this cave was "virgin" as they say, a black dog suddenly came out and caressed my sister. First her ankle began to hurt, then her legs until she was unable to walk and she became crippled. My sister did not recover but she could get children. She did everything with her hands but had to get help to wash and get to the bathroom. But she got a partner from Montevideo and got children. But unfortunately one of the children got the same illness.

> *Told by Sra. Rosa Tello, 49 years old.*
>
> ## El Itil
>
> One day when I went out of my house about 1.00 pm, to go to the telephone I saw a lot of cut scrub left on the trail, and as I came along making crochet I did not notice what kind of scrub it was. When I returned I noticed that I had passed by a bunch of Itil so I got frightened, and in the night I felt a contraction and I had my whole body swollen. I had to go to the medical clinic where they gave me some injections. When the Itil hurts us the body itches all over, it swallows up with open wounds and it lasts from 8 to 15 days at least and this is only when you have passed the Itil from one side.
>
> To be sure the Itil does not do damage to us is necessary to greet it "Mr. Itil Good morning", "Mr. Itil Good afternoon"; then it won't hurt us. Here in the valley we are very scared of the Itil.
>
> *Told by Sra. Lidubina Espinoza, 40 años.*

- The Chilchos also believe in the evil spirit of the Itil tree (Toxicodendron striatum) as found all over the Ceja de Selva (Schjellerup et al 1999, 2003) The people believe that the tree is able to punish people passing by if they do not have good intentions. Therefore the persons have to show the tree respect by greeting it when passing to avoid being punished with high fever wounds or get a tumid inflammation all over the body as they have experienced.

Health

The most common diseases reported by the sanitary technician are: Parasitism, diarrhoea, respiratory problems, vaginitis, cystitis, wounds and snake bites. No epidemics have been registered.

The people of Los Chilchos suffer from a high percentage of caries because of the high consumption of sugar-cane and molasses and a lack of dental hygiene.

Research was carried out on the parasites by one of the participants in our group (Fig. 54); the results of the study are included in Appendix 2. The principal reason is the lack of hygiene in performing daily activities such as the handling of food, garbage and lack of personal hygiene. Public and domestic latrines are lacking and necessary. Another health concern is the elimination of centres of infection caused by animals leaving their dung scattered all over the place. Locals have requested funding from regional authorities for a project to create municipal pastures and public latrines, but have yet to receive an answer.

The Chilchos clinic was built in 1995 with funding from FONCODES. Currently, a sanitary technician provides basic health services. Health professionals from Leymebamba occasionally go to Chilchos to perform vaccinations, dental hygiene and other health campaigns. The clinic covers everyone under the Health Ministry's *Seguro Integral* programme, designed to offer basic health coverage for the poorest families. Nevertheless, these people must provide statements of their financial situations to the health authorities in Leymebamba. The programme provides access to medical care and medicine at a minimum cost and the poorest people get medicine free of charge. Several health programmes such as family planning, AIDS, malaria and others were being implemented in 2004. Despite the many programs, however, the accomplishments are very limited. Because of the lack of official medical attention many people depend on medicinal

---

Box 6: Common cures against some diseases in Los Chilchos

Four diseases are known as "cold" or "warm" bronchitis, "dirty" stomach, poisoned blood and kidney pains.

Clyster or enemas
Clysters and enemas are used as a purge or laxative to cure "cold" or "warm" bronchitis or when the stomach is "dirty. The clyster consists of the application of a specially prepared liquid made of medicinal plants that vary according to the disease (See Table *). It is applied directly via the anus. A tub and a tube are used.

Herb baths
Herb baths are steam baths applied to the chest and back when one has "warm" bronchitis. The steam bath is for the whole body when the blood is poisoned. Sitting in a steam bath is also recommended for "warm" bronchitis and for urinary tract infections.

Cataplasm
Cataplasm or poultices are used in the treatment of blows and sprains as well as for kidney pains. Cataplasms are made of clay mixed with the juice of medicinal plants or fruits

"*Las tomas*" "the takings" refer to the ingestion of leaves or fruits in fresh juices, or boiled and served warm.

Symptoms and treatment of "warm" bronchitis, and "cold" bronchitis.

"Warm" bronchitis
"Warm" bronchitis causes drooling and shivering when coughing. When the cough is constant and the patient shivers a lot it may be due to an infection in the stomach that is very full or a "dirty" stomach or even a lung infection. When the "warm" bronchitis exhibits these kinds of problems it is necessary to take genital baths, sitting down for 15 – 20 minutes, making sure, that the water does not touch the ankles or feet.

In addition, early in the mornings a steam bath of herb is called for, although it is only a a partial bath exposing first the lungs and then the chest for 2 to 3 minutes. The patient must then go back to bed and the sweat be well wiped off with a firmly wrong wet towel; this is followed by another 2- 3 minutes steam bath.

Finally the patient may lie down again in his bed and an intestinal washing of cold water with the juice of 2 –3 lemons is applied. If lemons are not availbale a cup of sugar-cane liquor may be used.

Leaves of eucalyptus, cypress, amargón, guariguay, chilca, a portion of coffee, a portion of the *cogollito* of guayaba, a small portion of chamomile, cedrón and fennel are used for the steam bath.

"Cold" bronchitis
When the sick person has a pronounced cough, the chest makes noises, and the patient drools a white substance. When the illness is in an advanced stage the phlegm is red with blood. When the phlegm is yellow-green the vesicula or the liver is affected. A tea is prepared with linden leaves (c.2 gram of leaves) which is left to cool off and two drops of lime and some drops of honey are added. This is followed by an enema of ajenjo, eucalyptus, coca and lime.

Treatment of kidneys
Before going to bed, the patient must take a genital baths for 20 – 30 minutes in a deep tub, and dry off before going to bed. A mixture of black mud with lime or vinegar and camphor is then placed between a folded rag, and the cataplasm is applied on the kidneys.

plants (see list of medicinal plants) and native remedies to treat several diseases.

There is therefore a lack of official medical attention that is seen in the use of medicinal plants (see list of medicinal plants in Chapter 5) and the continuing use of ancestral costumes of native treatment of several diseases.

Nutrition

Preparation and combination of food depend on the agricultural cycle and local customs. Most of the food is as mentioned based on carbohydrates, some proteins and a few vitamins although they do consume several kinds of fruits (see list of cultivated crops).

Everyday food always includes manioc, banana and rice. Sweet potatoes and ordinary potatoes, however sweet potatoes are less common because the production of this crop has decreased during the last years. A wide vaiety of common beans are consumed as well as fresh maize and boiled maize, e.g. *mote*. Also *arracacha* and vegetables such as cabbage, onion, *caigua*, koriander and *witina* leaves are eaten.

Chicken, mutton and various breeds of cattle are often consumed during festivities.

Hunting and fishing occur regularly once or twice a week. 42 families (70%) go fishing and 36 families (60%) go hunting. However, they claim that the number of hunting forays has dropped, due to the decrease of the population of animals in the wild, owing to the deforestation; this means they have to go much further away to hunt.

Box 7: Typical recipes

Humitilla of bananas

30 green bananas.
1 sugar loaf of chancaca , 1 kg.
Half a lid of vanilla essence.

The bananas are peeled and grated and kneaded into a dough. The sugar loaf isthen grated and mixed with the banana dough and the vanilla. A small amount of dough is then placed in dried banana or maize leaf and sealed. The humitillas are placed in a pot of water that has almostreached boiling point and left in the pot to cook for 35 minutes. The humitillas are served cold.

Common bean soup with manioc or banana (6 persons)

Two plates of green common beans
2 kg of cut manioc (or 8 green bananas)
Chopped coriander
Grarlic dressing, achiote and onion
½ kg pig skin
Salt
Oil

Cut and fry the pigskin in oil in the pan and mix it with the dressing and add salt. Then put all the ingredients into a pot with the grated manioc, beans and water.

If green bananas are used instead, cut and wash them in hot water; taking care tht the mixture does not become too thick, but remains milky in consistency. Put it into a pot with salt to cook and add the chopped coriander afte remoing from the fireplace.

Picuru with tacacho (8 persons)

1 picuro
Dressing of garlic, a kind of saffron, onion, yellow chili pepper
2 small peeld green bananas
Salt
Oil

Wash the bananas with hot water, cook and mash with a fork or beat it with rock salt. Fry the mixture in a pan with the oil and salt and arrange it on a plate.

The dead picuro is cut into pieces and boiled in a pot with salt; when it is half cooked the meat is then fried with the dressing in a pan and served cold.

Food prohibition

The *Adventista del Séptimo Día* are convinced that the Bible prohibits them to eat certain foods, such as pork, because it is considered to be possessed by the devil, and meat from quadruped non-ruminant animals and are cloven and therefore considered evil, such as *chosca*, guinea pig, rabbit, *picuro*, and *carachupa*. The same applies for birds of prey that have beaks like the *pava de monte, guacamayo*, sparrow hawk and others, also for species of fish that have neither fins nor scales.

Socio-economical activities: Contemporary agriculture

The principal socio-economic activities are agriculture and cattle breeding. Agriculture is the main subsistence activity while cattle breeding and poultry farming provide cash income that is essential for puchasing other supplies.

The land

The territory of Los Chilchos Valley was inhabited in pre-Hispanic times and during the early colonial period and then abandoned. Colonization began in the 20th century.

Only from 1993 onwards, does the national map of Peru show small clusters of households in the valley. The first colonists possessed large extensions of land but with the arrival of the *colonos,* the repartition of land has diminished the existing extensions and there is no more free land or fields near the populated places. Today inhabitants buy their houses from people leaving the valley or alternatively rent their houses or fields.

Land acquisition

During the past hundred years the quantities of availabale land and the ways of acquiring land have changed. In the early years land was distributed through the colonization process. The *Comunidad Campesina* also allocated land.

The the last twenty years, however, more land hs been bought and sold because of departures and arrivals of new residents. In 2004 a minor quantity of ha was acquired by colonization: 368,33 ha (5%) and a larger part of the land was purchased: 5083,06 ha (69%).

The price of land has gone up in the past years. Thus, in 1998 30 ha was sold for S/. 150 .00 (1 ha a S/ 5.00),while in 2000 the cost of 60 ha was S/. 750.00 (1ha a S/12.50) and in 2001 the price of 5 ha was S/. 70.00 (1 ha a S/ 14.00).

Box 8: Names of chacras and pastures

Pampa Hermosa	La Colmena	La Ciénaga
Villa Aurora,	La Perla	Madre de Dios
San Cristóbal,	Las Orquídeas	El Chontal
San Lucas	Bellavista	El Infiernillo
El Porvenir	El Pollito	El Encanto
El Recodo	La Grama	El Paraíso
La Paccha	La Grama Dulce	El Gavilán
El Porvenir	Albazo	El Dorado
Manantial	El Pilón	Rumiyacu
Paujiles	Venezuela	Miraflores
El Milagro	El Laurel	La Colmena
La Colpa	Nueva Esperanza	La Rendija
Acapulco	El Negro	Punta Arenas
La Unión	El Encanto	El Pijuayal
San Miguel	El Pongo	San Juan
Santa Clara	Las Piñas	La Cascarilla
Pomalca	La Unión	El Chaparral
El Diamante	San Luis	El Ingenio
San Genaro	Río Blanco	Las Delicias
El Tingo	EL Callejón	Portugal
San J. de las Palmas	Santa Cruz	Indochina
Aguas Claras	Casa Grande	Trinidad
Las Granadillas	Campo Redondo	Junín
La Playa	Cayaltí	Raymapampa
La Esperanza	Las Mercedes	Las Mercedes
El Pajatén	México	El Porvenir
El Delirio	Cartavio	

Table 3: Acquisition of land

Land	Area (Ha)	%
Land bought	5083,06	69
Communal allocation	589,34	8
Inherited from father	884,01	12
Inherited from mother	442,00	6
New colonization	368,33	5
Total	7366,75	100

The fields, *las chacras*

The fields are located on either side of the Rio Chilchos. The most remote field takes up to 8 hours to reach but most of them lie within one to two hours reach. All the fields are named refelcting events or topographical characteristics of the place as Rio Blanco, (white river) Aguas Claras (clear waters), Manantial (spring), La Unión (union), El Gavilán (hawk), El Milagro (the miracle), El Paraíso (paradise), El Dorado (the golden place).

Señora Rosa Tello has a *chacra* called *El Encanto*, the enchanted place. Her father named it thus because two heads of cattle got lost at the place and miraculously by a spell found three month later at a spring in the same *chacra*.

Table 4: Size and land use

Cultivated land				Non-cultivated land		Total	
Pasture		Land with crops					
Ha	%	Ha	%	Ha	%	Ha	%
218,75	2,97	202,75	2,75	6945,25	94,28	7366,75	100

In total the inhabitants claim to have 7.366,75 ha of land. Each family has an average of 122,77 ha. Most of the land in Chilchos Valley is not cultivated: 6.945,25 ha (94%). Only 6%, 421.5 ha are cultivated land with an average of 7.02 ha per family. Of this, 218,75 ha (2,97%) are used for pasture and 202,75 ha (2,75%) for crops.

Table 5: Land tenure

Category	Families		Land tenure (ha)		Land tenure per family	Cultivated land (ha)		Avg. of cultivated land/family
	No.	%	No.	%	Ha	No.	%	Ha
I (330-420 Ha)	5	8%	1694,35	23 %	338.87	143.31	34 %	28.66
II (200-302 Ha)	11	18%	2136,35	29 %	194.21	75.87	18 %	6.89
III (90-172 Ha)	18	30%	2799,36	38 %	155,30	109.59	26 %	6.08
IV (30-80 Ha)	15	25%	663,00	9 %	44,20	67.44	16 %	4.49
V (10-24 Ha)	5	8%	66,3	0,9 %	13,26	21.07	5 %	4.21
VI (0-5 Ha)	6	10%	7,36	0,1 %	1,22	4.21	1 %	0.70
Total	60	100 %	7366,75	100 %	-	421.5	100 %	-

Land tenure patterns underscore the differences between rich and poor in the Chilchos Valley.

In the category I five families own 23 %,(1694.35 ha) of land (cultivated and not cultivated), yielding an average of 338,87 ha per family; of this land, an average of 28.66 ha per family is pasture or cultivated land.

In the categories II – V the differences among the families are especially conspicious in the amount of uncultivated land.

In the category II, the average amount of uncultivated land is 187,32 ha and in category IV 39.71 ha. But the difference in the amount of cultivated land is not so pronounced as it is between 6,89 ha and 4,21 ha.

In the last category VI, only six families have 0,1%, (7,36 ha) of land with an average of 1,22 ha per family, cultivating only 0,70 ha. In this category of 0-5 ha two families possess no land at all but work as tenant farmers or "partidarios".

These families make a living from very sparse resources while the more affluent ones, possess large extensions of land for both crops and pasture on which to raise cattle.

The inhabitants may be classified as small or medium sized landowners considering the amount of land they cultivate with crops. The families cultivate 1 – 3 *chacras* and open c. 1 ha each piece of land by slash and burn (Fig. 55).

The crops

One of the strategies used by the inhabitants is to sow several varieties in plots in the same field. One part of the *chacra* may be planted in sugar-cane, another in manioc and still another in maize with beans, calabash and fruits. As seen in the drawing the *chacra* Indochina is cultivated with the following crops: peanut, *arracacha*, peas, pineapple, pasture, different varieties of manioc: *yuca morada* and *yuca blanca*, sugar-cane, banana, *huabilla, guayabo* and maize (Figs. 56 and 57).

The *chacras* are used for 3 to 4 years and then left to lie fallow to later be reused for crops or for pasture.

In some cases maize fields are turned directly into pasture. The maize stalks are left for the cattle and pasture is sown on the field.

Fruit trees may be planted during the whole year. The seasons are not pronounced as it rains at all times but the inhabitants identify the differences between winter and summer. Wintertime is from October to April, and sowing takes place from December, while summer is from May to September - the time for cutting the vegetation.

Slash and burn is used for the first cultivation of a *chacra* with maize, squash, manioc and the common bean.

The first cutting of the trees in the forest is called *monte virgen*.

1. *Rozo*: cutting the low shrubs and herbs with machete

2. Felling of the trees with axes

3 Burning of the foliage

4 Sowing of the first crops

Sacha is a technique used for the preparation of *chacra* for cultivation of low plants such as, onion, cabbage (Fig. 58), sweet and ordinary potatos. Only shrubs and herbs are cut back and left to dry andbecome compost leaving the trees with foliage.

Table 6: Main Crops in el Valle de Los Chilchos

English name or common name	Scientific name	Family
Tubers and roots		
Achira	*Canna indica (n)*	Cannaceae
Arracacha	*Arracacia xanthorrhiza (n)*	Apiaceae
Beet	*Beta vulgaris (i)*	Chenopodiaceae
Sweet potato	*Ipomoea batatas (n)*	Convolvulaceae
Huitino	*Xanthosoma sagittifolium (n)*	Araceae
Llacón	*Smallanthus sonchifolius (n)*	Asteraceae
Mashua	*Tropaeolum tuberosum (n)*	Tropaeolaceae
Michuca	*Colocasia esculenta (i)*	Araceae
Oca	*Oxalis tuberosa (n)*	Oxalidaceae
Olluco	*Ullucus tuberosus (n)*	Basellaceae
Potato	*Solanum tuberosum (n)*	Solanaceae
Sacha papa	*Dioscorea sp. (n)*	Dioscoreaceae
Manioc	*Manihot esculenta (n)*	Euphorbiaceae
Carrot	*Daucus carota (i)*	Apiaceae
Legumes (Fabaceae)		
Pea	*Pisum sativum (i)*	
Common bean	*Lupinus mutabilis (n)*	
Horse bean	*Vicia faba (i)*	
Habillas	*Dolichos lablab (n)*	
Lentil, lentejita	*Lens esculenta (i)*	
Peanut	*Arachis hypogaea (n)*	
Palito, frejol palo	*Cajanus cajan (i)*	
Pallar	*Phaseolus lunatus (n)*	

Poroto	*Erythryna edulis (n)*	
Soya	*Glycine max (i)*	
Andean lupin	*Lupinus mutabilis (n)*	

Vegetables and spices

Achiote	*Bixa orellana (n)*	Bixaceae
Chilli	*Capsicum annuum (i)*	Solanaceae
Garlic	*Allium sativum (i)*	Liliaceae
Celery	*Apium graveolens (i)*	Apiaceae
"Saffron"	*Curcuma longa (i)*	Zingiberaceae
Tree tomato	*Cyphomandra betacea (n)*	Solanaceae
Caigua espinuda	*Sechium edule (i)*	Cucurbitaceae
Caigua lisa	*Cyclanthera pedata (n)*	Cucurbitaceae
Onion	*Allium cepa (i)*	Liliaceae
Green onion	*Allium fistulosum (i)*	Liliaceae
Chiclayo	*Cucurbita fiscifolia (n)*	Cucurbitaceae
Cauliflower	*Brassica oleracea (i)*	Brassicaceae
Coriander	*Coriandrum sativum (i)*	Apiaceae
Mint	*Mentha spicata (i)*	Lamiaceae
Huacatay, shilshil	*Tagetes terniflora (n)*	Asteraceae
Lettuce	*Lactuca sativa (i)*	Asteraceae
Lemon	*Citrus limon (i)*	Rutaceae
María sacha	*Tagetes sp. (n)*	Asteraceae
Oregano	*Origanum vulgare (i)*	Lamiaceae
Pepinillo	*Cucumis sativus (n)*	Cucurbitaceae
Parsley	*Petroselinum crispum (i)*	Apiaceae
Cabbage	*Brassica oleracea var. capittata-alba (i)*	Brassicaceae
Rocoto	*Capsicum pubescens (n)*	Solanaceae
Radish	*Raphanus sativus (i)*	Brassicaceae
Elderberry	*Sambucus peruviana (n)*	Caprifoliaceae
Tomato	*Solanum esculentum (n)*	Solanaceae
Zapallo	*Cucurbita maxima (n)*	Cucurbitaceae

Fruits

Anona	*Rollinia sp. (n)*	Annonaceae
Cacao	*Theobroma cacao (n)*	Sterculiaceae
Coffee	*Coffea arabica (i)*	Rubiaceae
Caimito	*Pouteria caimito (n)*	Sapotaceae
Chirimoya	*Annona cherimola (n)*	Annonaceae
Coco	*Cocos nucifera (i)*	Arecaceae
Cocona	*Solanum sessiliflorum (n)*	Solanaceae
Peach	*Prunus persica (i)*	Rosaceae
Granadilla	*Passiflora ligularis (n)*	Passifloraceae
Guayaba	*Psidium guajava (n)*	Myrtaceae

Sweet lime	*Citrus aurantifolia (i)*	Rutaceae
Lemon	*Citrus limon (i)*	Rutaceae
Limón dulce	*Citrus sp. (i)*	Rutaceae
Lúcuma	*Pouteria lucuma (n)*	Sapotaceae
Mandarin	*Citrus reticulata (i)*	Rutaceae
Mango	*Mangifera indica (i)*	Anacardiaceae
Apple	*Malus domestica (i)*	Rosaceae
Pasion fruit	*Passiflora edulis (n)*	Passifloraceae
Marañón	*Anacardium occidentale (n)*	Anacardiaceae
Orange	*Citrus aurantium (i)*	Rutaceae
Loquat	*Eriobotrya japonica (i)*	Rosaceae
Pacae	*Inga feuillei (n)*	Fabaceae
Huabilla	*Inga edulis (n)*	Fabaceae
Avocado	*Persea americana (n)*	Lauraceae
Papaya	*Carica papaya (n)*	Caricaceae
Pinapple	*Ananas comosus (n)*	Bromeliaceae
Banana	*Musa acuminata (i)*	Musaceae
Poro-poro	*Pasiflora tripartita var. mollisima (n)*	Passifloraceae
Tumbo	*Passiflora quadrangularis (n)*	Passifloraceae
Grapes	*Vitis vinifera (i)*	Vitaceae
Gramínea and pseudocereals		
Rice	*Oryza sativa (i)*	Poaceae
Sugar-cane	*Saccharum officinarum (i)*	Poaceae
Barley	*Hordeum vulgare (i)*	Poaceae
Kiwicha	*Amaranthus caudatus (n)*	Amaranthaceae
Hierba luisa	*Cymbopogon citratus (i)*	Poaceae
Maíze	*Zea mays (n)*	Poaceae
Quinua	*Chenopodium quinoa (n)*	Chenopodiaceae
Wheat	*Triticum aestivum (i)*	Poaceae
Multipurpose crops		
White cotton	*Gossypium barbadense var. barbadense (n)*	Malvaceae
Brown cotton	*Gossypium barbadense var. peruvianum (n)*	Malvaceae
Cacao	*Theobroma cacao (n)*	Sterculiaceae
Coffee	*Coffea arabica (i)*	Rubiaceae
Estevia	*Stevia sp. (i)*	Asteraceae

Based on informants in Los Chilchos; n: native to the region (South-and central America) i: introduced. Identified by V. Quipuscoa S.

Tubers and roots

Since pre-hispanic times, tubers and roots have been a part of the main diet of the inhabitants of Chilchos. Tubers and roots are well adapted for consumption due to their storage capacity of nutritional elements which provide humans and animals with food. The Apiaceae and Araceae have two cultivated species each, whereas the others have only one species. Of all these species, approximately 80% are Andean species domesticated by the ancient inhabitants and very few are introduced, for example, carrot, *michuca*, and beetroot.

The manioc ("yucca") (*Manihot esculenta*, Euphorbiaceae) is a large diverse species with variation in the plants and their roots, including differences in colour, flavour, and cooking time. The inhabitants refer to it as "muncha", "huayacha", "gigante", "blanca" and "amarilla".

The "arracacha" (*Arracacia xanthorrhiz*, Apiaceae) also presents diversity in the size and colour of its stems, as well as, the shape and colour of its roots. They are normally called "blanca", "amarilla" and "manchada" (white, yellow and spotted, respectively).

The "camote" (*Ipomoea batatas*, Convolvulaceae) is diverse in its forms of leaves, stems, and harvesting time, as well as, the shape, colour, flavour, and time of cooking its roots. The inhabitants have classified them as "espelma", "blanco", "morado", "huayacho", "amarillo". Some sweet potatoes are called "camote papa", because they become bland after being cooked and do not contain much sugar.

The Andean tubers domesticated by the ancient inhabitants like the "oca", "mashua", "olluco" and potato are low in diversity and cultivated in areas at higher elevations.

Legumes

The legumes (Fabaceae family) are cultivated to take advantage of the seeds that are extracted from dried fruits, although green fruits can be used as well. Legumes are almost as important as cereals as a source of food because they contain high protein contents as those found in meat. They also contain carbohydrates, fats, mineral elements, and vitamin B. More than half of these cultivated species were introduced, though many of the native species were domesticated in the Andes.

Most crops are cultivated in associated with other species; however, peanuts (*Arachis hypogaea*) are preferably monocultures, with three varieties, "blanco", "morado", "rosado" (white, purple and pink respectively) in accordance to its color of the seeds.

The common bean (*Phaseolus vulgaris*, Fabaceae) exhibits diverse forms of growth, cultivating stage, colour, shape, and flavour of its fruits and seeds. The bean generates many crops that the inhabitants designate "pishingo colorado", "pishingo negro", "canario", "chaucha", "guayacho", "negrito", "toda la vida", "panamito blanco" "panamito negro", "autau", "granate", "chiclayano", "bayo" and "ñuña".

In the valley and warmer places they cultivate Soya beans (*montañero* or *palito*, Fabaceae) in association with peanuts and maize. In addition, some crops acquire more productive yield at elevations above 1800 m, for example, poroto, *haba*, and *tarwi*.

Vegetables and spices

Garden production constitutes edible plants used as vegetables which are consumed preferably raw (salads) or in stews. The condiments are spices that add flavour and enhance the taste and aroma. Various species are considered spices. The high water content keeps the nutrient value of this produce relatively low but its nourishment is augmented due to its content of salt minerals and vitamins. Approximately 60% of the cultivated species were introduced from the Asian Tropics and are well suited to be cultivated in the gardens.

The following plants store nutritional value in their roots: radishes, subterranean stems or rhizomes (*Curcuma longa*, azafrán), tubers (Solanaceae), and bulbs (*Allium*, garlic, onions), leaves (celery, coriander, *hierba buena*, mint, *huacatay*, lettuce, *maria sacha*, oregano, parsley, cabbage, *sauco*), flowers (cauliflower), or fruits (chilli, hot pepper, eggplants, *caigua, chiclayo*, lime, cucumber, tomato, and pumpkin). The leaves and fruits are primarily used for those purposes.

The Chilchos buy some species that are not cultivated: cinnamon crust (*Cinnamomum zeylanicum*, Lauraceae), cloves' floral buds (*Eugenia caryophyllata*, Myrtaceae), and pepper fruits (*Piper nigrum*, Piperaceae).

Four species are used to give color to foods: saffron (*Curcuma longa*), annatto (*Bixa orellana*), chilli (*Capsicum annuum*), and hot pepper (*Capsicum pubescens*).

The Cucurbitaceae and Solanaceae are the most diverse with a total number of 9 species representing approximately a 34%. *Cucurbita ficifolia* "chiclayo"is a type of species that presents a great fruit diversity; there are those with black seeds, white seeds, or those called "*chelito*" (grande) and the "cushe" which are used to make desserts and stews.

Chillies and hot peppers (*Capsicum*, Solanaceae) are more diverse; its fruits present many colours, sizes and shapes (yellow, orange, red, round, and elongated) and tomato (*Solanum esculentum*, Solanaceae) presents two crops; a large one termed *"costeño"* and a smaller one, termed *"montañero"*.

Fruits

Through the adaptation of fruits, their cultivation is conducted in warmer areas and often in vegetable gardens associated with monocultures of papaya, banana, or pineapple. Approximately, 57% are native species; however, introduced species of Rutaceae are more abundant (5 spp), followed by the Passifloraceae species (4 spp.).

The most diverse fruits are bananas (*Musa acuminata*, Musaceae) and the cultivars are designated *"sedillo"*, *"machillo"*, *"seda"*, *"seda amarillo"*, *"manzano"*, *"guineo"*, *"blanco"*, and *"morado"*.

The *avocado* (*Persea americana*, Lauraceae) is cultivated through grafting and called "fuerte" or strong, "lisa" and "morada". In the case of pineapples (*Ananas comosus*, Bromeliaceae) they cultivate the ones called "huicunda" and "portuguesa", the latter one is a purple color.

Similarly, the *guava* (Psidium guajava, Myrtaceae) can be differentiated due the colour and taste of its fruit (white, yellow, and pink).

Graminea and pseudocereals

Grasses belong to the Poaceae family with fruits of grains (caryopsides) or cereals and constitute a main nutrient source for humans. These fruits are easy to transport, can be stored for long periods of time, and posses a high nutritive value. They possess great amounts of carbohydrates, proteins, some fats, and vitamins. Some species produce fruits used in the making of bread, cakes, and *cachangas* (a flat and big bread); others are cooked directly for daily consumption. Pseudocereals belong to other families with similar characteristics to cereals. 62% of cultivated species are introduced; from the graminea group only maize is Añdean, the remaining Andean species are pseudocereals.

Maize is cultivated everywhere and the inhabitants generally associate it with other crops such as yucca, *michuca, huitino,* cilantro, banana, *arracacha* and sweet potato.

The maize most sowed are hybrids (*morocho*) used mainly to feed animals and "común" used for nutritional purposes and for the preparation of *chichi, tamales, mote pelado* and *tortilla*.

In warmer areas (lower elevations in the valley) they sow rice (*Oryza sativa*, Poaceae); the peeling of rice is done in wooden mortars.

Sugar Cane

The sugar-cane (*Saccharum officinarum*, Poaceae) is a widely cultivated crop called *"cristal"*, *"carrizo"* (supplies the best juice and is hard to consume crude), *"cisoza"* (almost red), *"piojota blanca"*, *"piojota negra"* and *"piojota morada"*. The *"piojotas"* are consumed directly, as they are soft and easy to chew. The others are used to produce cane juice to ferment and distil the *"cañazo"* sugar-cane alcohol and for making the *"chancaca"* a kind of brown sugar moulded in various shapes. Almost very household in the Chilchos valley has its own sugar mill (Fig. 59).

Multipurpose species

Several species are used a food, medicinal purposes, or a fibers for spinning and weaving and generate some income.

The cotton is cultivated in two varieties: *Gossypium barbadense* var. *barbadense* "white cotton" and *Gossypium barbadense* var. *peruvianum* "brown cotton". The spun cotton is used to make garments, bags or sold directly in the market. Cotton was one of the most important crops in the pre-Hispanic and early colonial period.

Coffee

The cultivation of coffee has decerased due to low market price but was one of the main economic crops in the valley. They cultivate the following varieties: *"típico"* or *"nacional"* and *"caturra"* or *"catimoro"*. The coffee, being a perennial crop, is harvested 2 to 3 times a year and is cultivated in the shade of the high trees. They grow organic coffee, which raises the economic value for the international market but the amount and quality required are still problematic.

Table 7: The agricultural cycle

Duration up to one year		Duration of more than one year	
Maize	4 months	Banana	2 years
Bean	4 months	Sugar cane	1 years
Peanut	6 months	Guayaba	2 years
Cabbage	3 months	Orange	3 years
Sweet potato	4 months	Lemon	2 years
Arracacha	7 months	Avocado	3 years
Tomato	3 months	Guaba	2 years
Machuca	8 months		
Potato	4 months		
Pineapple	4 months		

Table 8: Crop production

Crop	Seed per ha.	Harvest
Maíze	1/2 arroba	30 quintales
Common Bean	3 Kg	Normal 7 quintales
		Good 15 quintales
Peanut	4 Kg	10 quintales
Manioc	5,000 plants	6 – 7 kilos per plant

Measurements: 1 Arroba equals 11,5 Kg, 1 Quintal equals 50 Kg

Tools

Axe for cutting trees

Machete for cutting shrub

Lampa for working the soil

Barreta, iron rod for moving soil and cutting deep roots

Tahuma , digging stick, for sowing maize and beans

Lampilla for weeding (Fig. 60).

Soil types

The inhabitants identify their soil based on colour, location and crop suitability. The extensions of the different types are not known, as 94.2% of the land is not cultivated.

Black soil - suitable for all kinds of crops. The black soil is sparse and found in the higher altitudes near natural springs.

Moor land - also known as muddy soil, is very humid and tinged with a greenish hue. This soil is not suitable for cultivation. It is found on level areas along the trails near small creeks.

Cangallo soil - has a consistency of white cla and is found at the place called Loma blanca (the white hill) and also along some of the trails. No crops here, only trees.

Yellow gredosa soil - is yellow and also comprises of clay, it especially enhances the cultivation of sweet and ordinary potatoes. The soil is found

> **Box 9: Phases of the moon**
>
> The phases of the moon are related to planting, weeding, growth of plants, woodcutting and cattle breeding. On a New Moon nobody is allowed to sow, weed or harvest a cultivated plant or cut wood. If they do so the plants "will become cane" (they will become hollow). The best time to plant and harvest, are five to six days after the moon has waned (last quarter).
>
> The best time to weed maize is when the moon is seven days into its cycle.
>
> If sowing is undertaken while the moon is waxing, the plants will have an abundance of flowers but will bear no fruit.
>
> The Chilchos people believe that the moon cycles also influences the breeding of the cattle, because the cows tend to become sexually active during the Full Moon. Castration, shearing and branding the animals must take place during Full Moon.
>
> Woodcutting for the construction of a house must take place two days after the Full Moon in the evening.

on gentle slopes and has a low humidity level.

Crop enemies or plagues

Siga Toca Negra: is a black or dark brown worm that attacks the roots and leaves of the banana plant causing the plant to dry out. As the plant dries up, the leaves take on an appearance of having been burnt; when the banana is cut open the worm is visible.

La Mosquilla Blanca: The fly excretes a white cresa trail, covering the whole plant, causing the leaves and flowers to wilt and fall off. Consequently, resulting in the death of the plant.

Cattle breeding

More than half of the families (34) (56%) breed cattle. They raise both the local *criollo* variety and the improved finer strains, such as Brown Swiss and Holstein. The more superior breeds are sometimes crossed with the *criollo*. All the cattle are bred in the *invernas* or pastures.

In the *ceja de selva* the cattle are exposed to the *tupe* disease (caused by an insect of the Dermatobia genus). The eggs of the insect hatch under the skin of the animal causing festering wounds that ultimately lowers their market value. Tupe may be cured with injections.

The breeding of both horses and mules is essential in the valley, as they are used as a mode of transport for people and carrying various provisions and may enable the owners to earn a good income by hiring out their animals.

Many families say that they have increased their stocks sheep and pigs for consumption and trade because of both family growth and the dwindling possibilities for hunting, due to the decline in the wild animal population.

51 families (85%) are poultry farmers (an average of 16 fowls per family)both for consumption and to earn a more secure income (Fig. 61).

Table 9: Categories of cattle owners

Box 10: List of animals

Animal	Families	No. of animal	Average per family
Cattle (total 330)			
Bulls	22	76	3,4
Cows	39	150	3,8
Calves	34	104	3
Equinos (total 129)			
Horses	44	89	2
Mules	22	39	1,8
Donkeys	1	1	1
Sheep (total 21)			
Sheep	30	21	0,7
Swine (total 82)			
Pigs	36	82	2,3
Birds(total 882)			
Turkeys	15	29	1,9
Ducks	14	50	3,6
Chickena	51	803	15,7
Otros (total 347)			
Dogs	49	65	1,3
Cats	28	34	1,2
Guinea pigs	35	248	7

Category	No. of families	No. of cattle	Avg. of cattle per family
I (21 – 44 head)	4 (7%)	119 (36%)	30
II (10 – 20 head)	10 (16%)	102 (31%)	10
III (3 – 9 head)	19 (31%)	92 (28%)	5
IV (1 – 2 head)	10 (17%)	17 (5%)	2
V (none)	17 (29%)	00	0

The first category illustrates that four families own 119 head of cattle (36%) with an average of 30 head per family.

In the second category, ten families have fewer than half of the amount with 10 head of cattle. The next categories III- IV own from 2 to 5 head on average and 17 families (29%) do not have cattle.

Table 10: Milk production

Species	Production
Criollo	4 litres per day
Brown Swiss crossbred with criollo	15 litres per day
Brown Swiss -	20 – 25 litres per day
Holsteín	18 litres per day

Hunting

The Chilchos use riffles of calibre 16 and 20 and traps constructed according to the size of the animal to be caught. Children use "*jebes*"(slingshots) with stones as projectiles for hunting smaller animals.

Hunting with riffle. Hunting with rifle takes place day or night. The hunter sometimes constructs an elevated platform of branches on the ground, so it is easier to descry the prey in the night. This is called to "*chapana*"and the action, "*to chapanear*"(Fig. 62).

Hunting with a trap uses the *trampero.* The *trampero* can be a rifle; or only a tube and firing pin, without the butt. The trap is placed on the footpaths used by foraging "picuros" (pacas) and "choscas"(agoutis).

When the animal steps on the *bejuco* (a cord made of vegetal fibre taht is tied to the trigger), the weapon goes off (Fig. 63).

Hunting by *salero. Picuros* (agoutis) normally forage at night or at dawn. Sometimes a *salero* (a bowl with salt) is placed where the animals pass so it is easier to catch them.

Fishing

The following fish are found in the river: *Llambo* , *plateado*, trout and *bagre carachama* and *anguila*.

Fishing with *cuica* llambo and *plateado* are fished on dark, moonless nights and when the water is muddy. The *cuica* is an earthworm used as bait. The hook and line are tossed into quiet places in the river, where one has to wait. When the fish bites the hook it has to be hauled in quickly so that the fish is hooked.

Fishing with butterfly / Lures for catching trout. It is done mainly on the sunny days in clear and clean water. The lure is a brightly coloured metal decoy placed next to the hook.

The lure is thrown as far out as possible into deep holes in the river, or into places where the current is slow. Then the line is slowly drawn-in and wound around a piece of wood. When the fish bites, a section of cord is loosened in order to haul it with force, so that the trout is hooked.

Fishing with a cast-net for silver-plated, trout, *llambo* and catfish can

---

Box 11: Wild animals and use

Picuro (paca) (Agouti paca)	meat
Chosca (brown agouti) (Dasyprocta variegata)	meat
Ronsoco (capybara) (Hydrochoerus hydrochoerus)	hide and meat
Venado (red brocket deer) (Mazama americana)	hide and meat
Oso de anteojos (Andean bear)(Tremarctos ornatus)	hide and fat
Otorongo(jaguar) (Panthera onca)	hide and meat
Ardilla (squirrel)	hide and meat
Armadillo o carachupa	carcass / meat
Huangana (white-liped peccary) Tayasssu pecari)	meat
Sajino (collared pecary) (Tayassu sp.)	meat
Sachavaca (Brazilian tapir) (Tapirus terrestris)	meat
León colorado (puma) (Felis concolor)	hide and meat
Tigrillo (ocelot) (Felis pardalis)	hide and meat
Achón o sapapuro	meat
Lobo de río (river otter)	

Monkeys

Mono choro (common wooly monkey) (Lagothrix legothricha)	meat and as pet (Fig. 65).
Mono frailecillo (common squirrel monkey) (Saimiri sciuresus sciureus)	meat and pet
Mono maquisapa (Spider monkey) (Ateles belzebuth)	meat and pet
Taita mono	meat

Birds

Guacamayo (Ara militaris)	pet
Gasna dorada	pet
Gallito de las rocas (Rupícola peruviana)	pet
Loro maicero (Bolborhynchus aurifrons)	pet
Perico (Brotogeris pyrrhopterus)	pet
Dios te de	pet
Pava de monte or Pava María (Penelope montagnii)	meat
Perdiz de monte (Nothoprocta ornata G.R.Gray)	meat

Paloma (Columba livia Gmelin)
Gavilan (Parabuteo unicinctus spp.)
Aguila (Aguila chrysaetos
Golondrina (Notiochelidon murina)
Codorniz (Odontophorus speciosus)
Huataraco (Penélope sp.)
Tucan (Andigena hypoglauca)
Hornero (Furnarius leucopus)
Pico Verde (Pionus sp.
Tuco ((Tyto alba Scopoli)
Lechuza (Tyto ¿?
Zorsal (Turdus serranus)
Carpintero (Colaptes rupicola Dórbigny)
Picaflor (Colibri coruscans Gould)
(Especies de Siluriformes)

Fish:

Carachama (Pterygoplichthys multiradiatus)
Llambo or sábalo colanegra (Brycon melanopterus)
Saltón plateado (Brachyplatystoma fylamentosum)
Boquichico (Prochilodus nigrican)
Trucha (Salmo Trutta)
Bagre dorado (Brachyplatystoma flavicans)
Anguila (Electrophorus sp.)

> **Snakes.**
>
> Machacuay (Boa constrictor): blue and round head, measures 3 to 4 m, not poisonous
> Loro machaco (Bothrops Bilineatus): dark green, measures 2 – 3m, slim, lives and moves very fast in the trees. Triangular head, very poisonous
> Jergón (Bothrops atrax): (Bushmaster): brownish with black and whitish spots and patterns on the back, measure 2 m, very poisonous (Fig. 66).
> Culebra verde caña (Philodra baroni): measures 1 –2,30 m, not poisonous but ramble when passing by.

be done day or night; but the water must be muddy. The nets have lead weights on the ends and a cord that closes the mouth of the net when it is tightened. The nets are cast into the shallower parts of the river and as it submerges it is hauled-in (Fig. 64).

<u>Fishing for *carachama*</u> does not require any special tools, since *carachama* (*Pterygoplichthys multiradiatus*) attach themselves to stones in shallow parts of the river.

The stones are lifted to catch the fish which is grabbed by the neck and held firmly, but carefully avoiding the spines that are attached to the gills of the fins and may hurt.

Trade

The families in Los Chilchos Valley have limited economical resources. They purchase merchandise once or twice annually, but sell their products more frequently every two or four months often through the social interaction of *encargo*. This involves handling over the products to be sold such as chickens or other produce to persons who are going to market.

There is only one shop in the valley, and it sells candles, kerosene, matches, cooking oil, beer, cigarettes, candy, rice, sugar-cane alcohol, wool, salt, industrial sugar and *chancaca*, (extracted from sugar-cane) and other industrialized products such as school equipment and clothes (Fig. 67).

Table 11: Categories of incomes and expenses in four income groups in S./

Income	No. of families	Avg. income per family	Avg. expenses per family	Net income per family
I (S/7000-17000)	3	11576,67	7066,67	4510,00
II (S/2000-3390)	10	2506,10	1607,87	898,23
III (S/1000-1999)	39	1406,10	1380,50	25,60
IV (S/0-999)	8	773,75	706,33	67,42

Exchange rate (US $ 1 = S/. 3,40, 2004)

BOX 12: Income and expenses in four family groups

I	II	III	IV
Income			
Sale of cattle	Sale of cattle	Sale of cattle	
Public employe			
Commerce			
Poultry	Poultry	Poultry	Poultry
	Day labourer	Day labourer	Day labourer
	Fruits	Fruits	Fruits
Alcohol	Alcohol	Alcohol	
Coffee	Coffee	Coffee	
	Third party	Third party	Third party
Expenses			
Food	Food	Food	Food
Kerosene	Kerosene	Kerosene	Candles
Clothes	Clothes	Clothes	
Alcohol	Alcohol	Alcohol	Alcohol
Day labourer	Day labourer	Day labourer	
Tools	Tools	Tools	Tools
Detergent	Detergent	Detergent	Detergent
Ammunition	Ammunition	Ammunition	
Animal medicine	Animal medicine	Animal medicine	Animal medicine
			Clothes
Human medicine	Human medicine	Human medicine	
			Transport
School utentils	School utentils	School utentils	

According to the interviews conducted, the expenses and income incurred in every household are prioritised accordingly.

The difference in income and expenses corresponds to the differences in land and cattle ownership.

There is a big gap between the rich and the poor families.

Three families (5%) in the first category have an average annual income of S/.11.576,67 (71%) per family and a net average income of S/.4510,00 (82%) as compared to the last category IV (13%) with an average annual income of S/.773,75 (5%) (a difference of S/. 10802.92 between the two categories).

On the other hand the difference in the average net income between categories I and III is S/. 25,60 with a difference between the two of S/.4484.40.

Income
The principal source of income for most of the families is the sale of cattle, sheep and pigs as well as the sale of poultry as chickens, ducks and turkeys. Additional income is acquired by the sale of fruits, coffee and alcohol, *aguardiente* or *cañazo*. Cows are sold for S/ 500 – 800 and bulls for S/ 800- 1200 as it is quality cattle. A hen costs S/ 15 and a cock S/ 20.

During the peak periods in the agricultural calendar, it is possible for them to augment their incomes by working as day labourers. Some men prefer working this type of work; instead of tending their own fields because they earn cash to buy their necessities.

There are other secondary occupations, with which they can supplement their

incomes to a small degree, such as being musicians, midwifes and folk healers.

Some household increase their income with contributions from a third party, *terceros*. That is, when some of the children or other family members leave the valley to work on the coast or in the cities they send back money, clothes and other products back to their parents or other family members.

Expenses

Households spend money on food, kerosene/candles, as there are no electric light, and on clothes, tools, detergents, medicine, ammunition for hunting and other items.

The *campesino* spends money for day labourers during harvest time if he doesn't he will lose much of the production.

Calculating to get a balance between income and expenses is almost impossible for the *campesino* as he never knows the quantity of the harvest, or the prices he will be able to get for some of the products.

Alcohol is a major expense. It is distilled in many of the households and sold and consumed every day. One of the main problems in Los Chilchos is the *aguardiente*. As the valley produces plenty of sugar cane and *aguardiente*, the price is low thus causing a daily consumption. This injures the individuals- and the families' health and economy.

Life story of Sr. Delfín Espinoza (76 years old)

"I was born in La Lucma, the *Bambamarca district*, the *Hualgayoc province in the departament of Cajamarca. My father was called Matías Espinoza; and my mother Agustina Aguilar Chota.*

My mother died when I was 15 years old (...) we are four children; two boys and two girls. Luis, Gabriela and Julia; the girls are the youngest.

When I was 18 years old I decided to leave for the coast. I went to work as a day labourer in the sugar-cane hacienda in Cayaltí; at that time I earned 5 soles a day.

Then I went to Chachapoyas; where I met Saúl Idrogo. He was a fellow countryman whom I always met in the shop when buying fat. On eday, he told me that here were plenty of land to cultivate.

In 1948, when I was 19 years old my friend and I ventured forth to come here. Señor Augusto Tenorio took us to the house of his father-in-law, Don Santos Garro; this is where his grandchild Victoriano lives to day.

We suffered a lot to get here. It took us three days. There were no bridges we had to cross the Rio Lemicho. When we arrived there were hardly any people, only a couple of houses.

We came to work, as day labours, but my friend Saúl Idrogo could not stand lifehere, because he did not like the food, the bananas, the manioc, the fruit;. There was no rice or potatoes. He only stayed for 15 days and went back. I stayed, I got accustomed to work here and I even bought some land from Sr. Oscar Chávez, it is called Acapulco and La Viña; and I began to grow maize, sugar cane and manioc.

In the beginning there were many animals as bear, guanganas, pumas and jaguars but they never attacked me. Once, my friends killed a bear, which was climbing a tree. They got it down by shooting it and killed it with sticks.

When we cleare the fields to sow we always encounter poisonous snakes. I have killed several with my machete; four to five a day at least.

When I was around 30 years I met my wife. She made sweets in Montevideo.

I have eight children with her; the oldest is Gabriel, then comes Liduvina, Cleofé, Clorinda, Maruja, and Carlos and two others who died of fever and coughing here in Chilchos. There was no medicine. One died at the age of one and the other before he was one year old. They were a girl and a boy.

Once a year I always go to Bambamarca to visit my brother Luis, and my sister. I did not go this year because it has been raining a lot and there has been no summer [dry season] to grow maize.

I would not like to live in the Sierra or on the coast, I prefer the Montaña. Here I can cultivate my fields, raise animals, cattle, pigs, chicken and horses. Here there is space and pasture for everybody.

In other places you have to rent or buy pasture. And I like to work and cleare my fields."

(Interview with Delfin Espinoza, August 2005)

Chapter 5

Vegetation and Use of Natural Resources

The Eastern Montane Forest

The Andean Cordillera covers most of the western part of South America. In Peru, the Andean Cordillera is divided into three branches: *Cordillera Occidental* (Western Cordillera), *Cordillera Central* (Central Cordillera) and *Cordillera Oriental* (Eastern Cordillera). The eastern cordillera is affected by the climatologic influences from the Amazonia and the Atlantic causing forest formations from 80 m to 3800 – 4000 m. These forests belong to the phytogeographic region termed the Amazonian Domain. They are part of the tropical forests considered as "Selva Baja", and grouped into pre-montane and montane forest zones with subdivisions depending on climatic, edaphatic, and biological factors. The tropical forests in the "Selva Baja" occur below 600 m, which also is the lower limit for the pre-montane forests which reach 1200 – 1500 m, and the montane forest formations located from approximately 1500 m to over 4000 m on the eastern slopes of the Andes.

The montane forests including the pre-montane forest are called: "Selva Alta", "Ceja de Selva", "Ceja de la Montaña", "Cabecera de Montaña" or the "Rupa-Rupa" region. The upper limit shows transitional formations of isolated forest surrounded by grasses in the *pajonal* vegetation community. The continuous montane forest extends below of the transitional formations, reaching the lowest limit at approximately 1200 m. It depends upon the geographic location as to where the premontane forest begins. While there is no fixed limit between different types of vegetation, it is possible to notice the differentiation in the species composition. The main characteristic of the montane forest is that it is extremely humid with almost permanent cloud cover or fog (Fig. 68). Below the Selva Alta are the tropical forests called: "Selva Baja", "Omagua" or "Hylaea", and are distinguished by having broad planes and while seasonally wet, they are lacking permanent cloud cover.

The "Ceja de Selva" is influenced by the Amazon River and the weather patterns of the Atlantic Ocean. It is characterized by relatively low temperatures, with an average annual between 9° and 25° C, and high incidence of fog and moisture allowing for the development of a distinctive type of vegetation. The cloud forests are so called, because they receive year round moisture, that leaves the atmosphere, vegetation, and the soil are saturated with water, and depending on the altitude, receive an average annual precipitation from 1000 to 4000 mm. Of this precipitation, approximately two thirds returns to the atmosphere as evapo-transpiration, and the remaining part runs off through numerous streams. High and narrow mountaintops, called locally *filas* or *cuchillas*, have many gorges and from small rivers. The water often drops into many waterfalls and/or by narrow and deep canyons and becomes tributaries of rivers with strong currents.

The rain in these forests is abundant and almost year round, with one season termed *verano* (summer) or *secano* (dry), from August to October, where there may be no rain for some days alternating with moderate precipitation and the rivers have less volume. This increases gradually during the rainy season, termed *invierno* (winter) or *lluviosa* (rainy), from November to April where the volume of the rivers reach high levels. In these months, many landslides occur due to the torrential rain and the steep sloping terrain. According Young and León (1999), the 10% of disturbance of forests is because of land slides on the slopes of the eastern montane forest; however, in Rio Huambo, Rio Verde (Schjellerup et al. 2003) and the Chilchos valleys, they are still less frequent and are only about 2- 4 % of forest disturbance.

The soils are shallow. The surface consists of layers of organic matter, partially rotten tree trunks, leaves and superficial roots and beneath is a white or gray layer approximately 20 cm deep. Depending on the locality, there are other dark layers before reaching bedrock. Most soils of these regions are not suitable for permanent use, neither for agriculture nor livestock. When a mature forest is used for agriculture or for pasture for cattle breeding, it is not able to produce for more than five years, and the results are seen in low yields and in a rapid decline of soil quality. The human activities in these forests are the cause of accelerated erosion exposing the subsoil and often leaving the bedrock layer open for the abundant rainfall and the fog.

The high humidity and the highly dissected terrain are characteristic of the environment of the "Selva Alta". The topography presents abrupt gradients with few level or moderately flat areas intersected by rivers and gorges, which have lead to the formation of numerous endemic animal and plant species. The premontane forest and eastern montane forest are characterized by being almost impenetrable and evergreen, and sometime share plants species with the western montane forest as a result of geographic and historic factors.

The vegetation changes progressively without a clear delimitation from one life zone to another.

Above 2500 m, the most representative families are Ericaceae, Asteraceae, Cunoniaceae, Myrsinaceae, Proteaceae, Podocarpaceae, and Rosaceae (Fig. 69).

From 2000 to approximately 2500 m, the following families are predominant: Lauraceae, Melastomataceae, Rubiaceae, Solanaceae, Araceae, Fabaceae, Piperaceae, Asteraceae and many Pteridophyta.

From 1500 to 2000 m, the most representative plants families are Lauraceae, Rubiaceae, Araliaceae, Melastomataceae, Clusiaceae, Annonaceae, Myrtaceae, Meliaceae, Fabaceae, Araceae, Moraceae, Solanaceae, and Arecaceae.

From 1000 to 1500 m, the most common representative families are Moraceae, Fabaceae, Sapindaceae, Lauraceae, Bignoniaceae, Rubiaceae, Euphorbiaceae, Apocynaceae, Flacuortiaceae, Malpighiaceae, Myrtaceae, Nyctaginaceae, Anacardiaceae, Clusiaceae, Meliaceae, Myrsinaceae, Olacaceae, Sterculiaceae, and Bombacaceae.

Below 1000 m, exist the families Moraceae, Bombacaceae, Rubiaceae, Arecaceae, Meliaceae, Cecropiaceae, Verbenaceae, and Bignoniaceae.

The vegetation in the upper zones has special formations, owing to their exposure to wind and humidity. The trees have twisted or bent trunks 0.50 m in diameter, but as elevation decreases, the trees' diameter increases. Because of the shallow soil, the roots of the trees lie in the surface, and during episodes of heavy rain and strong winds, the trees fall leaving the land exposed for erosion. The canopy of these forests are small, and sometime clustered, but becoming broader and with abundant foliage as the elevation decrease. As the elevation increases, the leaves get smaller and harder, and sometimes cluster in fascicules. These trees are the habitat of numerous epiphytes, including species, such as lichens, mosses, ferns, bromeliads, and orchids.

The shrubby and herbaceous stratum of this forest is characterized by climbing species and the "suros" (*Chusquea* sp., Poaceae) and is practically impenetrable (Fig. 70).

Our continued research in the valleys of the rivers Huambo, Jelache and Chilchos has shown that the migration of inhabitants from the Sierra began with the felling and burning of the trees to get new *chacras* and pasture for the cattle in smaller areas. Young (1992) mentioned that during the last decade more than one million persons have moved into the eastern slopes of the Andes, and they have changed the ecosystem and distribution of species. These changes are mostly seen in the montane forest, where more or less flat or plane areas can be found to allows permanent settlements. The intensity of these changes is varied, depending of the elevation. From 2500 to 3500 m, the impact is less significant than in others, because this land is not appropriate for agriculture and cattle breeding. Here the loss of the plant cover is due to fire in the *pajonales* in large parts of the upper zones, or fragmentation due to the construction of roads and trails. The primary changes originate in the "Selva Alta", from 500 m to approximately 2500 m due to agriculture, cattle, and timber extraction of the inhabitants migrating from the Sierra, who are the clearing patches of forest, leaving behind deforested and extensive soil erosion.

The eastern montane and premontane forests of Peru are of immense importance from a hydrologic, biological, and cultural points of view, since it historically occupied and continues to be occupied by many Amazonian tribes. In these areas, Pre-Inca civilizations such as the Chachapoya culture developed their distinctive style and later the Incas invaded and began utilizing the land. Some took refuge from the Incas and settled in Lamas in the San Martin Department (Schjellerup et al. 2001). The Wayko tribe still practices "slash and burn" agriculture in the forest in a rational and sustainable way.

It is urgent to take measures for conserving and protecting these very erosion prone and fragile zones. We encourage research in areas where scientists have not yet arrived, in order to record this rich biological and cultural diversity. It is also of importance to continue to gather information from the oldest inhabitants on the use of domestication and management of many of the edible species. According to Gentry (1992), the high diversity of tropical America, compared to tropical Africa and Australasia, is due to the Andean Cordillera, which is seen as a factor in explosive speciation. As a result, these montane forests show higher local endemism in the Andean cloud forest than in others parts of the world. The floristic diversity of tropical Andes is higher than in Central America or the southern part of South America. The destruction of forests in this area lead to the loss of dozens of as yet un-named animal and plants species. This may represent the highest rate of extinction in the World and ultimately cause the total extinction of diversity in the forests before they have been properly studied.

Box 2: Methodology

The botanical investigations carried out in the Chilchos valley included fieldwork and herbarium studies. At each research site series of transects 5 m x 240 m were laid out, divided into 48 subunits of 5m x 5m, and patches of 20 m x 20 m, with two repetitions in each locality to analyze the diversity of the mature and secondary forest diversity.

Transects of 20 x 20 m and plant inventories and field data were gathered inside and around the archaeological sites. The ethnobotanical work included interviews of older people and questionnaires or surveys in order to obtain information about which species are used and how they are used. These data were verified by visiting the households and the *chacras* (cultivated fields).

For each species seven samples were collected using a trowel, a plant clipper or machete, depending on whether the plant was herbaceous, shrubby or arborescent (Fig. 72).

Whenever possible, the samples included both flowers, fruits and leaves, but in some cases only flowers and fruits were obtained. In monoecious and dioecious species, both the male and the female flowers were collected.

The samples were placed in newspapers, characteristics recorded, vouchered, compressed, packed and conserved in alcohol until they could be dried in the herbarium.

In situ, the habit, habitat, uses, type of use, collection date, special characteristics of the plant, elevation, geographical localization using GPS, and digital photographs were accomplished.

The "alcohol technique" consists of pressing the plant collections into a used newspaper, writing the number of the collection and initials of the collector in a corner of the newspaper. The plants in the newspaper are piled up until they reach approximately 15 cm with the opening at the same side. Next the pile is packed with a new newspaper and tied with twine without covering the opening side. The packages are put into a thick plastic bag. Alcohol (1:1 of water and alcohol) is added. When the sample of plants are succulent or very thick, the proportion of alcohol should be more increased, and if the samples are herbs, ferns, bryophytes or lichens the alcohol proportion should be reduced. The solution of alcohol and water can be substituted with *aguardiente* or *cañazo*, alcohol produced from sugar cane and used without dilution.

The bags are closed hermetically and numbered in sequence for the priority of the drying process in the herbarium. Finally they were placed in polyethylene bags for the transportation to the herbarium on mules and then in buses. This technique allows one to preserve the plants for up to three month after they have been collected. This is a useful technique when the work area is inaccessible to vehicles and in humid forests where it is not possible to carry a stove. However, the plants do loose some of their coloration of the flowers and the leaves which is why the collector must describe all plant characteristics during the fieldwork.

In the herbarium, the samples were dried, mounted on cardboard and identified. The identification was done by comparing with other collections, using specialized literature and taxonomic keys and by sending the unknown specimens to specialists. The samples were deposited in the herbarium HAO of the Universidad Privada Antenor Orrego de Trujillo, Herbarium Truxillense (HUT) of the Universidad Nacional de Trujillo, Herbario de la Universidad Nacional de San Agustín de Arequipa (HUSA) and four duplicates were sent to the herbarium of the Field Museum (F) de Chicago U.S.A., for determinations and classifications by their specialists.

The vegetation in the Chilchos valley

Introduction

During our research in the Chilchos Valley, 398 species of plants were collected from 72 families and 182 genera: four genera belong to the myxomycetes, six to the bryophytes, twenty eight to the pteridophytes (ferns and related plants), and 144 genera correspond to the angiosperms or flowering plants.

The vegetation in the Chilchos Valley consists of vegetation formations very similar to the Huambo valley and La Meseta (Quipuscoa in Schjellerup 1999 and Schjellerup et al., 2003).

The forest formations found in the humid montane forests correspond to the classification by Weberbauer (1945), Tosi (1960), and after the System of Classification of the Phanerograms of the World suggested by Holdridge (1982).

The research area represents five main vegetation types: Vegetation communities of the *Jalca* ranges from 3700 m to 4100 m, transitional vegetation from 3500 m to 3700 m, upper montane forest from 2900 m to 3300 m, humid mid-altitude montane forest from 1900 m to 2900 m, and lower montane forest from 1400 m to 1900 m.

Table 11: Vegetation types in the Chilchos valley

Vegetation	Altitude (m)
Jalca	3700-4100
Transitional vegetation	3500-3700
Upper montane forest	2900-3500
Humid mid-altitude montane forest	1900-2900
Lower montane forest	1400-1900

Vegetation in the *Jalca* 3700-4100 m

The vegetation communities of the Jalca are very similar to the flora en in La Meseta (Schjellerup et al. 2003).

Small areas with abundant rocks and stones present vegetation communities with a predominance of shrubs and small dispersed trees (Fig. 71).

The few trees species of *Escallonia* (Grossulariaceae) and *Weinmannia* (Cunoniaceae) are up to 6-8 m tall. Their trunks are covered by many epiphytes, such as, lichens, mosses and a few angiosperms.

The shrub layer consists of many thorny species of the families of Asteraceae (*Barnadesia* and *Chuquiraga*), Rosaceae (*Rubus*) and Berberidaceae (*Berberis*) are among the most abundant. Others include species of Asteraceae (*Gynoxys, Aristeguietia, Baccharis, Pappobolus, Pentacalia, Coreopsis, Diplostephium*), Lamiaceae (*Satureja, Minthostachys, Salvia*), Clusiaceae (*Clusia, Hypericum*), Fabaceae (*Otholobium*) and Melastomataceae (*Brachyotum*) families.

The herb layer many species of Pteridophytes (ferns) from *Polypodium, Asplenium, Blechnum, Elaphoglossum, Campyloneurum, Huperzia, Lycopodium, Jamessonia, Lycopodiella*.

The angiosperms (flowering plants) are represented by species in the Asteraceae (*Stevia, Perezia, Bidens, Pseudognaphalium y Senecio*), Scrophulariaceae (*Castilleja*), Calceolariaceae (*Calceolaria*), Begoniaceae (*Begonia*), Ranunculaceae (*Ranunculus*), Fabaceae (*Lupinus*), Solanaceae (*Solanum y Lycianthes*), Rosaceae (*Acaena y Alchemilla*), Verbenaceae

(*Verbena*), Bromeliaceae (*Tillandsia, Puya* y *Greigia*), Gentianaceae (*Gentianella* y *Halenia*), and Poaceae (*Stipa Eragrostis*).

The highest parts of the Pajonales are dominated by bunch grasses. The Poaceae is dominated by species of *Stipa, Festuca, Eragrostis* and *Calamagrostis* are the most diverse and grow to the height of 0.80 – 1.2 m.

This vegetation community has other species belonging to the Bryophytes (*Polytrichadelphus, Marchantia, Sphagnum*, among other genera) and the Pteridophytes (*Jamessonia, Asplenium, Blechnum, Elaphoglossum, Lycopodium* and *Huperzia*).

The most important flowering plants are represented by a variety of the families, including Asteraceae (*Dorobaea, Pseudognaphalium, Conyza, Baccharis, Gamochaeta, Hypochaeris, Ageratina*), Fabaceae (*Lupinus*), Scrophulariaceae (*Mimulus, Castilleja*), Calceolariaceae (*Calceolaria*), Melastomataceae (*Brachyotum*), Ericaceae (*Gaultheria, Pernettya*), Gentianaceae (*Halenia, Gentianella*), Lythraceae (*Cuphea*), Rosaceae (*Alchemilla*), Rubiaceae (*Galium*), Plantaginaceae (*Plantago*), Iridaceae (*Sisyrinchium*), Cyperaceae (*Rhynchospora, Carex*), Poaceae (*Cortaderia*), Oxalidaceae (*Oxalis*), Bromeliaceae (*Puya, Greigia*) (Fig. 73), Valerianaceae (*Valeriana*), Rubiaceae (*Galium*), Geraniaceae (*Geranium*) Ranunculaceae (*Ranunculus*), and Campanulaceae (*Lysipomia*).

Within the Pajonales it is possible to distinguish some not very extensive vegetation types as the *Ceja de Jalca* (Fig.2273). It grows sticking to the soil or just above the level of the surface in the shape of small and enclosed cushions grouped together to be protected from the climatic conditions. The most frequent species are *Plantago tubulosa* (Plantaginaceae) associated with *Werneria nubigena* (Asteraceae) with the presence of many herb species adapted to a permanent humidity and correspond to the families of Asteraceae, Valerianaceae, Gentianaceae, Rosaceae, and Campanulaceae.

The areas of the highest parts of the Chilchos valley have no lakes and do not have the characteristic vegetation communities seen in the cordillera between the Departments of La Libertad and San Martín, such as peat-bogs of the *Distichia*. However, there are plenty of smaller areas which are permanently wet and humid during the year and do show similarities to the páramos in the northern part of South America. These areas lack the most representative species typical of traditional páramo. Characteristic for these zones is the moss (Bryophyte) genus *Sphagnum* (Sphagnaceae) which grows associated with fern (Pteridophyte) genera *Blechnum* (Blechnaceae), *Elaphoglossum* (Dryopteridaceae) and *Lycopo-*

dium (Lycopodiaceae).

The flowering plants are represented by Asteraceae (*Werneria nubigena, Baccharis genistelloides, Hieracium* sp. and *Hypochaeris* sp.), Plantaginaceae (*Plantago tubulosa*), Rosaceae (*Alchemilla orbiculata*), Cyperaceae (*Cyperus, Carex, Rhynchospora*), Gentianaceae (*Gentianella, Gentiana*) and Melastomataceae (*Brachyotum*).

Transitional vegetation 3500 - 3700 m

Transitional forests exist in areas no larger than 2 - 6 ha and are surrounded by the Pajonales. It constitutes a nexus between the Jalca and the continuous forest. The transitional forest is found on the slopes and gorges at the Jalca of El Rayo (see Chapter 4, the history of Don Genaro) and extends toward the highest part of the eastern part of Leymebamba.

Three layers represent the vegetation: the tree layer, the shrub layer and the herb layer with many epiphytes and hemi-parasites (Fig. 74).

The tree layer

The canopies of the trees reach 8-12 m and have twisted trunks with small and hardened leaves. The main species are in *Escallonia* (Grossulariaceae), *Polylepis* (Rosaceae), *Weinmannia* (Cunoniaceae), *Miconia* (Melastomataceae), *Podocarpus* (Podocarpaceae), *Desfontainia* (Loganiaceae), *Vaccinium* (Ericaceae), *Myrcianthes* (Myrtaceae), and *Berberis* (Berberidaceae).

The shrub layer

The shrub layer is represented by Asteraceae (*Gynoxys, Jungia, Diplostephium, Ageratina*), Melastomataceae (*Brachyotum*), Onagraceae (*Fuchsia*), Grossulariaceae (*Ribes*), Capparaceae (*Cleome*), *Monnina* (Polygalaceae), Rosaceae (*Rubus*), Solanaceae (*Cestrum* and *Saracha*), Lamiaceae (*Salvia*), Ericaceae (*Thibaudia*), Campanulaceae (*Centropogon* and *Siphocampylus*), Rubiaceae (*Arcytophyllum*) and Poaceae (*Chusquea*).

The herb layer

The herb species have a mayor presence of erect, scandent, twining and climbing species of *Ranunculus* (Ranunculaceae), *Gunnera* (Haloragaceae), *Bomarea* (Alstroemeriaceae), *Mikania, Hieracium* (Asteraceae), *Stellaria* (Caryophyllaceae), *Valeriana* (Valerianaceae), *Geranium* (Geraniaceae), *Dioscorea* (Dioscoreaceae), *Passiflora* (Passifloraceae), *Begonia* (Begoniaceae) and *Nasa* (Loasaceae). Others are hemi-parasites (*Aetanthus*) and epiphytes as lichens, mosses, ferns, and phanerogams mostly in the families Bromeliaceae and Orchidaceae.

These formations are similar to the vegetation found all over the cordillera between the Departments of San Martín, La Libertad and Amazonas but show interesting and important differences.

These ecological zones deserve to be investigated much more cautiously to be able to determine the transition of the *páramo* towards the formation of the *jalca*. The mentioned cordillera is the geographical watershed between the rivers running towards the west to the Pacific Ocean and east to the Atlantic Ocean. This causes a special climate different to other climatic zones in Peru.

The cordillera is a natural barrier for many plant species on the eastern and western versants, respectively. However, there are species that are able to disperse and grow on both sides, which generates an explosive diversification of plants.

The montane forest extends below the transitional vegetation and is at times separated by stripes of the pajonal on more or less level areas. Three zones can be distinguished: The upper montane forest, the humid mid- altitude montane forest and the lower montane forest.

Upper montane forest 2900 – 3500 m

The upper montane forest between the *Pajonales* and transitional forest consist of plants from the *Jalca* which grow mixed with species from the montane forest. This vegetation is one of the most diverse and is characterized by many trees with sclerophytic leaves and pubescent shrubs, sometimes lanate.

The tree level

The canopies of the tree level reach 15-18 m and are represented by species of Ericaceae (*Bejaria, Vaccinium*), Melastomataceae (*Miconia*), Cunoniaceae (*Weinmannia*), Grossulariaceae (*Escallonia*), Araliaceae (*Oreopanax*), Podocarpaceae (*Podocarpus*) and Arecaceae (*Geonoma*).

The shrub level

The shrub level is composed by species of Campanulaceae (*Centropogon* (Fig. 75), *Siphocampylus* genera of big diversity), many species of Ericaceae (*Cavendishia, Gaultheria, Pernettya, Thibaudia*), Asteraceae (*Baccharis, Loricaria, Diplostephium, Gynoxys, Llerasia*), Solanaceae (*Larnax, Solanum, Lycianthes, Jaltomata*), Grossulariaceae (*Ribes*), Rosaceae (*Rubus*), Rubiaceae (*Psychotria*) and Gentianaceae (*Symbolanthus calygonus*).

Above the trees and shrubs grow epiphytes species as algae, fungus, mosses, lichens, ferns and flowering plants (Bromeliaceae, Piperaceae) and hemi-parasites (Loranthaceae) with various species of *Chusquea* (Poaceae) which make the forest very dense and impenetrable.

The herb level

The herb level has many ferns species (Pteridophytes) of the genera *Blechnum, Eriosorus, Jamessonia, Hymenophyllum, Polypodium, Cochlidium, Grammitis, Asplenium, Adiantum, Lycopodiella, Lycopodium, Huperzia,* and flowering plants Loasaceae (*Nasa*), Alstroemeriaceae (*Bomarea*), Eriocaulaceae (*Paepalanthus*), Iridaceae (*Sisyrinchium*), Orchidaceae (*Elleanthus, Cochlioda, Epidendrum*), Piperaceae (*Peperomia*), Asteraceae (*Munnozia, Mikania, Trixis*), Poaceae (many that invade the Pajonales), Geraniaceae (*Geranium*), and Bromeliaceae (*Puya*).

The humid mid-altitude forest 1900- 2900 m

The humid mid-altitude forest encircles the Chilchos valley to a place named Laurel, where a change in the vegetation is observed. This forest has many mountains with steep slopes as well as more level areas as in the broad valley bottom where most of the settlement is located.with a high diversity of plants. The forest has a high diversity of plants and present the same characteristics as in the Huambo valley, another of the areas we have studied (Schjellerup et al. 2003).

Large areas in this vegetation zone are disturbed by human activity; many forests have been cut and burnt for agricultural purposes or for cattle grazing. Only 2% of the disturbance is caused by natural events such as landslides.

The tree level

The tallest trees reach 35-40 m and have abundant epiphytes species. Among the most representative families are Rubiaceae with 12%, followed by Lauraceae 10%, Gesneriaceae 7%, Melastomataceae and Moraceae 5%, Solanaceae and Fabaceae 4% and the remaining families 53%, corresponds to the total of angiosperms registered in the transects and parcels.

The most representative forest species with the best wood belong to Moraceae (especially of the genus *Ficus* called "matapalos" or "killing sticks" because their branches embrace their host tree until the host tree dies. Each branch has a diameter of ca. 1.05 m (DAP).

"Renaco" and *Clarisia* "milky", Meliaceae (*Cedrela* "cedro") have a diameter of c. 0.80 m (DAP). Lauraceae are well reresented by the *Nectandra* ("ishpingo") with 0.48 m (DAP), *Ocotea* ("mohena") and *Persea* ("wild avocado").

Rubiaceae is one of the best represented families with species of *Cinchona, Remigia, Psychotria, Palicourea*, Anacardiaceae with *Toxicodendron striatum* ("itil" a poisonous species), Myrtaceae with *Campomanesia* ("palillo" with edible fruits) and *Myrcianthes* ("lanche" used for construction and with edible fruits; ca. 0.30 m DAP), Myrsinaceae with *Myrsine*, Tiliaceae with *Heliocarpus americanus* ("llausa", appreciated for its use making ropes), Melastomataceae with many species of *Miconia*, Araliaceae with *Schefflera* y *Oreopanax*, Cecropiaceae with *Cecropia* (0.385 m DAP) and *Coussapoa*, Urticaceae with species of *Urera* ("ishanga"), Solanaceae with *Solanum*, Siparunaceae wit *Siparuna* ("poshmete"), Chloranthaceae with *Hedyosmum*, Buxaceae with *Styloceras*, Clusiaceae with *Clusia*, Burseraceae, Annonaceae with *Annona*, and Lamiaceae with *Hyptidendron*.

The Fabaceae have many species in the genus *Inga* called "huabilla", "huabo", "shimbillo" or "pacae" by the inhabitants (0.37 m DAP), and species of *Erythrina* called "pajuro", "wild poroto", and *Senna*.

In this layer Arecaceae are represented by the diverse genus *Geonoma* ("palmiche"), species of *Bactris* ("pishuay") and *Astrocaryum* ("chonta").

Characteristic for this vegetation zone is the presence of many species of tree ferns or Cyatheaceae, especially of the genera *Cyathea* y *Dicksonia*, which reach heights of 18 m (Fig. 76).

The trees are covered by a variety of cryptogams and phanerogams, which grow from the base of the trunks to the canopies. Among the groups observed in the canopies of the trees are saprophytes such as fungi (*Ganoderma, Auricularia* (Fig. 77) and *Polyphorus*); hemi-parasites and parasites of the families Loranthaceae (*Aetanthus*) and Viscaceae (*Phoradendron*).

The highest diversity is found among the epiphytes y hemi-epiphytes, which live on most of the trees. Some algae prefer humid places with almost no light. The lichens are very diverse and stick to the trunks; the mosses (also with high species diversity), and abundant hepatics (*Frullania*).

The Pteridophytes constitute another diverse group represented by species of *Huperzia* (Lycopodiaceae), *Niphidium, Campyloneurum, Platycerium* (Polypodiaceae), *Asplenium* (Aspleniaceae), *Vittaria* (Vittariaceae), *Pleopeltis, Polypodium*, (Polypodiaceae), *Nephrolepis* (Davalliaceae), *Elaphoglossum* (Dryopteridaceae), *Trichomanes, Hymenophyllum* (Hymenophyllaceae), *Grammitis*, and *Cochlidium* (Grammitidaceae).

The Angiosperm epiphytes are represented by various families, such as Cactaceae (*Rhipsalis, Disocactus, Epiphyllum*), Piperaceae (*Peperomia*), Bromeliaceae (*Tillandsia, Aechmea, Vriesea, Catopsis*), Gesneriaceae (*Columnea*), Cyclanthaceae (hemiepiphytes species *Asplundia* and *Thoracocarpus*), Araceae (*Anthurium, Philodendron* with hemiepiphytes species), and Orchidaceae (*Pleurothallis, Oncidium, Maxillaria, Epidendrum, Stelis, Psygmorchisglossomistax, Elleanthus, Gongora, Telipogon, Dichaea*).

The shrub level

The shrub level is conspicuous in some areas and in others not so much. The species reach 4-5 m.

The genus *Piper* (Piperaceae) is most diverse, the inhabitants call these species "maticos" or "cordoncillos". Other plant families represented are Solanaceae (*Solanum, Brugmansia, Lycianthes, Cestrum, Cyphomandra*), Rubiaceae (*Palicourea, Psychotria*), Campanulaceae (*Centropogon* and *Siphocampylus*), Melastomataceae (*Meriania, Miconia, Tibouchina, Axinaea*) (Fig. 78), Poaceae (various species of *Chusquea* growing very dense making it difficult to get into the forest), Urticaceae (*Urera y Phenax*), Euphorbiaceae (*Croton, Acalypha*), Gesneriaceae (*Alloplectus, Columnea*) (Fig. 79), Onagraceae (many species of *Fuchsia* which red and red-orange flowers give the forest some color), Ericaceae (various species of *Psammisia, Thibaudia* and *Bejaria*), Begoniaceae (*Begonia parviflora*), and Araliaceae (*Schefflera*).

Asteraceae is well represented by species of the Vernonieae and genera such as *Bardanesia, Pentacalia, Liabum, Gynoxys, Erato*, among the most important. Others include pteridophytes (Dryopteridaceae) and many lianas of Sapindaceae, Bignoniaceae, Fabaceae, Malpigiaceae and Apocynaceae (*Peltastes*).

The herb layer

The herb layer consists mainly of pteridophytes (ferns) that grow uniformly covering almost all the area. The best represented families are Dryopteridaceae (various species of *Diplazium* and diversity in *Elaphoglossum*), Polypodiaceae (*Polypodium, Pecluma, Campyloneurum*), Pteridaceae (*Pteris, Lindsaea, Adiantum, Eriosorus*), Hymenophyllaceae (*Hymenophyllum* and *Trichomanes*), Davalliaceae (*Nephrolepis*), Aspleniaceae (*Asplenium*), Blechnaceae (*Blechnum occidentale*, among other species), Selaginellaceae (*Selaginella*), and Lycopodiaceae (*Lycopodiella cernua*).

The flowering plants are reresented by Piperaceae (*Peperomia*), Amaranthaceae (*Iresine*), Bromeliaceae (*Pitcairnia, Ananas, Tillandsia, Greigia*), Urticaceae (*Pilea*), Begoniaceae (many species of *Begonia*), Asteraceae (most of the species are climbing reaching well into the canopies of the trees as the genera *Mikania, Trixis, Munnozia*), Solanaceae (*Lycianthes, Witheringia, Larnax. Jaltomata* has edible fruits and grow mainly in disturbed areas), Araceae (*Anthurium, Caladium*), Acanthaceae (*Justicia, Sanchezia*), Dioscoreaceae (*Dioscorea*), Cyperaceae (*Cyperus, Eleocharis, Scleria, Uncinia*), Commelinaceae (*Commelina, Tradescantia*), Cyclanthaceae (*Cyclanthus*), Fabaceae (*Desmodium*), Zingiberaceae (*Renealmia*), Passifloraceae (*Passiflora*), Lamiaceae (*Salvia*), Marantaceae, Cucurbitaceae (*Psiguria*), Asclepiadaceae (*Cynanchum, Marsdenia*) and Orchidaceae (*Epidendrum, Elleanthus, Cranichis*).

Other species are saprophytes and grow on rotting trunks, such as Burmanniaceae (*Gymnosiphon*) and Balanophoraceae (*Helosis, Corynaea* y *Langsdorffia*).

In humid mid-altitude forest some vegetation communities can be distinguished as follows:

Chontales

The chontales are located on the ridges of the mountains and are species of Arecaceae (Palmeras). The chontales reach 12-15 m. Not all the chontales belong to the same species; most belong to the genus *Geonoma* ("palmiche"), others to *Bactris* ("pishuay"), and to *Astrocaryum* ("chonta"). In the chontales all three layers are represented with many epiphytes (Fig. 80).

Sclerophilous forest

The sclerophilous forest is also found on the ridges of the mountains especially along the trail at the place called La Cascarilla (1800- 2500 m). The presence of small trees and many Rubiaceae with thick and broken leaves characterize the sclerophilous forest.

The forest has three layers and reach 8 m in the canopy. Here are also represented species of Myrtaceae, Melastomataceae, Ericaceae (Fig. 81), Asteraceae, tree ferns, and have many species of epiphytes. The sclerophilous forest has a great variety of herbs.

The lower montane forest 1400 – 1900 m

The lower montane forest constitutes the borderline between the Chilchos valley and the area of the Añazco Pueblo (Schjellerup et al. 2003).

The temperature is some 2-3°C higher than in the mid-altitude montane forest.

This type of forest vegetation is influenced by the many rivers and extends along the banks of the rivers from even lower from 1000 m. The trees reach 40 m and below them grow much shrub and many herbs with plenty of epiphytes.

The angiosperms with major presence are Rubiaceae with 15%, followed by Lauraceae 11%, Fabaceae 10%, Moraceae 8%, Solanaceae and Bombacaceae 8% and the remaining families of 48 % corresponding to the total of angiosperms classified in the transects and parcels.

The tree layer

The highest trees reach 40 m and present a great variety of Rubiaceae; but Moraceae, Lauraceae and Fabaceae are among the highest trees. The most conspicuous are of the genera *Ficus* y *Clarisia* (Moraceae); *Nectandra* spp. "ishpingo", *Ocotea* "mohena" and *Persea* "wild avocado" (Lauraceae); *Inga* (many species have developed along the riverbanks, *Erythrina* and *Senna* (Fabaceae).

Other representative species belong to Rubiaceae (*Psychotria, Palicourea, Ladenbergia, Hilia*), Bombacaceae (*Ochroma, Chorisia*), Annonaceae (*Guatteria, Rollinia*), Tiliaceae (*Heliocarpus*), Myrsinaceae (*Myrsine*), Siparunaceae (*Siparuna*), Solanaceae (*Solanum*), Anacardiaceae (*Toxicodendron*), Cecropiaceae (*Cecropia*), Melastomataceae (*Miconia*) y Arecaceae (*Geonoma, Iriartea* y *Bactris*) among the most important. There are several tree ferns of Cyatheaceae.

The shrub layer

The shrub layer reach 6 m and is very similar to the shrub layer in La Meseta (Schjellerup et al. 2003). The species of *Piper* (Piperaceae) are very diverse and abundant as well as Asteraceae (*Pentacalia, Liabum* y *Critoniopsis*) among the most important, Euphorbiaceae (*Phyllanthus* "chanca piedra", *Croton* y *Acalypha*), Urticaceae (*Phenax, Boehmeria* y *Urera*), Melastomataceae (*Miconia*), Solanaceae (*Solanum, Lycianthes, Capsicum* y *Cestrum*), Rubiaceae (with the shrub species *Palicourea* and *Psychotria*) and Campanulaceae (*Centropogon* and *Siphocampylus*).

The shrub layer is characterized by the presence of many saprophytes (fungi) and hemiparasites (Loranthaceae and Viscaceae).

Very abundant are the hemi-epiphytes (ferns, Araceae, Cyclanthaceae) species and epiphytes as lichens, mosses, hepatics, ferns (*Niphidium, Campyloneurum Pleopeltis, Polypodium, Nephrolepis*).

Among angiosperms are Piperaceae (*Peperomia*), Araceae (*Anthurium* y *Philodendron*), Bromeliaceae (*Tillandsia*) and Orchidaceae (*Pleurothallis, Oncidium, Pachyphyllum, Maxillaria, Epidendrum, Stelis*), among other families.

The herb layer

The herbaceous layer has many pteridophytes (ferns) species. The species *Selaginella* (Selaginellaceae) and Lycopodiaceae (*Lycopodiella cernua*) are abundant.

Among other spevies grow genera of Schizaeaceae (*Anemia*), Davalliaceae (*Nephrolepis*), Pteridaceae (*Adiantum, Pteris, Lindsaea*), Aspleniaceae (*Asplenium*), Blechnaceae (*Blechnum occidentale*), Polypodiaceae (*Polypodium, Pecluma*), Dryopteridaceae (*Diplazium, Elaphoglossum*) and Hymenophyllaceae (*Hymenophyllum, Trichomanes*).

The most representative among the angiosperms are Piperaceae (*Peperomia*), Begoniaceae (*Begonia*), Asteraceae (*Smallanthus, Munnozia* and *Mikania*), Solanaceae (*Solanum* y *Lycianthes*), Araceae (*Anthurium*), Orchidaceae (*Altensteinia* and *Epidendrum*), Lamiaceae (*Salvia*), some Poaceae and other families less represented (Fig. 82).

Vegetation types modified by man

People used the forests in the Chilchos valley in the pre-Hispanic times but the area was abandoned for several hundreds of years. Today the migration from different places in northern Peru is modifying the landscape with their settlements, agriculture, and cattle.

Pastures "potreros"

Many pastures are found in disturbed areas in the forest (Fig. 83). The inhabitants fence large areas and leave their cattle for long periods of time. Here the cattle feed on native species in the forest as Poaceae (various species of *Chusquea* "suro"or "carricillo", *Paspalum, Paspalidium* and *Digitaria*), Commelinaceae (*Tradescantia* "cuelinga"), Cucurbitaceae (*Psiguria*), Urticaceae (*Urera* "ishanga", especially sprouting species).

If the conditions are good and there are no illnesses or wild animals the cattle increase and develop without any problems.

However, the Chilchos people must see to the cattle once in a while to add salt to their diet and to cure wounds caused by accidents or by wounds caused by the insect of the Dermatobia genus "tupe". They have to milk the cows and take care of the newly born calves and be sure wild animals have not attacked them.

Most often the cows are brought to the *invernas* near the houses to take care of the parturition and the newly born calves.

The presence of cattle is one of the main causes of the deterioration of the mature forest.

The practise of fencing the forest to make pastures generate one of the first forms of disturbance of the mature forest as the native species are being destroyed by the cattle. The constant rain brings about erosion and Pteridium aquilinum ("choz") covers the disturbed places.

Fields, *chacras* and *invernas*

Large areas of the montane forest are used for agriculture (Fig. 84). The cultivation is not dependent on irrigation systems as the rain is constantly falling in the Chilchos valley. Cultivation is done by slash and burn agriculture for the cultivation of annuals, biennials or perennial products as coffee and fruits.

The fields are surrounded or closed with planted trees. During slash and burn some trees are left in fields without being burnt. The trees are useful as borderlines between the parcels, as a protection against animals, and to give shadow for some plants.

Many of them have protective virtues such as spines, irritating substances or nettle rash. Among these species are "cedro" (*Cedrela*, Meliaceae), "higuerón" (*Ficus*, Moraceae), various species of "huabilla" (*Inga*, Fabaceae), "ishpingos" (*Nectandra*, Lauraceae), "mohena" (*Ocotea*, Lauraceae), "wild avocado" (*Persea*, Lauraceae), "itil" (*Toxicodendron striatum*, Anacardiaceae), "pajuro" (*Erythrina*, Fabaceae) and "ishanga" (*Urera*, Urticaceae).

However, today almost all the fences between the fields are done with barbed wire placed on wooden posts to protect the crops.

Perennial crops

Perennial crops produce year after year once they are established.

Most of them are woody plants.

The cultivation of coffee (*Coffea arabica*, Rubiaceae) occupies much of the land and is grown by almost all the families. Shrubs, herbs and some trees are cut to make a new field for the cultivation of coffee. Several trees are left and new planted to give shadow for the coffee.

The most suited are those of rapid growth and with rich and broad foliage such as "huabilla" (*Inga* spp., Fabaceae), "higuerón" (*Ficus*, Moraceae), "llausa" (*Heliocarpus americanus*, Tiliaceae), "ishanga" (*Urera*, Urticaceae) and the "ishpingos" (*Nectandra* and *Ocotea*, Lauraceae).

Many fruit trees may grow as monocultures, such as the banana (*Musa acuminata*, Musaceae) and the papaya (*Carica papaya*, Caricaceae) but generally they are associated with other fruit trees or crops in small gardens near the houses.

The gardens produce many fruit species as oranges (*Citrus aurantium*, Rutaceae), lemons (*Citrus limon*, Rutaceae), mandarines (*Citrus reticulata*, Rutaceae), mangos (*Mangifera indica*, Anacardiaceae), avocados (*Persea americana*, Lauraceae), nísperos (*Eriobotrya japonica*, Rosaceae), guayabas (*Psidium guajava*), and pineapples (*Ananas comosus*, Bromeliaceae).

Some fruit species grow in the mature forest such as "palillo" (*Campomanesia*, Myrtaceae), "sacha anona" (*Rollinia*, Annonaceae), "pepinillo" (*Cyphomandra* sp., Solanaceae) and other "huabillas" (*Inga* spp., Fabaceae).

Annual and biannual crops
Annual and biannual crops have a life length of one to two years and belong to the herbs. They may be cultivated as a monocrop as peanut (*Arachis hypogaea*, Fabaceae). The cultivated crops are described in Chapter 4.

Invernas
Totally deforested areas or abandoned fields are used as *invernas* or pastures to feed cattle, horses, mules, and donkeys. The *invernas* are situated near the houses where the people cultivate pasture of *Pennisetum purpureum* (elephant grass), *Brachiaria eruciformis* (brecaria), *Panicum maximum* (gramalote), *Trifolium repens* (clover), *Philoglossa mimuloides* (siso), and *Pennisetum clandestinum* (couch-grass, kikuyo).

Secondary vegetation and deforested areas
Large parts of the Chilchos Valley consist of secondary forest and other types of vegetation altered by man. Most of this kind of vegetation is found

along both sides of the Río Chilchos and on places more or less level in the valley. The principal types of secondary vegetation in the Chilchos Valley are: *herbazales* (grassland), *chozales*, a shrub vegetation and *purmas*.

The *herbazales*, grasslands

The *herbazales* are small areas covered by herbs, which are formed by abandoning a field in very humid places or along the banks of the river. The *herbazales* have a life period of 2-4 years during which other shrubs begin to appear with new dominating species covering the area.

The most representative are the herb species Poaceae (35%), Cyperaceae (25%) and Asteraceae (21%).

Immediately after abandoning a field appear Poaceae (*Paspalum, Pennisetum, Setaria*), Cyperaceae (*Cyperus, Eleocharis, Scirpus* y *Rhynchospora*), Asteraceae (*Bidens, Galinsoga, Ageratum*), Verbenaceae (*Verbena*), Solanaceae (*Solanum, Jaltomata*), Apiaceae (*Ciclospermum*), Malvaceae (*Sida*), and Lamiaceae (*Hyptis*).

The *chozales*

The *chozales* occupy most of the territory altered by man in the Chilchos Valley.

The chozales are known as "shapumbales" at the Río Mayo (San Martín), "garadales" in Ayabaca (Piura) or "pteridiales" on the eastern slopes of the Andes in north and central Peru.

The *chozales* develop very rapidly in deforested areas or on abandoned fields with an excessive growth of *Pteridium aquilinum* "choz" (Dennstaedtiaceae). The species represents two varieties by some authors and two different species by others *Pteridium caudatum* and *Pteridium arachnoideum*.

The *choz* is a rizomatous fern that reaches 2-3 m in height. The growth and amplification of the fern are favored by humidity and soil nutrition present in these areas, where it is the dominant species with 87% cover. Though the *choz* is dominant, it shares the localities with some non competitive angiosperms.

The *chozales* are distributed from 1000 m to 2500 m and are seen in all zones within the forest.

The *chozales* cover most of the abandoned places and are also found near the cultivated areas where they may invade the fields if the fields are not weeded because the rhizomes stay in the soil even if they have been burnt or cut.

The *chozales* may maintain their populations for long periods of time, impoverishing the soil and making a recuperation into cultivated land very difficult. However, the people constantly burn the "chozales" to give space for new trees, which eventually may form new *purmas* (see below).

Secondary shrub vegetation

Secondary shrub vegetation is an area covered by shrubs, some smaller trees (*Heliocarpus americanus*, *Inga* spp.), and plenty of herb species. The secondary shrub vegetation emerges after *herbazales*, *chozales* or directly after leaving a field with sugar cane, arracacha or banana. This formation lasts 4-6 years and leaves then space for another vegetation type. It is especially found near the rivers, abandoned fields or in the transition of being a purma. Dominant are Asteraceae (*Critoniopsis* "cosomo", *Baccharis*, *Munnozia*, *Verbesina* y *Pentacalia*) accompanied by shrub species of Piperaceae (*Piper*), Fabaceae (*Inga*, *Acacia*) Solanaceae (*Solanum*) and herbs of the genera *Bidens*, *Acmella*, *Siegesbeckia* (Asteraceae), *Setaria*, *Eragrostis*, *Brachiaria* (Poaceae) with some plants of *Pteridium aquilinum* (Dennstaedtiaceae).

Purmas

Purmas are part of the secondary forest 10-15 years old (hyptidendrales) which take over after the above mentioned vegetation formations or directly after abandoning a field.

The age of a *purma* can be determined after the appearance of tree species from the mature forest or by the presence of certain species of epiphytes that only grow in this kind of forest (Fig. 85).

Not all *purmas* are alike and there are some differences. Based on the differences between the various dominating species the following classification has been made into the "cecroopiales", the "tremales" or "atadijales", the "huabillales" or "ingales" and the "hyptidendrales".

The "cecropiales" are characterized by the dominating *Cecropia* "cetico" (Cecropiaceae) 50%, with the presence of *Ochroma pyramidale* "palo de balsa" or "topa" (Bombacaceae) 25%, *Heliocarpus americanus* "llausa" (Tiliaceae) 12% and 13% of other tree species of Melastomataceae and Rubiaceae. The "cecropilales" are 8-12 years old.

The "llausa" species reach 15-18 m in the canopies with a diameter of 0,40 m (DAP).

The shrub layer represents *Critoniopsis, Baccharis, Cyrtocymura* (Asteraceae), Piperaceae (*Piper*) and some Rubiaceae.

The herb layer has few ferns and angiosperms as Poaceae, Commelinaceae, Araceae, Zingiberaceae, among others.

The" tremales" or "atadijales" are dominated by *Trema micrantha* "atadijo" (Ulmaceae) 43% followed by "palo de balsa" or "topa" 30%, "llausa" 15%, and 12% of other tree species (Lauraceae, Melastomataceae, Rubiaceae, Fabaceae) with some dispersed Cyatheaceae.

The "tremales" canopies reach 15-18 m and are some 18 years old.

The shrubs have mainly Piperaceae (*Piper* spp.), Melastomataceae (*Miconia*), Solanaceae (*Solanum*), Begoniaceae (*Begonia parviflora*) and the herbs are represented by many species of climbing and scandent Asteraceae (*Mikania, Munnozia, Trixis, Mutisia*), and some hemi-parasites and epiphytes.

The "huabillales" or "ingales" reach 18–20 m and are *purmas* of more than 10 years old with the dominating species of *Inga* "huabilla", "shimbillo" (Fabaceae) 52%, associated with species of Lauraceae ("ishpingos" *Nectadra, Ocotea* y *Persea*) 16,3% "thorny" *Solanum* (Solanaceae) 12%, *Cedrela* "cedro" (Meliaceae) 6% and only 3% of other tree species.

The shrub layer has many species of Rubiaceae, Piperaceae (*Piper*) and various herb species.

The "hyptidendrales" are vegetation formations of more than 15 years and occupy large parts of the secondary forest (Fig. 86 and 76). They are not present in the Huambo valley or in La Meseta.

They are easily recognized by the violet colour in the canopies of the dominating trees of *Hyptidendron arborea* "palo morado" 63%. This is a Lamiaceae andina which reach 25 m in height in the secondary forest with 15-42 cm de DAP and a distance of 1-2 m between each tree. However in the thicket they may reach 25-30 m.

Other species in the "hyptidendrales" belong to Melastomataceae (*Miconia*), Chloranthaceae (*Hedyosmum*), Rubiaceae (*Psychotria*), Lauraceae (*Nectandra*), Tiliaceae (*Heliocarpus*), Cecropiaceae (*Cecropia*), Fabaceae (*Inga*), Myrtaceae (*Myrcianthes*) and the presence of fern trees of Cyatheaceae (*Cyathea* y *Dicksonia*).

The shrub layer represents species from the mature forest of Piperaceae (*Piper*), Rubiaceae (*Palicourea, Psychotria*), Asteraceae (*Verbesina ampliatifolia*), Melastomataceae (*Tibouchina*), Solanaceae (*Solanum*), Campanualaceae (*Centropogon*) and Gesneriaceae (*Alloplectus, Columnea*).

The herb layer has pteridophytes (ferns) such as *Blechnum* "choz bejuco" (Blechnaceae), *Pteris* (Pteridaceae), *Hymenophyllum, Trichomanes* (Hymenophyllaceae), *Polypodium, Campyloneurum* (Polypodiaceae), *Danaea* (Marattiaceae), *Elaphoglossum* (Dryopteridaceae), *Asplenium* (Aspleniaceae) and Selaginellaceae (*Selaginella*); angiosperms species of Araceae (*Anthurium*), Piperaceae (*Peperomia*), Gesneriaceae (*Gloxinia*), Zingiberaceae (*Renealmia*), Cyclanthaceae (*Cyclanthus*) and Poaceae (*Ichnanthus*).

The trees are covered by hepatics, mosses, hemi-epiphytes (*Anthurium, Philodendron*), epiphytes (*Pleurothallis*, Orchidaceae and some Araceae) and climbing herbs (*Mikania*, Asteraceae).

Also, there is the presence of lianas of Bignoniaceae, Fabaceae and Sapindaceae.

The *purmas* of more than 10 years old represent all three layers with many species of epiphytes and *Chusquea* spp. "suro" (Poaceae).

In this zone, most of the shrubs belong to Piperaceae (*Piper*), Melastomataceae (*Miconia*), Solanaceae (*Solanum*), Rubiaceae (*Psychotria*), Gesneriaceae (*Alloplectus*) and Acanthaceae (*Justicia*).

The herb layer has many species of ferns, and Gesneriaceae, Poaceae and Cyperaceae are dominant.

The *purma* may develop into a mature forest, if left undisturbed, by the distribution of seeds by birds, bats and other animals eating and leaving seeds.

The etnobotany

Utilization of natural resources in the Chilchos Valley

The Chilchos use at least 327 plant species. Of these species 95 are crops; 53 are used in construction, tools, utensils, firewood and crafts; 97 for medicinal purposes; 29 are wild fruits, 39 are used as ornamentals, 19 are used as hedges; and 31 species are used as forages.

Most of the species used in the Chilchos Valley are native: 215 spp (66%) and 112 spp. (34 %) are introduced. Earlier the inhabitants used some species like the "nogal" (*Juglans neotropica*, Junglandaceae), "annatto" (*Bixa orellana*, Bixaceae), and "chinchango" (*Hypericum laricifolium*, Clusiaceae) as die plants. Nowadays, those species are no longer used for such purposes because they can buy garments and cloth dyed with aniline.

Crops

The inhabitants of Chilchos cultivate 92 plant species for the basic needs of food, housing, clothing, and curing diseases. From the total number, 14 species are tubers and roots (15%), 11 are legumes and belong to the Fabaceae family (12%), 27 are vegetables and spices (28%), 30 are fruits (32%), 8 belong to grass species (Poaceae) and pseudo-cereals (Amaranthaceae and Chenopodiaceae) (8%), and 5 species have multiple uses (5%), three of which belong to a variety of groups already mentioned (Table XXX).

The plants most widely used are distributed in the following families: Fabaceae (13 especies, 14%), Solanaceae and Poaceae (6 especies, 7%); Cucurbitaceae, Asteraceae, Apiaceae and Rutaceae (5 species, 6%) yielding a total of 55% of the cultivated species (see Table 6 in Chapter 4 for crops).

Invasive species in the crops

The principle invasive species in the crops are belong to the families of the Asteraceae (*Aequatorium, Gamochaeta americana* "lechugilla", *Munnozia, Conyza* "chuzgan", *Bidens pilosa* "cadillo", *Porophyllum, Siegesbeckia, Acmella, Pseudelephantopus, Ageratum, Galinsoga, Taraxacum officinale, Erechtites, Sonchus oleraceus*), Dennstaedtiaceae (*Pteridium aquilinum* "choz"), Cyperaceae (*Cyperus* "coquito"), Poaceae (*Pennisetum clandestinum* "kikuyo"), Plantaginaceae (*Plantago australis* "llantén macho"), Fabaceae (*Desmodium, Trifolium, Melilotus*), Scrophulariaceae (*Castilleja*), Malvaceae (*Sida*), Lythraceae (*Cuphea* "hierba del toro"),

Solanaceae (*Solanum americanum* "hierba mora"), Polygonaceae (*Rumex crispus*), Caryophyllaceae (*Stellaria*), Lamiaceae (*Stachys*), Verbenaceae (*Verbena*) and Apiaceae (*Ciclospermum*). When some of these species once have introduced themselves into the crops they are very difficult to get rid of especially the *kikuyo*, *choz*, *coquito* and *Rumex*. This causes some of the people to abandon the fields and look for others.

Medicinal plants

Medicinal plants have been used since the emergence of selvá ethnic groups and probably increased during the Chachapoya and Inca occupation of the *Ceja de Selva*. With the invasion of the Spaniards, many of the traditional ways of curing disappeared; however, it is still possible to recover the knowledge of the use of many of the medicinal plants from the present population.

Today, the Chilchos people use 97 species for curing; 67% of these are native and 37% are introduced (Table 12). Not all of the native species are from the montane forest but have been transferred from other places.

The species are grouped into 43 families, of which the five most important in total species are: Asteraceae 17 species (40 %), Lamiaceae 8 species (8 %), Solanaceae 7 species (7%), Fabaceae 5 species (5%) and Rutaceae 4 species (4%) and 17% corresponds to the remaining 38 families (Fig. 88).

The Asteraceae family is best represented and is the largest family of flowering plants in the world. Its members have considerable genetic plasticity and are capable of adapting to most of environments.

The species of the Lamiaceae are very used for their high content of essential oils and it is used for digestion problems. The Solanaceae have various uses, as do the Fabaceae and Rutaceae.

34 plant groups in the valley are mainly used for as active ingredients. 26% are disinfectants, 21% digestive, 14% diuretics, febrifuges and carminatives, 11% analgesics, 9% cleansing and against worms, 8% expectoration, 6% anti-diarrhea and 5% cicrasitive.

The preparation and administration of the plants as medicine are as follows. 71 % are taken in form of infusion, 24 % in concoction. 8 % is applied in direct form for open wounds such as the juice of the plants (Fig. 89), and 5 % are used as smaller proportions of the plants such as in plasters, in patches or bruised. The leaves of the plants are used in greater percentage, followed by the stem, fruits and flowers, latex and the whole plant. The infusion is prepared mainly from young leaves and stems.

Although old people still have the knowledge of the virtues of the plants, the actual use is very limited. A few people try to maintain the tradition and transmit it to the new generation.

The introduction of western medicine is the cause of the loss of the knowledge but unfortunately much Occidental medicine is used without any prescription.

The Chilchos Valley may be considered as a refuge for medicinal plants which needs further research in order to know of the virtues of the plants to improve the life conditions of the people and to oppose to some of the problems caused by uncritically use of Occidental medicine which is very costly for far away places like Chilchos.

Table 12: Medicinal Plants used in the Chilchos Valley

Common Name	Scientific Name	Family	Action and Form of Usage
Achicoria	*Picrosia longifolia (s, n)*	Asteraceae	Depurative, Desinfectant, Vermifuge (if, h)
Achiote	*Bixa orellana (c, n)*	Bixaceae	Diuretic, Bronchial illness (z-e, r-h)
Worm wood	*Artemisia absinthium (sc, i)*	Asteraceae	Emmenagogue, Carminative, Vermifuge (if, h)
Garlic	*Allium sativum (c, i)*	Liliaceae	Antidiarrheal, Bronchial illness (z-e, t)
Alfalfa	*Medicago sativa (c, i)*	Fabaceae	Diuretic, Depurative, Tonic (if, h-t)
Alfalfilla	*Melilotus indica (s, i)*	Fabaceae	Desinfectant, Diuretic (if, h-t)
Alder tree	*Alnus acuminata (s, n)*	Betulaceae	Diuretic, Analgesic (if-e, h)
Allamanchana	*Hyptis sp. (s, n)*	Lamiaceae	Carminative, Digestive (if, h-t)
Angusacha	*Sida rhombifolia (s, n)*	Malvaceae	Analgesic, Desinfectant, Febrifuge (z-if, h)
Anís	*Tagetes filifolia (s, n)*	Asteraceae	Analgesic, Digestive (if, h-t)
Celery	*Apium graveolens (c, i)*	Apiaceae	Digestive (if, h-t)
Egg plant	*Cyphomandra betacea (c, n)*	Solanaceae	Digestive (d, fr)
Berro	*Rorippa nasturtium-aquaticum (s, i)*	Brassicaceae	Desinfectant (z-d, h-t)
Bolsa del pastor	*Capsella bursa-pastoris (s, i)*	Brassicaceae	Emmenagogue, Diuretic (if, h-t)

Cadillo, amor seco	*Bidens pilosa (s, n)*	Asteraceae	Desinfectant, Diuretic (if, tp)
Caigua	*Cyclanthera pedata (c, n)*	Cucurbitaceae	Eye affection (z, fr)
Callu manzanilla	*Tanacetum parthenium (sc, i)*	Asteraceae	Lung conditions (if, tp)
Canchalagua	*Schkuhria pinnata (s, n)*	Asteraceae	Analgesic, Digestive, Depurative (if, h-t)
Calaguala	*Niphidium crassifolium (s, n)*	Polypodiaceae	Desinfectant, Antiseptic (if-cc, rz)
Caraña	*¿? (s, n)*	Burseraceae	Antirheumatic (p, l)
Carqueja	*Baccharis genistelloides (s, n)*	Asteraceae	Blood cleansing (if, h-t)
Cascarilla	*Cinchona sp. (s, n)*	Rubiaceae	Blood cleansing, Febrifuge (m, cz)
Onion	*Allium cepa (c, i)*	Liliaceae	Hemostatic, Expectorant (cc, b)
Cedar	*Cedrela montana (s, n)*	Meliaceae	Cicrasitive (cc, cz)
Cedrón	*Aloysia triphylla (c, n)*	Verbenaceae	Digestive, Carminative (if, h-t-fl)
Cerraja	*Sonchus asper (s, i)*	Asteraceae	Blood cleansing, Abortion (if-l, tp)
Cerraja	*Sonchus oleraceus (s, i)*	Asteraceae	Blood cleansing, Carminative (if-l, tp)
Chilca	*Baccharis sp. (s, n)*	Asteraceae	Antidiarrheal, Desinfectant, Luxacion (if-cc, h)
Coca	*Erythroxylum coca (s, n)*	Erythroxylaceae	Sedative, Digestive, Carminative (if, h)
Cola de caballo	*Equisetum bogotense (s, n)*	Equisetaceae	Diuretic, Desinfectant (if-cc, h-t)
Cola de caballo	*Equisetum giganteum (s, n)*	Equisetaceae	Diuretic, Desinfectant (if-cc, h-t)
Congona	*Peperomia inaequalifolia (c, n) Piperaceae*		Digestive, Sedative (if, h)
Culantrillo, parterita	*Adiantum sp. (s, n)*	Pteridaceae	Analgesic, Accelerate labour (if, h-t)
Culén	*Otholobium mexicanum (s, n)*	Fabaceae	Digestive (if, h)
Diablo sacha	*Kalanchoe tubiflora (c, i)*	Crassulaceae	Analgesic, Desinfectant (cc, h)
Diente de león	*Taraxacum officinale (s, i)*	Asteraceae	Blood cleansing, Tonic (if, h)
Viper-root	*Perezia multiflora (s, n)*	Asteraceae	Diuretic, Febrifuge (if, h-t)
Eucaliptus	*Eucalyptus globulus (c, i)*	Myrtaceae	Expectorant (if, h)
Clove flower	*Ludwigia sp. (s, n)*	Onagraceae	Desinfectant (cc, tp)
Common bean	*Phaseolus vulgaris (c, n)*	Fabaceae	Diuretic (if, fr)

Granadilla	*Pasiflora ligularis (c, n)*	Passifloraceae	Desinfectant (if, h)
Guayabo	*Psidium guajava (c, n)*	Myrtaceae	Antidiarrheal, Febrifuge (cc, cz)
Hierba buena	*Mentha spicata (c, i)*	Lamiaceae	Digestive, Vermifuge (cc, h-t)
Hierba luisa	*Cymbopogon citratus (c, i)*	Poaceae	Digestive, Analgesic (if, h)
Hierba maría	*Rumex crispus (s, n)*	Polygonaceae	Antidiarrheal (cc, r)
Hierba mora	*Solanum americanum (s, n)*	Solanaceae	Febrifuge (if, h)
Hierba santa	*Cestrum auriculatum (s, n)*	Solanaceae	Desinfectant, Febrifuge (cc, h)
Higuerilla	*Ricinus communis (c, i)*	Euphorbiaceae	Desinfectant, Febrifuge, Laxative (cc, h)
Higuerón	*Ficus sp. (s, n)*	Moraceae	Laxative (l)
Hinojo	*Foeniculum vulgare (c, i)*	Apiaceae	Digestive, Expectorant (if, h-t)
Huarmi huarmi	*Ageratum conyzoides (s, n)*	Asteraceae	Uterine conditions (if, h)
Ishanga, ortiga	*Urtica sp. (s, n)*	Urticaceae	Antirheumatic (d, h-t)
Lanche blanco	*Myrcianthes sp. (s, n)*	Myrtaceae	Carminative, Antidiarrheal (if, h)
Lancetilla	*Alternanthera sp. (s, n)*	Amaranthaceae	Desinfectant, Febrifuge (if-cc, h-t)
Lechuguilla	*Gamochaeta americana (s, n)*	Asteraceae	Desinfectant, Cicrasitive (cc, h-t)
Lemon	*Citrus limon (c, i)*	Rutaceae	Digestive, Desinfectant, Febrifuge (if, h-fr)
Flax	*Linum usitatissimum (c, i)*	Linaceae	Diuretic, Desinfectant, Depurative (if, s)
Plantain	*Plantago major (s, i)*	Plantaginaceae	Desinfectant, Hemostatic (cc, h)
Plantain macho	*Plantago australis (s, i)*	Plantaginaceae	Desinfectants, Hemostatic (cc, h)
Maíz	*Zea mays (c, n)*	Poaceae	Diuretic, Dissolve kidney stones (if, fl)
Malvavisco	*Malva silvestris (c, i)*	Malvaceae	Digestive, Carminative (if, h)
Chamomile	*Matricaria recutita (c, i)*	Asteraceae	Digestive, Cardiotonic (if, h-t-fl)
María sacha	*Tagetes sp. (sc, n)*	Asteraceae	Carminative (if, h)
Matico blanco	*Piper sp. (s, n)*	Piperaceae	Desinfectants, Expectorant (cc-if, h)

Common name	Scientific name	Family	Uses
Matico negro	Piper sp. (s, n)	Piperaceae	Desinfectants, Expectorant (cc-if, h)
Mangue paki	Bocona integrifolia (s, n)	Papaveraceae	Dissolve kidney stones (if, h)
Mint	Mentha aquatica (c, i)	Lamiaceae	Digestive, Sedative (if, h-t)
Orange	Citrus aurantium (c, i)	Rutaceae	Sedative, Cardiotonic (if, fl)
Walnut	Juglans neotropica (s, n)	Juglandaceae	Expectorant, Lung conditions (if, h)
Ojé	Ficus insipida (s, n)	Moraceae	Vermifuge, Laxative (l)
Oregano	Origanum vulgare (c, i)	Lamiaceae	Carminative, Emmenagogue, Sedative (if, h-t-fl)
Paico	Chenopodium ambrosioides (s, n)	Chenopodiaceae	Digestive, Vermifuge (if, h-t-fl)
Avocado	Persea americana (c, n)	Lauraceae	Antidiarrheal, Vermifuge, Febrifuge, Abortion (if, s)
Potato	Solanum tuberosum (c, n)	Solanaceae	Diuretic, Dissolve kidney stones (if, tb)
Pie de perro	Desmodium sp. (s, n)	Fabaceae	Digestive, Diuretic (if, h-t)
Banana	Musa acuminata (c, i)	Musaceae	Anti-colic, Gastric ulcer (l)
Poleo	minthostachys mollis (s, n)	Lamiaceae	Carminative, Liver conditions (if, h)
Poro-poro	Passiflora tripartita (sc, n)	Passifloraceae	Sedative, Bloodpresure stabiliser (if, h, fr)
Ricacha	Arracacia xanthorrhiza (c, n)	Apiaceae	Uterine conditions, Desinfectants (if-cc, h)
Ruta	Ruta chalepensis (c, i)	Rutaceae	Analgesic, Abortion (d-if, h-t)
Ruta	Ruta graveolens (c, i)	Rutaceae	Analgesic, Abortion (d-if, h-t)
Sabila	Aloe vera (sc, i)	Liliaceae	Antiseptic, Febrifuge (mu)
Salvia	Salvia sp. (s, n)	Lamiaceae	Expectorant (if, h)
Dragon blood	Croton lechleri (s, n)	Euphorbiaceae	Cicrasitive, Hemostatic, Gastric ulcer (if, l)
Elder tree	Sambucus peruviana (sc, n)	Caprifoliaceae	Vermifuge, Digestive, Expectorant (if, fl-fr)
Suelda	Phoradendron sp. (s, n)	Viscaceae	Luxations (e, tp)
Supiquegua	Stachys arvensis (s, n)	Lamiaceae	Carminative, Emmenagogue (if, h-t)
Tobaco	Nicotiana tabacum (s, n)	Solanaceae	Cicrasitive, Emetic (if, h)
Tomato	Solanum esculentum (c, n)	Solanaceae	Febrifuge, Desinfectant (d-cc, h-fr)
Tomatillo	Physalis peruviana (sc, n)	Solanaceae	Analgesic, Febrifuge (if, h)
Toronjil	Melissa officinalis (c, i)	Lamiaceae	Cardiotonic, Digestive, Carminative (if, h-t)
Torurco	Commelina fasciculata (s, n)	Commelinaceae	Analgesic, Desinfectant (d-cc, h)

Venenillo	*Asclepias curassavica* (s, n)	Asclepiadaceae	Cicrasitive, Vermifuge (if, h)
Verbena	*Verbena litoralis* (s, n)	Verbenaceae	Liver conditions, Febrifuge (if, h-t)
Vira vira	*Pseudognaphalium sp.* (s, n)	Asteraceae	Desinfectant (cc, h-t)
Zapallo	*Cucurbita maxima* (c, n)	Cucurbitaceae	Vermifuge (if, s)
Zarzamora	*Rubus robustus* (s, n)	Rosaceae	Sinusitis (d, fr)

Based on informants in the Chilchos Valley; c: cultivated, sc: semicultivated, n: native, i: introduced, e: plaster, d: direct use, if: infusion, z: juice, cc: coction, p: patch, m: bruised, r: root, h: leaves, t: stem, fl: flowers, fr: fruits, s: seeds, tp: the whole plant, rz: rhizome, b: bulb, tb: tuber cz: bark, l: látex y mu: mucilage. Identified by V. Quipuscoa S.

Tabla 13: Principal use of medicinal plants

Gastrointestinal disease	49	26%
Liver conditions	2	
Antidiarrheal	6	
Carminative	12	
Anti-colic	1	
Digestive	20	
Laxative	3	
Gastric ulcer	2	
Emetic	1	
Tonic	2	
Treatment of wounds	33	18%
Desinfectant	28	
Cicrasitive	5	
Infectious disease	26	14%
Antiseptics	2	
Anti-paludal	1	
Febrifuge	14	
Vermifuge	9	
Urogenital system	26	14%
Abortion	4	
Accelerate labour	1	
Uterine conditions	1	
Dissolve kidney stones	2	
Emmenagogue	4	
Diuretic	14	
Central and peripheral nervous system	18	10%
Analgesic	11	

Sedative	6	
Eye affection	1	
Cardiovascular disease	17	9%
Cardiotonic	3	
Blood cleansing	9	
Hemostatic	4	
Bloodpressure stabiliser	1	
Respiratory desease	13	7%
Bronchial illness	2	
Lung conditions	2	
Expectorant	8	
Sinusitis	1	
Locomotorous system	4	2%
Antirheumatic	2	
Luxacions	2	

Plants used for construction, manufacture of tools, firewood and crafts

The Chilchos people use 53 species of timber based on their experience working with the wood (Table 14).

For the log cabins – the house construction of "*muesca*" hard timber are selected which are able to resist humidity and attacks by insects (termites). The most used species are: *ishpingo* (white and yellow), *ishpingo caoba, ishpingo mohena, quillo, sacha quillo, lechoso, lanche, caballo runtu, arrayán, higuerón, laurel, naranjillo, pakurrapra, itil* and *cedar*.

For the construction of a log cabin 3 m wide, 3.85 m long, and 1.7 m high, approximately 40 trunks are used with a diameter of 0.20m for the walls and 12 trunks (diameter 0.05 m) for the roof. These trunks are united by thinner logs and tied together with ropes of agave, llausa or atadijo. Above this framework, palm leaves, agave, grass or tiles form the roof.

The same species are used to make ladders. Two trunks are placed with smaller branches in between or a single large trunk with steps carved in.

Cedar (*Cedrela*, Meliaceae) (white and rose) is probably the most used timber. It is found in abundance in the forest and is planted around the fields. Cedar is preferred for the construction of doors, chairs, benches, troughs (up to 0.82 m in diameter), furniture kitchen utensils, moulds for making *chancaca*, brown sugar loafs (Fig. 91-93).

Many of the tools used in the cultivation of the land, for the making of troughs or kitchen utensils have an iron part as the head of the tool (axes, shovels, hoes, pick axes, machetes, and spoons (Fig. 60).

The handles are made of hard timber and individually made for the owner, for example, 1.05 m for the handle of an axe. Most used are the timber of *lanche, guayaba, ishpingo*, orange, lemon, *quillo, sacha quillo* and *chilca brava*.

To make the sugar cane mills, very hard timber without color or taste to contaminate the sugar cane juice, is used such as *quillo* and *sacha quillo*.

Other tools which are much used is the extraction tool to get the fibers out of the agave made of *chilca*; a coffee grinding machine made of cedar and tied with rope of *llausa*; preferably from *chilca brava*.

Palm leaves known as "ramos" are used for making brooms and baskets. It takes half a day for Doña Andrea Zavaleta Muñoz to make a basket and nailing the handle with a cord (Fig. 1993, 1995). The fibers of the leave must dry for 3- 4 days and only the fibers of one leave are used.

The handle of the broom (c. 1 m long) is made of the hard and resistant lemon or *guayaba* tree. The brooms ar sold for S/ 2.5 each (Fig. 96). They last for approximately 4 years with constant use. Fibers and leaves of *zahina, angusacha* and *chilca* are also used as brooms for sweeping the oven.

Firewood

The cut dried trees in the fields are all burnt except for the species considered to be good firewood that contain resin or give more heat for cooking or to heat the oven. They are of the following species: lemon, *guayaba,* ornage, *palo morado, lanche, quillo,* arrayán, *pakurrapra,* and are kept beneath a roof for the protection of rain. The following species: *atadijo, palo de balsa, cecropia, cetico, ishanga, llausa, palta, itil,* and *potoshongo* are not considered good firewood.

The consumption of firewood depends on the activity and kind of food but a consumption of half a load (25 *palos*) c. 30 Kg is the average per day. The amount of consumption is the same as in La Morada and the Huambo valley (Schjellerup et al. 1999, Schjellerup et al. 2003).

It takes some 60 sticks to heat the oven, when it is cold. The remains of sugar cane after it has been pressed is used to set fire to fuego in the kichen and for the oven.

Some plants have multiple uses, such as *Dipsacus fullonum* "cardón" (Dipsacaceae) whose fruits are used to clean wool and cotton (Fig. 97). The fiber of seeds of *palo de balsa* and cotton are used to make large cushions and mattresses. The stems of other species and the fiber of seeds are used to make ropes and cords, baskets and bags and others (*maguey, cabuya, ramos, llausa, atadijo, tamshi*).

The cabuya and maguey are multipurpose species using the leaves for roofcover, and the fibers and the stalk for the construction of houses (Fig. 98).

The montane forest in the valley has a large variety of timber and non timber species which are used by the inhabitants. 87% are native species and the most representative species are the Myrtaceae (6 spp.), Asteraceae (4 spp.), Moraceae (4 spp) with 3 species of Poaceae, Fabaceae and Lauraceae.

Though the inhabitants here use more species than in other neighboring places as Meseta and Huambo, it is just a beginning of making crafts of vegetal species, an activity which should be developed. Only a tiny percentage of *palo de balsa, carrizo, cabuya* and *tamshi* is used to make baskets or bags which provide more sustainable development of the valley.

Tabla 14: Plants used in the construction, for firewwod, tools and crafts

Common name	Scientific name	Family
Aliso	*Alnus acuminata (c, h, n)*	Betulaceae
Angusacha, langosacha	*Sida rhombifolia (h, n)*	Malvaceae
Annona	*Annona sp. 1 (c, l, n)*	Annonaceae
Arrayán	*Myrcianthes sp. 1 (c, h, n)*	Myrtaceae
Arrayán	*Myrcianthes sp. 2 (c, h, n)*	Myrtaceae
Arrayán, lanche	*Myrcianthes sp. 3 (c, h, n)*	Myrtaceae
Atadijo	*Trema micrantha (c, h, n)*	Ulmaceae
Azarcillo	*Miconia sp. 1 (c, h, n)*	Melastomataceae
Cashacaspi, caballo runtu	*Solanum sp. (c, h, l, n)*	Solanaceae
Cabuya	*Furcraea andina (c, h a, n)*	Agavaceae
Coffee	*Coffea arabica (h, i)*	Rubiaceae
Calabaza	*Lagenaria siceraria (h, n)*	Cucurbitaceae
Caña de Guayaquil	*Guadua angustifolia (c, n)*	Poaceae
Cardón	*Dipsacus follunum (h, i)*	Dipsacaceae
Carrizo	*Arundo donax (c, h, a, i)*	Poaceae
Cedar	*Cedrela montana (c, h, n)*	Meliaceae
Chilca	*Baccharis sp. (h, l, n)*	Asteraceae
Chilca brava	*Baccharis sp. (c, l, h)*	Asteraceae

Eritrina	*Erythrina sp. (c, h, n)*	Fabaceae
Eucalyptus	*Eucalyptus globulus (l, i)*	Myrtaceae
Guayaba	*Psidium guajava (c, h l, n)*	Myrtaceae
Higuerón	*Ficus sp. (c, l, n)*	Moraceae
Hoja ancha, sacha tabaco	*Verbesina ampliatifolia (c, n)*	Asteraceae
Huaba	*Inga edulis (l, n)*	Fabaceae
Huabilla	*Inga sp. (c, l, n)*	Fabaceae
Kosomo, potoshongo	*Critoniopsis sp. (c, h, n)*	Asteraceae
Ishpingo	*Nectandra sp. (c, h, l, n)*	Lauraceae
Ishpingo caoba	*Nectandra sp. (c, h, l, n)*	Lauraceae
Ishpingo mohena	*Ocotea sp. (c, h, l, n)*	Lauraceae
Itil	*Toxicodendron striatum (c, h, n)*	Anacardiaceae
Laurel	*Myrica pubescens (c, h, n)*	Myricaceae
Lechero	*Ficus sp. (c, l, n)*	Moraceae
Lechoso	*Clarisia sp. (c, h, n)*	Moraceae
Limón	*Citrus limon (c, h, l, i)*	Rutaceae
Llausa	*Heliocarpus americanus (h, n)*	Tiliaceae
Lupuna	*Hura Crepitans (c, n)*	Euphorbiaceae
Agave	*Agave americana (c, h, n)*	Agavaceae
Morado	*Hyptidendron arborea (c, n)*	Lamiaceae
Morocho	*Mysine sp. 1 (c, h, l, n)*	Myrsinaceae
Naranja	*Citrus aurantium (c, h, l, i)*	Rutaceae
Naranjillo,	*Myrsine sp. 2 (c, h, l, n)*	Myrsinaceae
Pakurrapra	*Miconia sp. 2, (c, h, l, n)*	Melastomataceae
Wild avocado	*Persea sp. (c, l, n)*	Lauraceae
Palillo	*Campomanesia sp. (c, h l, n)*	Myrtaceae
Palo de balsa, topa	*Ochroma pyramidale (h, a, n)*	Bombacaceae
Palo fuerte	*Ficus sp. (c, h, n)*	Moraceae
Pona	*Iriartea sp. (c, n)*	Arecaceae
Quillo	*Escallonia sp. 1 (c, h, l, n)*	Grossulariaceae
Ramos	*Oenocarpus?(c, h, n)*	Arecaceae
Sacha annona	*Annona sp. 2 (l, n)*	Annonaceae
Sacha quillo	*Escallonia sp. 2 (c, h, l, n)*	Grossulariaceae
Sorghum	*Sorghum halepense (h, i)*	Poaceae
Tamshi	*Carludovica? (h, a, n)*	Cyclanthaceae

Based on informants in the Chilchos Valley, a: crafts, c: construction of houses, h: tools and utensils, l: firewood, n: naive e i: introduced. Identified by V. Quipuscoa S.

Plants used as forage

31 species are used as forage for raising cattle and domestic animals (Tabla 15). The Poaceae has the major quantity of species (58%) followed by the Fabaceae (26%), the Asteraceae (7%) and 3% of the Commelinaceae, Urticaceae and Cucurbitaceae families. 61 % are Andean species; the introduced species are cultivated or they have become naturalized (Fig. 99).

The species of the genero *Chusquea* spp. "suro" (Poaceae) and the other native species grow spontaneously within and around the forest and are consumed by the cattle.

The introduced species are cultivated in the *invernas*. They may produce for 2-3 years and will then decrease to be replaced by other types of pasture or invasive plants as *choz*. The best adapted introduced cultivated species are the *brecaria, gramalote, zacate* and elephant grass.

The introduced species that have become naturalized are clover, alfalfa and *kikuyu* which invade fields and abandoned places.

The cultivation of alfalfa (*Medicago sativa*, Fabaceae), avena (*Avena sativa*, Poaceae) and sorghum (*Sorghum halepense*, Poaceae) is not extensive though it is of more importance in other places.

The remains of many of the cultivated species, such as pea, common bean, maize and wheat, are also used as forage. Though pastures are seen as fields with only one species they contain many other species of the Malvaceae (*Sida*), Rubiaceae (*Richardia*), Asclepiadaceae (*Asclepias curassavica*), Fabaceae (*Desmodium*), Plantaginaceae (*Plantago*), Scrophulariaceae (*Castilleja*) and Apiaceae (*Ciclospermum*) families, that compete for nutrition in the soil which may reduce the pasture considerable if they are not removed.

Tabla 15: Plants used as forage

Common name	Scientific name	Family
Alfalfa	*Medicago sativa (c, i)*	Fabaceae
Alfalfilla	*Melilotus indica (s, i)*	Fabaceae
Amor seco, cadillo	*Bidens pilosa (s, n)*	Asteraceae
Arveja, alberja	*Pisum sativum (c, i)*	Fabaceae
Avena	*Avena sativa (c, i)*	Poaceae
Brecaria	*Brachiaria eruciformis (c, i)*	Poaceae
Cuelinga	*Tradescantia sp. (s, n)*	Commelinaceae
Frijol	*Phaseolus vulgaris (c, n)*	Fabaceae
Frijolillo	*Vicia sp. (s, n)*	Fabaceae
Grama de caballo	*Paspalum sp. (s, n)*	Poaceae
Grama dulce	*Digitaria sp. (s, n)*	Poaceae
Gramalote	*Panicum maximum (c, i)*	Poaceae
Huabilla	*Inga spp. (s, n)*	Fabaceae
Ishanga	*Urera sp. (s,n)*	Urticaceae
Kikuyo	*Pennisetum clandestinum (s, i)*	Poaceae
Lengua de vaca	*Munnozia sp. (s, n)*	Asteraceae
Maíz	*Zea mays (c, n)*	Poaceae

Pasto	*Ichnanthus nemorosus (s, n)*	Poaceae
Pasto	*Paspalidium sp. (s, n)*	Poaceae
Pasto	*Paspalum sp. (s, n)*	Poaceae
Pasto de elefante	*Pennisetum purpureum (c, i)*	Poaceae
Pasto, grama	*Agrostis sp. (s, n)*	Poaceae
Sacha calabaza	*Psiguria sp. (s, n)*	Cucurbitaceae
Siso	*Philoglossa mimuloides (sc, n)*	Poaceae
Sorgo	*Sorghum halepense (c, i)*	Poaceae
Suro, bambú	*Chusquea sp. 1 (s, n)*	Poaceae
Suro, bambú	*Chusquea sp. 2 (s, n)*	Poaceae
Suro, bambú	*Chusquea sp. 3 (s, n)*	Poaceae
Trébol	*Trifolium repens (s, i)*	Fabaceae
Trébol	*Trifolium amabile (sc, i)*	Fabaceae
Zacate	*Eragrostis sp. (c, i)*	Poaceae

Based on informants from the Chilchos valley; c: cultivated: semicultivated n:native i: introduced. Identifications by V. Quipuscoa S.

Plants used as hedges

The inhabitants use 19 species to borderline their *chacras* or plots and to protect the crops against animals (Table 16). The selected species are of easy to propagate, have rapid growth, and good for defence. Plants of easy propagation are most used as stakes and when sprouting they become individual plants. Defensive plants with virtues as itching hair, spines, hooks, resins or irritating substances are sought. Almost all of these species are of Andean origen (Fig. 100). The same practice takes place in the neighbouring places as La Meseta and Río Huambo.

Some wild fruit trees are planted as hedges and provide shadow or may be planted in the gardens together with introduced fruit trees.

Tabla 16: Plants used as hedges

Common name	Scientific name	Family
Atadijo	*Trema micrantha (s, n)*	Ulmaceae
Cabuya	*Furcraea andina (s, n)*	Agavaceae
Ceder	*Cedrela sp. (s, n)*	Meliaceae
Chilca	*Baccharis (s, n)*	Asteraceae
Cordoncillo	*Piper sp. (s, n)*	Piperaceae
Farol chino	*Malvaviscus penduliflorus (c, n)*	Malvaceae
Hoja ancha	*Miconia sp. (n)*	Melastomataceae
Huabilla	*Inga sp. (s, n)*	Fabaceae
Ishanga	*Urera sp. (s,n)*	Urticaceae
Pajuro	*Erythrina edulis (sc, n)*	Fabaceae
Pajuro silvestre	*Erythrina sp. (s, n)*	Fabaceae

Penca	*Agave americana (s, n)*	Agavaceae
Piña espinuda	*Ananas sp. (n)*	Bromeliaceae
Potoshongo	*Critoniopsis (s, n)*	Asteraceae
Rose	*Rosa canina (c, i)*	Rosaceae
Cat's claw	*Caesalpinia spinosa (s, n)*	Fabaceae
Zarza	*Byttneria sp. (s, n)*	Sterculiaceae
Zarza mora	*Rubus robustus (s, n)*	Rosaceae
Zarza silvestre	*Rubus sp. (s, n)*	Rosaceae

Based on informants in the Chilchos valley; c: cultivated, sc: semicultivated, n: native e i: introduced. Identified by V. Quipuscoa S.

Plants used for decoration

The Chilchos use 39 decorative plants from the forest which is a rich source of decorative plants. (Table 17). 51% are native species of Orchidaceae, Begoniaceae, Araceae, Bromeliaceae, Solanaceae, Gesneriaceae, Campanulaceae, some Asteraceae, Zingiberaceae, Melastomataceae, Piperaceae and Fabaceae. Though the flowers are most interesting, ferns (Pteridophyta) that do not produce flowers and prefer shadowy places are also used for decoration. The plants are cultivated in small gardens near the houses or in some deposits made of plant pots. The introduced decorative plants come from the nearest cities from where the inhabitants bring them back to valley.

The cultivation of these plants has no commercial value and many of them are not cultivated. Sometimes Orchidaceae are cultivated in dry stems of the tree fern Cyatheaeceae (*Cyathea* and *Dicksonia*) used as bases.

The *Kalanchoe tubiflora* "toro simuro", "misha" (Crassulaceae), is cultivated in gardens and are said to whistle or make noises, when an unknown person comes near a house, and is thus said to take care of the house.

An increasing practice is the introduction of foreign species as the cypress and the eucalyptus for decoration. They are planted near the houses and though they are not able to reproduce in the humid environment, it is recommended not to continue this practice and reforest abandoned areas with native trees.

Table 17: Plants used for decoration

Common name	Scientific name	Family
Achira	*Canna indica (c, n)*	Cannaceae
Agapanto	*Agapanthus umbellatus (c, i)*	Liliaceae
Balsamina, espuela	*Impatiens balsamina (c, i)*	Balsaminaceae
Begonia	*Begonia parviflora (s, n)*	Begoniaceae

Begonia	*Begonia sp. 1 (s, n)*	Begoniaceae
Begonia	*Begonia sp. 2 (s, n)*	Begoniaceae
Campanilla	*Ipomoea purpurea (c, n)*	Convolvulaceae
Cartucho	*Zantedeschia aethiopica (c, i)*	Araceae
Ciprés	*Cupressus sempervirens (c, i)*	Cupressaceae
Corazón de Jesús	*Coleus blumei (c, i)*	Lamiaceae
Crino	*Crinum sp. (c, i)*	Amaryllidaceae
Cucarda	*Hibiscus rosa-sinensis (c, i)*	Malvaceae
Dalia	*Dalia variabilis (c, i)*	Asteraceae
Enredadera	*Mutisia wurdackii (s, n)*	Asteraceae
Farol chino	*Malvaviscus penduliflorus (c, n)*	Malvaceae
Flor de muerto	*Tagetes erecta (c, i)*	Asteraceae
Floripondio	*Brugmansia arborea (c, n)*	Solanaceae
Fucsia	*Fuchsia magellanica (c, i)*	Onagraceae
Fucsia	*Fuchsia sp. (s, n)*	Onagraceae
Sunflower	*Helianthus annuus (c, i)*	Asteraceae
Gladiolo	*Gladiolus caommunis (c, i)*	Iridaceae
Grevillea	*Grevillea robusta (i)*	Proteaceae
Geranio	*Pelargonium roseum (c, i)*	Geraniaceae
Higuerilla	*Ricinus communis (sc, n)*	Euphorbiacae
Hoja morada	*Iresine herbstii (c, i)*	Amaranthaceae
Orquídea	*Encyclia sp. (s, n)*	Orchidaceae
Orquídea	*Psygmorchisglossomistax sp. (s, n)*	Orchidaceae
Orquídea	*Epiodendrum sp. (s, n)*	Orchidaceae
Orquídea	*Odontoglossum sp. (c, n)*	Orchidaceae
Pajuro	*Erythrina edulis (sc, n)*	Fabaceae
Pajuro silvestre	*Erythrina sp. (s, n)*	Fabaceae
Rose	*Rosa canina (c, i)*	Rosaceae
Sábila	*Aloe vera (c, n)*	Liliaceae
Salvia	*Salvia leucantha (c, i)*	Lamiaceae
Sauco	*Sambucus canadensis (c, i)*	Caprifoliaceae
Sancapilla	*Telipogon sp. (s, n)*	Orchidaceae
Sancapilla	*Oncidium sp. (s, n)*	Orchidaceae
Tabaco	*Nocitiana tabacum (sc, n)*	Solanaceae
Toro simuro, misha	*Kalanchoe tubiflora (c, i)*	Crassulaceae

Based on informants in the Chilchos Valley; c: cultivated; s: semicultivted, n: native; i: introduced. Identified by V. Quipuscoa S.

Wild edible fruit species

A total of 29 wild edible fruits are consumed by the Chilchos corresponding to 14 family and 18 genera (Table 18).

Solanaceae with 6 species represents 21% of the consumed species followed by Fabaceae with 4 especies (14%), the Bromeliaceae with 3 species (11%) and 2 species of the Caricaceae, Malpighiaceae, Annonaceae,

Melastomataceae, Lauraceae, Caprifoliaceae and Buxaceae and the remaining families with one species (Fig. 101).

The fruits known as "huabillas" *Inga* spp. (Fabaceae) are very abundant and most of the species produce lianas or legumes, whose seeds contain sarcotic properties. The fruits are gathered directly from the trees, with hooks or by shaking the trees and are consumed crude. They are not used for other purposes.

Many wild fruit trees are decreasing in number due to the felling of the forest. The fruits do not generate any economic income and are being replaced in the gardens by introduced species.

Table 18: Wild edible fruits

Common name	Scientific name	Family
Achupa, sacha piña	*Greigia sp.1 (s)*	Bromeliaceae
Berenjena silvestre	*Cyphomandra sp. (s)*	Solanaceae
Calvinche	*Solanum sisymbrifolium*	Solanaceae
Caimito	*Pouteria caimito (sc)*	Sapotaceae
Cansaboca silvestre	*Bunchosia sp. (s)*	Malpighiaceae
Chanfurra	*Carica sp. 1 (s)*	Caricaceae
Chanfurra	*Carica sp. 2 (s)*	Caricaceae
Chirimoya	*Annona cherimola (sc)*	Annonaceae
Gallitos	*Centropogon granulosus (s)*	Campanulaceae
Granadilla silvestre	*Passiflora sp. (s)*	Passifloraceae
Lanche	*Myrcianthes sp. (s)*	Myrtaceae
Huabilla	*Inga sp. 1 (s)*	Fabaceae
Huabilla	*Inga sp. 2 (s)*	Fabaceae
Huabilla	*Inga sp. 3 (s)*	Fabaceae
Huabilla lanosa	*Inga sp. 4 (s)*	Fabaceae
Lucmillo	*Styloceras sp.*	Buxaceae
Mishuñao	*Jaltomata sinuosa (s)*	Solanaceae
Mishuñao negro	*Jaltomata repandidentata (s)*	Solanaceae
Mote-mote	*Miconia sp. (s)*	Melastomataceae
Palillo	*Campomanesia sp. (s)*	Myrtaceae
Wild avocado	*Persea sp. (s)*	Lauraceae
Pepino silvestre	*Solanum sp. (s)*	Solanaceae
Poro-poro	*Passiflora tripartita var. mollisima (sc)*	Passifloraceae
Piña espinuda,	*Ananas sp. (s)*	Bromeliaceae
Sacha piña	*Greigia sp. 2 (s)*	Bromeliaceae
Sauco	*Sambucus peruviana (sc)*	Caprifoliaceae
Tomatillo	*Physalis peruviana (sc)*	Solanaceae
Zarza mora	*Rubus robustus (s)*	Rosaceae
Zarza de oso	*Rubus sp. (s)*	Rosaceae

Based on informants in the Chilchos valley; c: cultivated, sc: semicultivated; s: wild. Identified by V. Quipuscoa S.

Vegetation at the archaeological sites

The vegetation at the archaeological sites has the same composition as the mature montane forest with some differences.

At the Inca archaeological site of Cascarilla Llacta a species of the genus *Cinchona* "cascarilla" (Rubiaceae) that was probably planted by the Incas and then forgotten. Today no samples of that species can be found in the Chilchos valley.

Other species collected at the sites belong to *Persea* "wild avocado" (Lauraceae) whose fruits are consumed by the current population. Among the Solanaceae grow species of *Cyphomandra* (Solanaceae) called "pepinillo" or "wild tree tomatoes" which are edible in contrast to the inedible "poisonous pepinillos". These species are wild relatives of the *Cyphomandra betacea* "berenjena", which was domesticated early in the Andes and consumed today.

Also species of the genus *Carica* "wild papayas" (Caricaceae), relatives of the *Carica papaya* "papaya" grow among the sites and are widely cultivated and consumed. Various species called "pajuros silvestre" of the genus *Erythrina* (Fabaceae) relatives of the *Erythrina edulis* "poroto" o "pajuro" are likewise found in the sites. These edible species have been domesticated in the Andes. Though these species have been collected in the archaeological sites they are also found in the mature forest.

Cascarilla Llacta

Cascarilla Llacta is located in the *caserio* Pajatén at ca. 2000 m elevation. Cascarilla Llacta was a minor Inca administration center covered by vegetation for some 500 years. It consists of 23 % of the family Rubiaceae, followed by the Lauraceae and the Moraceae with 15 %, the Gesneriaceae with 8 %, the Solanaceae and Fabaceae with 7 %, the remaining botanical families have less representatives. The whole area is covered by dense vegetation which has a great variety of trees 30-35 m tall. They present species of the Rubiaceae family with the genera such as *Cinchona*, *Psychotria*, *Palicourea* as the tallest, followed by the species of *Nectandra* "ishpingos", *Ocotea* "mohena" and *Persea* "wild avocado" of the Lauraceae family, and various species of *Ficus* of the Moraceae family.

Among the Solanaceae are many species of *Solanum*.

The Fabaceae are represented by species of the genus *Inga* known as "huabillas" and consumed by humans as well as animals, especially the monkeys. Among other tall species of this family are the genus *Erythrina* "wild pajuro" and the genus *Cedrela* "cedro" of the Meliaceae family, and two genera of the Araliaceae, *Schefflera* and *Oreopanax* are dominant.

Among the taller species are the Cecropiaceae (*Cecropia*) species called "cetico", and *Heliocarpus americanus* "llausa" of the Tiliaceae which is an abundant species especially in disturbed places, as well as the *Urera* "ishanga"and the"shanga" (Urticaceae) species. Among the shorter trees of only about 10 m tall are found the following families: Siparunaceae (*Siparuna*), Myrtaceae (*Myrcianthes*), Buxaceae (*Styloceras*), Chloranthaceae (*Hedyosmum*), Melastomataceae (*Miconia*), Piperaceae (*Piper*), palm species in the Arecaceae, and tree ferns of the Cyatheaceae in the genera *Cyathea* y *Dicksonia* which reach up to 15 m.

In the shrub layer, species of *Cyphomandra* and *Solanum* (both Solanaceae), *Centropogon, Siphocampylus* (Campanulaceae), various species of *Piper* (Piperaceae), *Miconia* (Melastomataceae), *Palicourea* (Rubiaceae), *Geonoma* (Arecaceae) and *Begonia parviflora* (Begoniaceae).

In the forest many lianas grow entangled from 8 -15 m long and 10-12 cm in diameter belonging to the Bignoniaceae, Asclepiadaceae, Passifloraceae (*Passiflora*), the Gesneriaceae (*Columnea* and *Alloplectus peruvianus*), and the Sapindaceae with various species.

The herb layer is especially rich in ferns: *Diplazium, Didymoclaena, Asplenium, Pteris, Blechnum, Nephrolepis, Trichomanes,* and *Hymenophyllum.* Many species of *Peperomia* (Piperaceae), Commelinaceae, *Epidendrum* (Orchidaceae), *Anthurium* (Araceae), *Renealmia* (Zingiberaceae), *Begonia* (Begoniaceae), Gesneriaceae, and some species of Poaceae.

Species climbing up on the tallest trees are *Mikania* and *Munnozia* (both Asteraceae) and species of the genus *Chusquea* "suro" (Poaceae) which grow entangled in the forest.

The forest is characterized by many epiphytes growing in different heights on the trees, such as, algae, lichens, a great variety of fungus, mosses, hepatics, ferns (Pteridophyta of the genera *Polypodium, Pecluma, Campyloneurum, Elaphoglossum, Asplenium, Niphidium, Blechnum, Trichomanes, Hymenophyllum,* and *Vittaria* that all reach the canopies of the trees.

Among the phanerogams are species of *Peperomia* (Piperaceae), *Epidendrum, Maxillaria, Masdevalia, Stelis* and *Pleurothallys* (all Orchidaceae); and *Tillandsia* and *Vriesea* (both Bromeliaceae). There are many species of Araceae in the genera *Anthurium* and *Philodendron*. Others are saprophytes, such as species of Burmanniaceae and Balanophoraceae (*Corynaea*, *Helosis* and *Langsdorffia*).

This type of vegetation is similar in all the archaeological sites found in the Chilchos valley, such as Nueva Esperanza, San Juan, Higuerón, Chilchos, Condebamba, Palma a-c, Morropón, La Luna, Contamana and Las Ventanas.

Our earlier results from the Huambo valley and La Meseta show how human presence, either rainforest ethnic groups or people from the Chachapoya and Inca cultures, have been decisive in the diversification of wild and cultivated plants (Schjellerup et al. 2003).

The mature montane forest have been influenced by both natural factors as well as cultural factors by the presence of human settlements and their plants, of which some were domesticated and others abandoned before they became cultivated.

The presence of plants with wild relatives used widely for consumption, illustrate how man has taken an active part in the diversification of

---

Box 14: Plant Species New to Science: Nasi Victorii Weigend

Erect to ascending shurb 0.2-2 m tall; stem terete with typically 6 elevated longitudinal ridges, with white pith, to 1.5 cm diam., with very few reddish brown setae 1-3 mm long and densely covered with minute scabrid hairs ‹ 0.2 mm long, eglandular. Leaves opposite, petioles 40-65 mm long, very sparsely setose; lamina widely ovate, 100-150 x 60-90 mm, membranaceous, base subtruncate (sinus ‹ 2 mm deep), apex long acuminate, margin lobed with 5 to 7 indistinct, triangular lobes on each side, each up to 5 x 15 mm, lobe margin serrate to serrate-denticulate; abaxial surface with scattered setae on veins and covered with numerous scabrid hairs (‹ 0.2 mm), adaxial surface very sparsely setose on veins and densely covered with short scabrid hairs (‹ 0.3 mm); venation pinnate with 3 to 5 lateral veins on each side. Inflorescence a terminal monochasium 15-20 cm long, with up to 6 pendent flowers, bracts petiolate, lamina ovate, up to 55 x 20 mm; pedicel 20-40 mm long; calyx setose only at the base, tube subglobose, 5 x 5 mm, calyx lobes 5, narrowly triangular-ovate, ca. 10 x 3-4 mm, densely setose and densely covered with short scabrid trichomes on the outside; corolla widely campanulate; petals obovate, shallowly cymbiform, 15 x 11 mm, apex rounded, without triangular teeth, esetulose and densely set with short scabrid hairs on back, eglandular, orange-red; nectar scales 5, with rectangular back, 8 x 3 mm, base incurved, basally on back with 2 indistinct, depressedly globose sacs 3 mm diam., yellow, scale neck not thickened, without appendages, laterally protracted into 2 incurved, horizontal wings 3 x 2 mm; staminodia 2 per scale, 13 mm long, base dilated, 1 mm wide, filiform above, base and tip curved, papillose, white; stamens numerous, in 5 epipetaluos fascicles of 12 to 14 each; filaments 12-15 mm long, white, anthers 2 x 1.5 mm, black. Capsule subglobose, ca. 20 mm diam., with setae only in proximal part and covered with numerous very short white, scabrid trichomes, opening with 3 apical valves. Seeds numerous, ovoidal, testa reticulate.

Weigend, M. 2004. Four new species of Nasa ser. Alatae (Loasaceae) in the Amotape-Huancabamba zone of Peru. Novon 14(1): 134-146.

Chapter 6

Land Cover Change in the Chilchos Valley

Introduction

The archaeological, botanical and anthropological modules have analysed the qualitative aspects of land use change in the Chilchos Valley. The knowledge derived from these modules is fundamental for the understanding of land use change processes in the valley.

However, a quantification of land use change based on field surveys alone is by no means a feasible task. To supplement the information from the previous modules, remote sensing technology has been used to map and analyse contemporary land use change in the Chilchos Valley. Remote sensing is now being recognised as an extremely valuable tool in environmental resource mapping, especially because it is possible to acquire images systematically over the same area with a uniform measurement technique. Accurate surveying in the field is only feasible for small areas. For regional monitoring purposes, remote sensing is the only viable method as it can cover large areas instantaneously, irregardless of how remote they may be.

Based on satellite imagery it is possible to create thematic maps of land cover or land use categories through the process of image classification. By using a time series of satellite images the corresponding land cover maps can then be compared in order to identify areas of change, allowing for the identification of change in both space (the areal distribution of land cover classes) and time (between different image dates).

Data

Images from the Landsat satellites were used to analyse land cover in the Chilchos Valley. Compared to other satellites Landsat has the advantage of a long operation history with the first satellite being launched in 1973, and a wide swath with images covering large areas of app. 185 x 185 km. At the same time the pixel size of 30 metres makes Landsat suitable in many different applications. The spectral resolution is superior to many other land satellites with bands spanning the visual, nir- mid- and thermal-infrared parts of the electromagnetic spectrum.

In many regions of the world, optical remote sensing is complicated by the frequent occurrence of clouds. The Landsat satellite revisits any given location on Earth every 16 days. However, in regions dominated by frequent clouds the actual number of cloud-free acquisitions is limited. For the Chilchos area, very few images with less than 20 % cloud cover have been recorded since 1973, and the best of these have been used in the current investigation (Table 19).

The westernmost part of the Chilchos area was not covered by three of the main Landsat scenes (1987, 1996 and 2001). For these years data was added from the adjacent Landsat scene and mosaicked onto the main part of the Chilchos Valley.

Table 19: Available Landsat data

Main area WRS 8/65	Western section WRS 9/65	Landsat Sensor
*May 21, 2004	*May 21t, 2004	ETM+
June 30, 2001	August 24, 2001	ETM+
August 11, 1996	N/A	TM
May 15, 1987	November 11, 1987	TM

*Gapfilled with data from June 30th 2001.

Since May 2003, the quality of images from the ETM+ sensor has not been optimal due to a problem with the scan line corrector on board the Landsat 7 satellite. The result of this malfunction is that gaps or missing lines appear in the imagery. However, through a processed known as "gap-filling" it is possible to substitute the gaps with data from earlier images of the same location in order to create a complete image. The 2004 image was gapfilled using data from the 2001 Landsat image, creating a nearly seamless image with no missing data. App. 20 percent of the 2004 Chilchos area is thus made up of pixels from the 2001 image and this may underestimate changes slightly in the period 2001 – 2004.

The entire area being analysed covers app. 430 km^2, while the central part of the Chilchos Valley covers app. 113 km^2.

Methods

Image pre-processing

Geometric registration is a fundamental image processing step that is especially critical in any application involving time series of images covering the same location. Geometric registration converts the local coordinates of the digital image into geographical coordinates. In this way, the data can be related to other georeferenced information such as existing maps and data collected using GPS (Global Positioning System) devices in the field.

The Landsat ETM+ image from 2001 was geometrically rectified using GPS points captured in the field, as the topographic maps of the area were of inadequate quality to be used as input. Using GPS points for ground control, a root-mean-square error (RMSE) of less than one pixel was achieved. Next, this scene was used as the base data in image-to-image rectifications of the remaining scenes, resulting in RMSE values of 0.5 - 1 pixels.

When working with time series of satellite images it is important to calibrate or normalise the images as variations in illumination angle (sun elevation and orientation) and atmospheric effects may falsely introduce or conceal actual changes in land cover when comparing image pairs. In order to account for this effect, a relative radiometric calibration was performed (Song et al., 2001), using the 2001 scene as the base image for the normalisation. Normalization targets were located in areas that are considered radiometrically stable (so-called pseudo-invariant features) such as lakes, bedrock areas or other impervious surfaces void of vegetation.

As mentioned above, cloud cover is a serious problem in many tropical regions. Areas obscured by clouds and shadows do not contain any information about the actual land cover at that specific location and consequently these areas have to be masked away and excluded from the land cover analysis. Cloud and cloud shadow masking was performed by classifying clouds and cloud shadows based on their reflectance in the visual and infra-red part of the electromagnetic spectrum..

In order to produce a time series where all pixels in the image can be directly compared across the time series the four separate cloud cover masks were summed and applied to all images. This means that app. 30 % of the area has been masked away, predominantly areas at higher elevations where clouds are more frequent.

Field data collection

The collection of field data is usually required in order to relate the digital values in a satellite image to land cover classes on the ground. In the process of converting a satellite image into a thematic map, a classification algorithm must be applied to the image. A supervised classification algorithm in based on input consisting of user specified training areas in order to recognise a given class based on the characteristics of the features within the given class.

Certain broad land cover classes may be easy to distinguish without the use of reference data (i.e. vegetation, water, urban areas, burnt ground) but in order to classify a digital image into discrete vegetation classes, it is usually necessary to collect reference data in the field (sometimes referred to as *ground truth*). A distinction is made between reference data used in the classification process (training data) and field data used to assess the accuracy of the final product (test data) (Congalton, 1999).

Training data for the Chilchos Valley have been collected during expeditions in the region in 2000, 2001 and 2004. This has enabled the collection of field data representative for the 2001 and 2004 imagery. The location of training and test data was more complicated for the older images in the time series as this requires information about the conditions on the ground in 1996 and 1987.

Training data for stable classes such as mature forest were reused whenever possible, whereas nearly all training data for all other classes had to be trans-located as changes occur extremely fast in the area. For some classes it was possible to back-track using information about the class assignment in 2001 or 2004. As the images were cross-normalised, it was possible to digitise new training and test areas based on the digital numbers combined with the visual appearance in a false colour composite and comparison of spectral signatures.

Class definitions

The definition of classes is a difficult task in an area like the Chilchos Valley where the spatial scale of variation is often smaller than the pixel size of the image. Land cover in the populated part of the valley is often a patchwork of small overlapping units with kitchen gardens, orchards, small crop fields and varying succession stages of purmas (secondary growth).

Another issue regarding class definitions is the fact that satellites record information about land cover which is not always the same as land use. For example, the Ceja de Selva region has witnessed a growing trend towards coffee production in recent years. Coffee grown ecologically is almost exclusively planted under the canopy of Inga sp. (Farbaceae), a fast growing tree providing shadow and moisture for the coffee plants. Based on the spectral response Inga sp. are not separable from other secondary forest species in Landsat imagery and therefore the land use class "coffee plantation" is disguised under the land cover class "secondary forest". Table 20 shows a description of the eight main land cover classes identified in the field.

Table 20: Brief descriptions of the classes defined in the area.

Class Id	Description
Cn	Cleared areas
Pp	Grassland (dominated by Paspalum sp.)
CPm	Mixed Crops (Banana, manioc, maize, fruits)
SFf	Sec. growth: ferns. Typ. the first type of invasion in nutrient-depleted, dry areas
SFl	Secondary growth : humid forest dominated by Moraceae and Asteraceae.
MFc	Mature forest : Bamboo (Chusquea sp)
MFl	Mature forest : Premontane/ Montane, dominated by
Jp	Jalca: Alpine communities consisting of grasses, shrubs and mosses.

The complexity of land use patterns is further complicated by the steep topography that dominates the valley. The distribution of natural vegetation varies across different terrain distributions, as topographic changes cause variations in growth conditions of both natural and anthropogenically influenced vegetation. Young (1995) mentions three environmental gradients of concern in ecological biogeography, namely elevation, humidity and topographic position (slope, aspect).

The spectral response of a given land cover class will therefore contain much more variance in a montane environment than in flat areas (Helmer et al., 2000; Tokola et al., 2001), making the classification process more difficult as class overlap is very common. Several researchers have documented the problems of discriminating forest classes in montane environments (Rudel et al., 2002; Helmer et al., 2000).

In fact, natural vegetation classes are often dominated by gradual transitions. This is especially the case for mature forest classes, where woody tree species such as Lauraceae, Meliaceae and Bombarcaceae graduate into the bamboo Chusquea sp. at higher elevations. Therefore the exact delimitation of classes is to some extent arbitrary.

Change detection

Various methods exist for detecting changes between two or more image scenes. The most common approach is the post-classification change detection method, where classification results at different times are compared (Jensen, 1996). The method relies on a comparison of two or more classifications, and the accuracy of the change detection result is thus dependent on the accuracies of the separate classifications that are compared. Any errors present in the initial classifications are compounded in the change detection process (Lillesand & Kiefer, 2000).

Deforestation

Deforestation is defined as the removal of trees from a given location (Goudie et al., 1994). Often a distinction is made between gross and net deforestation. Gross deforestation refers to the decrease in mature forest cover, while net deforestation takes into account any compensating gain in secondary forest cover. This gain may be related to natural regeneration of previously cleared areas (reforestation) or expansion of the forest frontier into areas with no previous history of forest cover (afforestation).

Results and discussion

Overall changes

Figs. 104-107 and Table 3 show the areal distribution for each class during the 17-year period of satellite image cover from 1987-2004. Table 3a refers to the absolute area in hectares of each class, while Table 3b describes the percentage that each class makes up of the entire classified area (total number of pixels minus the number of unclassified pixels due to cloud cover or missing data). The table contains a list of the individual classes but also a breakdown of aggregated classes.

Generally, the proportion of mature forest has decreased slightly during the 17-year period from 1987-2004, while most other classes forest classes have expanded slightly in area. These non-mature forest areas include crops, pastures and secondary forests. It appears from the table that the situation in 1987 and 1996 is fairly similar. The biggest changes are found in the following period from 1996-2001.

In this period the area defined as cultivated land (either crops, recently burnt area or grassland) peaks at 2.7 percent of the area which is mainly due an increase in areas with bare soil and areas with crops. The development in the next period from 2001-2004 indicates that some cultivated areas have been abandoned. Areas under cultivation have decreased in area while the area of secondary forests has more than doubled.

Table 21: Areal distribution for classes in the period 1987-2004.

Land Use classes	Ha.				Percent			
Class	1987	1996	2001	2004	1987	1996	2001	2004
Cloudcover	13014	13014	13014	13014				
Mixed Crops CpM	366	298	471	132	1.2	1.0	1.5	0.4
Bare Soil Cn	35	75	218	77	0.1	0.2	0.7	0.3
Bamboo Forest MFc	3713	3084	3872	2049	12.0	10.0	12.5	6.6
Mature Forest MFl	26498	26908	25469	26917	85.5	86.9	82.2	86.9
Grassland Pp	87	217	156	387	0.3	0.7	0.5	1.2
Fern SFf	180	64	39	26	0.6	0.2	0.1	0.1
Sec. Forest SFl	56	262	610	1374	0.2	0.8	2.0	4.4
Jalca Jp	48	74	147	21	0.2	0.2	0.5	0.1
Total	43996	43996	43996	43996	100.0	100.0	100.0	100.0
Aggregate classes								
Cropland	488	590	845	597	1.6	1.9	2.7	1.9
Fallow (ferns)	180	64	39	26	0.6	0.2	0.1	0.1
Secondary Forest	56	262	610	1374	0.2	0.8	2.0	4.4
Mature Forest	30211	29992	29341	28966	97.5	96.8	94.7	93.5
Jalca	48	74	147	21	0.2	0.2	0.5	0.1
Total cloudcover	13014	13014	13014	13014				
Total	43996	43996	43996	43996	100	100	100	100

The bamboo vegetation class (MFc) exhibits substantial variation across the years even though it is a naturally occurring vegetation class that is typically not the target for deforestation as it is mainly found at relatively high elevations in the terrain. However, a large part of the varying proportion of MFc is attributable to variations in the illumination conditions and also phenology changes as the images used in the time series are not from exactly the same season. Bamboo vegetation is often found at elevations above 2000 m when steep slopes are cleared of trees due to naturally occurring events such as landslides. At these elevations, bamboo is the principal natural pioneer species (Young & Leon, 1999). At higher elevations, there is a gradual transition between upper montane forest dominated by high density trees such as Ericaceae, Melastomataceae etc. and bamboo forest dominated by Chusquea sp. and therefore the classification may be ambiguous in these regions.

Deforestation

Deforestation rates have been computed for the entire study area but also for a smaller area in the central part of the Valley around the Chilchos village. Table 22 and 23 show the statistics for these areas.

Looking at the entire study area the development over the 17-year period from 1987 to 2004 shows that the percentage of mature forest has decreased from 97.5 % in 1987 to 93.5 % in 2004, corresponding to a decline of app. 1200 ha of forest and an annual gross deforestation rate of 0.25 % over the entire period from 1987-2004 (Table 22).

However, this development is balanced by an increase in secondary forest cover from 0.2 % in 1987 compared to 4.4 % in 2001, which means that no net deforestation has occurred over the entire period. In general, the deforestation rates are higher in the late part of the period, with gross annual deforestation rates of 0.43 % in the 1996-2004 period. The gross reforestation in the 2001-2004 has been high at 0.87 % which is twice as much as the gross deforestation in the same period. This indicates that in recent years the rate of forest regeneration supersedes the rate of new forest clearings.

Table 22: Annual deforestation rates for the entire area of interest

Year	1987	1996	2001	2004
Mature Forest	97.51%	96.80%	94.70%	93.49%
Secondary Forest	0.18%	0.84%	1.97%	4.43%
Period	87-96	96-01	"01-04	87-04
Gross deforestation	0.08%	0.43%	0.43%	0.24%
Gross reforestation	0.08%	0.23%	0.87%	0.26%
Net deforestation	0.00%	0.20%	-0.44%	-0.01%

In the central part of the valley (defined as 2000 m from the Rio Chilchos), the situation is only slightly different. Deforestation peaks in the period 1996-2001 at 0.72 % but in the next period from 1996-2001 regeneration of forests is highly, resulting in a net increase in forest cover (Table 23).

Table 23: Annual deforestation rates for the central Chilchos valley (2000 m from the Chilchos/Tingo rivers

Year	1987	1996	2001	2004
Mature Forest	95.19%	94.31%	90.91%	90.77%
Secondary Forest	0.36%	1.12%	2.79%	5.15%

Period	87-96	96-01	"01-04	87-04
Gross deforestation	0.10%	0.72%	0.05%	0.27%
Gross reforestation	0.09%	0.36%	0.86%	0.30%
Net deforestation	0.01%	0.37%	-0.81%	-0.02%

The spatial pattern of the gross deforestation is depicted in Fig. 108. It can be seen that the areas that were already deforested before the first satellite image in 1987 are mainly located on the southern bank of the Rio Chilchos very close to the river. In the next period from 1987-1996 this pattern is continued with new clearings in the easternmost part of the area, further away from the entrance to the area from Leimebamba. In the next period (1996-2001) most deforestation has occurred north of the Rio Chilchos, especially along Rio Tingu from the confluence of the Chilchos – Tingu rivers. Deforestation rates were lower in the 2001-2004 period. The spatial pattern in this period indicates that most of the recent deforestation has occurred at higher elevations in the northwestern part of the area.

Outside the main valley smaller units of cleared forest appear. These may be attributable to single households in these areas, but many of these areas may the results of naturally occurring phenomena such as landslides or storm events. This is especially the case at higher elevations and at steeper slopes.

It is important to realise that even though no or limited net deforestation has taken place when looking at the entire period of observation, deforestation is still taking place. This involves the replacement of species-rich mature forest with crop areas and subsequent regeneration of secondary forest. This porcess may degrade the biodiversity and lead to soil degradation, erosion and nutrient depletion of the area.

Influence of infrastructure

Many areas in the Ceja de Selva region in Peru are dominated by high deforestation rates as migrants from the Sierra venture east in search of new land. The Huambo Valley, located immediately northeast of the Chilchos Valley, was investigated in a previous research project (Schjellerup et al. 2001). In this region, the overall deforestation rates were high, in some areas up to 15% per year.

In order to understand the difference between the Huambo and Chilchos valleys in recent years, the most probable explanation is the difference in infrastructure. The Huambo Valley can be reached by car and micro from Rodriguez de Mendoza, and the road is currently being extended down the valley.

In contrast, the Chilchos Valley does not have access to vehicle roads. Instead, a rough mule trails leads over the cordillera with elevations exceeding 3000 m to the major town of Leimebama. This access constraint is most likely the main reason for the relatively low rates of deforestation in the Chilchos Valley.

Summary

Land use change was mapped in the Peruvian study area in the period 1987-2004 using remote sensing data. The gross annual deforestation rates in the period was app. 0.25 %, reaching a maximum of 0.72 % in the period 1996-2001 in the central part of the Chilchos valley. Due to an increase in secondary forest vegetation, especially in the period 2001-2004, the net deforestation in the areas has been very limited, a finding that may be due to the lack of vehicle roads in the area.

Chapter 7

Summary and Conclusion

The aim of this book has been to identify and analyze the human attitudes and strategies and to understand how the environment has changed over time in the Chilchos valley.

The north-eastern corner of Peru has been left untouched by the main current of scientific research and has never been given much attention.

The problems are very complicated by the deficiency of scientific data that characterize most of the region especially the absence of a knowledge of cultural factors.

The valley of the Chilchos is an important area due to its cultural-historical process, which shows population movements from the pre-Hispanic time, the beginnings of the colony and its abandonment until the year 1900. At the present there are waves of less migration from the sierra to the *Ceja de Selva,* from the west to the east, from the other side of the Rio Marañon and from neighbouring communities

This part of the *Ceja de Selva* is very humid with mountain ranges that reach 3,500 m.a.s.l. with a rough and rugged topography, steep mountain sides with sharp crests and narrow passages with dense forests. Recently the *ceja de selva* was considered uninhabited and impenetrable for humans.

The eastern slope of the Andes constitutes not only a place of high biological diversity but also a place of cultural diversity with vestiges of multiple cultures that have developed their particular characteristics during thousands of years. Changes in subsistence strategies, demography and changes in perception have altered these landscapes and locations of settlements during time. The relation between man and earth is never constant but always in a changing process, because land used, although slightly, is always altered.

Our archaeological investigations have confirmed the presence of several pre-Hispanic cultures in the valley with remnants of pottery and bones found in caves and most notably remains of stone architecture and terraces on the mountain slopes. Unfortunately, almost all the encountered sites are almost destroyed by human activities and by the vegetation. The cultural affiliation of the archaeological sites belongs to the Chachapoya and to a strong presence of the Incas in the region, as we have demonstrated previously by our investigations in the neighbouring areas.

The Chachapoya culture (c. 800 -1470 AD) is not very well known now but it developed a confederation of chiefdoms where the Chilchos was a *curacazco* or chiefdom of the *yungas*, the lower altitude zones. The Chachapoya mainly established their settlements with circular houses and conical straw roofs on the crests and on the top of the mountains as seen in the sites of La Luna and La Fila de Contamana. The monumental burial chambers are located at the sides of the rugged mountains.

It has to be considered that only the visible traces of stone architecture have been registered; but in this warmer climate most of the Pre-Hispanic settlements were undoubtedly constructed of perishable material as they are today where most of the *campesino* houses are made of timber or as log cabins.

The Incas conquered the Chachapoya around 1470 and they reused and developed communication systems and constructed the roads or trails that can be seen today in the valley of Los Chilchos.

A series of installations such as administrative centres (Cascarilla Wasi*), tampus* (San Juan, Condebamba) - a type of lodging house – were constructed next to the roads or trails and other smaller facilities were constructed in larger agricultural areas, where the landscape was altered with terraces on the slopes of the mountains. The Inca agricultural systems with special forms of terraces reduced the erosion of the soil which is frequently observed at present as a result of the overgrazing and cultivation on very steep hillsides.

Colonial factors from the 16th century, such as the introduction of other sovereigns, a new population, crops and animals from Spain demonstrate a sharp contrast to the forms and traditional patterns of theprevious society.

The historical documents present very valuable information about the political and administrative legislative of the colonial time, of the missioners, as well as ethnographic descriptions of the neighbouring tribes of the Chilcho.

The population of Los Chilchos was exposed to an incredible abuse by the *encomendero* Juan Perez de Guevara and his descendants. The demand for exaggerated tribute especially of cotton, crude and woven, and other products of the natural resources from the valley, and further more the bad treatment of the people caused the deterioration of the population as well as of the environment.

Diseases introduced by the Europeans diminished very fast the indigenous population in the Chilchos valley and in addition many natives fled into the interior. The few survivors were transferred according to the Spanish policy of reductions and also by a desire from the inhabitants to move to a new town in the Sierra near the Chilchos Valley in San Ildefonso de Los Chilchos which exists today under the name of Montevideo.

Los Chilchos was forgotten during hundreds of years until the bold gentleman Don Genaro managed to rediscover the valley.

The stage of the rediscovering initiated new socio-cultural processes of adaptation to the environment articulating Andean systems to the ecosystems of the *Ceja de Selva*.

This process produced a synchronous Sierra –*Ceja de Selva* cosmovision as reflected in the perception of the environment and in the agricultural practices governed by the Andean conception.

The remoteness and isolation of the population has strengthened its magical - religious beliefs as seen in the folkloric customs with their experiences with *duendes*, a kind of ghosts, enchantments and *aparecidos* or malicious beings.

The relation between the landscape and the priorities of the use of the land will change according to the capacity of the population to confront the changes within a certain time span. This is reflected in the changes in territorial activities and land-tenure.

The recently arrived must relate to and adapt to a landscape changed by cultural activities.

Land-tenure in Los Chilchos as well as ownership of livestock, income and expenses are evidence of the big differences in the wealth of a few families and the loss and deficiencies of the great majority. 8% owe 23 % of the land while only 1 % of the land belongs to 18% of the families.

The annual average of income per family varies very much. The income of the richest 3 families is 71% with a balance of 82% of the total average, in contrast to 8 families (13%) with an income averaging 5% and a balance of 1.2% of the total average.

Each household is a locus of interactions between higher and lower levels of decisions based on its necessities and specific experiences in the environment and its cultural values.

Although the Chilchos population is growing it is is not stable as several families enter and leave for economical and social reasons.

The *campesino* of the valley is in a process of economic transition that may eventually increase the poverty, namely if he must work as a day labourer for surviving.

This influences the frequent temporary migration of parents and mothers to work in far-away places, leaving the children behind who assume responsibilities at an early age, neglecting their studies and their life expectancies.

In addition, there is a consumption of alcohol from an early age and an increase of alcoholism with negative repercussions in the health and social life of the families.

The agricultural production based on the demands for self-sufficiency is inextricable tied to the available natural resources within the region.

The local or national politics and the physical geographic limits also define and express the organization and the socio-economic ways of the production and express the problems of the infrastructure such as transport and communication has become a key issue in the recent history of Los Chilchos.

The Valley of Los Chilchos is an important place for its natural resources with a high biological and cultural diversity.

During the field work the botanical module collected 450 species from 182 genera and 72 families. A new species was described and maybe five more unkown to science have been reported from the collected samples.

The data obtained will serve not only in an educative aspect, but also as a basis for further investigations in the region. The collected plant material is one of first being deposited not only in one, but in several herbaria of Peru.

The forests have plenty of wood and non-wood species that allow satisfying the main necessities of the Chilchos people. They use 327 plant species compared to valley of Huambo where they use approximately 230 species of plants.

The slash and burn and the felling of large forested areas are constant and with it with it a loss of the biological and cultural diversity. However, the loss in the Los Chilchos is not as large and fast as in other parts of Peru's montane eastern forest, such as in the Huambo region where large deforestation rates were encountered.

The reason is probably because of the long and difficult access to the valley where it is necessary to pass the mountain range with the very changing climate. The natural resources are threatened but have an immense potential if they are used in a sustainable way.

In order to ensure a sustainable use and to be able to have certain areas protected emphasis should be given to an intensive use of the smaller farms instead of extending great areas.

Only when cultivated and deforestated areas are kept small and are surrounded by the montane forest a high level of biodiversity can be maintained and the biological diversity contributes to the stability of the ecosystems.

An agricultural strategy based on native knowledge could bring more prosperity to the area with the cultivation of special plants.

Investigations on the properties of medicinal plants may lead to a more market oriented cultivation. The distance to larger or international markets and the commercialization are probable the most difficult problems to solve.

The decision-making and application of decisions appear daily within the communities in a world that changes to survive under better conditions.

The ample evidence of the complexity of the ecological, economic, social and political constraints is forming the decisions of the population. Measures of protection and an environmental education are of extreme importance and they should be considered in the governmental and provincial political programs.

We hope that our investigations have given to the population of the Chilchos a deeper knowledge on its history and its utilization of the resources.

In addition, we hope that our research will have the intention of being able to get a more sustainable development in the planning of the future and that the project has increased the feeling of cultural identity in the community.

Referencias // Reference List

Fuentes no publicadas // Unpublished sources

AGI, Patronato Real, Legajo 123, Ramo 4 Información de los méritos y servicios del capitán Juan Pérez de Guevara, uno de los conquistadores y pacificadores del Perú y particularmente de la provincia de los Chachapoyas. Año 1578.

BNL, A 585 Expediente repartimiento de Leymebamba y Cochabamba, encomienda de Francisco de Guevara. Chachapoyas, 6 de mayo de 1577, 127 ff.

BNL, B 1554 Expediente sobre la numeración de los indios de Moyobamba y sus partidos hecha por el Corregidor Vicente de Bustillos. Chachapoyas, 2 de mayo de 1687.

Literatura publicada // Published litterature

Atías, A. (1991). Parasitología Clínica. 3era edic. Edit. Mediterráneo. Santiago, Chile.

Congalton, R.G. & K. Green (1999). Assessing the Accuracy of Remotely Sensed Data: Principles and Practices. CRC Press, Boca Raton, Florida, 137 p.

Cook, Noble David (1981). Demographic collapse; Indian Peru 1520-1620. Cambridge: Cambridge University Press.

Cortez, L.; S. Medina; J. Ayala & O. Cristóbal. (2000). Enteroparasitosis en escolares de la ciudad de Oxapampa. IV Congreso Peruano de Parasitología. Lima, Perú.

Craig & Faust. (1984). Parasitología Clínica. Salvat Editores S.A. Barcelona, España.

Davis, Morgan (1988). Chachapoyas; the cloud people. NATI 3055 (mimeo). Ontario.

Dobyns, Henry (1963). An outline of Andean epidemic history to 1720. Bulletin of the History of Medicine, n.° 37, pp. 493-315.

Duthurburu, J.A. del Busto (1986). Diccionario Histórico y Biografico del Peru. Siglos XV-XX. Tomo ¡. Lima.

Escalante, H. (1986). Manual de Técnicas Parasitológicas. Facultad de Ciencias Biológicas. Universidad Nacional de Trujillo. Trujillo, Perú.

Espinoza Soriano, W. (2003). Juan Pérez de Guevara y la historia de Moyobamba Siglo XVI. Lima.

Flores, C.; E. Egoavil; A. Guerra; E. Faustino; W. González & G. Gutiérrez (2000). Parasitosis intestinal entre escolares de 5-12 años de una zona rural de la selva central del Perú. IV Congreso Peruano de Parasitología. Lima, Perú.

Jensen, J. (1996). Introductory Digital Image Processing. Prentice-Hall Inc., Upper Saddle River, New Jersey, 316 pp.

Gentry, A. (1992). Diversity and floristic composition of Andean forests of Peru and adjacent countries: Implications for their conservation 21: 11-29 in Young K. & N. Valencia (eds.) Memorias del Museo de Historia Natural U.N.M.S.M. Artex Editores EIRL. Lima, Perú.

Golte, Jürgen (1973). Bauern in Peru. Berlín: Gebrüder Mann.

Goudie, A. (ed.) (1994). The Encyclopedic Dictionary of Physical Geography, 2nd Edition. Blackwell Publishers Ltd., Oxford. 611 p.

Helmer, E. H., S. Brown, & W. B. Cohen (2000). Mapping Montane Tropical Forest Successional Stage and Land Use with Multi-date Landsat Imagery. International Journal Remote Sensing, 2000, Vol. 21, No. 11, 2123-2138.

Holdridge, L. R. (1967). Life zone ecology. San José, Costa Rica: Tropical Science Center.

Izaguirre, Fray Bernardino (1922-29). Historia de las misiones franciscanas y narración de los progresos de la Geografía en el Oriente del Perú (desde 1619 a 1927). (14 vols.). Lima: Talleres Tipográficos de la Penitenciaría.

Karsten, R. (1935). The Head-Hunters of Western Amazon. Helsingfors.

Kaufmann Doig, F. (2003). Los Chachapoya(s) Moradores Ancestrales de los Andes Amazónicos peruanos. Universidad Alas Peruanas.

Larrabure & Correa, Carlos (ed.) (1905-09). Colección de leyes, decretos, resoluciones y otros documentos oficiales referentes al departamento de Loreto. (18 vols.). Lima: s/d.

Lerche, P. (1995). Los Chachapoya y los simbolos de su historia. Lima.

Lillesand, T.M. & R.W. Kiefer (2000). Remote Sensing and Image Interpretation. John Wiley & Sons, New York, 724 p.

Los primeros agustinos (1916) [1557]. Relación de la religión y ritos del Perú hecha por los primeros religiosos agustinos que allí pasaron para la conversión de los naturales. Colección de libros y documentos referentes a la Historia del Perú, t.º XI, pp. 3-56. Madrid.

Maúrtua, Víctor M. (ed.) (1906). Juicio de límites entre el Perú y Bolivia. Tomo I. Virreinato peruano. Barcelona.

Martell Castillo, N., E. Teran Reategi, A. Alva Dominguez, S. Torrejón Mesia, & A. Monteza Casusol (2001). Prospeccion y Reconocimiento de la zona arqueologica El Dorado, Valle de los Chilchos. Dep. Amazonas. Instituto Nacional de Cultura Amazonas. Mimeograph.

Mogrovejo, Toribio Alfonso de (1921) [1593]. Diario de la segunda visita pastoral que hizo de su arquediócesis el Ilustrísimo Señor Don Toribio Alfonso de Mogrovejo, arzobispo de los Reyes. Revista del

Archivo Nacional del Perú, t.º II, entrega I, pp. 37-78. Lima.

Mori Hidalgo, A. (2000). Leimebamba. La Capital Política de la Étnia de los Chachapoyas.

Niles, S. (1999). The Shape of Inca History. University of Iowa Press.

Oberem, U. & R. Hartmann. (1976). Indios Cañaris de la Sierra Sur del Ecuador en el Cuzco del Siglo XVI:373-390. Seminar för Völkerkunde. Universität Bonn.

Pachacuti Yamqui, J.S.C. (1968) [1613]. Historia de los Incas y relación de su Gobierno. Lima.

von Hagen, A. (2000). Nueva iconografía Chachapoya de la Laguna de los Cóndores. Iconos 4 (2):8-17

von Hagen, A. (2002). Los Chachapoyas El Reino Perdido, The Lost Kingdom. Integra.Lima.

von Hagen, A. & S Guillén. (1998). Tombs with a view. Archaeology 51(2) 48-54.

Romero, Carlos Alberto (1921). Libro de la visita general del virrey Don Francisco de Toledo 1570-1575. Revista Histórica, t.º VII, pp. 115-216. Lima.

Rowe, John Howland (1957). The Incas under Spanish colonial institutions. The Hispanic American Historical Review, vol. 37, pp. 155-199.

Rudel, T.K., D. Bates & R. Machinguiashi. (2002). Ecologically Noble Amerindians? Cattle Ranching and Cash Cropping among Shuar and Colonists in Ecuador. Latin American Research Review, Vol. 37, No.1, pp. 145-159.

Smith, C.T. (1970). Depopulation of the central Andes in the 16th century. Current Anthropology, vol. 11, n.ºs 4-5, pp. 453-464.

Schjellerup, I. (1985). Observations on ridged fields and terracing systems in the northern highlands of Peru. Tools & Tillage, vol. V, n.º 2, pp. 100-121.

Schjellerup, I. (1992). Patrones de asentamiento en las faldas orientales de los Andes de la región de Chachapoyas. En Duccio Bonavia (ed.). Estudios de Arqueología Peruana. Lima: Fomciencias, pp. 355-374.

Schjellerup, I. (1997). Incas and Spaniards in the Conquest of the Chachapoyas. Göteborg University.

Schjellerup, I., C. Espinoza Camus, V. Quipuscoa Silvestre & M. Carmen Samamé, (1999). La Morada – la gente y la biodiversidad/ people and biodiversity. Centre for Research on the Cultural and Biological Diversity of Andean rainforest. The Danish Environmental Research Programme.

Schjellerup, I. (2000). La Morada. A Case Study on the Impact of Human Pressure on the Environment in the Ceja de Selva, Northeastern Peru. Ambio Vol.29, No.7:451-454.

Schjellerup, I., E. Achutequi, V. Quipuiscoa, J. Fjeldså & M. Carmen Samamé, (2001). Wayko-Lamas: la gente y la biodiversidad. DIVA Report No.9. Centro Bartolome de las Casas, Lima.

Schjellerup, I., M.K. Sørensen, C. Espinoza, V. Quipuscoa & V. Peña (2003). The Forgotten Valleys. Past and Present in the Utilization of Resources in the Ceja de Selva, Peru. Ethnographic Monographs No. 1, National Museum of Denmark. 444 p.

Song, C., C. E. Woodcock, K. C. Seto, M. P. Lenney, & S. A. Macomber (2001). Classification and Change Detection Using Landsat TM Data: When and How to Correct Atmospheric Effects? Remote Sensing of Environment, Vol. 75, pp. 230-244.

Tokola, T., S. Löfman & A. Erkkilä (1999). Relative Calibration of Multitemporal Landsat Data for Forest Cover Change Detection. Remote Sensing of Environment, Vol. 68, pp. 1-11.

Tosi, Joseph A. (1960). Zonas de vida natural en el Perú. Instituto Interamericano de Ciencias Agrícolas. Boletín Técnico, n.° 5. Lima.

Trigoso e Santillan, E. (1938). Mapa del departamento Amazonas. Boletín Geográfica de Lima. Tomo LV, Trimestre 4. Lima

Trujillo, Diego de (1967) [1571]. Relación del descubrimiento del reyno del Perú. Edición, prólogo y notas de Raúl Porras Barranechea. Consejo Superior de Investigaciones Científicas. Sevilla: Escuela de Estudios Hispano-Americanos.

Weberbauer, A. (1945). El mundo vegetal de los Andes peruanos. Lima: Ministerio de Agricultura.

Young, K. (1992). Biogeography of the Montane Forest Zone of the Eastern Slopes of Perú. 21: 119-140 in: Young K. & N. Valencia (eds.) Memorias del Museo de Historia Natural U.N.M.S.M. Artex Editores EIRL. Lima, Perú.

Young, K. R. & B. Leon (1999). Peru's Humid Eastern Montane Forests: An Overview of Their Physical Setting, Biological Diversity, Human Use and Settlement and Conservation Needs. DIVA, Technical Report No. 5, 97 p.

Appendice 1 // Appendix 1

Diccionario de las plantas útiles // Dictionary of useful plants

Víctor Quipuscoa

El presente diccionario de las plantas más importantes en la etnobotánica del Valle de Los Chilchos se ha elaborado a base de la información obtenida de los pobladores, así como de las observaciones realizadas.

En el diccionario se han incluído nombres vulgares y científicos, con la finalidad que pueda ser utilizado en caso se conozca uno de ellos o ambos.

El nombre científico está seguido por el nombre de la familia a la que pertenece; el (los) nombre(s) común(es) se ha(n) considerado en el siguiente renglón; así como, el hábito, forma de crecimiento, si es cultivada o semicultivada (en caso de no mencionarse se trata de una especie silvestre) y la información etnobotánica en párrafo aparte. El nombre vulgar va seguido del nombre científico al cual se acudiría en caso de necesitar información acerca del uso de la planta. En algunos casos el nombre vulgar está seguido de una vocal entre paréntesis; esto indica que se pueden usar ambas formas, sin cambio de significado: chilca(o), lo mismo es chilca o chilco. Las colecciones se encuentran depositadas en HUT: Herbarium Truxillense de la Universidad Nacional de Trujillo, HAO: Herbario de la Universidad Privada Antenor Orrego de Trujillo, HUSA: Herbarium Areqvipense de la Universidad Nacional de San Agustín de Arequipa, Perú y F: Herbario del Field Museum de Chicago, U.S.A.

The present dictionary of the most important plants in the ethnobotany of The Chilchos' valley was based on information of the inhabitants and by direct observations.

Entries in the diccionary are both local and scientific names, arranged in alphabetical order. In this way those who know only the scientific or the local name can use the dicionary. In the main entries the scientific name is followed by the family name. The next line provides the local name. The third line gives the growths form, whether it is cultivated or semi-cultivated (if nothing is stated, wild growing individuals are used) followed by the ethnobotanical informaiton (first in Spanish, then in English).

Entries to local names provide reference to the scientific name (s) of that species. Occcasionaly the local name is followed by a vocal in parenthesis, this indicates that both forms may be used, for example, chilca (o) means that both chilca and chilco may be used.

The collections are deposited in HUT: Herbarium Truxillense of Universidad Nacional de Trujillo; HAO: of Universidad Privada Antenor Orrego de Trujillo; HUSA: of Universidad Nacional de San Agustín de Arequipa; and F: of Field Museum of Chicago, U.S.A.

Achicoria *Picrosia longifolia*
Achiote *Bixa orellana*
Achira *Canna indica*
Achontilla *Heliocarpus americanus*
Achupa *Greigia* sp.
Adiantum sp., Pteridaceae
    Culantrillo, parterita
    Hierba. La infusión de la planta se toma como analgésica y el zumo sirve para acelerar el parto. // Herb. Plant infusion is used as an analgesic and to accelerate childbirth..
Agapanto *Agapanthus umbellatus*
Agapanthus umbellatus, Liliaceae
    Agapanto
    Hierba cultivada. Se usa como ornamental. // Cultivated herb used as ornamental.
Agave americana, Amaryllidaceae
    Penca, maguey // century plant
    Planta acaule cultivada. Los escapos se usan en la construcción de viviendas, las fibras para confeccionar sogas y es sembrada como cerco vivo. // Cultivated, with rosette leaves. Used for house construction, planted as hedges, and leaves yield fibers for ropes.
Ageratum conyzoides, Asteraceae
    Huarmi huarmi
    Hierba. La infusión de hojas se toma para desinfectar los riñones y para lavados de asiento en eferdedades de la mujer (flujos vaginales) se hierve dos plantas en cuatro litros de agua, hasta que la enfermedad desparezca. // Herb. Infusion made of leaves to disinfect the kidnies and for vaginal diseases by internal washing until the diseases disappear. Boiling two plants with 4 liters of water makes the infusion.
Agrostis sp., Poaceae
    Pasto, grama //pasture grass
    Hierba. Se usa como forraje. // Herb. Natural pasture grass.
Ajenjo *Artemisia absinthium*
Ají *Capsicum annuum*
Ajo *Allium sativum*
Alberja *Pisum sativum*
Alfalfa *Medicago sativa*
Alfalfilla *Melilotus indica*
Alfaro *Calophyllum longifolium*
Algodón blanco *Gossypium barbadense* var. *barbadense*
Algodón pardo *Gossypium barbadense* var. *peruvianum*
Aliso *Alnus acuminata*
Allamanchana *Hyptis* sp.
Allium cepa, Liliaceae

Cebolla // onion
   Hierba cultivada. Los bulbos se utilizan como condimenticios y en ensaladas. Medicinalmente los bulbos cortados y hervidos se comen como expectorantes y hemostáticos. // Cultivated herb. The bulbs are used as food seasoning and in salads. The slices and boiled bulbs are used for bronchial diseases as an expectorant and hemostatic.

Allium fistulosum, Liliaceae
   Cebolla china // Chinese onion
   Hierba cultivada. Los bulbos se utilizan como condimenticios y en ensaladas. // Cultivated herb. Bulbs are used as food seasoning and in salads.

Allium sativum, Liliaceae
   Ajo // garlic
   Hierba cultivada. Los bulbos se usan como condimenticios. Medicinalmente los bulbos cortados y hervidos se comen para aliviar afecciones bronquiales y el zumo se toma como antidiarreico. Algunos pobladores tienen la creencia que el ajo macho (un diente) llevado en el bolsillo, ahuyenta los malos espíritus. // Cultivated herb. Its bulbs are used as food seasoning and boiled used for bronchial diseases; the juice is taken to cure diarrhea. Some people believe that the "male garlic" (ajo macho) carried in the pocket will scare away evil spirits.

Alnus acuminata, Betulaceae
   Aliso // Alder tree
   Árbol cultivado. La infusión de las hojas se toma como diurética y para infecciones pulmonares, el emplasto de las hojas se coloca en la parte afectada como analgésica. La madera se usa en la elaboración de utensilios de cocina y depósitos y en la construcción de viviendas. // Cultivated tree. Infusion of leaves is used as a diuretic; a plaster of the leaves is used for lung infections as an analgesic. The timber is used for making kitchen utensils, deposits and house construction.

Aloe vera, Liliaceae
   Sábila // aloe
   Planta suculenta semicultivada. El mucílago de las hojas con miel se consume como antiséptico, febrífuga. // Semicultivated succulent plant. The mucilage of the leaves mixed with honey is used as an antiseptic and to lower fever.

Aloysia triphylla, Verbenaceae
   Cedrón
   Arbusto cultivado. La infusión de las hojas, tallos y flores se toma como carminativas y digestivas. Se toma además como agua de tiempo. // Cultivated shrub. Infusion of the leaves, stems and flowers is taken as a carminative and a digestive. Also taken as "agua de tiempo".

Alternanthera sp., Amaranthaceae
   Lancetilla
   Hierba. Toda la planta, pero principalmente la infusión de las hojas se toma para aliviar dolores de estómago y en cocción para lavar heridas como desinfectante. // Herb. Infusion made of the entire plant, but especially the leaves alleviate stomach pain and a decoction is used as an antiseptic to clean wounds.

Amaranthus caudatus, Amaranthaceae
   Kiwicha
   Hierba cultivada. Las semillas se usan en la alimentación. // Cultivated herb. The seeds are employed in the diet.

Amor seco *Bidens pilosa*
Anacardium occidentale, Anacardiaceae
   Marañón // cashew
   Árbol cultivado. Los frutos se consumen en estado natural y en jugos. // Cultivated tree. The fruits are edible and used for juice.

Ananas comosus, Bromeliaceae
   Piña // pineapple
   Hierba con hojas arrosetadas. Los frutos maduros se consumen al natural y sirven para preparar jugos, refrescos y dulces. // Herb with rosette leaves. The fruits are edible and used for juice, refreshment and sweets.

Ananas sp., Bromeliaceae
   Piña espinuda

Hierba con hojas arrosetadas. Los frutos maduros son comestibles y sirven para prepara jugos, refrescos y dulces. El zumo o raspado de 3-4 frutos se hierve con chancaca y se hace fermentar durante tres meses, para preparar una bebida semejante a la cerveza. Se siembra como cerco vivo. // Pineapple herb with rosette leaves. The fruits are edible and used for juice, refreshements and sweets. The juice or the scraped part of 3-4 fruits are boiled with sugarcane sugar and fermented for three months to make a drink similar to beer. Used in hedges.

Angusacha *Sida rhombifolia*

Anís *Tagetes filifolia*

Annona cherimola, Annonaceae

Chirimoya // cherimoya, annona

Árbol cultivado. Los frutos son comestibles. La madera se utiliza en construcción y para leña. //
Cultivated tree. The fruits are edible. The timber is used for house constructions and firewood.

Annona sp. Annonaceae

Sacha Annona

Árbol. La madera es usada en la construcción de sus viviendas y para leña. // Tree. The timber is used for house constructions and firewood.

Anona *Rollinia* sp.

Apio *Apium graveolens*

Apium graveolens, Apiaceae

Apio // celery

Hierba cultivada. Las hojas se utilizan como hortalizas y las semillas como aromatizantes. En medicina la infusión de hojas y tallos se toma como digestiva. // Cultivated herb. The leaves are used like vegetables and the seeds for flavoring. As a medicine the infusion of leaves and stems are taken as a digestive.

Arachis hypogaea, Fabaceae

Maní // peanut

Hierba cultivada. Las semillas tostadas se consumen directamente o mezcladas con arroz. // Cultivated herb. Its roasted seeds are edible. It is consumed mixed with rice.

Arracacha *Arracacia xanthorrhiza*

Arracacia xanthorrhiza, Apiaceae

Arracacha, ricacha

Hierba cultivada. Especie alimenticia. Las raíces tuberosas de esta planta varían en color, forma y tamaño (blancas, amarillas y moradas). Se consumen cocidas como papas o cocidas al horno, en forma de puré y en las sopas pueden ser mezcladas con camote y yuca. Medicinalmente la infusión de las hojas se toma en afecciones uterinas y la cocción de las mismas se aplica directamente para desinfectar heridas. // Cultivated herb. The edible tubers vary in color (white, yellow, purple), form and size. It is consumed boiled (like potatoes) or baked, sometimes mashed. In soups they may be mixed with sweet potatoes and manioc. Medicinally the infusion of the leaves is used for uterine affections and the decoction as a disinfectant placed directly on the wound.

Arrayán *Myrcianthes* sp.

Arroz *Oryza sativa*

Artemisia absinthium, Asteraceae

Ajenjo // wormtimber, absinthium

Hierba semicultivada. La infusión de las hojas y tallos se toma como té. Medicinalmente la infusión de las hojas se toma como carminativa, vermífuga y emenagoga. // Semi-cultivated herb. The leaves and stems are used as tea. Medicinally the infusion of the leaves is used a carminative, a vermifuge and as an emmenaogue.

Arundo donax, Poaceae

Carrizo

Arbusto. Los tallos se usan en la construcción de sus viviendas, confección de herramientas y para artesanía. // Shrub. The stems are used for house construction, to make tools and for handicraft.

Arveja *Pisum sativum*

Asclepias curassavica, Asclepiadaceae (Apocynaceae)

Venenillo
Hierba. La infusión en pequeña cantidad de las hojas se toma como vermífuga y se aplica externamente como cicatrizante. // Herb. Infusion of a small amount of leaves is used as a vermifuge and used externally as a cicrasitive.

Atadijo *Trema micrantha*

Avena *Avena sativa*

Avena sativa, Poaceae
Avena,//oats
Hierba cultivada. Se usa como forraje. // Cultivated herb. Used for fodder.

Azafrán *Curcuma longa*

Azarcillo *Miconia* sp.

Baccharis genistelloides, Asteraceae
Carqueja // Broom plant
Arbusto. La infusión de hojas y tallos se toma como depurativa de la sangre. // Shrub. Infusion of leaves and stems is used to cleanse the blood.

Baccharis sp., Asteraceae
Chilca(o)
Arbusto. La infusión de hojas se toma como antidiarreico y en cocción se usa como desinfectante de heridas y para aliviar las luxaciones. La madera se usa para leña. // Shrub. Infusion of leaves is used against diarrhea, the decoction as a disinfectant and to relieve pain of dislocations of joints. The timber is used for firewood.

Baccharis sp., Asteraceae
Chilca brava
Pequeño árbol. La madera se usa en la construcción de sus viviendas, confección de herramientas y para leña. // Small tree. The timber is used for house construction, to make tools and for firewood.

Balsamina *Impatiens balsamina*

Bambú *Chusquea* sp.

Begonia *Begonia parviflora*, *Begonia* sp.

Begonia parviflora, Begoniaceae
Begonia
Arbusto. Se usa como aromática y ornamental. // Shrub. Aromatic and ornamental.

Begonia sp. 1-2, Begoniaceae
Begonia
Hierba. Se usan como ornamentales. // Herb. Used as ornamental.

Berenjena *Cyphomandra betaceae*

Berenjena silvestre *Cyphomandra* sp.

Berro *Rorippa nasturtium-aquaticum*

Beta vulgaris, Chenopodiaceae
Beterraga// beet
Hierba cultivada. Las raíces cocidas se consumen en ensaladas. // Cultivated herb. The roots are used in salads.

Beterraga *Beta vulgaris*

Bidens pilosa, Asteraceae
Amor seco, cadillo
Hierba. La infusión de toda la planta se toma como desinfectante y diurética. Usada también como forraje. // Herb. Infusion of the whole plant used a disinfectant and as a diuretic. Also used for fodder.

Bixa orellana, Bixaceae
Achiote // bija
Arbusto cultivado. El zumo de las hojas se toma como diurética cada tres o cuatro horas y el emplasto de la raíz y hojas calentadas con manteca de gallina para afecciones bronquiales. Las semillas se utilizan para colorear las sopas // Cultivated shrub. The juice of the leaves is used as a diuretic to be taken every 3- 4 hours; a plaster of the root, heated with leaves and chicken fat is used for bronchial affections. The seeds are used for coloring soups.

Bocconia integrifolia, Papaveraceae
   Mangue paki
   Arbusto. La infusión de las hojas se toma para desinfectar los riñones. // Shrub. Infusion of leaves is used to disinfect the kidnies.
Bolsa del pastor *Capsella bursa-pastoris*
Brachiaria eruciformis, Poaceae
   Brecaria
   Hierba cultivada. Se usa como forraje. // Cultivated herb. Used for fodder.
Brassica oleracea var. *botrytis*, Brassicaceae
   Coliflor // cauliflower
   Hierba cultivada. Se utilizan como hortalizas, crudas en ensaladas y cocidas en guisos. // Cultivated herb. Used as vegetable, raw in salads or boiled in stews.
Brassica oleraceae var. *capittata-alba*, Brassicaceae
   Repollo // cabbage
   Hierba cultivada. Se utilizan como hortalizas, crudas en ensaladas y cocidas en guisos. // Cultivated herb. Used as vegetable, raw in salads or boiled in stews.
Brecaria *Brachiaria eruciformis*
Brugmansia arborea, Solanaceae
   Floripondio
   Arbusto cultivado. Se usa como ornamental. // Cultivated shrub. Ornamental.
Bunchosia sp., Malpighiaceae
   Cansaboca silvestre // wild plum tree
   Árbol. Los frutos bien maduros son agradables y dulces. // Tree. The ripe fruits are pleasant and sweet.
Burseraceae
   Caraña
   Árbol. El parche del látex se coloca en la parte afectada como antirreumática y desinfectante. // Tree. The parchment of the latex is placed on the infected part as an anti-rheumatic and as a disinfectant.
Byttneria sp., Sterculiaceae
   Zarza
   Arbusto. Se usa como cerco vivo. // Shrub. Used in hedges.
Caballo runtu *Solanum* sp.
Cabuya *Furcraea andina*
Cacao *Theobroma cacao*
Cadillo *Bidens pilosa*
Caesalpinia decapetala var. *decapetala*, Fabaceae
   Uña de gato // cat's claw
   Arbusto semicultivado. Se utiliza para cerco vivo y como ornamental. // Semi-cultivated shrub. Used in hedges and ornamental.
Café *Coffea arabica*
Caigua chilena *Sechium edule*
Caigua *Cyclanthera pedata*
Caigua espinosa *Sechium edule*
Caigua lisa *Cyclanthera pedata*
Caimito *Pouteria caimito*
Cajanus cajan, Fabaceae
   Frejol palo, palito // pigeon pea
   Arbusto cultivado. Las semillas son utilizadas en la alimentación. // Cultivated shrub. Its seeds are edible.
Calabaza *Lagenaria siceraria*
Calaguala *Niphidium crassifolium*
Callu manzanilla *Tanacetum parthenium*
Calvinche *Solanum sisymbrifolium*

Camote *Ipomoea batatas*
Campanilla *Ipomoea purpurea*
Campomanesia sp., Myrtaceae
    Palillo
    Árbol. Los frutos maduros se consumen al natural. La madera se usa en la construcción de viviendas, elaborar herramientas y para leña. // Tree. The fruit is edible. The timber is used for house construction, to make tools and for firewood.
Canchalagua *Schkuhria pinnata*
Canna indica, Cannaceae
    Achira
    Hierba. Los rizomas sancochados se usan en la alimentación y como ornamental. // Herb. The boiled rhizomes are edible and used as ornaments.
Cansaboca silvestre *Bunchosia* sp.
Caña de azúcar *Saccharum officinarum*
Caña de Guayaquil *Guadua angustifolia*
Capsella bursa-pastoris, Brassicaceae
    Bolsa del pastor
    Hierba. La infusión de hojas y tallos se toma por su acción emenagoga y diurética. // Herb. Infusion of leaves and stems is used for its emmenagogue and diuretic properties.
Capsicum annuum, Solanaceae
    Ají // chili peber
    Arbusto cultivado. Los frutos son utilizados en la preparación de la mayoría de potajes; además, molido con berenjena (*Cyphomandra betaceae*) se consume agregando a las comidas. Cultivan algunas variedades como: escabeche, rojo, amarillo. // Cultivated shrub. Its fruits are used in preparation of the majority of stews. Ground with tree tomatoes (*Cyphomandra betaceae*) it is added to the food as seasoning. Several varieties are cultivated as: escabeche, red and yellow.
Capsicum pubescens, Solanaceae
    Rocoto
    Arbusto cultivado. Los frutos molidos con o sin paico (*Chenopodium ambrosioides*), berenjena (*Cyphomandra betaceae*) y wakatay (*Tagetes minuta*), constituye el rocoto y se usa durante las comidas. // Cultivated shrub. The grounded fruits with or without paico (*Chenopodium ambrosioides*), tree tomato (*Cyphomandra betaceae*) and huakatay (*Tagetes minuta*), are added to some dishes.
Caraña Burseraceae
Cardón *Dispsacus fullonum*
Carica papaya Caricaceae
    Papaya
    Árbol cultivado. Se consumen los frutos maduros al estado natural y en jugos. // Cultivated tree. The mature fruits are consumed directly or as juice.
Carica sp. 1, Caricaceae
    Chamfurra (o)
    Árbol. Los frutos amarillos son comestibles por ser muy agradables. // Tree. The yellow fruits are edible and very pleasant.
Carica sp. 2, Caricaceae
    Chamfurro (a) pequeño (a)
    Arbolillo. Los frutos rojos a la madurez son comestibles, aunque abundan espontáneamente y tienen una apariencia agradable, son insípidos. // The abundant fruits are edible, however they are small and tasteless.
Carludovica sp., Cyclanthaceae
    Tampshi
    Hierba. Se utilizan en la confección de herramientas y canastas. // Herb. Used to make tools and baskets.
Carqueja *Baccharis genistelloides*
Carrizo *Arundo donax*

Cartucho *Zantedeschia aethiopica*
Cascarilla *Cinchona* sp.
Cashacaspi *Solanum* sp.
Cebada *Hordeum vulgare*
Cebolla *Allium cepa*
Cebolla china *Allium fistulosum*
Cedrela montana, Meliaceae
    Cedro // cedar
    Árbol. La madera es de mayor uso en la construcción de viviendas y especialmente para fabricar muebles como: mesas, sillas, portacubiertos, portaplatos, repisas, camas; además, fabrican bateas para lavar, cucharas, espátulas, mangos de cuchillos, morteros, moldes para elaborar chancaca y escaleras. La corteza calentada se coloca en las heridas como cicatrizante. // Tree. The timber is used for house constructions, furniture as tables, chairs, cases for plates, beds, kitchenware, spoons etc. and moulds to make "chancaca". The heated bark is placed on wounds as a cicrasitive.
Cedrela sp., Meliaceae
    Cedro // cedar
    Árbol. Se usa como cerco vivo. // Tree. Used in hedges.
Cedro *Cedrela montana*, *Cedrela* sp.
Cedrón *Aloysia triphylla*
Centropogon granulosus, Campanulaceae
    Gallitos
    Arbusto apoyante. Los frutos maduros se consumen al natural. // Climbing shrub. The fruit is edible.
Cerraja *Sonchus asper*, *Sonchus oleraceus*
Cestrum auriculatum, Solanaceae
    Hierba santa
    Arbusto. Las hojas estrujadas en agua fresca se usan para lavar las heridas o para curar la piel, en baños corporales como febrífuga o sudorífica. // Shrub. The leaves crumpled in fresh water are used to clean wounds or to cure the skin. Body baths are employed as a febrifuge or sudoriphic.
Chamfurra(o) *Carica* sp.
Chamfurro(a) pequeño(a) *Carica* sp.
Chenopodium ambrosioides, Chenopodiaceae
    Paico
    Hierba. La infusión de las hojas y tallos se toma como vermífuga y digestiva. En la alimentación sirve para preparar una sopa llamada verde, que se prepara conjuntamente con ruda, hierba buena, orégano y huacatay. // Herb. Infusions of leaves and young stems are used as a vermifuge and to aid digestion; in decoction it is used for cleaning wounds. As food, a special soup is prepared called "verde" or literally green soup, which is prepared together with rue, mint, wild marjoram, and huacatay.
Chenopodium quinoa, Chenopodiaceae
    Quinua
    Hierba cultivada. Las semillas se usan en la alimentación. // Cultivated herb. The grain is used for food.
Chiclayo *Cucurbita ficifolia*
Chilca(o) *Baccharis* sp.
Chilca brava *Baccharis* sp.
Chirimoya *Annona cherimola*
Chusquea sp. 1, 2 y 3, Poaceae
    Bambú, suro
    Planta apoyante. Se utiliza como pasto natural. // Climbing plant. Natural fodder plant.
Cinchona sp., Rubiaceae
    Cascarilla
    Árbol. El macerado de la corteza en cañazo (bebida alcohólica destilada del jugo de caña

fementado) se toma una vez al día como depurativa de la sangre y como febrífuga. // Tree. The bruised bark is used in sugarcane liquor taken once a day to cleanse the blood and to lower fever.

Ciprés *Cupressus sempervirens*
Citrus aurantifolia, Rutaceae
    Limero // sweet lime tree
    Arbusto cultivado. Los frutos se consumen al natural. // Cultivated tree. The fruits are edible.
Citrus aurantium, Rutaceae
    Naranja // orange tree
    Árbol cultivado. Los frutos maduros, son alimenticias y sirven para preparar jugos y refrescos. Medicinalmente la infusión de las flores se toma como sedante nervioso y cardiotónica. La madera se usa para la construcción de viviendas, confección de herramientas y como leña de buena calidad. // Cultivated tree. The fruits are edible and are used to make juice and refreshments. Infusion of the flowers is used a sedative for the nerves and a cardiotonic. The timber of good quality is used for house construction, to make tools and for firewood.
Citrus limon, Rutaceae
    Limón // lemon
    Árbol pequeño cultivado. El zumo de los frutos se utiliza en la preparación de ensaladas y bebidas. Se agrega a las sopas o guisos para darles sabor. Medicinalmente se le atribuye numerosas propiedades curativas como: digestiva, desinfectante y febrífuga. La madera se usa para la construcción de viviendas, confección de herramietas y como leña de buena calidad. // Small cultivated tree. The fruit juice is used in salads and refreshments, and to flavour food. Medicinally it is believed that the lemon has various curative properties as a digesive, a disinfectant and to lower fever. The timber is used for house construction, to make tools and for good quality firewood.
Citrus reticulata, Rutaceae
    Mandarina
    Árbol pequeño cultivado. Los frutos se consumen al natural. // Small cultivated tree with edible fuits.
Citru sp., Rutaceae
    Limón dulce
    Árbol. Los frutos se consumen al natural. // Tree. The fruit is edible.
Clarisia sp., Moraceae
    Lechoso
    Árbol. La madera se utiliza en la construcción de sus viviendas y para confeccionar herramientas. // Tree. The timber is used for house constuction and to make tools.
Coca *Erythroxylum coca*
Coco *Cocos nucifera*
Cocona *Solanum sessiliflorum*
Cocos nucifera, Arecaceae
    Coco
    Árbol. El endospermo almendráceo y acuoso de las semillas son comestibles. // Tree. The watery almond shaped endosperm of its seeds is edible.
Coffea arabica, Rubiaceae
    Café // coffee
    Arbusto cultivado. Las semillas tostadas y molidas sirven para preparar una bebida estimulante. Los tallos se usan en la confección de herramientas. // Cultivated tree. The peeled, roasted and grounded seeds are used for the preparation of the stimulant coffee drink. The stems are used to make tools.
Cola de caballo *Equisetum bogotense*, *Equisetum giganteum*
Coleus blumei, Lamiaceae
    Corazón de Jesús
    Sufrútice cultivado. Se usa como ornamental. // Cultivated subshrub. Used as ornamental.
Colocasia esculenta, Araceae
    Michuca

Hierba semicultivada. Especie usada en la alimentación. Se consumen cocidas como papas, en forma de puré y en sopas mezcladas con camote, yuca y arracacha. // Semi-cultivated herb. The tubers are consumed boiled like potatoes; as mashed or in soups mixed with sweet potatoes, manioc and arracacha.

Coliflor *Brassica oleracea* var. *botrytis*

Commelina fasciculata, Commelinaceae
  Torurco
  Hierba. La cocción y la aplicación directa de las hojas a las heridas se usan como analgésicas y desinfectantes. // Herb. Decoction and application of leaves on wounds used as analgesic and disinfectant.

Congona *Peperomia inaequalifolia*
Corazón de Jesús *Coleus blumei*
Cordoncillo *Piper* sp.

Coriandrum sativum, Apiaceae
  Culantro // coriander
  Hierba cultivada. Las hojas se utilizan frecuentemente para condimentar las comidas. // Cultivated herb. The leaves are used for seasoning the food.

Crino *Crinum* sp.

Crinum sp., Amaryllidaceae
  Crino
  Hierba cultivada. Usada como ornamental. Cultivated herb. Used as ornamental.

Critoniopsis sp., Asteraceae
  Potoshongo, kosomo
  Arbusto. Los tallos se usan en la construcción de viviendas, para la elaboración de herramientas y como cerco vivo. // Tree. The stems are used for house constuction and to make tools and used in hedges.

Croton lechleri, Euphorbiaceae
  Sangre de grado // dragon blood
  Arbol. El látex se usa para cicatrizar heridas y al tomar unas gotas junto con los alimentos, alivia las úlceras gástricas. // Tree. The latex is employed as vulnerary, and with a few drops taken along with the meals it alleviates gastric ulcer.

Cucarda *Hibiscus rosa-sinensis*

Cucumis sativus, Cucurbitaceae
  Pepinillo
  Hierba cultivada. Los frutos se usan en ensaladas. // Cultivated herb. The fruits are used in salads.

Cucurbita ficifolia, Cucurbitaceae
  Chiclayo, cushe
  Planta apoyante cultivada. Los frutos cocidos u horneados, maduros o inmaduros se utilizan en la alimentación; las semillas se consumen tostadas o en dulces. // Cultivated climbing herb. The boiled or baked fruit, either ripe or unripe are used for food. The seeds are consumed roasted and in sweets.

Cucurbita maxima, Cucurbitaceae
  Zapallo // squash
  Hierba rastrera cultivada. Los frutos cocidos se usan en guisos, ensaladas y sopas. La infusión de las semillas se toma como vermífugas. // Cultivated creeping herb. The boiled fruits are used in stews, salads and soups. Infusion of seeds is used as a vermifuge.

Cuelinga *Tradescantia* sp.
Culantro *Coriandrum sativum*
Culantrillo *Adiantum* sp.
Culén *Otholobium pubescens*

Cupressus sempervirens, Cupressaceae
  Ciprés
  Árbol cultivado. Se usa como ornamental. // Cultivated tree. Used as ornamental.

Curcuma longa, Zingiberaceae

Azafrán // Saffron
Hierba rizomatosa. Los rizomas se usan para dar color a sus comidas.// Herb. The rhizomes are used to color food. It is not real saffron.

Cushe *Cucurbita ficifolia*

Cyclanthera pedata, Cucurbitaceae
Caigua, caigua lisa
Planta apoyante cultivada. Los frutos son consumidos como verdura en ensaladas, en frituras y para preparar algunos guisados. Medicinalmente se coloca una o dos gotas del zumo del fruto por dos veces al día para aliviar afecciones de los ojos. // Cultivated, climbing plant. The fruits are consumed as vegetables in salads, in fried foods and in stews. Medicinally, two drops of juice of the fruit are taken twice a day to treat the pain of eye infections.

Cymbopogon citratus, Poaceae
Hierba luisa // lemon grass
Hierba cultivada. La infusión de las hojas se toma como "mate" luego de las comidas. Medicinalmente le atribuyen propiedades digestivas y analgésicas. // Cultivated herb. Infusion made from the leaves is taken as tea after meals. Medicinally, it is ascribed with digestive and analgesic properties.

Cyphomandra betacea, Solanaceae
Berenjena // tree tomato
Arbol pequeño cultivado. Sus frutos maduros se consumen al estado natural o se muele con rocoto para condimentar los alimentos. Existen muchas variedades según la forma, color (amarillo, anaranjado, rojo, rojo-anaranjado) y sabor. Los frutos se consumen como digestivos. // Small cultivated tree. The ripe fruits are edible, and sometimes consumed minced with rocoto to season the food. There are various varieties according to form, color (yellow, orange, red) and flavor. The fruits are consumed as a digestive.

Cyphomandra sp., Solanaceae
Berenjena silvestre, pepino
Arbusto semicultivado. Sus frutos amarillos bien maduros se consumen frescos al natural y son más dulces que las de *C. betacea*; se ha encontrado principalmente dentro y alrededor de los monumentos históricos. // Semi-cultivated shrub. The yellow ripe fruits are edible and are sweeter than *C. betacea*. It is found at the archeological sites.

Dalia, *Dalia variabilis*

Dalia variabilis, Asteraceae
Dalia
Hierba cultivada. Usada como ornamental. // Cultivated herb. Used as ornamental.

Daucus carota, Apiaceae
Zanahoria // carrot
Hierba cultivada. Se aprovecha su raíz tuberosa para condimentar guisos y dar color a las sopas. // Cultivated herb. The tuberous roots are used for seasoning stews and add color to soups.

Desmodium sp., Fabaceae
Pie de perro
Hierba. La infusión de las hojas y tallos se toman como digestiva y diurética. // Herb. Infusion of the leaves and stems are used as a digestive and diuretic.

Diablo sacha *Kalanchoe* sp.

Diente de león *Taraxacum officinale*

Digitaria sp., Poaceae
Grama dulce
Hierba. Se usa como forraje. // Herb. Used for fodder.

Dioscorea sp., Dioscoreaceae
Sacha papa
Hierba. Las raíces son sancochadas y consumidas como alimenticias. // Herb. The edible roots are boiled.

Dispsacus fullonum, Dipsacaceae
Cardón
Hierba. Los frutos secos se usan para cardar lana y sacar peluza a sus tejidos. // Herb. The

dried fruits are used for carding wool and remove villous substances from clothes.
Dolichos lablab, Fabaceae
Habillas
Hierba. Las semillas se usan en la alimentación como menestra. // Herb. The seeds are used in pottages.
Durazno *Prunus persica*
Encyclia sp., Orchidaceae
Orquídea
Hierba epifita. Se usa como ornamental. // Epiphytic herb. Used as ornamental.
Enredadera *Mutisia wurdackii*
Epidendrum sp., Orchidaceae
Orquídea, sancapilla
Hierba. Se usa como aromática y ornamental. // Herb. Aromatic and ornamental.
Equisetum bogotense, Equisetaceae
Cola de caballo // horsetail
Hierba. La infusión de las hojas y tallos se toma de 2 a tres veces al día como diurética y la cocción de toda la planta sirve para desinfectar heridas. La infusión también se toma como agua de tiempo o como "mate" conjuntamente con menta. // Herb. Infusion of the leaves is taken twice a day as a diuretic and decoction of the whole plant is used a disinfectant of wounds. Infusions are used for cleansing the blood, to dissolve vesicular and kidney stones and to be taken as "agua de tiempo" or as tea together with mint.
Equisetum giganteum, Equisetaceae
Cola de caballo // horsetail
Hierba. Con propiedades similares a *Equisetum bogotense*. // Herb. The medicinal properties are similar to *Equisetum bogotense*.
Eragrostis sp., Poaceae
Zacate
Hierba cultivada. Se usa como forraje. // Cultivated herb. Used for fodder.
Eriobotrya japonica, Rosaceae
Níspero
Árbol cultivado. Los frutos maduros se consumen al estado natural. // Cultivated tree. The ripe fruits are edible.
Eritrina *Erythrina* sp.
Erythrina edulis, Fabaceae
Pajuro, poroto
Árbol cultivado. Las semillas cocidas son alimenticias. Sirven como cercos y como ornamentales. // Cultivated tree. The boiled seeds are edible. The plants are used in hedges and ornaments.
Erythrina sp., Fabaceae
Eritrina, pajuro silvestre
Árbol. La madera se utiliza en la construcción de viviendas y para confeccionar herramientas. Se siembran en cercos y como ornamental. // Tree. The timber is used for house constructions and to make tools. It is planted as fences and as an ornamental.
Erythroxylum coca, Erythroxylaceae
Coca
Arbusto. Las hojas son mascadas con cal para dar fuerza y energía a la gente durante las faenas de campo y largas caminatas. La infusión de las hojas se toma como sedante, digestiva y carminativa. // Shrub. The coca leaves are chewed with lime to give strength and energy to the people during work in the fields and long walks. Infusion of the leaves is used as a sedative, digestive and a carminative.
Escallonia sp. 1, Grossulariaceae
Sacha quillo
Árbol. La madera se usa en la construcción de sus viviendas, herramientas de trabajo y para leña. // Tree. The timber is used for house construction, to make work tools and for firewood.
Escallonia sp. 2, Grossulariaceae
Quillo

Árbol. La madera se usa en la construcción de sus viviendas, herramientas de trabajo y para leña. // Tree. The timber is used for house construction, to make work tools and for firewood.

Escorzonera *Perezia multiflora*
Espuela *Impatiens balsamina*
Estevia *Stevia* sp.
Eucalipto *Eucalyptus globulus*
Eucalyptus globulus, Myrtaceae
- Eucalipto // eucalyptus
- Arbol cultivado. La infusión de las hojas se toma con leche para curar enfermedades bronquiales. La madera se usa como leña. // Cultivated tree. Infusion of the leaves is taken with milk to cure bronchitis. The timber is used for firewood.

Farol chino *Malvaviscus penduliflorus*
Ficus insipida, Moraceae
- Ojé
- Árbol. La madera se usa en la construcción de viviendas y para leña. Medicinalmente el látex se toma como vermífuga y laxante. // Tree. The timber is used for house constructions and for firewood. Medicinally, the latex is used as a vermifuge and a laxante.

Ficus sp. 1, Moraceae
- Higuerón
- Árbol. La madera se utiliza en la construcción de viviendas y para leña. El látex se toma como laxante. // Tree. The timber is used for house construction and as firewood. The latex is used as a laxante.

Ficus sp. 2, Moraceae
- Lechero
- Árbol. La madera se usa en la construcción de viviendas y para leña. // The timber is used in house construction and for firewood.

Ficus sp. 3, Moraceae
- Palo fuerte
- Árbol. La madera se usa en la construcción de viviendas y para elaborar herramientas. // The timber is used in house construction and to make tools.

Flor de clavo *Ludwigia* sp.
Flor de muerto *Tagetes erecta*
Floripondio *Brugmansia arborea*
Foeniculum vulgare, Apiaceae
- Hinojo // fennel
- Hierba cultivada. La infusión de las hojas y tallos se toma como digestiva y expectorante. // Cultivated herb. Infusion of leaves and stems are used as a digestive and an expectorant.

Frejol palo *Cajanus cajan*
Frijol *Phaseolus vulgaris*
Frijolillo *Vicia* sp.
Fucsia *Fuchsia magellanica*, *Fuchsia* sp.
Fuchsia magellanica, Onagraceae
- Fucsia
- Arbusto cultivado. Se usa como ornamental. // Cultivated shrub. Used as ornamental.

Fuchsia sp., Onagraceae
- Fucsia
- Arbusto. Se usa como ornamental. // Shrub. Used as ornamental.

Furcraea andina, Amaryllidaceae
- Cabuya
- Planta con hojas arrosetadas. Se usa principalmente como cerco vivo y para extraer las fibras de sus hojas que sirven en la elaboración de cordeles (sogas pequeñas) y sogas. // Plant with rosette leaves. Used mainly as a hedge and to extract the fibers of the leaves to make cords and ropes.

Gallitos *Centropogon granulosus*

Gamochaeta americana, Asteraceae
Lechuguilla
Hierba. La cocción de hojas y tallos se aplica en las heridas como desinfectante y cicatrizante. // Herb. The decoction of leaves and stems are placed on wounds as a disinfectant and as a cicrasitive.

Geranio *Pelargonium roseum*
Girasol *Helianthus annuus*
Gladiolo *Gladiolus communis*
Gladiolus communis, Iridaceae
Gladiolo
Hierba cultivada. Se usa como ornamental. // Cultivated herb. Used as ornamental.

Glycine max, Fabaceae
Soya // soja
Hierba cultivada. Las semillas cocidas se usan en la alimentación. // Cultivated herb. The boiled seeds are used in the diet.

Gossypium barbadense var. *barbadense*, Malvaceae
Algodón blanco // white cotton
Arbusto cultivado. Los pelos de las semillas se usan para confeccionar prendas de vestir. Además para limpiar heridas externas empapadas con alcohol u otro desinfectante. // Cultivated shrub. The cotton is used for weaving clothes and saddlebags and for cleaning and applying alcohol or other antiseptic to clean wounds.

Gossypium barbadense var. *peruvianum*, Malvaceae
Algodón pardo // brown cotton
Arbusto cultivado. Se usa principalmente para confeccionar prendas de vestir, bolsos, fajas, gorros, entre otras prendas. // Cultivated shrub. Is used mainly used to weave bags, clothes, scarfs, caps, and other garments.

Grama *Agrostis* sp.
Grama de caballo *Paspalum* sp.
Grama dulce *Digitaria* sp.
Gramalote *Panicum maximum*
Granadilla *Passiflora ligularis*
Granadilla silvestre *Passiflora* sp.
Greigia sp. 1, Bromeliaceae
Achupa, sacha piña
Hierba. Los frutos maduros se consumen al natural. // Herb. The fruits are edible.

Greigia sp. 2, Bromeliaceae
Sacha piña
Hierba. Los frutos maduros se consumen al natural. // Herb. The fruits are edible.

Grevillea *Grevillea robusta*
Grevillea robusta, Proteaceae
Grevillea
Árbol cultivado. Se usa como ornamental. // Cultivated tree. Used as ornamental.

Guabilla *Inga* sp.
Guadua angustifolia, Poaceae
Caña de Guayaquil
Arbusto. Los tallos se usan en la construcción de sus viviendas. // Shrub. The stems are used for house construction, to make tools and for firewood. The stems are used for house construction, to make tools and for firewood.

Guayabo(a) *Psidium guajava*
Haba *Vicia faba*
Habillas *Dolichos lablab*
Helianthus annuus, Asteraceae
Girasol
Sufrútice cultivado. Se usa como ornamental. // Cultivated subshrub. Used as ornamental.

Heliocarpus americanus, Tiliaceae
   Llausa
   Árbol. La fibra de su corteza se usa para elaborar sogas y cordeles. // Tree. The fibres from the bark are used for making rope and cord.
Hibiscus rosa-sinensis, Malvaceae
   Cucarda
   Arbusto cultivado. De uso ornamental. // Cultivated shrub. Ornamental.
Hierba buena *Mentha spicata*
Hierba luisa *Cymbopogon citratus*
Hierba maría *Rumex crispus*
Hierba mora *Solanum americanum*
Hierba santa *Cestrum auriculatum*
Higuerilla *Ricinus communis*
Higuerón *Ficus* sp.
Hinojo *Foeniculum vulgare*
Hoja ancha *Miconia* sp., *Verbesina ampliatifolia*
Hoja morada *Iresine herbstii*
Hordeum vulgare, Poaceae
   Cebada
   Hierba cultivada. Las semillas tostadas se usan en la alimentación, las que se muelen conjuntamente con lino (*Linum usitatissimum*). La cocción de las semillas se toma como agua del tiempo, como diurética y para disolver cálculos renales. // Cultivated herb. The toasted seeds are used in the diet, they are ground together with the seeds of flax. A decoction of the seeds is taken as "agua del tiempo", as a diuretic and to dissolve kidney stones.
Huabilla *Inga edulis*
Huabilla, huabilla lanosa *Inga* sp.
Huacatay *Tagetes minuta, T. terniflora*
Huarmi huarmi *Ageratum conyzoides*
Hura crepitans, Euphorbiaceae
   Lupuna
   Árbol. La madera se usa en la construcción de viviendas. El látex es irritante y puede causar ceguera. // Tree. The timber is used for house constructions. Its latex is irritant and can to cause blindness.
Huitino *Xanthosoma sagittifolium*
Hyptidendron arboreum, Lamiaceae
   Morado
   Árbol. La madera se usa en la construcción de sus viviendas. // Tree. The timber is used for house construction.
Hyptis sp., Lamiaceae
   Allamanchana
   Hierba. La infusión de hojas y tallos se toma como carminativa y digestiva. // Herb. Infusion of leaves and stems used as a carminative and digestive.
Impatiens balsamina, Balsaminaceae
   Balsamina, espuela
   Hierba cultivada. Se usa como ornamental. // Cultivated herb. Used as ornamental.
Ichnanthus nemorosus, Poaceae
   Pasto // pasture
   Hierba. Forraje natural. // Herb used for fodder.
Inga edulis, Fabaceae
   Huabilla
   Árbol cultivado. Los frutos maduros son comestibles. La madera se usa como leña. // Cultivated tree. The ripe fruits are edible. The timber is used for firewood.
Inga feuillei, Fabaceae
   Pacae

Árbol. Se aprovechan sus frutos en la alimentación y su madera para leña. // Tree. The fruits are edible. The timber is used for firewood.

Inga spp., Fabaceae
Huaba silvestre, huabilla, huabilla lanosa, guabilla.
Árbol. Se aprovechan los frutos en la alimentación, la madera para leña, como cerco vivo y las hojas como forraje. // Tree. The fruits are edible. The timber is used for firewood, in hedges and the leaves for fodder.

Ipomoea purpurea, Convolvulaceae
Campanilla
Enredadera cultivada. Se usa como ornamental. // Cultivated climbing. Used as ornamental.

Ipomoea batatas, Convolvulaceae
Camote // sweet potato
Hierba cultivada. Las raíces engrosadas ricas en almidón y azúcar se usan en la alimentación diaria; por lo general las cocinan sin pelar como papas, asadas en pequeños hornos y peladas para preparar sopas; así mismo, cortadas en rodajas en frituras. Cultivan muchas variedades entre dulces y los llamados lambac o camotes papa (no dulces). // Cultivated herb. The tuberous roots are rich in strarch and sugar, and are part of the daily diet. In general they are boiled with the peel like potatoes or baked in small ovens or peeled and used in soups. They may also be cut in slices and fried. A number of varities are cultivated among the sweet and the not sweet varieties as lambac or camotes papa.

Iresine herbstii, Amaranthaceae
Hoja morada
Hierba cultivada. Se usa como ornamental. // Cultivated herb. Used as ornamental.

Iriartea sp., Arecaceae
Pona
Árbol. Los tallos se usan en la construcción de sus viviendas y las hojas en el techado de sus viviendas. // Tree. The stems are used for house constructions and the leaves for roofs.

Ishanga *Urera* sp., *Urtica* sp.
Ishpingo *Nectandra* sp.
Ishpingo caoba *Nectandra* sp.
Ishpingo mohena *Ocotea* sp.
Itil *Toxicodendron striatum*

Jaltomata repandidentata, Solanaceae
Subarbusto. Los frutos maduros se consumen en forma natural. // Subshrub. The ripe fruits are edible.

Jaltomata sinuosa, Solanaceae
Mishuñao
Subarbusto. Los frutos maduros se consumen en forma natural. // Subshrub. The ripe fruits are edible.

Juglans neotropica, Juglandaceae
Nogal // walnut
Árbol cultivado. La infusión de las hojas se toma para curar afecciones pulmonares y como expectorante de la tos. // Cultivated tree. Infusion with the leaves is used to cure pulmonary disease and an expectorant for cough.

Kalanchoe tubiflora, Crassulaceae
Misha, toro simuro
Hierba. Se usa como ornamental en jardines caseros. // Cultivated herb. Used as ornamental in the gardens.

Kalanchoe sp., Crassulaceae
Diablo sacha
Sufrútice. La infusión de las hojas se usa como analgésica y para desinfectar heridas. // Subshrub. Infusion of leaves used as an analgesic and a disinfectant for wounds.

Kikuyo *Pennisetum clandestinum*
Kiwicha *Amaranthus caudatus*
Kosomo *Critoniopsis* sp.

Lactuca sativa, Asteraceae
    Lechuga // lettuce
    Hierba cultivada. Las hojas se utilizan en ensaladas. Cultivated herb. The leaves are used in salad.

Lagenaria siceraria, Cucurbitaceae
    Calabaza
    Hierba cultivada. Los frutos son de diferentes formas y medidas. Los grandes sirven para cargar y guardan agua, los medianos para elaborar herramientas (cucharones) y para confeccionar utensilios de cocina (platos, tazones) y los pequeños para colocar cal, que los pobladores usan para chacchar o masticar coca. // Cultivated herb. The fruits have different forms and sizes. The large calabashes are used for carrying and store water; the medium to make kitchenware (plates and bowls), and the small to keep the lime for coca chewing.

Lancetilla *Alternanthera* sp.
Lanche *Myrcianthes* sp.
Lanche blanco *Myrcianthes* sp.
Langosacha *Sida rhombifolia*
Laurel *Myrica pubescens*
Lechero *Ficus* sp.
Lechoso *Clarisia* sp.
Lechuga *Lactuca sativa*
Lechuguilla *Gamochaeta americana*
Lengua de vaca *Munnozia* sp.

Lens esculenta, Fabaceae
    Lenteja, lentejita
    Hierba. Las semillas se usan en la alimentación como menestra. // Herb. The seeds are consumed in stews.

Lenteja *Lens esculenta*
Lentejita *Lens esculenta*
Limero *Citrus aurantifolia*
Limón *Citrus limon*
Limón dulce *Citrus* sp.
Linaza *Linum usitatissimum*

Linum usitatissimum, Linaceae
    Linaza // flax
    Hierba cultivada. Las semillas se usan en la alimentación, éstas son tostadas y molidas con trigo, principalmente con cebada. Medicinalmente sirve para preparar bebidas refrescantes, diuréticas y desinflamantes del hígado. // Cultivated herb. The seeds are edible. The seeds are roasted and grounded with wheat and mainly with barley for food. Medicinally they are diuretic and used to cure liver inflammation.

Llacón *Smallanthus sonchifolius*
Llantén *Plantago major*
Llantén macho *Plantago australis*
Llausa *Heliocarpus americanus*
Lucmillo *Styloceras* sp.
Lúcuma *Pouteria lucuma*

Ludwigia sp., Onagraceae
    Flor de clavo
    Sufrútice. La cocción de toda la planta se usa para desinfectar heridas. // Subshrub. Decoction of the whole plant is used as a disinfectant for wounds.

Lupinus mutabilis, Fabaceae
    Chocho, tarwi
    Arbusto cultivado. Las semillas se utilizan en la alimentación. // Cultivated shrub. The seeds are used in the diet.

Lupuna *Hura crepitans*

Maguey *Agave americana*
Maíz *Zea mays*
Malus domestica, Rosaceae
    Manzana // apple
    Árbol pequeño cultivado. Los frutos maduros se consumen al estado natural. // Small cultivated tree. The fruits are edible.
Malva *Sida rhombifolia*
Malva silvestris, Malvaceae
    Malvavisco
    Arbusto. La infusión de las hojas se toma como digestiva y carminativa. // Shrub. Infusion of leaves and stems is used as a digestive and a carminative.
Malvavisco *Malva silvestris*
Malvaviscus penduliflorus, Malvaceae
    Farol chino // heartseed
    Arbusto cultivado. Se usa como ornamental y para cercos vivos. // Cultivated shrub. Ornamental and used as hedges.
Mandarina *Citrus reticulata*
Mangifera indica, Anacardiaceae
    Mango
    Árbol cultivado. Los frutos maduros se consumen al natural. // Cultivated tree. The ripe fruits are edible.
Mango *Mangifera indica*
Mangue paki *Bocconia integrifolia*
Maní *Arachis hypogaea*
Manihot esculenta, Euphorbiaceae
    Yuca // manioc
    Sufrútice cultivado. Las raíces tuberosas son de uso común en la dieta de los pobladores. Preparan sus sopas, frituras y en ocasiones lo consumen asadas. Cultivan variedades según sea la cuenca. // Sub-shrub. The tubers are common food. Used in soups, fried and sometimes baked. There are many cultivated varieties according to the location.
Manzana *Malus domestica*
Manzanilla *Matricaria recutita*
Maracuyá *Passiflora edulis*
Marañón *Anacardium occidentale*
María sacha *Tagetes* sp.
Mashua *Tropaeolum tuberosum*
Matico blanco *Piper* sp.
Matico negro *Piper* sp.
Matricaria recutita, Asteraceae
    Manzanilla // camomile
    Hierba cultivada. La infusión de la planta (hojas, tallos y flores) se toma dos o tres veces al día como digestiva y cardiotónica. // Cultivated herb. The infusion (leaves, stems and flowers) is taken two to three times a day to alleviate stomach pain and as a digestive and a cardio-tonic.
Medicago sativa, Fabaceae
    Alfalfa
    Hierba cultivada. La infusión de hojas y tallos con o sin limón se toma tres veces al día hasta aliviar la dolencia para depurar la sangre y el hígado, así como diurética y tónica. Se usa como forraje. // Cultivated herb. Infusion of leaves and stems with or without lemon is taken two to three times a day to alleviate pain to cleanse the blood and the liver as well used as a diuretic and a tonic. Used for fodder.
Melilotus indica, Fabaceae
    Alfalfilla
    Hierba. La infusión de hojas y tallos se toma como diurética y para lavar heridas como desinfectante. Usada como forraje. // Herb. Infusion of leaves and stems is taken as a diuretic and to clean wounds as a disinfectant. Used for fodder.

Melissa officinalis, Lamiaceae
  Toronjil
  Hierba cultivada. La infusión de la planta se toma en "mate" o como agua de tiempo; medicinalmente la infusión de hojas y tallos se toma como cardiotónica, digestiva y carminativa. // Cultivated herb. The infusion of the plant is taken as tea or as "agua de tiempo". Medicinally the infusion of leaves and stems is used a cardiotonic, a digestive and as a carminative.
Menta *Mentha aquatica*
Mentha aquatica, Lamiaceae
  Menta // mint
  Hierba cultivada. La infusión de hojas y tallos se toma como digestiva y sedante. // Cultivated herb. Infusion of leaves and stems is used as a digestive and a sedative.
Mentha spicata, Lamiaceae
  Hierba buena
  Hierba cultivada. La cocción de las hojas y tallos se toma como digestiva y vermífuga. En la alimentación sirve para condimentar las sopas en forma de verdura. // Cultivated herb. Decoction of leaves and stems is used as a digestive and a vermifuge. In the diet it serves to season the soups.
Michuca *Colocasia esculenta*
Miconia sp. 1, Melastomataceae
  Pakurrapra
  Árbol. La madera se usa en la construcción de sus viviendas, herramientas y para leña. // Tree. The timber is used for house construction, to make tools and for firewood.
Miconia sp., 2 Melastomataceae
  Azarcillo
  Árbol. La madera se usa en la construcción de sus viviendas y confección de herramientas. // Tree. The timber is used for house construction and to make tools.
Miconia sp. 3, Melastomataceae
  Hoja ancha
  Árbol. Usada como cerco vivo. Used in hedges.
Miconia sp. 4, Melastomataceae
  Mote-mote
  Arbusto. Los frutos maduros se consumen al natural. // Shrub. The fruits are edible.
Mintosthachys mollis, Lamiaceae
  Poleo
  Sufrútice. La infusión de las hojas se toma como carminativas después de las comidas y dos veces al día durante 15 días para aliviar afecciones hepáticas. En la alimentación como condimenticia. // Sub-shrub. The infusion of the leaves is usewd as a carminative after the meals twice a day during 15 days to alliviate hepatetic diseases. In the diet employed as a condiment.
Misha *Kalanchoe tubiflora*
Mishuñao *Jaltomata sinuosa*
Mishuñao negro *Jaltomata repandidentata*
Morado *Hyptidendron arboreum*
Morocho *Myrsine* sp.
Mote-mote *Miconia* sp.
Munnozia sp., Asteraceae
  Lengua de vaca
  Planta apoyante. Se usa como forraje nativo. // Climbing plant. Used a native fodder.
Musa acuminata, Musaceae
  Plátano // banana
  Hierba cultivada. Los frutos son aprovechados verdes y maduros; verdes son cocidos junto con michuca, camote o yuca como sustituto de la papa y en sopas. El látex se toma para aliviar los cólicos menstruales y las úlceras gástricas. // Cultivated herb. Both green and mature fruits are used. The green are boiled together with michuca, sweet potaoes or manioc as a substitute for potatoes and in soups. The latex is taken to alliviate menstruation pains and gastric ulcers.
Mutisia wurdackii, Asteraceae

Enredadera

Planta trepadora. Se utiliza como ornamental debido a sus vistosos capítulos anaranjados. // Climbing plant. Used as an ornamental because of its spectacular orange flowers.

Myrcianthes sp. 1, Myrtaceae

Arrayán

Árbol. Los frutos maduros se consumen al natural. La madera se usa en la construcción de viviendas y para la confección de herramientas. // Tree. The ripe fruits are edible. The timber is used for house constructions and to make tools.

Myrcianthes sp. 2, Myrtaceae

Arrayán

Árbol. Los frutos maduros se consumen al natural. La madera se usa en la construcción de viviendas y para la confección de herramientas. // Tree. The ripe fruits are edible. The timber is used for house constructions and to make tools.

Myrcianthes sp. 3, Myrtaceae

Arrayán, lanche

Árbol. Los frutos maduros se consumen al natural. La madera se usa en la construcción de viviendas y para la confeción de herramientas. // Tree. The ripe fruits are edible. The timber is used for house constructions and to make tools.

Myrcianthes sp. 4, Myrtaceae

Lanche blanco

Árbol. La infusión de las hojas se toma como antidiarreico y carminativa. // Tree. Infusion of the leaves is used against diarhhea and as a carminative.

Myrica pubescens, Myricaceae

Laurel

Árbol. La madera se usa en la construcción de viviendas y confección de herramientas. // Tree. The timber is used for house construction and to make tools.

Myrsine sp., Myrsinaceae

Morocho

Árbol. La madera se usa en la construcción de viviendas, confección de herramientas y para leña. // Tree. The timber is used for house construction, to make tools and for firewood.

Myrsine sp. 2, Myrsinaceae

Naranjillo

Árbol. La madera se usa en la construcción de viviendas, confección de herramientas y para leña. // Tree. The timber is used for house construction, to make tools and for firewood.

Naranja *Citrus aurantium*

Naranjillo *Myrsine* sp.

Nectandra sp. 1, Lauraceae

Ishpingo

Árbol. La madera se usa en la construcción de viviendas, confección de herramientas y como leña. // Tree. The timber is used for house construction, to make tools and for firewood.

Nectandra sp. 2, Lauraceae

Ishpingo caoba

Árbol. La madera se usa en la construcción de viviendas, confección de herramientas y como leña. // Tree. The timber is used for house construction, to make tools and for firewood.

Nicotiana tabacum, Solanaceae

Tabaco

Sufrútice. El zumo o las hojas secas aplicadas directamente a las heridas como cicatrizantes y tomadas en infusión como vomitivo. Se usa también como ornamental. // Sub-shrub. The juice or the dried leaves placed directly on wounds is used as cicrasitive and taken as an infusion to vomit. .Also employed as an ornamental.

Niphidium crassifolium, Polypodiaceae

Calaguala

Hierba terrestre. La infusión de sus rizomas se toma como desinfectante y la cocción para lavar heridas como antiséptica. // Herb. Infusion of rhizomes is used as a disinfectant and decoction to clean wounds as an antiseptic.

Níspero *Eriobotrya japonica*
Nogal *Juglans neotropica*
Oca *Oxalis tuberosa*
Ochroma pyramidale, Bombacaceae
    Palo de balsa, topa // balsa
    Árbol. Los tallos se usan para confeccionar herramientas y artesanía. // Tree. The stems are used to make tools and handicraft.
Ocotea sp., Lauraceae
    Ishpingo mohena
    Árbol. La madera se usa principalmente en la construcción de viviendas por ser resistente y dura, confección de herramientas y para leña. // Tree. The timber is especially used for house construction, to make tools and for firewood.
Odontoglossum sp. Orchidaceae
    Orquídea
    Hierba epifita. Se usa como ornamental. // Epiphytic herb. Used as ornamental.
Oenocarpus ?sp., Arecaceae
    Ramos
    Árbol. Las hojas son usadas para la elaboración de escobas, canastes y bolsos. // Tree. The leaves are used to manifacture brooms, baskets and bags.
Ojé *Ficus insipida*
Olluco *Ullucus tuberosus*
Oncidium sp., Orchidaceae
    Sancapilla, orquídea
    Hierba epifita. Se usa como ornamental. // Epiphytic herb. Ornamental.
Orégano *Origanum vulgare*
Origanum vulgare, Lamiaceae
    Orégano.
    Hierba cultivada. Las hojas y ramas jóvenes se usan como condimenticia. La infusión de la planta se toma como carminativa, emenagoga y para aliviar los dolores de estómago. // Cultivated herb. Used as a condiment. The infusion of the plant is used as a carminative, emmenagogue and to alliviate pain in the stomach.
Orquídea *Encyclia* sp., *Epidendrum* sp., *Psygmorchisglossomistax* sp., *Odontoglossum* sp., *Oncidium* sp.
Ortiga *Urera* sp., *Urtica* sp.
Oryza sativa, Poaceae
    Arroz // rice
    Hierba cultivada. Las semillas se usan en la alimentación. // Cultivated herb. The seed are used in the diet.
Otholobium pubescens, Fabaceae
    Culén
    Arbusto. La infusión de las hojas se toma tres veces al día como digestiva. // Shrub. Infusion of the leaves is taken three times a day as a digestive.
Oxalis tuberosa, Oxalidaceae
    Oca
    Hierba cultivada. Los tubérculos se aprovechan en la alimentación, sancochándolos y comiéndolos como papas. // Cultivated herb. The tubers are boiled and consumed like potatoes.
Pacae *Inga feuillei*
Paico *Chenopodium ambrosioides*
Pajuro *Erythrina edulis*
Pajuro silvestre *Erythrina* sp.
Pakurrapra *Miconia* sp.
Palillo *Campomanesia* sp.
Palito *Cajanus cajan*
Pallar *Phaseolus lunatus*

Palo de balsa *Ochroma pyramidale*
Palo fuerte *Ficus* sp.
Palta *Persea americana*
Palta silvestre *Persea* sp.
Panicum maximum, Poacaeae
    Gramalote
    Hierba cultivada. Se usa como forraje. // Cultivated herb. Used for fodder.
Papa *Solanum tuberosum*
Papaya *Carica papaya*
Parterita *Adiantum* sp.
Paspalidium, Poaceae
    Pasto // pasture
    Hierba. Se usa como forraje. // Herb. Used for fodder.
Paspalum sp. 1, Poaceae
    Grama de caballo
    Hierba. Usada como forraje. // Herb. Used for fodder.
Paspalum sp. 2, Poaceae
    Pasto // pasture
    Hierba. Se usa como forraje. // Herb. Used for fodder.
Passiflora edulis, Passifloraceae
    Maracuyá
    Planta trepadora cultivada. Los frutos se consumen al natural y en refrescos. Medicinalmente el jugo de los arilos de las semillas sirve para bajar la presión. // Cultivated climbing plant. The ripe fruits are edible and used as refreshment. Medicinally the juice of the seed serves to stabilize the blood pressure.
Passiflora ligularis, Passifloraceae
    Granadilla
    Planta trepadora cultivada. Los frutos se consumen al natural. La infusión de sus hojas se toma como desinfectante. // Cultivated climbing plant. The fruits are edible. Infusion of the leaves is used as a disinfectant.
Passiflora quadrangularis, Passifloraceae
    Tumbo
    Planta trepadora cultivada. Los frutos se consumen al natural y en refrescos. // Cultivated climbing plant. The fuits are consumed ripe and used as refreshment.
Passiflora tripartita var. *mollisima*, Passifloraceae
    Poro(u)-poro(u)
    Planta trepadora. Los frutos se consumen al natural. Medicinalmente el jugo de los frutos sirven para estabilizar la presión y la infusión de las hojas se toma como sedante. // Cultivated climbing plant. The fruits are edible. Medicinally the juice serves to stabilize the blood pressure and infusion of the leaves is used as a sedative.
Passiflora sp., Passifloraceae
    Granadilla silvestre
    Planta trepadora. Los frutos se consumen al natural. // Climbing plant. The fuits are edible.
Pasto *Agrostis* sp., *Ichnanthus nemorosus*, *Paspalum* sp., *Paspalidium* sp.
Pasto de elefante *Pennisetum purpureum*
Pelargonium roseum, Geraniaceae
    Geranio
    Sufrútice cultivado. Especie ornamental. // Cultivated sub-shrub. Ornamental.
Penca *Agave americana*
Pennisetum clandestinum, Poaceae
    Kikuyo
    Hierba. Se usa como forraje. // Herb. Used for fodder.
Pennisetum purpureum, Poaceae
    Pasto de elefante // elephant grass

Hierba cultivada. Se usa como forraje, ampliamente sembrada en áreas que llaman invernas, donde pastan ganado vacuno y caballar. // Cultivated herb. Used for fodder. Widely sown in the areas called *invernas*, where cattle and horses graze.

Peperomia inaequalifolia, Piperaceae
Congona
Hierba cultivada. La infusión de las hojas se toma como digestiva y sedante. // Cultivated herb. Infusion of the leaves is used as a digestive and a sedative.

Pepinillo *Cucumis sativus*
Pepino silvestre *Solanum* sp.
Perejil *Petroselinum crispum*

Perezia multiflora, Asteraceae
Escorzonera
Hierba. La infusión de la planta se toma como diurética y febrífuga. // Herb. The infusion of the plant is taken as to lower the fever and as a diuretic.

Persea americana, Lauraceae
Palta // avocado
Árbol cultivado. Se consume el fruto maduro con pan, acompañado con sal o rocoto, se preparan también ensaladas. // Cultivated tree. The ripe fruit is consumed with bread accompanied by salt or *rocoto* and employed in salads.

Persea sp., Lauraceae
Palta silvestre // wild avocado
Arbol. Los frutos son comestibles. La madera se usa para la construcción de viviendas y para leña. La infusión de las semillas se toma como antidiarreico, vermífuga, febrífuga y en concentraciones mayores es abortiva. // Tree. The timber is used for house construction and for firewood. The fruits are edible. The timber is used in construction of houses and for firewood. Infusion of the seeds is used against diarrhea, a vermifuge, and febrifuge; in higher concentrations it causes abortion.

Petroselinum crispum, Apiaceae
Perejil // parsley
Hierba cultivada. Las hojas se usan como condimenticias. // Cultivated herb. The leaves are used as condiments.

Phaseolus lunatus, Fabaceae
Pallar
Hierba cultivada. Las semillas cocidas se usan en la alimentación. // Cultivated herb. The boiled seeds are employed in the diet.

Phaseolus vulgaris, Fabaceae
Frijol // common bean
Hierba cultivada. Las semillas son alimenticias. Las variedades conocidas como ñuñas se consumen tostadas con o sin aceite y las demás se usan como menestras en las comidas. La infusión de la cáscara de las legumbres se toma como diurético. La planta se usa también como forraje. // Cultivated herb. The seeds are edible. The varieties called *ñuñas* are consumed roasted either with oil or without oil; the others are used as vegetables in the food. Infusion of the husk of the bean is used as a diuretic. The plant is also used for fodder.

Philoglossa mimuloides, Asteraceae
Siso
Hierba. Se usacomo forraje. // Herb. Used for fodder.

Phoradendron sp., Viscaceae
Suelda
Sufrútice. El emplasto de toda la planta se coloca en la parte afectada para curar luxaciones. // Subshrub. A plaster of the whole plant is placed on the infected part to cure luxations.

Physalis peruviana, Solanaceae
Tomatillo
Hierba semicultivada. Los frutos se consumen al natural. La infusión de las hojas se toma como analgésicas y febrífugas. // Semi-cultivated herb. The fruits are edible. Infusion of the leaves is used as an analgesic and to lower fever.

Picrosia longifolia, Asteraceae
Achicoria
Hierba. La infusión de las hojas se toma como depurativa, desinfectante, vermífuga. // Herb. Infusion of the leaves is used for cleansing, a disinfectant and vermifuge.
Pie de perro *Desmodium* sp.
Piña *Ananas comosus*
Piña espinuda *Ananas* sp.
Piper sp., Piperaceae
Matico blanco
Arbusto. La infusión de dos hojas en un litro de agua una vez al día, se toma como expectorante de la tos y la cocción para lavar heridas como desinfectante y cicatrizante. // Shrub. The infusion of leaves in a liter of water once a day is used as an expectorant of cough and the decoction is used to clean wounds as a disinfectant and a cicrasitive.
Piper sp. 1, Piperaceae
Matico negro
Arbusto. La infusión de las hojas se toma como expectorante de la tos y la cocción para lavar heridas como desinfectante y cicatrizante. // Shrub. The infusion of leaves is used as an expectorant for cough and the decoction is used to clean wounds as a disinfectant and a cicrasitive.
Piper sp. 2, Piperaceae
Cordoncillo
Arbusto. Se usa como cerco vivo. Used in hedges.
Pisum sativum, Fabaceae
Alberja, arveja // pea
Hierba cultivada. Las semillas se consumen como menestras y la planta sirve como forraje. // Cultivated herb. The seeds are consumed in stews and the plant is used for fodder.
Plantago australis, Plantaginaceae
Llantén macho
Hierba. El cocimiento de las hojas se usa para lavar heridas como desinfectante y hemostática. // Herb. A decoction of the leaves is employed to clean wounds as an antiseptic and a hemostatic.
Plantago major, Plantaginaceae
Llantén
Hierba semicultivada. La cocción de las hojas se usa para lavar heridas como desinfectante y hemostática. // Semi-cultivated herb. A decoction of the leaves is employed to clean wounds as an antiseptic and a hemostatic.
Plátano *Musa acuminata*
Poleo *Minthostachys mollis*
Pona *Iriartea* sp.
Potoshongo *Critoniopsis* sp.
Poro(u)-poro(u) *Passiflora tripartita* var. *mollisima*
Poroto *Erythrina edulis*
Pouteria caimito, Sapotaceae
Caimito
Árbol cultivado. Los frutos se consumen al natural y en refrescos. // Cultivated tree. The fruits are edible and used in refreshments.
Pouteria lucuma, Sapotaceae
Lúcuma
Árbol cultivado. El mesocarpo de los frutos maduros se consume al natural. La madera se utiliza en la construcción de viviendas y para leña. // Cultivated tree. The ripe fruits are edible. The wood is used for house constructions and for firewood.
Prunus persica, Rosacaeae
Durazno,// peach
Arbusto. Los frutos se consumen al natural. // Shrub. The fruits are edible.
Pseudognaphalium sp., Asteraceae

Vira-vira
Hierba. La cocción de las hojas y tallos se colocan sobre las heridas como desinfectantes. // Herb. The decoction of the leaves and stems are placed on the wounds as a disinfectant.

Psidium guajava, Myrtaceae
Guayabo(a)
Árbol pequeño cultivado. Los frutos maduros se consumen al natural. La cocción de la corteza se toma una o dos veces al día hasta aliviar la dolencia como antidiarreico y febrífuga. Los tallos se usan para la construcción de viviendas, confección de herramientas y para leña de buena calidad. // Small cultivated tree. The fruits are edible. The decoction of the bark is taken once or twice a day to alliviate pain and used against diarrhea and to lower fever. The stems are used for house construction, to make tools and for good quality firewood.

Psiguria sp., Cucurbitaceae
Sacha calabaza
Hierba. Usada como forraje. // Herb. Used for fodder.

Psygmorchisglossomistax sp., Orchidaceae
Orquídea
Hierba epifita. Usada como ornamental. // Epiphytic herb. Used as ornamental.

Quillo *Escallonia* sp.
Quinua *Chenopodium quinoa*
Rabanito *Raphanus sativus*
Ramos *Oenocarpus?*sp.

Raphanus sativus, Brassicaceae
Rabanito
Hierba cultivada. La raíz tuberosa cortada en rodajas sirve para preparar ensaladas. // Cultivated herb. The tuberous roots are cut in slices and consumed raw in salads.

Repollo *Brassica oleracea* var. *capittata-alba*
Ricacha *Arracacia xanthorrhiza*

Ricinus communis, Euphorbiaceae
Higuerilla
Arbusto. Las hojas soasadas se utilizan como desinfectantes, refrescantes en estados febriles y pequeñas dosis de la semilla como laxante. De uso ornamental. // Shrub. Parboiled leaves are used as a disinfectant, refreshing in high fever, and the seeds in small dosis are used as a laxative. Used as ornamental.

Rocoto *Capsicum pubescens*

Rollinia sp., Annonaceae
Anona, sacha annona
Árbol. Los frutos maduros se consumen al natural. // Tree. The ripe fruits are edible.

Rorippa nasturtium-aquaticum, Brassicaceae
Berro
Hierba. Las hojas se usan para ensaladas. El zumo de las hojas y tallos se coloca en las heridas como desinfectante. // Herb. The leaves are used in salads. The juice from the leaves and stems are placed on wounds as a disinfectant.

Rosa *Rosa canina*

Rosa canina, Rosaceae
Rosa
Arbusto cultivado. Se usa como ornamental y como cerco. // Cultivated shrub. Ornamental and used in hedges.

Rubus robustus, Rosaceae
Zarzamora
Arbusto. Los frutos son consumidos al natural. Es utilizada para cercos vivos y los frutos son usados en casos de sinusitis. // Shrub. The fruits are edible. Used in hedges and the fruits are used in cases of sinusitis.

Rubus sp. 1, Rosaceae
Zarza silvestre
Arbusto. Los frutos se consumen al natural. Se siembra como cerco vivo. // Shrub. The fruits

are edible. Used in hedges.
Rubus sp. 2, Rosaceae
  Zarza de oso
  Arbusto. Se usa como cercos vivos. // Shrub. Used in hedges.
Ruda *Ruta chalepensis*, *Ruta graveolens*
Rumex crispus, Polygonaceae
  Hierba maría
  Hierba. La cocción de la raíz se usa como antidiarreico. // Herb. The decoction of the roots is used as an antidiarrhetic.
Ruta chalepensis, Rutaceae
  Ruda // rue
  Hierba cultivada. Las hojas y tallos en infusión o en aplicación directa se usan como analgésicos y en dosis concentradas es abortiva. // Cultivated herb. Infusion of leaves and stems or in direct application used as an analgesic; causes abortion in higher concentrations.
Ruta graveolens, Rutaceae
  Ruda // rue
  Hierba cultivada. De utilidad similar a *Ruta chalepensis*. // Cultivated herb. Of similar used as the rue (*Ruta graveolens*).
Sábila *Aloe vera*
Saccharum officinarum, Poaceae
  Caña de azúcar
  Planta cultivada. El zumo del tallo se consume directamente masticándolo. El guarapo (jugo de la caña se estrae en trapiches caseros) se usa para destilar la bebida llamada cañazo y para la fabricación de chancaca. // Cultivated plant. The juice from the stem is consumed directly by chewing the stem. The *guarapo* is juice from the stem extracted in larger quantities in a sugar mill, *trapiche*, is used to distil the beverage called *cañazo* or *aguardiente* and to produce *chancaca*, unrefined cane sugar.
Sacha annona *Annona* sp.
Sacha calabaza *Psiguria* sp.
Sacha papa *Dioscorea* sp.
Sacha piña *Greigia* sp.
Sacha quillo *Escallonia* sp.
Sacha tabaco *Verbesina ampliatifolia*
Salvia *Salvia leucantha*, *Salvia* sp.
Salvia leucantha, Lamiaceae
  Salvia
  Arbusto cultivado. Se usa como ornamental. // Cultivated shrub. Used as ornamental.
Salvia sp., Lamiaceae
  Salvia
  Hierba. La infusión de sus hojas se toma como expectorante. // Herb. Infusion of the leaves is taken as an expectorant.
Sambucus canadensis, Adoxaceae
  Sauco
  Árbol cultivado. Se usa como ornamental. // Cultivated tree. Used as ornamental.
Sambucus peruviana, Adoxaceae
  Sauco
  Árbol semicultivado. La infusión de flores y frutos se toma como vermífuga, digestiva y expectorante. Como alimenticia se utilizan los cogollos fritos que se consumen mezclados con papa y mote de maíz. Los frutos son comestibles. // Semi-cultivated tree. Infusion of flowers and fruits is used as a vemifuge, gigestive and expectorant. In the diet the fried buds are consumed mixed with popatoes and *mote* made from maize. The fruits are edible.
Sancapilla *Oncidium* sp., *Telipogon* sp.
Sangre de grado *Croton lechleri*

Sauco *Sambucus peruviana, Sambucus canadensis*
Schkuhria pinnata, Asteraceae
    Canchalagua
    Hierba. La infusión de hojas y tallos se toma como analgésica, digestiva y depurativa de la sangre. // Herb. Infusion of leaves and stems is used as an analgesic, digestitive and for cleansing the blood.
Sechium edule, Cucurbitaceae
    Caigua espinosa, caigua chilena
    Planta trepadora. Los frutos son consumidos en frituras y ensaladas. // Climbing plant. The fruits are consumed fried and in salads.
Shilshil *Tagetes terniflora*
Sida rhombifolia, Malvaceae
    Angusacha, langosacha
    Sufrútice. La infusión de las hojas se toma como analgésica y febrífuga, el zumo de las hojas se colocan en las heridas para desinfectarlas. La planta se usa para confeccionar escobas. // Sub-shrub. Infusion of leaves is used as an analgesic and febrifuge; the juice of the leaves is placed on wounds as a disinfectant. The plant is used for making brooms.
Siso *Philoglossa mimuloides*
Smallanthus sonchifolius, Asteraceae
    Llacón
    Sufrútice cultivado. Las raíces tuberosas son alimenticias. Se consumen crudas luego de la cosecha. Algunas variedades son expuestas al sol para concentrar azúcar. Medicinalmente se usa para curar la diabetes. // Cultivated sub-shrub. The tuberous roots are edible. They are consumed raw immediately after harvest. Some varieties are exposed to the sun to make them sweeter. Medicinally, it is used for diabetes.
Solanum americanum, Solanaceae
    Hierba mora
    Hierba. La infusión de las hojas se toma como febrífuga. // Herb. Infusion of leaves is used to lower fever.
Solanum esculentum, Solanaceae
    Tomate // tomato
    Hierba cultivada. Los frutos se utilizan como condimento y para preparar ensaladas. Medicinalmente se colocan rodajas del fruto y cocción de las hojas en heridas, sobre todo ocasionadas por quemaduras como desinfectante y como febrífuga. // Cultivated herb. The fruits are used for seasoning food and for salads. Medicinally slices of the fruit and decoction of the leaves are used on wounds and especially on burns as a disinfectant and to lower fever.
Solanum tuberosum, Solanaceae
    Papa // potato
    Hierba cultivada. Los tubérculos se utilizan en la alimentación, cocidos con cáscara o pelados en sopas y frituras. Medicinalmente se colocan rodajas del tubérculo en la frente como febrífugo. El agua de papa (cocción de los tubérculos) se toma como digestiva y para disolver cálculos renales. // Cultivated herb. The tubers are used for food, boiled or, when peeled, fried and employed in soups. Medicinally slices of raw potatoes are placed on the forehead to lower fever. Potato water (decoction of the tubers) is used as a digestive and to dissolve kidney stones.
Solanum sp., Solanaceae
    Cashacaspi, caballo runtu
    Árbol. La madera se usa en la construcción de viviendas, elaboración de herramientas y para leña. Los frutos sirven para lavar prendas de vestir. // Tree. The timber is used for house construction, to make tools and for firewood. The fruits are used for washing clothes.
Solanum sessiliflorum, Solanaceae
    Cocona
    Arbusto. Los frutos son consumidos al natural y para preparar refrescos. // Shrub. The fruits are edible and used as refreshments.
Solanum sisymbrifolium, Solanaceae
    Calvinche
    Arbusto. Los frutos maduros se consumen al natural. // Tree. The fruits are edible.

Solanum sp., Solanaceae
  Pepino silvestre
  Hierba trepadora. Los frutos se consumen al natural. // Creeping plant. The fruits are edible.
Sonchus asper, Asteraceae
  Cerraja
  Hierba. La infusión de toda la planta y el látex se toma dos o tres veces al día como depurativa de la sangre y en mayor concentración es abortiva. // Herb. Infusion of the whole plant and the latex is taken two to three times a day for cleansing of the blood; causes abortion in higher concentrations.
Sonchus oleraceus, Asteraceae
  Cerraja
  Hierba. La infusión de toda la planta incluído el látex en baja concentración, se toma como carminativa y para depurar la sangre. // Herb. Infusion of the whole plant including the latex in minor concentration is used as a carminative and to cleanse the blood.
Sorghum halepense, Poaceae
  Sorgo // sorghum
  Hierba cultivada. Las inflorescencias se usan en la elaboración de escobas. Los tallos y hojas se usan como forraje. // Cultivated herb. The inflorescences are used to make brooms. The stems and leaves are used for fodder.
Sorgo *Sorghum halepense*
Soya *Glycine max*
Stachys arvensis, Lamiaceae
  Supiquegua
  Hierba. La infusión de las hojas y tallos se toma cada dos o tres horas como carminativa y emenagoga. // Herb. Infusion of leaves and stems is taken every two to three hours as a carminative and an emmanogogue.
Stevia sp., Asteraceae
  Estevia
  Hierba. La planta se usa para obtener azúcares y dar sabor a bebidas alcohólicas; se encuentra recientemente cultivándose. // Herb. The plant is used to obtain sugar to give taste in alcoholic drinks. The plant is recently being cultivated.
Styloceras sp. Buxaceae
  Lucmillo
  Arbol. Los frutos maduros son consumidos al estado natural. // Tree. The fruits are edible.
Suelda *Phoradendron* sp.
Supiquegua *Stachys arvensis*
Suro *Chusquea* sp.
Tabaco *Nicotiana tabacum*
Tagetes erecta, Asteraceae
  Flor de muerto
  Hierba cultivada. Usada como ornamental. // Cultivated herb. Used as ornamental.
Tagetes filifolia, Asteraceae
  Anís
  Hierba. La infusión de hojas y tallos se toma como analgésica y digestiva. // Herb. Infusion of leaves and stems is used as an anagetic and a digestive.
Tagetes terniflora, Asteraceae
  Huacatay, shilshil
  Hierba. Las hojas se usan para condimentar alimentos. // Herb. The leaves are used as a condiment.
Tagetes sp., Asteraceae
  María sacha
  Sufrútice semicultivado. La infusión de las hojas se usa como carminativa. // Semi-cultivated subshrub. Infusion of leaves is used as a carminative.
Tampshi *Carludovica* sp.

Tanacetum parthenium, Asteraceae
    Callu manzanilla
    Hierba semicultivada. La infusión de toda la planta se toma para aliviar afecciones pulmonares. // Semi-cultivated herb. Infusion of the whole plant is used to alliviate pulmonary affections.

Taraxacum officinale, Asteraceae
    Diente de león
    Hierba. La infusión de las hojas se toma como depurativa de la sangre y como tónica. // Herb. Infusion made of the leaves is taken to cleanse the blood and as a tonic.

Tarwi *Lupinus mutabilis*

Telipogon sp., Orchidaceae
    Sancapilla, orquídea
    Hierba epifita. Usada como ornamental. // Epiphytic herb. Used as ornamental.

Theobroma cacao, Sterculiaceae
    Cacao
    Árbol cultivado. Los frutos se consumen al natural y las semillas secas son comercializadas. // Cultivated tree. The fruits are edible and the seeds are sold at the market.

Tomate *Solanum esculentum*

Tomatillo *Physalis peruviana*

Topa *Ochroma pyramidale*

Toro simuro *Kalanchoe tubiflora*

Toronjil *Melissa officinalis*

Torurco *Commelina fasciculata*

Toxicodendron striatum, Anacardiaceae
    Itil
    Árbol. La madera se usa en la construcción de viviendas y para confeccionar herramientas. Especie tóxica dependiendo de la reacción alérgica de los pobladores. // Tree. The timber is used for house construction and to make tools. It is a poisonous species, but the allergic reaction depends on the individual person.

Tradescantia sp., Commelinaceae
    Cuelinga
    Hierba. Se usa como forraje. // Herb. Used for fodder.

Trébol *Trifolium amabile*, *Trifolium repens*

Trema micrantha, Ulmaceae
    Atadijo
    Árbol. La madera se usa elaborar herramientas, la corteza para amarrar cercos y para leña. // Tree. The timber is used to make tools, the bark for the enclosure of fences and for firewood.

Trifolium amabile, Fabaceae
    Trébol
    Hierba semicultivada. La planta se usa como forraje. // Semi-cultivated herb. The plant is used for fodder.

Trifolium repens, Fabaceae
    Trébol
    Hierba semicultivada. La planta se utiliza como forraje. // Semi-cultivared herb. The plant is used for fodder.

Trigo *Triticum aestivum*

Triticum aestivum, Poaceae
    Trigo
    Hierba cultivada. Las semillas se consumen tostadas o molidas y en la preparación de sopas. // Cultivated herb. The seeds are used fried or grounded and consumed in soups.

Tropaeolum tuberosum, Tropaeolaceae
    Mashua
    Hierba cultivada. Los tubérculos se usan en la alimentación. // Cultivated herb. The tubers are employed in the diet.

Tumbo *Passiflora quadrangularis*
Ullucus tuberosus, Basellaceae
    Olluco
    Hierba cultivada. Los tubérculos son alimenticios. // Cultivated herb. The tubers are employed in the diet.
Uña de gato *Caesalpinia decapetala*
Urera sp., Urticaceae
    Ishanga
    Sufrútice. Se usa como cerco vivo y como forraje. // Subshrub. Used in hedges and for fodder.
Urtica sp., Urticaceae
    Ortiga, ishanga // nettle
    Hierba. El tallo y las hojas se golpean suavemente para poner en la parte afectada para aliviar dolores reumáticos. // Herb. The bruised stem and the leaves are placed on the affected part to alliviate rheumatic pain.
    Uva *Vitis vinifera*
Venenillo *Asclepias curassavica*
Verbena *Verbena litoralis*
Verbena litoralis, Verbenaceae
    Verbena
    Hierba. La infusión de las hojas y tallos se toma para afecciones hepáticas y como febrífuga. // Herb. Infusion of leaves and stems is used for hepatetic affections and to lower fever.
Verbesina ampliatifolia, Asteraceae
    Hoja ancha, sacha tabaco
    Arbol. Los tallos se usan en la construcción de viviendas. // Tree. The stems are used for house construction.
Vicia faba, Fabaceae
    Haba // horse bean
    Hierba cultivada. Las semillas se usan como alimenticias, tostadas o en sopas. // Cultivated herb. Theseeds are consumed toasted or in soups.
Vicia sp., Fabaceae
    Frijolillo
    Hierba. Se usa como ornamental. // Herb. Used as ornamental.
Vira-vira *Pseudognaphalium* sp.
Vitis vinifera, Vitaceae
    Uva, grape
    Arbusto cultivado. Los frutos maduros se consumen al natural. // Cultivated shrub. The fruits are edible.
Xanthosoma sagittifolium, Araceae
    Huitino
    Hierba. Los rizomas son sancochados y se usan en la alimentación. // Herb. The rhizoms are boiled and employed in the diet.
Yuca *Manihot esculenta*
Zacate *Eragrostis* sp.
Zanahoria *Daucus carota*
Zantedeschia aethiopica, Araceae
    Cartucho
    Hierba cultivada. Se usa como ornamental. // Cultivated herb. Used as ornamental.
Zapallo *Cucurbita maxima*
Zarza *Byttneria* sp.
Zarza de oso *Rubus* sp.
Zarza silvestre *Rubus* sp.
Zarzamora, *Rubus robustus*
Zea mays, Poaceae

Maíz

Hierba cultivada. La planta en su totalidad es utilizada. Como alimenticia se consumen los choclos (mazorcas inmaduras o verdes). El maíz desgranado sirve para preparar el "mote" (maíz pelado en ceniza y cocido). Cuando los granos pelados de maíz se muelen y mezclan con azúcar, sirven para preparar "humitas" y cuando se mezclan con sal se llaman "tamales". El maíz molido se usa además, para preparar la llamada "chufla" que se toma como desayuno. Así mismo, los granos de maíz se tuestan con o sin aceite, lo que constituye la "cancha". La panca (tallos y hojas secas) que quedan luego de la cosechas sirven como forraje para el ganado. La infusión de los estilos y estigmas de las flores (barbas de choclo) se toma como diurética y para disolver los cálculos renales. // Cultivated herb. The entire plant is used. The *choclos*, young cobs, are consumed. The dried grains may be peeled, ground and boiled in ash to make *mote*. The grains from ripe maize are ground and mixed with sugar to prepare *humitas* and when mixed with salt they are called *tamales*. The grains from ripe maize are ground to prepare *chufla*, which is eaten for breakfast. Toasting the grains with or without oil prepairs *Cancha*. The *panca* is the leftover stems and dried leaves after harvest and is used for fodder. Infusion of the styles and stamens of the flowers (the silks of fresh maize) is used as a diuretic and to dissolve kidney stone.

Appendice 2 // Appendix 2

Frecuencia de infección por protozoos y helmintos intestinales en la población del Valle de los Chilchos, Amazonas – Perú, 2004, en relación con algunos factores demiológicos.

Maribel Vílchez

La población del Valle de los Chilchos presenta problemas de salud de diversa índole, siendo una de ellas las relacionadas con el parasitismo intestinal; el cual es muy frecuente en zonas tropicales y es una endemia asociada a condiciones de pobreza y falta de salubridad de las poblaciones.

En el Perú, es muy frecuente en zonas de la selva y de ceja de selva, donde no hay buena disposición de excretas, la educación sanitaria es mínima y la atención médica es deficiente o nula.

Un estudio realizado en 1983, coordinado por la Oficina Sanitaria Panamericana y el Instituto Nacional de Salud (INS), permitió conocer que en zonas de la selva, como Tarapoto y Puerto Maldonado, la población infantil se hallaba parasitada en un 100% por *Ascaris lumbricoides* y en menor grado, pero por encima del 80%, por *Trichuris trichiura*, *Strongiloides stercoralis* y ancilostomidios.

Las investigaciones posteriores efectuadas por Troyes et al. (1987), Morgado et al. (1987), Reátegui y Rengifo (1988), Huapaya et al (1995) y Pareja y Ramos (2000) en diferentes zonas de selva y ceja de selva han confirmado los datos dados a conocer por el INS 18 años atrás. Así mismo, otros investigadores demostraron una alta prevalencia de *Ascaris lumbricoides*, Cortez et al. (2000) en la ciudad de Oxapampa – Cerro de Pasco; Flores et al. (2000) en escolares de una zona rural de la selva central, entre otros.

Las repercusiones del parasitismo intestinal han sido claramente establecidas. Las más leves incluyen predisposición a otras enfermedades, falta de desarrollo pondoestatural así como dificultades de concentración lo cual influye negativamente en el proceso de aprendizaje, y las más severas, obstrucción intestinal, diarrea mucosanguinolenta, desnutrición y anemia grave o irreversible. Esta situación, es corroborada por el deficiente saneamiento ambiental; pues únicamente el 20% de la población urbana y el 2,2% de la población rural en la Amazonía, cuentan con servicio de agua potable y sólo el 14,8% de la población urbana cuenta con servicios de desagüe, careciendo de este servicio la población rural.

Debido a la importancia que implica el parasitismo intestinal, se determinó la frecuencia de infección por protozoos y/o helmintos intestinales en 81 muestras de heces, en la población (mayormente infantil) del Valle de los Chilchos. Las muestras se colectaron en recipientes plásticos, con tapa rosca y de primer uso, las cuales fueron conservadas con formol al 10% hasta su procesamiento en el laboratorio.

Las muestras se analizaron en el Laboratorio de Helmintología de la Universidad Nacional de Trujillo, mediante la Técnica de Teleman; encontrándose que 74 muestras examinadas (91%) se hallaban parasitadas por una o más especies de protozoarios y/o helmintos, las especies halladas con sus respectivas frecuencias fueron: *Ascaris lumbricoides* (88%), *Trichuris trichiura* (58%), *Entamoeba coli* (47%), *Blastocystis hominis* (27%), *Iodamoeba butschlii* (9%) y *Giardia lamblia* (4%). En cuanto a las asociaciones parasitarias el monoparasitismo (19%) y el multiparasitismo (81%); así el biparasitismo (45%), triparasitismo (23%), tetraparasitismo (11%) y pentaparasitismo (2%).

Los resultados demuestran un alto índice de parasitismo por protozoos y /o helmintos intestinales en la población rural examinada del Valle de los Chilchos, lo que se relacionaría con los factores socioeconómicos y epidemiológicos, como el agua de consumo que no es potable, lugar de defecación y exposición de excretas; así como a las deficientes condiciones de saneamiento ambiental presentes en la zona.

Debido a que *A. lumbricoides* y *T. trichiura* son los principales helmintos que se encuentran causando infección, es que a continuación se describen algunos aspectos de ellos:

Ascaris lumbricoides

Phyllum: Nematoda, Clase: Phasmidia, Orden: Rhabditida, Familia: Ascarididae, Género: Ascaris, *A. lumbricoides*

Ocasiona la enfermedad conocida como Ascariasis. Nemátodo que se encuentra ampliamente distribuído en el mundo, principalmente en regiones húmedas, tropicales y templadas, afectando preferentemente a los niños. Se localiza en el intestino delgado donde puede permanecer en forma asintomática. Es el nemátodo intestinal de mayor tamaño que afecta al hombre. De color blanquecino, la hembra mide de 20 a 35 cm de largo y el macho de 15 a 31 cm.

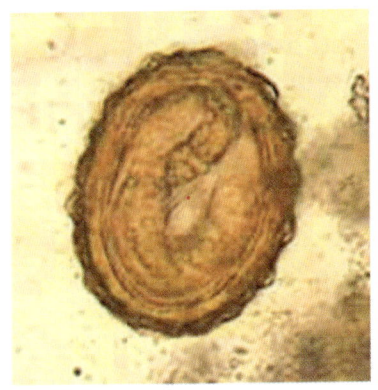

Fig. X. Huevo larvado de A. lumbricoides.

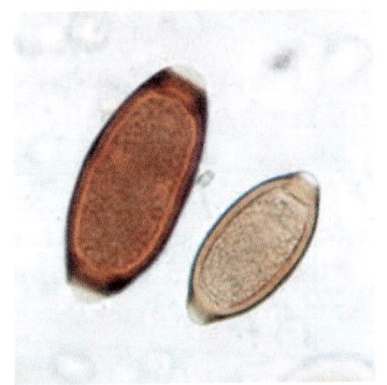

Fig. X. Huevo de T. trichiura

La infección humana se adquiere mediante la ingestión de huevos embrionados, accidentalmente tomados del suelo contaminado, o bien mediante la ingestión de alimentos y bebidas contaminadas con huevos embrionados viables, así como por niños que comen con las manos sucias. Afecta a todas las personas de diferentes edades, en los países subtropicales los niños están más comúnmente infectados que los adultos y contaminan más a menudo el suelo. En los países en que las heces humanas se utilizan como fertilizantes de campos de cultivo y de huertas, la población adulta adquiere la infección al ingerir vegetales crudos contaminados con huevos totalmente embrionados.

Trichuris trichiura

Phyllum: Nematoda, Clase: Aphasmidia, Familia: Trichuridae, Género: Trichuris, *T. trichiura*

Causa la Trichuriasis (sinónimo: Tricocefalosis). Es un nemátodo cosmopolita, pero más comúnmente se encuentra en las regiones cálidas y húmedas, en donde la frecuencia e intensidad de la infección llegan a ser a veces muy elevadas. Vive de manera típica adherido a la pared del ciego del hombre y con menos frecuencia en el apéndice, colón o segmento terminal del ileón. El hombre es el único huésped comprobado de este parásito. El gusano es de color rojo mas o menos intenso. La hembra mide de 35 a 50 mm de longitud y el macho de 30 a 45 mm.

Las condiciones favorables para que se desarrollen los huevos no embrionados de *T. trichiura* evacuados con las heces son: suelo húmedo y caliente, protegidos de la luz directa. La infección se adquiere al ingerir los huevos, obtenidos directa o indirectamente del suelo. Los huevos de los tricocéfalos son mucho menos resistentes a la desecación y al calor que los huevos de Ascaris, no llegan a ser infectantes si se encuentran en suelo arcilloso duro, cenizas y no sobreviven a la acción directa de los rayos solares, el frío intenso, putrefacción.

Frequency of infection with intestinal protozoa and helminths in the population of Valle de los Chilchos, Amazonas, Peru

Maribel Vílchez

The population of Valle de los Chilchos presents health problems related to infection with intestinal parasites, which are common in the tropics and are associated with poverty and failure of hygiene in the population. In Peru these infections are frequent in the *selva y ceja de selva*, where there are no proper deposit for excretes, the sanitary education is minimal and the medical attention is deficient or not existing.

A study coordinated by the *Oficina Sanitaria Panamericana* and *El Instituto Nacional de Salud* (INS) in 1983 revealed that 100% of the children in Tarapoto and Puerto Maldonado were infested with Ascaris Lumbricoides and further more 80% were also infested with *Trichuris trichiura, Strongiloides stercoralis* y ancilostomidios. Later investigations by Troyes et al. (1987), Morgado et al. (1987), Reátegui y Rengifo (1988), Huapaya et al. (1995) and Pareja y Ramos (2000) in various *selva* and *ceja de selva* areas confirmed the data collected by the INS 18 years earlier. Likewise have other investigators demonstrated a high prevalence of Acaris lumbricoides, (Cortez et al. 2000) in the city of Oxapampa – Cerro de Pasco; Flores et al. (2000) in students in the rural zones of the central *selva*, among others.

The consequences of intestinal parasites are well known. The milder cases include predisposition to other diseases, failure in growth as well as difficulties in concentration, which has a negative effect in the process of learning. The more severe cses cause intestinal obstruction, a slimy and bloody diarhea, malnutrition and severe or irreversible anaemia. This is accelerated by deficiency in sanitation. Only 20 % of the urban population and 2.2% of the rural population have access to potable water in the Amazonia and only 14.8% of the urban population live in sewered areas which is lacking in rural areas.

Due to the important consequences of intestinal parasites we analysed the frequency of infections with protozoa and helminths in 83 samples of faeces from the population in the Chilchos Valley. The samples were collected in disposable plastic containers with a screw cap and preserved in formalin (10%) until they were processed in the lab.

The samples were analysed in *Laboratorio de Helmintología de la Universidad Nacional de Trujillo* using the Teleman technique. In 74 (91%) of the samples we found one or more species of protozoa and helminths distributed as follows: *Ascaris lumbricoides* (88%), *Trichuris trichiura* (58%), *Entamoeba coli* (47%), *Blastocystis hominis* (27%), *Iodamoeba butschlii* (9%) y *Giardia lamblia* (4%). Some samples was infested with more than one parasit: monoparasitic disease (19%) y el multiparasitic disease (81%); in which double parasitic (45%), tripple parasiti (23%), tetraparasitic (11%) and pentaparasitic (2%).

The results demonstrate a high prevalence of parasitic disease due to intestinal protozoa and helminths in the rural population in the Chilchos Valley. These findings are in close relation to the socio-economic and epidemiological factors in the area such as drinking contaminated water, no proper places for defecation, and exposure to excreta.

Ascaris lumbricoides

Phyllum: Nematode; class: Phasidia; order: Rhabditida; family: Ascarididae; Genus: Ascaris, *A. lumbricoides*

Causes the disease known as ascariasis. A. lumbricoides is the most common helminth worldwide, in both tropical and temperate humid regions where it mainly affects children. The parasite lives part of its life in the small intestine and the disease may be without symptoms. The nematode (worm) is the largest to infect humans. White of color the female measures 20-35 cm and the male 15-31 cm.

The human infection is acquired buy accidental ingestion of the infectious eggs from contaminated soil or from contaminated food or drinks as children are often eating with their dirty hands.

The ingested infective egg releases a larval worm that penetrates the duodenal wall, enters the blood stream, is carried to the liver and heart, and then inters into the pulmonary circulation. The larvae break free in the alveoli of the lungs, where they grow and molt. In about 3 weeks the larvae pass from the respiratory system to be coughed up, swallowed, and returned to the small intestine.

Trichuris trichiura

The larva is of a reddish color. The female measures 0,35- 0, 50 cm and the male 0,30 – 0,45 cm.

Phyllum: Nematode, Class: Aphasmidia, Family: Trichuridae, Genus: Trichuris, *T.trichiura*

Causes the disease known as Trichuriasis (Tricocefalosis, whipworm). It is a world wide nematode, but is generally found in warm and humid regions, where the frequency and intensity of the infection is much higher. The nematode lives in the intestinal wall of the appendix and less often in the appendix itself, colon or the terminal part of the small intestine. The nematode only uses man as its host.

The best conditions for the development of the unembryonated eggs of *T.trichiura* from the faeces are humid and warm soil protected from direct light. Infection is acquired by ingesting the eggs from the soil. The eggs of the triocefalos are easier destroyed by drying out in the warm climate than the eggs of the Ascaris. The whipworm is not infectious. It does not survive hard clayish soil, ashes or direct sun light.